ENGLISCHE LITERATUR UNTERRICHTEN

ANSGAR NÜNNING · CAROLA SURKAMP

ENGLISCHE LITERATUR UNTERRICHTEN

GRUNDLAGEN UND METHODEN

Klett | Kallmeyer

Bibliografische Information Der Deutschen Bibliothek
Die Deutsche Bibliothek verzeichnet diese Publikation in der Deutschen Nationalbibliografie; detaillierte biliografische Daten sind im Internet über http://dnb.ddb.de abrufbar.

IMPRESSUM

Ansgar Nünning, Carola Surkamp:
Englische Literatur unterrichten
Grundlagen und Methoden

1. Auflage 2006

Erhard Friedrich Verlag GmbH
D-30926 Seelze-Velber

Realisation: Friedrich Medien-Gestaltung
Druck: Hahn-Druckerei GmbH & Co, Hannover. Printed in Germany

ISBN 13: 978-3-7800-4943-8
ISBN 10: 3-7800-4943-0

INHALT

Vorwort: Zu Konzeption, Aufbau und Zielgruppe des Bandes

Konzeption

Der vorliegende Band versteht sich als Einführung in eine praxisorientierte Literaturdidaktik. Er ist als Arbeitsmittel für die Orientierung innerhalb eines Bereichs konzipiert, der inzwischen selbst für Fachleute kaum noch überschaubar ist. Zum einen skizziert er die wichtigsten Entwicklungen, die zu einer Neuorientierung im fremdsprachlichen Literaturunterricht, zur Formulierung neuer Lehr- und Lernziele und zur Entwicklung neuer Zugangsformen geführt haben. Zum anderen gibt er einen Überblick über die vielfältigen Methoden der Texterschließung – von analytischen bis zu handlungs- und produktionsorientierten Verfahren –, die in den letzten Jahren entwickelt worden sind. Anschaulich, übersichtlich und praxisnah mit vielen Anwendungstipps für Lehrende wird dargestellt, wie Literatur ansprechend und wirkungsvoll im Englischunterricht der zweiten Hälfte der Sekundarstufe I und der Sekundarstufe II eingesetzt werden kann.

Grundlagen

Der Untertitel des Bandes, *Grundlagen und Methoden*, weist auf den Aufbau der Einführung und auf unsere Vorgehensweise hin. Im ersten großen Teil werden unter Einbeziehung der verschiedenen Bezugswissenschaften der Literaturdidaktik (vor allem der Literatur- und Kulturwissenschaft) pragmatisch und orientiert an den Bedürfnissen Lehrender die wichtigsten theoretischen Grundlagen des fremdsprachlichen Literaturunterrichts dargelegt. Dazu zählt nicht nur die Auseinandersetzung mit der Frage nach dem besonderen Stellenwert literarischer Texte im Fremdsprachenunterricht, sondern auch die nach unterschiedlichen Lehr- und Lernzielen, d. h. nach den sprachlichen, textuellen, literarischen, sozialen und kulturellen Kompetenzen, die durch die Beschäftigung mit Literatur in Schülerinnen und Schülern ausgebildet werden können. Zudem werden einige Grundsatzüberlegungen angestellt, u. a. zur Prozesshaftigkeit des Textverstehens, zur Kanon-Problematik und zur Rolle der Lehrkraft beim Einsatz literarischer Texte im Fremdsprachenunterricht.

Methoden zur Textanalyse

Im zweiten Teil des Bandes geht es sodann um die Vorstellung unterschiedlicher methodischer Zugangsformen zu den einzelnen literarischen Gattungen. Dabei legen wir einen weiten Literaturbegriff zugrunde, der auch audiovisuell und auditiv vermittelte Texte einbezieht und diese in zwei eigenen Kapiteln zum Film und zum Hörspiel berücksichtigt. Ausgangspunkt unserer Überlegungen ist die enorme Kluft, die sich in den letzten Jahrzehnten zwischen der Lyrik-, Dramen-, Erzähl- und Filmtheorie und den Bedürfnissen der Unterrichtspraxis aufgetan hat. Während die literaturwissenschaftlichen Verfahren der Textanalyse inzwischen außerordentlich differenziert und terminologisch ausgefeilt sind, mangelt es bislang an praxisorientierten Arbeiten, die eine Brücke zwischen Literaturwissenschaft, Literaturdidaktik und Schulpraxis schlagen. Lehrende stehen vor dem Problem, dass es kaum didaktisch-methodische Vorschläge gibt, aus denen hervorgeht, wie bei der Anwendung von Kategorien der Textanalyse im Fremdsprachenunterricht konkret vorzugehen ist. Selbst neuere Lehrerhandbücher und *study aids* gehen nach wie vor von Begriffen und Methoden aus, die didaktisch schlecht umsetzbar und zudem oftmals literaturwissenschaftlich überholt sind. Daher werden wir einen Überblick über die verschiedenen Methoden und Modelle der Analyse und Interpretation literarischer Texte liefern und auch die didaktische Praktikabilität und Nützlichkeit rationaler Analyseverfahren vorstellen. Die Grundfragen der Textanalyse werden für die einzelnen Gattungen in der Zielsprache Englisch formuliert; es werden konkrete Umsetzungsvorschläge gemacht, die für Schülerinnen und Schüler auf Anhieb verständlich sind; und es werden didaktische Hinweise für die Bearbeitung von interpretationsbezogenen Textaufgaben gegeben. Insgesamt wird den Leserinnen und Lesern also eine *toolbox* an Kategorien für die Analyse literarischer Texte bereitgestellt, die sie problemlos eigenständig auf neue Texte übertragen können. Ein englischsprachiges Glossar am Ende des Bandes sammelt und erläutert zentrale Begriffe der Textanalyse.

Kreative Verfahren

Darüber hinaus trägt der Band der Konzeption eines schülerzentrierten, handlungs- und produktionsorientierten Fremdsprachenunterrichts Rechnung. Neben den textanalytischen Zugangsformen werden daher auch die für die unterschiedlichen literarischen Gattungen jeweils relevanten kreativ ausgerichteten und affektive Lernziele fördernden Formen der Textarbeit vorgestellt. Dies sind z. B. bei Erzähltexten insbesondere produktionsorientierte Schreibaufgaben. Beim Einsatz dramatischer Texte stehen hingegen aufgrund von deren Aufführungscharakter spiel- und theaterpädagogische Zugangsformen im Vordergrund. Die kreative Beschäftigung mit Filmen im Unterricht legt den Akzent auf die Ausbildung des Hör- und Sehverstehens. Anstatt also eine bestimmte Methode zu privilegieren, wird somit auch im zweiten Teil insgesamt ein Repertoire unterschiedlicher Zugangsmöglichkeiten mit einem hohen Transferwert präsentiert. Die einzelnen Kapitel zu den literarischen Gattungen sind dabei so in sich geschlossen angelegt, dass die interessierte Leserin bzw. der interessierte Leser jedes Kapitel für sich für die Unterrichtsplanung verwenden kann.

Ausblick auf Band II

Um den hohen interpretatorischen und didaktischen Anwendungswert der skizzierten Fragen für die Textanalyse sowie die Transferierbarkeit der vorgestellten kreativen Verfahren zu illustrieren, werden in einem Folgeband exemplarische Unterrichtsreihen zu den verschiedenen literarischen Gattungen entworfen. In Band II wird anschaulich aufgezeigt, wie die in diesem ersten Band aufgeführten Verfahren der Textarbeit sinnvoll eingesetzt werden können, indem sie im Zusammenhang mit konkreten Lektüreanregungen, Lernzielen und Materialien vorgestellt werden. Gemäß dem Grundsatz beider Bände, sich möglichst nah an der Schulpraxis und an den Bedürfnissen Studierender und Schulpraktiker auszurichten, werden die im ersten Band dargestellten theoretischen und methodischen Grundlagen mit konkreten Planungshinweisen für die Praxis des englischsprachigen Literaturunterrichts verbunden. Der Einsatz unterschiedlicher Verfahren der Textarbeit wird anhand ausgewählter Gedichte, Kurzgeschichten, Romane, Dramen, Filme und Hörspiele exemplarisch illustriert. Außerdem werden zu den einzelnen Unterrichtsvorschlägen für die Unterrichtspraxis direkt verwendbare Materialien in Form von Arbeitsblättern und Zusatztexten zusammengestellt.

Zielgruppe

Der vorliegende Band ist erstens als kompakte Einführung in zentrale Gegenstände der Literaturdidaktik für **Englischstudierende** aller Lehrämter gedacht, die die Fähigkeit erwerben möchten, englischsprachige literarische Texte systematisch, methodisch bewusst und mittels einer klaren Begriffssprache im Unterricht zu vermitteln. Zweitens kann er als Repetitorium für **Referendare** dienen, die sich bei der Vorbereitung für ihren Unterricht einen Überblick über Grundbegriffe und Methoden literaturdidaktischer Arbeit verschaffen möchten. Drittens ist er für **Lehrende** hilfreich, die gezielt Informationen über Methoden, Kategorien und Modelle der Lyrik-, Dramen-, Erzähltext-, Film- und Hörspielanalyse sowie über handlungs- und produktionsorientierte Zugangsformen suchen bzw. die ihre Kenntnisse und Fähigkeiten in der Arbeit mit literarischen Texten vertiefen, erweitern und terminologisch präzisieren möchten. Allen Leserinnen und Lesern wird ein umfassendes Repertoire an unterschiedlichsten Methoden der Textarbeit zur Verfügung gestellt, das eine zuverlässige Planung und Durchführung von Unterrichtsstunden und -reihen ermöglicht und erleichtert. Da ein besonderer Wert auf die Vermittlung von Überblickswissen, Grundbegriffen und transferierbaren Methoden der Textinterpretation gelegt wird, eignet sich dieser Einführungsband zum studienbegleitenden Selbststudium, zur zielgerichteten Vorbereitung auf Prüfungen, als Textgrundlage für ein Einführungsseminar in die Literaturdidaktik und für Studienseminare im Referendariat sowie als umfassendes Repetitorium für die Praxis des Literaturunterrichts.

Danksagung Wir möchten einer Reihe von Menschen danken, die zur Entstehung dieses Buches beigetragen haben. Zunächst ist ein Dankeswort an einen Teil des Zielpublikums angebracht. Dieses Buch ist nicht nur für Studentinnen und Studenten geschrieben, sondern es ist auch aus der langjährigen Arbeit mit Studierenden hervorgegangen. Herzlich danken möchten wir zudem einigen Kolleginnen und Kollegen, die uns wertvolle (literatur)didaktische Hinweise gegeben haben: Gerhard Bach (Bremen), Janice Bland (Duisburg-Essen), Eva Burwitz-Melzer (Gießen), Ludwig Duncker (Gießen), Peter Freese (Paderborn), Albert-Reiner Glaap (Düsseldorf), Roswitha Henseler (Köln), Friederike Klippel (München), Michael Legutke (Gießen), Roy Sommer (Wuppertal) und Bruno Zerweck (Köln) sowie vor allem Lothar Bredella (Gießen) und Wolfgang Hallet (Gießen). In besonderem Maße sind wir auch Hubertus Rollfing vom Kallmeyer Verlag verpflichtet, der sich von Beginn an für dieses Projekt engagiert, es mit der ihm eigenen liebenswürdigen Beharrlichkeit vorangetrieben und mit Sorgfalt und Kompetenz verlegerisch betreut hat. Außerdem danken wir Solveig Möhrle von der Redaktion der Zeitschrift *Der Fremdsprachliche Unterricht Englisch* für das konstruktive und motivierende Probelesen und für die Endredaktion sowie Sara B. Young für ihre kompetente Durchsicht ausgewählter Passagen. Viele wertvolle Anregungen verdanken wir Ellen Surkamp, die aus der Perspektive der langjährigen Englischlehrerin und Mentorin für Referendare die Entwicklung des Buches begleitet hat. Ganz besonderer Dank gebührt unserer Mitarbeiterin Britta Freitag: Sie hat nicht nur frühere Fassungen einzelner Kapitel äußerst konstruktiv kommentiert, sondern auch bei der Erstellung der Bibliografie und des Glossars ausgezeichnete Arbeit geleistet. Danke auch an unsere Korrekturleser Meike Hölscher, Ilke Krumholz, Sascha Ruf, Anna Schewelew, Daniela Siener, Anne Stoll und Anna Weigel aus Gießen sowie Carola Hecke, Melanie Hockemeier, Rebecca Scorah, Inken Seinsche und Christof Stromann aus Göttingen. Ein weiteres herzliches Dankeschön geht zu guter Letzt an Marlen und Claire Surkamp, die ihre ‚Mama' in ihren ersten beiden Lebensjahren mit diesem Buch teilen mussten, für ihre Geduld, Unkompliziertheit und gute Laune sowie vor allem für so manch willkommene Ablenkung. Und Ihnen, liebe Leserin und lieber Leser, wären wir sehr dankbar, wenn Sie uns Ihre Kommentare, Kritik und Anregungen senden würden an

ansgar.nuenning@anglistik.uni-giessen.de oder
carola.surkamp@phil.uni-goettingen.de.

Gießen und Göttingen im März 2006
Ansgar Nünning & Carola Surkamp

I. Grundlagen des fremdsprachlichen Literaturunterrichts

I Grundlagen des fremdsprachlichen Literaturunterrichts

1. Warum Literatur im Fremdsprachenunterricht?

Literatur im kommunikativen Fremdsprachenunterricht

Im Rahmen eines kommunikativen Fremdsprachenunterrichts galt Literatur lange Zeit als entbehrlich. Anstatt sich mit Romanen oder Dramen zu beschäftigen, sollten Lernende auf den Gebrauch der Fremdsprache in konkreten Kommunikationssituationen vorbereitet werden und z. B. die folgenden Aufgaben bewältigen können: Wie frage ich nach dem Weg? Wie verstehe ich Bahnhofsdurchsagen? Wie lese ich ein Hinweisschild, eine Speisekarte, eine Anzeige, ein Formular? Und wie schreibe ich einen Brief an meinen Brieffreund? Literarische Texte spielten in diesem Zusammenhang nur eine kleine Rolle und wurden – wenn überhaupt – wie nichtfiktionale Texte auch zur Wortschatz- und Grammatikvermittlung eingesetzt. Zu einem lebendigen, motivierenden, herausfordernden Unterricht führte dieses Vorgehen nicht (vgl. Kast 1994: 4). Zudem blieb die ästhetische Struktur der literarischen Texte durch die unreflektierte Übertragung von an Sachtexten eingeübten Lesetechniken oft unberücksichtigt (vgl. ebd.: 5). In diesem Kapitel werden wir den folgenden Fragen nachgehen:

Didaktische Grundfragen des fremdsprachlichen Literaturunterrichts

- Wie können deutsche Schülerinnen und Schüler zum Lesen englischsprachiger Literatur motiviert werden?
- Was sind Lehr- und Lernziele des fremdsprachlichen Literaturunterrichts? Welche Kompetenzen können in Lernenden ausgebildet werden?
- Nach welchen Kriterien sollten Texte für den fremdsprachlichen Literaturunterricht ausgewählt werden?
- Mit Hilfe welcher Zugangsmethoden kann das vielfältige Potenzial literarischer Texte für den Fremdsprachenunterricht am besten genutzt werden?
- Wie lassen sich analytische und kreative Aufgaben im Literaturunterricht sinnvoll miteinander verbinden?
- Welche Rolle spielt die Lehrkraft im fremdsprachlichen Literaturunterricht?

Verstärkte Bedeutung von Literatur

In jüngerer Zeit wird der Behandlung von Literatur im Fremdsprachenunterricht jedoch wieder verstärkte Bedeutung beigemessen (vgl. auch Nünning/Surkamp 2003). Dies ist vor allem auf gewandelte Vorstellungen vom Stellenwert literarischer Texte sowie auf die Herausbildung von Lernzielen wie Empathie, Perspektivenübernahme und Fremdverstehen zurückzuführen, die durch die Auseinandersetzung mit Literatur in besonderem Maße erreicht werden können. Für die wiedergewonnene Einsicht, dass literarische Texte eine wichtige Bereicherung für den Fremdsprachenunterricht darstellen, gibt es eine Reihe von Gründen. Sie reichen von der Auffassung, dass Lesen kein passiver Akt der Informationsentnahme, sondern ein kreativer Akt der Bedeutungsbildung ist, über die Forderung nach mehr Schülerorientierung bis zur Aufwertung der emotional-affektiven Dimension der Literaturrezeption.

Lesen als Interaktion

Von besonderer Bedeutung für den veränderten Stellenwert literarischer Texte ist der hermeneutische Verstehensbegriff. Er legt „Schülerorientierung und schüleraktivierende Methoden nahe, weil der Sinn eines Textes nicht gegeben ist, sondern erst unter der Mitwirkung des Lesers entsteht" (Bredella 1995: 29). Der Vorgang des Verstehens und Interpretierens von Literatur beruht auf einer Interaktion zwischen Text und Leser, bei der der Leser als tätiges, denkendes und fühlendes Subjekt angesprochen wird (vgl. Bredella 1987: 237). Mit Hilfe seines Vorwissens und seiner Erfahrungen lässt er unter der Lenkung des Textes eine Welt in seinem Kopf entstehen, die ihn in Bezug auf seine eigene Lebenswelt herausfordern und ihm neue Einsichten in sein Selbst- und Weltverständnis vermitteln kann. Literarische Texte werden demnach dadurch bedeutsam für den Unterricht, dass sie Lernende – im Gegensatz etwa zu primär sachbezogenen, referentiellen Texten – durch ihre poetische Unbestimmtheit und Mehrdimensionalität zur kreativen Mitwirkung an der Sinnkonstitution auffordern und ihr lebensweltliches Vorverständnis aktivieren. Da Schüler und Schülerinnen ihr Wissen und ihre Erfahrungen, ihre Einstellungen und Gefühle, ihre Zustimmung oder Ablehnung sowie Eindrücke von der Lektüre anderer Texte an die im Unterricht behandelten literarischen Werke herantragen, spielen beim Lesen und Verstehen fremdsprachlicher Texte nicht nur rezeptive und kognitive Fähigkeiten eine Rolle, sondern der Lesevorgang ist auch von produktiven, imaginativen, affektiven und ethischen Momenten gekennzeichnet.

Anregung zur Kommunikation

Literarische Texte reizen daher stärker zum Nachfragen, Reagieren und Stellungnehmen als die meisten Schulbuchtexte, die weniger um des Inhalts willen gelesen werden, sondern vielmehr der Einführung neuer Vokabeln und Strukturen dienen (vgl. Hermes 1994: 249f.). Da sich Schülerinnen und Schüler aus diesem Grund in der Regel von Schulbuchtexten nicht persönlich angesprochen fühlen und in der Beschäftigung mit ihnen auch nicht ihre eigenen Erfahrungen ins Spiel bringen können, findet Kommunikation nicht in dem gleichen Maße statt wie bei der Auseinandersetzung mit literarischen Texten. Nicht zuletzt wegen der Faszination, die spannende Geschichten und fremde kulturelle Welten auf den Leser ausüben, und wegen des Identifikationspotenzials, das lebensecht dargestellte Figuren für Lernende haben, liefert der fremdsprachliche Literaturunterricht authentische Sprechanlässe, in denen Sprachkenntnisse in einem bedeutungsvollen inhaltlichen Zusammenhang erprobt und weiterentwickelt werden können (vgl. auch Brusch 1989: 18). Darüber hinaus schafft er vor allem durch schülerzentrierte und handlungsorientierte Formen der Textarbeit Situationen, in denen sprachlich gehandelt wird, d. h. in denen Erfahrungen mit Texten, Stellungnahmen und auch unterschiedliche Deutungen in der Fremdsprache artikuliert werden und in denen die Schülerinnen und Schüler nicht nur über den jeweiligen Text, sondern auch über sich selbst, ihre Einstellungen und Wertvorstellungen sprechen. Auf diese Weise kommt es zu einer echten Kommunikation im Klassenzimmer: „Sprache wird also nicht für pragmatisch funktionale Zwecke eingesetzt, sondern um etwas Eigenes auszudrücken und um etwas darüber zu erfahren, was andere denken und empfinden." (Kast 1994: 8)

Einblicke in andere Kulturen

Ein weiterer Grund für den besonderen Stellenwert literarischer Texte im Fremdsprachenunterricht besteht in der spezifisch kulturellen Leistung fremdsprachlicher Literatur für die Handlungskompetenz der Lernenden. Da fremdsprachliche literarische Texte anhand von anschaulich geschilderten fiktionalen Einzelschicksalen lebensweltliche menschliche Erfahrungen evozieren und aufgrund ihrer ‚Erfahrungshaltigkeit' fremde Lebensweisen, Werte, Normen und Weltsichten vermitteln, erschließt die Beschäftigung mit ihnen den Schülerinnen und Schülern eine andere Kultur. Da fiktionale Texte den Vorteil haben, potenziell unbegrenzt Bewusstseinsvorgänge von Personen darstellen zu können, erhalten die Schüler und Schülerinnen darüber hinaus Einblick in das, was in den Köpfen anderer Menschen bzw. Figuren vor sich geht, d. h. sie erfahren, was andere denken und fühlen und wie sie die Welt erleben.

Aufforderung zum Perspektivenwechsel

Diese bei der Lektüre intuitiv vollzogenen Perspektivenwechsel erweitern nicht nur den Wahrnehmungs- und Verstehenshorizont der Lernenden, sondern fordern sie auch zum Umdenken heraus:

> So kommt es immer wieder zu Erfahrungen, die sich nicht problemlos auf unsere Begriffe, Konzepte und Schemata beziehen lassen. Neu, überraschend und Ungewöhnlich [sic] erscheint uns somit das, was sich nicht einordnen lässt und unsere Erwartungen und Gewohnheiten verletzt, das unsere kognitiven und kreativen Fähigkeiten aktiviert und dazu führt, daß wir unsere Begriffe und Konzepte modifizieren und neue Standpunkte und Perspektiven einnehmen. (Bredella 1987: 233f.)

Fremdsprachliche Literatur bietet Lernenden die Möglichkeit, die Andersartigkeit fremder Wirklichkeitsmodelle kennenzulernen, sich auf fremde Sichtweisen einzulassen und über die Begrenztheit der eigenen Weltsicht zu reflektieren. Im Vergleich zu Sachtexten liegt das Potenzial literarischer Texte darin, dass sie durch die exemplarische Schilderung konkreter Einzelschicksale das Fremde emotional erfahrbar und nachvollziehbar machen. Daher kann die Auseinandersetzung mit literarischen Texten entscheidend zur Ausbildung von Fantasie und zur Erweiterung von Handlungsmöglichkeiten beitragen. Da sie in besonderer Weise die Entwicklung eines Sinns für alternative Lebensentwürfe, die Bereitschaft zu Toleranz sowie die Fähigkeit zu Empathie und Perspektivenwechsel und damit auch das Verstehen von Menschen aus anderen Kulturkreisen fördert, werden Schülerinnen und Schüler auf selbstständiges Handeln in der außerschulischen Lebenswelt vorbereitet.

Anregung zur kritischen Auseinandersetzung

Beim Lesen literarischer Texte geht es jedoch nicht nur um das Einfühlen in andere Figuren und das Nacherleben von deren Erfahrungen, sondern auch um die Bewertung der dargestellten Welt (vgl. Bredella/Burwitz-Melzer 2004: XV). Da wir als Leser nicht handelnd in das Geschehen involviert sind, sondern es als emotional engagierte ‚Zuschauer' von außen betrachten, können wir es losgelöst von unseren eigenen Interessen und dadurch distanzierter beurteilen. Literarische Texte regen Lernende also auch dazu an, sich kritisch mit ihnen auseinander zu setzen. Für die Entfaltung der Urteilskraft der Schüler sind nicht nur kognitive, sondern auch emotionale Fähigkeiten gefordert, und zwar in zweifacher Hinsicht:

> Zum einen müssen wir als Leser die Gefühle der Charaktere nachvollziehen, und zum anderen löst das dargestellte Geschehen in uns selbst Gefühle wie Bewunderung oder Mitleid aus. Damit wird aber auch unsere ethische Urteilskraft angesprochen. Wir können nicht Bewunderung oder Mitleid empfinden, ohne dass unsere Wertvorstellungen ins Spiel kommen. (Bredella/Burwitz-Melzer 2004: XV)

Schulung im Lesen und Textverstehen

Über den neueren Lernzielen des fremdsprachlichen Literaturunterrichts wie Empathie, Perspektivenübernahme und Fremdverstehen sollte in Zeiten von PISA nicht vergessen werden, dass die Beschäftigung mit fremdsprachlicher Literatur Lernende auch ganz allgemein im Lesen und Textverstehen schult. Lesen ist eine wichtige Kulturtechnik, und gerade in der heutigen Wissensgesellschaft kommt der Aufnahme, Auswahl und Verarbeitung von Informationen eine hohe Bedeutung zu. Selbst wenn es im Literaturunterricht nicht primär um Informationsaufnahme geht, schult die Lektüre literarischer Texte doch insofern die Lesekompetenz der Schülerinnen und Schüler, als sie trainieren, fremdsprachige Wörter und Satzstrukturen zu verstehen und größere Textmengen zu erfassen.

Schulung im literarischen Verstehen

Darüber hinaus trägt der Literaturunterricht dazu bei, Lernenden Einsicht in die Literarizität von Texten und in die Funktionen von Literatur zu vermitteln und sie damit im literarischen Verstehen zu schulen. Schülerinnen und Schüler gewinnen im fremdsprachlichen Literaturunterricht nicht nur Einblicke in Kulturgüter des Zielsprachenlandes, sondern sie lernen auch, die spezifischen Merkmale der drei Großgattungen Lyrik, Drama und Prosa sowie die Besonderheiten anderer medialer Texte (wie Hörspiele, Comics und Filme) zu erkennen und zu beschreiben sowie in ihrer Wirkung auf den Leser zu bestimmen. Dadurch kann der Literaturunterricht dazu beitragen, bei Lernenden ein ästhetisches Bewusstsein auszubilden.

Aspekte der Text- und Methodenauswahl

Um das vielschichtige Potenzial literarischer Texte im Fremdsprachenunterricht nutzen zu können, gilt es mindestens zweierlei zu bedenken. Erstens muss die zu einem großen Teil mit der Uniformität der Schullektüre und dem Festhalten an herkömmlichen Methoden der Textinterpretation zusammenhängende Schwierigkeit überwunden werden, deutsche Schülerinnen und Schüler zum Lesen fremdsprachlicher Texte zu animieren bzw. ihre Begeisterung für englischsprachige Literatur zu wecken. Emotionale Bereitschaft zum Spracherwerb und Aufnahmefähigkeit sind nämlich nur dann vorhanden, wenn der bzw. die Lernende sich in der Lerngruppe wohl fühlt und Thema und Text ihn bzw. sie interessieren (vgl. Brusch 1989). Zweitens stellt sich die Frage, mit Hilfe welcher Zugangsmethoden Literatur als Medium zur Ausbildung von Vorstellungskraft, Kreativität, Empathie und Fremdverstehen, aber auch zur Förderung von Textsorten- und ästhetischer Kompetenz am besten zur Entfaltung gebracht werden kann. Es gilt also zu klären, wie man im Unterricht Textanalyse betreiben kann, ohne dass sie zum Selbstzweck wird, und wie man kreative Formen der Textarbeit sinnvoll mit analytischen Aufgaben kombinieren kann, um zu intersubjektiv nachvollziehbaren Textinterpretationen zu gelangen und um Lernende zur Beschäftigung mit fremdsprachiger Literatur zu motivieren. Diesen und weiteren Aspekten bzw. Fragen werden wir in den folgenden Kapiteln ausführlicher nachgehen.

Literarische Texte eignen sich für den Fremdsprachenunterricht, weil sie

- ein großes Motivationspotenzial besitzen
- zur kreativen Mitwirkung an der Sinnbildung auffordern
- zum Nachfragen, Reagieren und Stellungnehmen reizen
- authentische Sprechanlässe liefern
- die affektiv-emotionale Seite des Fremdsprachenlernens unterstützen
- zur Entwicklung von Vorstellungskraft und Kreativität beitragen
- Einblicke in andere Kulturen vermitteln
- neue Einsichten in das Selbst- und Weltverständnis ermöglichen
- zum Perspektivenwechsel anregen
- die Ausbildung von Empathie, Toleranz und Fremdverstehen fördern
- zur Entfaltung der kritischen und ethischen Urteilskraft beitragen
- im Textverstehen und literarischen Lesen schulen
- ästhetische Kompetenz fördern
- schülerzentrierte, handlungs- und prozessorientierte Zugangsformen ermöglichen

2. Lesen als interaktiver Prozess

Zwei Fragen

Wenn wir zum einen davon ausgehen, dass der Sinn eines literarischen Textes erst unter der Mitwirkung des Lesers entsteht und dass zum anderen der Einsatz von Literatur im Fremdsprachenunterricht zur Kommunikation in der fremden Sprache anregt, dann müssen zunächst die folgenden zwei Fragen noch näher beantwortet werden: Welche text- und leserabhängigen Faktoren und Zusammenhänge genau spielen bei der Textrezeption eine Rolle? Wie kann die Interaktion mit literarischen Gegenständen im Unterricht gefördert werden?

Literatur als Kommunikation

Für die literarische Textrezeption im Unterricht ist es wichtig, dass Schreiben als eine Form von Kommunikation angesehen wird. Die wichtigsten Faktoren, die schriftliche Kommunikation konstituieren, sind der Verfasser eines Werkes, der von ihm geschriebene Text sowie der Leser, an den der Text gerichtet ist. Das Verständnis von Literatur als Kommunikation lässt sich mit Hilfe eines Modells veranschaulichen, das in stark vereinfachter Form die wichtigsten Elemente und Instanzen darstellt, die am literarischen Kommunikationsprozess beteiligt sind. Ein Autor (Sender) produziert einen literarischen Text (Nachricht), der zugleich die materiale Grundlage bzw. das Medium (Kanal) bildet, durch das die Nachricht zum Rezipienten bzw. Leser (Empfänger) gelangt. Eine notwendige Voraussetzung dafür, dass dieser den Text verstehen kann, besteht darin, dass Sender und Empfänger eine gemeinsame Sprache beherrschen und von ähnlichen Gattungskonventionen ausgehen (Kode). Zudem weisen literarische Texte in der Regel zwar einen Bezug zur historischen oder gegenwärtigen Wirklichkeit (Kontext) auf, allerdings ist dieser ästhetisch vermittelt.

Modell literarischer Kommunikation

nach Nünning/Jucker (1999:49)

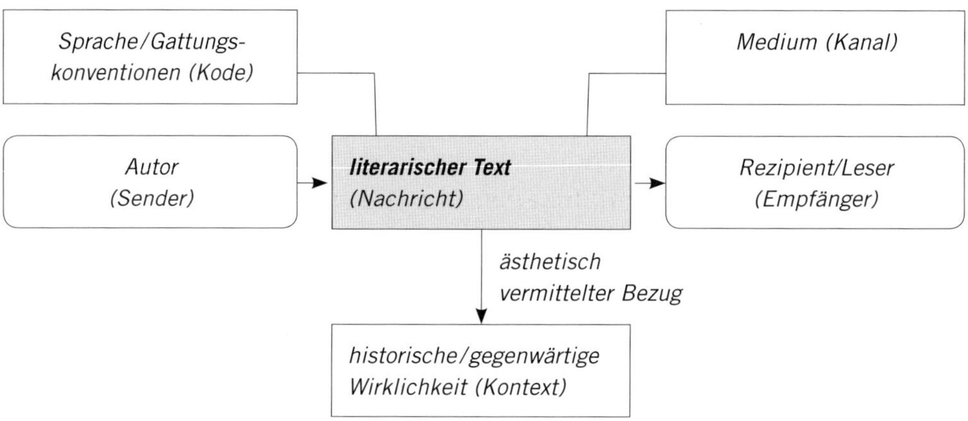

Ungleichzeitigkeit von Produktion und Rezeption

Literarisches Schreiben bzw. Textkommunikation stellt somit einen Sonderfall allgemeiner sprachlicher Kommunikation dar. Im Gegensatz zu mündlicher Kommunikation in einer *face-to-face*-Situation ist die Ungleichzeitigkeit von Produktion und Rezeption bei der schriftlichen Kommunikation der Regelfall. Der Text bildet dabei das Medium, durch das die Nachricht vom Sender zum Empfänger gelangt. Damit entfällt für den Leser bzw. die Leserin die Möglichkeit, Bedeutung anhand etwa der Gestik und Mimik des Autors bzw. der Autorin zu erfahren oder dessen bzw. deren Absichten zu erfragen. Das einzige Verbindungsglied zwischen Sender und Empfänger ist der Text – es sei denn, man befindet sich in einer Autorenlesung, oder es werden Aussagen des Autors, Paratexte oder Rezensionen in den Lektüreprozess einbezogen.

Literarische Kommunikation im Unterricht

Für die Lehr-/Lernsituation im fremdsprachlichen Klassenzimmer muss das Kommunikationsmodell literarischer Texte in mehrfacher Hinsicht verändert werden. Wie Lothar Bredella und Eva Burwitz-

Melzer (2004: 234) herausstellen, ist schulisches Lesen ein sozialer Prozess, „in dem die Leser-Text-Beziehung zu einer Leser-Lehrkraft-Text-Beziehung und im Idealfall auf eine Leser-Leser-Lehrkraft-Text-Beziehung erweitert wird". Das heißt, das Kommunikationsmodell muss sowohl um die Person der Lehrkraft als auch um die anderen Lernenden als Leser ergänzt werden. Lehrer und Lernende befinden sich im Literaturunterricht in einer gemeinsamen Lehr-/Lernsituation, in der der literarische Text als Redeanlass fungiert. Während des gesamten Rezeptionsprozesses tritt die Lehrkraft immer wieder als Vermittler und Impulsgeber zwischen Text und Lerner/Leser (s. auch Kap. I.5.1). Dabei hängt es auch wesentlich von ihrem Vorgehen ab, ob die Lernenden allein als individuelle Leser in Erscheinung treten oder ob es darüber hinaus im Unterricht zwischen den Schülern zu einem Austausch über ihre Leseerfahrungen und zu einem gemeinsamen Aushandeln von Bedeutung kommt. Das folgende Modell bildet die schulische Lehr-/Lernsituation im Literaturunterricht und damit die unterschiedlichen Rollen von Lehrkraft und Lernenden ab:

Modell didaktischer Kommunikation über literarische Texte

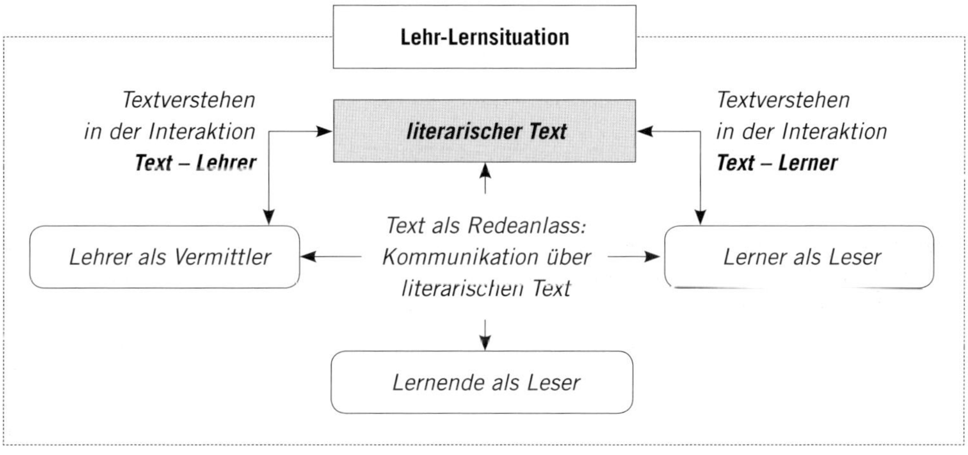

Bottom-up und _top-down processing_

Das Kommunikationsmodell literarischer Texte geht von einer Informationsvermittlung zwischen Autor und Leser aus. Dies bedeutet jedoch nicht, dass Lernende den Sinn eines Textes einfach aus ihm entnehmen. Bei der Lektüre eines literarischen Textes wandern nicht Informationen und Bedeutungen in Form einer Nachricht von einem Sender (dem realen Autor) zu einem Empfänger (dem realen Leser), sondern lediglich Signale, die vom Leser bzw. der Leserin durch eigene Bedeutungszuweisung interpretiert werden. Einerseits kommt es beim Lesen also auf die Dekodierung von Wörtern, Sätzen und Textstrukturen an (*bottom-up, text-based* oder *data-driven processing* genannt). Dieses bottom-up processing gewinnt im Falle des fremdsprachlichen Lesens besondere Bedeutung, da sprachliches Wissen zugleich gefordert ist und aktiviert wird. Andererseits ist der Lektüreprozess von der aktiven Konstruktion und Projektion von Hypothesen durch den Lerner bestimmt. Dieser Vorgang findet auf der Basis von kognitiven, bedeutungsgebenden Schemata statt, wie sie auch für die Interpretation von realen Situationen herangezogen werden. Wie kognitionspsychologische Experimente über das Verstehen literarischer Texte ergeben haben, äußert sich die Informationskonstruktion auf Leserseite z. B. darin, dass der Leser ihm unbekannte Wörter in der Fremdsprache zu erschließen sucht, den Textelementen Bedeutung zuweist und nicht explizit genannte Informationen gedanklich einfügt, indem er auf außertextuelle Bezugsrahmen wie sein allgemeines Weltwissen, psychologische Schemata, seine Erfahrungen und auch literarische Konventionen zurückgreift (*top-down, knowledge-based* oder *conceptually-driven* information processing genannt). Im Literaturunterricht gilt es daher, die Lernenden durch entsprechende Aufgaben im *bottom-up* und *top-down processing* zu unterstützen (s. hierzu Kap. II.2), damit sie befähigt werden, Texte selbstständig zu erschließen.

Bedeutung lebensweltlichen Vorverständnisses: Rezeption literarischer Figuren

Die Einsicht, dass Leser beim Textverstehen nicht nur auf ihr sprachliches Wissen, sondern auch auf ihr lebensweltliches Vorverständnis rekurrieren, wird z. B. bei der Rezeption literarischer Figuren deutlich. Diese vollzieht sich laut Herbert Grabes (1978) in Analogie zur Wahrnehmung von Personen in der Lebenswirklichkeit. Grabes stellt heraus, dass Leserinnen und Leser wegen der ‚Illusionsmächtigkeit' literarischer Figuren ‚Personenvorstellungen' von diesen bilden. Zu den Voraussetzungen für das Entstehen von solchen Personenvorstellungen zählen nicht bloß die im Text enthaltenen Informationen, sondern auch „personenspezifisches Detailwissen und eine ‚implizite Persönlichkeitstheorie', d. h. jenes System von Überzeugungen, das den einzelnen bei der Wahrnehmung und Beurteilung anderer Menschen leitet" (ebd.: 412).

Rolle von Gefühlen

Beim Verstehen literarischer Texte spielen aber nicht nur kognitive Faktoren eine Rolle. Neben der Fähigkeit, Sprache und Struktur eines Textes zu entschlüsseln, Leerstellen aufzufüllen und den Textinformationen Sinn zuzuschreiben, sind auch die Gefühle, subjektiven Reaktionen und individuellen Assoziationen des Lesers für das Verständnis eines Textes wichtig. Dies äußert sich z. B. in Form von Sympathie und Empathie bei der Konstruktion fiktionaler Charaktere. Wie Jürgen Donnerstag und Petra Bosenius (2000: 153) festgestellt haben, bilden Emotionen im Leseprozess aber auch „eine unabdingbare Voraussetzung für die Verbindung eigener Erfahrungswelten mit literarischen Erfahrungswelten". Gefühle lenken die Aufmerksamkeit des Lesers und beeinflussen seine Wahrnehmung und das Erinnern fiktionaler Situationen. Somit spielen sie eine wichtige Rolle bei der Entwicklung von Bedeutungshypothesen und deren Überprüfung im Leseprozess (vgl. ebd.). Das bedeutet, dass auch die emotionale Dimension der Literaturrezeption im Unterricht berücksichtigt und gefördert werden muss.

Forderung nach mehr Schülerorientierung

Aus der Einsicht in die aktive Mitarbeit des Lesers bei der Textrezeption ergibt sich die Forderung nach mehr Schülerorientierung im fremdsprachlichen Literaturunterricht. Problematisch wird die Hinwendung zu den Lernenden allerdings, wenn sie in eine radikal konstruktivistische Literaturdidaktik mündet, der zufolge die Deutungsspielräume für die Lernenden unbegrenzt sind und folglich jedes Textverstehen grundsätzlich subjektiv ist, so dass es keine richtigen und falschen Deutungen geben kann. Ein solcher Ansatz entwertet den Text, da dieser nur noch das Material für die Schaffung eigener Bedeutungen seitens des Lesers bildet. Außerdem macht er eine Schullektüre, die Funktionen hat und vor allem Ziele verfolgt, unmöglich: „Denn wenn jede Lektüre zugleich eine gültige und eine Fehllektüre sein kann, wenn jede Deutung prinzipiell gleichberechtigt ist, dann stellt sich die Frage nach der Beliebigkeit im Umgang mit Literatur." (Winzer 2001: 13)

Interaktionistisches Modell der Textinterpretation

Dem Verstehensprozess sehr viel angemessener ist daher die Zugrundelegung eines interaktionistischen Modells, wie es Lothar Bredella (2000) entwickelt hat. Textinterpretation wird als dynamischer Prozess angesehen, indem sich das Textverstehen als Wechselwirkung zwischen der Lenkung durch den Text und individuellen – kognitiven wie emotionalen – Rezeptionsleistungen des Lesers vollzieht. Der Leser schreibt dem Text also auf der Basis seines Weltwissens und seines individuellen Werte- und Normensystems Bedeutung zu, aber sein Deutungsspielraum ist durch die vom Text vorgegebenen Strukturen begrenzt.

Umsetzung des interaktionistischen Modells im Unterricht

Um der interaktionistischen Form des Textverstehens im schulischen Kontext gerecht zu werden bzw. um sie zu fördern, werden unterschiedliche Methoden benötigt. Es müssen die Voraussetzungen dafür geschaffen werden, „daß auch Literaturunterricht Interaktions- und Kommunikationsprozeß ist" (Glaap 1979: 99). Dies bedeutet, Lernende einerseits darin zu schulen, die Lenkung durch den Text zu erkennen und zu beschreiben. Dazu benötigen sie Kenntnisse in der Analyse literarischer Texte und ein Instrumentarium zur Beschreibung der Textstrategien in der Fremdsprache. Andererseits müssen den Lernenden Aufgaben an die Hand gegeben werden, die es ihnen ermöglichen, ihre individuellen Leseerfahrungen zu artikulieren und ihre subjektiven Leseeindrücke in die Beschäftigung mit dem Text im Unterricht einzubringen. Nach Albert-Reiner Glaap und Heribert Rück (2003: 135) verlangt die besondere Rezeptionssituation im fremdsprachlichen Literaturunterricht, „dass einerseits dem literarischen Text zu der in ihm angelegten Wirkung verholfen wird und andererseits die Schüler ihre lebensweltlichen Erfahrungen einbringen können". Die verschiedenen Dimensionen der Literaturrezeption, die kommunikative, die kognitive und die emotionale, müssen also bei der Planung von Unterricht berücksichtigt werden.

3. Lehr- und Lernziele im fremdsprachlichen Literaturunterricht

3.1 Die Entwicklung sprach- und textbezogener sowie affektiver und kreativer Kompetenzen

Kommunikative Kompetenz

Oberstes Ziel des Fremdsprachenunterrichts ist es, kommunikative Kompetenz zu erlangen. In diesem Sinne dient auch der fremdsprachliche Literaturunterricht nicht in erster Linie der Vermittlung literaturwissenschaftlicher Erkenntnisse und Methoden. Er setzt sich vielmehr vor allem zum Ziel, Schüler und Schülerinnen zur intensiven Interaktion mit literarischen Texten anzuregen und sie zum Sprechen und Schreiben über Texte und ihre individuellen Leseerfahrungen zu motivieren.

Textverstehen/ Lesekompetenz

Dem Sprechen und Schreiben über literarische Texte in der Fremdsprache ist das Textverstehen als Lernziel vorangestellt. An diesem komplexen Prozess ist eine Reihe von Teilfähigkeiten beteiligt, die lehr- und lernbar sind und deren Beherrschung die Lesekompetenz eines Menschen ausmachen. Die einzelnen Operationen, die Schülerinnen und Schüler für das Verstehen von fremdsprachlichen Texten erlernen müssen, reichen von der Identifizierung von Sprachzeichen über die Erfassung des Sinns einzelner Wörter und Sätze sowie der Erschließung komplexer Sinnzusammenhänge bis hin zur Herstellung von Bezügen zu anderen Texten und zur Textkritik. Um diese Ziele zu erreichen, müssen Lernende nicht nur deklaratives Wissen, d. h. lexikalische, grammatikalische und landeskundliche Kenntnisse, erwerben, sondern auch in Texterschließungsstrategien und -techniken wie dem *skimming* (Orientierung an wesentlichen Textmerkmalen, z. B. an Überschriften, Fettdruck, Zahlen) und *scanning* (Suche nach bestimmten Schlüsselwörtern im Text) geschult werden. Wenn man Lesekompetenz „als Mittel für die selbständige Bewältigung künftiger Lesesituationen" (Grzesik 1990: 164) versteht, dann darf sich das Ziel des Fremdsprachenunterrichts nicht darin erschöpfen, feste Wissensbestände zu vermitteln, sondern er muss durch texterschließende und -überschreitende Methoden jene Teilfähigkeiten fördern und entwickeln, die am Verstehensprozess beteiligt sind:

METHODE

Texterschließende und -überschreitende Methoden

(nach Grzesik 1990)

- Darstellendes Vorlesen
- Konzentration auf einzelne Textstellen (Focus-Methode)
- Schulung grundlegender Vorstellungs- und Urteilsbildung
- themengeleitete Verarbeitung von Textinformation
- emotionales Erleben und seine reflexive Verarbeitung
- Erleben und Analysieren ästhetischer Textqualitäten
- Transformation von Textsinn in andere Medien
- Vergleich von Texten
- Sach- und Wertkritik
- Analyse und Reflexion der Produktions- und Rezeptionsbedingungen

Literarische Kompetenz

Zusätzlich zum reinen Leseverstehen sollten Schülerinnen und Schüler den Lehrplänen gemäß auch im fremdsprachlichen Unterricht lernen, die besondere ästhetische Struktur eines literarischen Textes zu erkennen. Das heißt, sie sollten durch den Erwerb von Kenntnissen über die einzelnen Gattungen grundlegende literarische Kompetenz erwerben. Literarische Kompetenz dient dazu, das Leseerlebnis zu vertiefen, da sie Lernende in die Lage versetzt, die spezifische Wirkung eines Textes auf sie zu verstehen und diese auch zu erklären. Zum Erwerb literarischer Kompetenz gehört daher, die gattungsspezifischen Besonderheiten literarischer Texte beschreiben und in ihrer Funktionsweise deuten zu lernen: Welche formalen Besonderheiten weisen Gedichte auf? Was sind die Bauformen dramatischer Texte? Inwiefern unterscheiden sich Erzähltexte von Gedichten und Dramen? Welche Funktion hat ein spezifisches Darstellungsmittel in einem Text? Schülerinnen und Schüler sollten darin geschult werden, Texte selbstständig zu analysieren sowie kritisch und wertend zu kommentieren. Ein Ziel des fremdsprachlichen Literaturunterrichts ist es also, bei Lernenden über ein zunächst identifikatorisches Lektüreverhalten hinaus „eine distanzierte, reflexive ästhetische Rezeptionskompetenz" (Pfeiffer 2002: 199) auszubilden.

Von der Lese- zur Medienkompetenz

Um den Schülerinnen und Schülern Orientierung in der heutigen Medienkultur zu verschaffen und im souveränen Umgang mit unterschiedlich medial vermittelten Texten zu schulen, ist schließlich neben der Lesekompetenz die Förderung des Hör- und Sehverstehens ein weiteres Lernziel des Literaturunterrichts. Fremdsprachenlernende sollten nicht nur Sprachtexte lesend, sondern auch hörend verstehen sowie Bilder entschlüsseln können, d. h. die unterschiedlichen Kulturzeichen der verschiedenen Mediengattungen (Hörtexte, Comics, Filme usw.) dekodieren lernen und Kenntnisse über die Wirkung verbaler, akustischer und visueller Ausdrucksmöglichkeiten erwerben. Auf diese Weise kann die Vermittlung von Lesekompetenz in eine Medienkompetenz münden.

Schreiben über Texte

Neben der Förderung von Textverstehensfertigkeiten und kommunikativer Kompetenz sollte ausdrücklich auch das Schreiben über Texte ein Lernziel des Literaturunterrichts sein. Für fremdsprachliche Situationen in der Welt außerhalb des Klassenzimmers sind sicherlich Textsorten wie informelle oder formelle Briefe, Berichte, Zusammenfassungen, Protokolle usw. nützlich (vgl. Börner 1989: 356). Aber auch die Produktion längerer, kohärenter Texte (z. B. Bildbeschreibungen, Glossen, Kommentare, Erörterungen, Essays, Kurzgeschichten usw.), die Bestandteil des fremdsprachlichen Literaturunterrichts sein sollte, ist wichtig. Das Verfassen eigener Texte übt nämlich

> den reflektierten Ausdruck subjektiven Empfindens und Wertens. Es begünstigt ferner die gedankliche Durchdringung von komplexen Sachverhalten, die ordnende Gliederung von Ideen und die kritische Prüfung und Abwägung von Argumenten. Schließlich vermittelt es – neben der mündlichen Kommunikation und diese verstärkend – sprachliche Verfahren, die geeignet sind, Aufmerksamkeit zu wecken, zu überzeugen oder Verhalten zu ändern, kurz: rhetorische Ziele zu verfolgen. (ebd.: 357)

Vermittlung textueller Kompetenzen: kreative Schreibaufgaben

Das Schreiben über literarische Texte dient ferner der Vermittlung textueller Kompetenzen und der Ausbildung eines Textsortenbewusstseins. Im Unterricht ist es vielerorts leider immer noch üblich, hauptsächlich Kommentare – mit Zusammenfassung, Analyse und persönlicher Stellungnahme – zu literarischen Texten schreiben zu lassen. Diese Textsorte hat sicherlich ihre Berechtigung, schränkt Lernende jedoch bei alleiniger Verwendung sehr ein. Eine größere Vielfalt an unterschiedlichen Textsorten wird durch die Einbeziehung von kreativen Schreibaufgaben erreicht (vgl. vor allem Caspari 1994). So können Schülerinnen und Schüler einen literarischen Text z. B. verkürzen, erweitern und ergänzen oder ihn neu ordnen, verstärken, abschwächen, widerlegen, parodieren, die Perspektive wechseln usw. Oder aber sie schreiben eine Kurzgeschichte in einen Dialog um, verarbeiten das Thema eines Erzähltexts in einem Gedicht bzw. erarbeiten ein Drehbuch zu einem Roman. Auf diese Weise ermöglicht der fremdsprachliche Literaturunterricht Lernenden, ein Bewusstsein für die genrebedingten Besonderheiten unterschiedlicher Gattungen und Textsorten zu entwickeln, mithin eine Kompetenz, die in einer Informations- und Mediengesellschaft wie der unsrigen gar nicht hoch genug eingeschätzt werden kann.

Vielfalt an Kompetenzen

Wenn literarische Texte zu Gegenständen des fremdsprachlichen Unterrichts werden, ergeben sich vor dem Hintergrund des oben skizzierten interaktionistischen literaturdidaktischen Modells einige weitere Lehr- und Lernziele, welche eine Vielfalt an Kompetenzen der Schüler betreffen, die für das Textverstehen ausgebildet und gefördert werden müssen. Nach Gerhard Haas (1987: 13) treten Lernende nämlich z. B. nur in eine Kommunikation mit dem Text, wenn sie ein Bedürfnis dazu verspüren. Die Förderung der Leselust ist also auch im Fremdsprachenunterricht ein wichtiges Lernziel. Das Bedürfnis nach einem Dialog mit dem Text ist „an die **emotive Kompetenz** [Hervorh. d. Autoren], Gefühle zu zeigen, ästhetische Reize und Geschehnisspannung zu genießen, sich identifikatorisch in Fremdes, Fernes, Neues einzufühlen, gebunden" (ebd.). Die Entwicklung **imaginativer Kompetenzen** wiederum ermöglicht es dem Schüler, „in literarischen Texten seinen begrenzten Erfahrungs- und Lebenshorizont projektiv zu übersteigen, fiktive Wirklichkeit als Möglichkeit künftigen Seins zu verstehen und daraus Alternativen auch wieder für das Vorfindliche abzuleiten" (ebd.). Um aktiv und produktiv auf diese Erfahrungen mit dem Text antworten zu können, müssen Lernende des Weiteren sowohl **textanalytische** als auch **kreative Kompetenzen** ausbilden. Hinzu kommt schließlich nach Haas „die **emanzipatorische Kompetenz** [Hervorh. d. Autoren], im Unterricht selbständig-selbsttätig handeln und über die jeweiligen Texte ebenso wie über die Form der Annäherung an sie eigenverantwortlich mitentscheiden zu können" (ebd.). Zu diesem allgemeinen pädagogischen Lernziel kommt noch ein weiteres hinzu – das der **sozialen Kompetenz**: Schülerinnen und Schüler sollten im Gespräch über literarische Texte mit ihren Mitschülern lernen zuzuhören, andere ausreden zu lassen, auf fremde Stellungnahmen und Reaktionen Bezug zu nehmen und eine eigene Position zum Ausdruck zu bringen.

Grobziele vs. Feinziele und Progression

Sowohl in Bezug auf die aufgeführten sprach- und textbezogenen als auch auf die affektiven und kreativen Lehr- und Lernziele im fremdsprachlichen Literaturunterricht gilt es sich vor Augen zu führen, dass diese Grobziele, sobald sie in Feinziele übergeführt werden, immer abhängig von der jeweiligen Jahrgangsstufe und auch Schulform anzusetzen sind (vgl. hierzu im Einzelnen die Richtlinien und Rahmenpläne der Bundesländer). Während es z. B. beim Textverstehen in der Unterstufe um einfache Verständnisfragen und Textpuzzles und eventuell zusätzlich um das Erfassen des

Inhalts und der Struktur einer Geschichte geht, beispielsweise in Form von gelenkten kleineren Nacherzählungen, werden die Aufgabenstellungen für die Textarbeit in den höheren Jahrgangsstufen zunehmend komplexer (vgl. Bredella/Burwitz-Melzer 2004: 217). In der Mittelstufe wird z. B. die Fertigkeit verlangt, wichtige Informationen im Text zu erkennen, Texte zu gliedern sowie ihre Handlungsstruktur und das Verhalten der Figuren zu beschreiben. Auch bei der schriftlichen Textproduktion werden an Lernende erhöhte Anforderungen gestellt: So sollen sie mit Hilfe von Perspektivenwechseln Erzählungen umschreiben und auf der Basis eines vorgegebenen Textes eigene kürzere Erzählungen anfertigen (vgl. ebd.). In der Oberstufe schließlich stehen komplexere Textinterpretationen im Vordergrund, die auch die besondere formale Gestaltung eines Textes und seine vielfältigen Wechselbeziehungen zum Entstehungskontext berücksichtigen. Hinsichtlich der kreativen Textarbeit werden von den Lernenden nun zunehmend das Spiel mit verschiedenen Gattungen und Textsorten sowie die selbstständige Arbeit in Projekten verlangt.

Entwicklung narrativer Kompetenz

Da viele der gesprochenen und geschriebenen Schülertexte narrativer Art sind und Lernende im und außerhalb des Unterrichts immer wieder selbst kurze Geschichten erzählen, lässt sich ein weiteres übergreifendes Lernziel des Literaturunterrichts formulieren: die Entwicklung narrativer Kompetenz (vgl. Nünning/Nünning 2003). Narrative Formen sind nicht nur ein Gegenstand des Unterrichts, sondern auch und vor allem ein Medium der Kommunikation – innerhalb wie außerhalb des Klassenzimmers. Sie reichen von der Wiedergabe eigener Erlebnisse in Form von Alltagserzählungen bis zur Zusammenfassung der Handlung einer Fabel, einer Bildergeschichte, eines Films, einer Short Story oder eines Romans. Außerhalb des Unterrichts werden sie dazu verwendet, um eigenen Erfahrungen und alltäglichen Ereignissen Struktur und Sinn zu verleihen. Insgesamt erfüllen Erzählungen eine wesentliche Funktion für die Konstruktion individueller und kollektiver Identität (vgl. im Einzelnen Kap. II.5.1). Dementsprechend groß ist die Bedeutung, die nicht bloß einer möglichst kompetenten Rezeption, sondern auch einer ebenso kompetenten Produktion von Geschichten beizumessen ist. Dies zeigt sich auch daran, dass die prägnante Zusammenfassung von Ereignissen und Handlungssequenzen eine gerade in unserer Medienkultur wichtige und hochgeschätzte Kompetenz darstellt, die in vielen Berufsfeldern unverzichtbar ist: *„[W]e get good at plot-summarizing largely because, in our kind of world, constructing and communicating summarized plots is a valued skill."* (Toolan 2001: 29) Was versteht man nun unter dem Konzept der ‚narrativen Kompetenz'? Eine erste Antwort gibt Toolan (ebd.), der einige der Aspekte benennt, die dabei eine Rolle spielen:

> It is clear that people, with their various non-universal cultural predispositions, can and do become adept at producing and understanding plot summaries. This amounts to saying that they develop community-validated skills in specifying the more important characters and events in narratives. Most crucially of all, they get good at identifying what, relative to their own frameworks of world knowledge and cultural assumptions, is the ‚main point' of a story.

Kompetente Rezeption und Produktion von Geschichten

Allerdings geht es bei der narrativen Kompetenz um mehr als nur um die Identifizierung der wichtigsten Ereignisse und handelnden Charaktere sowie des ‚Kernpunkts' einer Geschichte, wie sie bei der Behandlung von Romanen und Kurzgeschichten lange im Vordergrund gestanden haben. Für den Unterricht stellt sich zum einen die Frage, wie die Fähigkeit der Lernenden, gute, klar strukturierte und dennoch komplexe Geschichten in mündlicher und schriftlicher Form zu erzählen, ausgebildet werden kann. Zum anderen ist es wichtig, dass Lernende neue Erzählgenres, denen sie zuhauf in Fernsehen und Internet begegnen, nicht einfach konsumieren, sondern sich auch rational und kritisch mit ihnen auseinander setzen und ihre Konventionen bzw. ihre ‚Machart' durchschauen. Sehr aufschlussreich für Jugendliche ist beispielsweise allein schon die Einsicht, dass es von denselben vergangenen Ereignissen oft viele verschiedene Geschichten gibt: Die erzählerische Vermittlung, die Perspektivierung und die mediale Inszenierung bestimmen die Darstellung des ursprünglichen Geschehens und präsentieren es jeweils in einem anderen Licht.

3.2 Die Förderung von interkulturellen Kommunikationskompetenzen: Fremdverstehen durch Literatur

Interkulturelle Handlungsfähigkeit und Befähigung zum Perspektivenwechsel

In einem fremdsprachlichen Literaturunterricht, der dem Leitziel der interkulturellen Handlungsfähigkeit verpflichtet ist, ist die Befähigung der Schülerinnen und Schüler zum Perspektivenwechsel ein wichtiges Lernziel. Den Richtlinien vieler Bundesländer zufolge soll der Englischunterricht nicht nur authentische Einblicke in die Vielfalt der Lebenswirklichkeiten anglophoner Kultur- und Sprachräume sowie den sachgerechten und kritischen Umgang mit Texten und Medien vermitteln, sondern den Lernenden darüber hinaus die Möglichkeit eröffnen, Distanz zu eigenen Sichtweisen und Haltungen herzustellen und die eigene gesellschaftliche Wirklichkeit zu hinterfragen.

Interkulturelle Kommunikationskompetenz

Schülerinnen und Schüler sollen also interkulturelle Kommunikationskompetenz erwerben. Dazu zählen nach Peter Doyé (1999) nicht nur ein Wissen über das Land der Zielsprache (über seine Sprache,

Kultur, Bräuche und Werte), linguistische Kompetenzen (d. h. die fremde Sprache verstehen und sprechen können) und kommunikative Fähigkeiten (d. h. die fremde Sprache in konkreten Kommunikationssituationen anwenden können), sondern auch bestimmte Haltungen wie Selbstachtung, Respekt anderen gegenüber, Toleranz, Offenheit im Denken und bestimmte Fähigkeiten: vor allem Empathievermögen, die Fähigkeit zur Überschreitung der eigenen Sichtweise und die Bereitschaft zum Perspektivenwechsel.

Perspektivenübernahme und Literatur

Gerade in Bezug auf die Lernziele Empathie und Perspektivenübernahme besitzt der Umgang mit Literatur im fremdsprachlichen Klassenzimmer große Bedeutung. Da Fremdverstehen ein kreatives Verstehen ist, bei dem wir bereit sein müssen, uns auf Neues und Fremdes einzulassen (vgl. Bredella 1987: 247), kann mit verschiedenen Formen kreativer Textarbeit die Bereitschaft der Lernenden zum Nachvollzug von und zur Auseinandersetzung mit fremden Erfahrungsperspektiven gefördert werden. Die Kunst, Fremdverstehen durch den Umgang mit literarischen Texten zu lehren, hat demnach wenig mit der Übertragung von landeskundlichem oder sonstigem Wissen – d. h. mit einer informationsentnehmenden Lektüre – zu tun. Ihr grundlegendes Ziel besteht vielmehr darin, die Bereitschaft, Fähigkeiten und Dispositionen der Schülerinnen und Schüler zu Empathie und Perspektivenübernahme auszubilden.

Konzept der Perspektivenübernahme

Das Konzept der Perspektivenübernahme bezieht sich auf die grundlegende Fähigkeit, sich in die Lage eines anderen hineinzuversetzen und dessen Motivation, Handlungsabsicht und Perspektive auf ein Geschehen zu rekonstruieren. Der Begriff ‚Perspektive' umschließt in diesem Fall das gesamte Wirklichkeitsmodell bzw. Voraussetzungssystem eines Menschen – d. h. dessen Werte und Normen, internalisierte Konventionen, psychische Disposition, biographischen Hintergrund, kulturell geprägte Wahrnehmungs- und Deutungsschemata, Wünsche und Bedürfnisse, Kenntnisse und Fähigkeiten, die im Akt des Perspektivenwechsels rekonstruiert werden müssen (vgl. Surkamp 2003: 36–49).

Didaktische Bedeutung von Perspektivenübernahmen

Die große didaktische Bedeutung des Konzepts der Perspektivenübernahme ergibt sich daraus, dass diese Fähigkeit als notwendige Bedingung für soziales Handeln gilt und konstitutiv für das Verständnis anderer Menschen und fremder Kulturen ist. Außerdem zielt die Schulung der Fähigkeit zur Perspektivenübernahme darauf ab, Lernenden die Subjektivität und Relativität der eigenen Sichtweisen bewusst zu machen und sie zu einer Überschreitung der eigenen Perspektive anzuregen. Dies ist schon intrakulturell – d. h. im Hinblick auf das Verstehen von Menschen aus ein und demselben Kulturkreis – von zentraler Bedeutung. Im Kontext des Erlernens einer Fremdsprache, das auf die Begegnung mit Menschen aus anderen Kulturkreisen und auf die Konfrontation mit fremden, kulturell bedingten Wirklichkeitsvorstellungen vorbereitet, erweist sich die Fähigkeit zur Überschreitung der eigenen Perspektive aber erst recht als unabdingbar, um interkulturellen Missverständnissen vorzubeugen.

Dialektik zwischen Eigenem und Fremden im Literaturunterricht

Im Kontext einer Didaktik des Fremdverstehens stellt sich daher bei der Behandlung literarischer Texte eine doppelte Aufgabe:

> Einmal geht es darum zu erkennen, wie der andere die Dinge sieht, und zum anderen darum, wie mich diese Sichtweise anspricht und herausfordert. Beide Momente gehören zusammen und lassen erkennen, dass es sich beim interkulturellen Verstehen um einen Bildungsprozess handelt, bei dem sich der Verstehende selbst verändert. Verstehen steht somit immer in einer Spannung zwischen Eigenem und Fremdem. (Bredella 1995: 20)

Mit dem Stichwort ‚Kulturkompetenz' ist also weniger ein Gegenstand als vielmehr ein Prozess gemeint, „in dem neues kulturelles Wissen und neue kulturelle Deutungen in vorhandene eigenkulturelle Erfahrungen und Konzepte einbezogen werden" (vgl. Buttjes 1996: 89).

Aufgabe für Literaturdidaktik

Die Literaturdidaktik muss daher die folgende Frage klären: Durch welche Verfahren der Textanalyse und durch welche kreativen Zugangsformen im Bereich der mündlichen und schriftlichen Textproduktion kann die Fähigkeit zur Perspektivenübernahme im Unterricht gezielt gefördert werden? Will man darauf eine genauere Antwort geben, so muss man sich zunächst einen theoretischen Bezugsrahmen dafür vergegenwärtigen, wie Lernende durch den Umgang mit literarischen Texten lernen können, Fremde oder Fremdes besser zu verstehen.

Ebenen des Fremdverstehens

Beim Umgang mit literarischen Texten lassen sich zunächst einmal zwei offensichtlich sehr verschiedene Ebenen des Fremdverstehens unterscheiden. Auf der einen Seite werden Prozesse des Fremdverstehens in vielen literarischen Texten auf der Ebene der Figuren thematisiert oder dargestellt. Dies ist vor allem in jenen ‚interkulturellen Texten' der Fall, die Begegnungen von Figuren aus unterschiedlichen Kulturen schildern. Auf der anderen Seite stellt sich die Frage, wie Lernende das im Text dargestellte interkulturelle Geschehen verstehen und welche Verstehensprobleme im Rezeptionsprozess auftreten können. Daher ist zwischen der Ebene des **dargestellten Fremdverstehens** in literarischen Texten und der Ebene des Fremdverstehens in der Interaktion zwischen literarischem Text und Leser/Lerner, also einem **rezeptionsästhetischen Fremdverstehen**, zu unterscheiden. Sowohl durch textanalytische Aufgaben als auch durch kreative, handlungs- und produktionsorientierte Zugangsformen wie z. B. das Umschreiben einer Geschichte aus einer anderen Perspektive erlangen Lernende Erfahrung und Vertrautheit mit den Vorgängen des Perspektivenwechsels und der Perspektivenübernahme. Dabei geht es keineswegs nur um kognitive, sondern auch um emotionale und affektive Perspektivenwechsel, d. h. um das kognitive Abwägen unterschiedlicher Positionen ebenso wie um das empathische Fühlen mit den Figuren (vgl. auch Bachmann et al. 1996: 81).

Ebene der erzählerischen Vermittlung

In narrativen Texten spielt darüber hinaus die Ebene der **erzählerischen Vermittlung** eine wichtige Rolle, da kulturell bedingte Verständigungsprobleme oder Wertkonflikte in Erzähltexten mit spezifisch narrativen Darstellungsverfahren – wie z. B. Erzählsituation, Multiperspektivität, *unreliable narration*, Bewusstseinsdarstellung – auch formal inszeniert werden können. Für die Bewertung des Geschehens ist es dann wichtig festzustellen, aus welcher Sicht eine fiktive Welt dargestellt wird – z. B. aus männlicher oder weiblicher Sicht, aus der Sicht der ethnischen Mehrheit oder aus der Sicht von ethnischen Minderheiten? Der Leser bzw. die Leserin wird nämlich immer mit einem perspektivierten, d. h. mit einem bereits interpretierten Bild der fiktionalen fremdkulturellen Lebenswelt konfrontiert, und ‚mündige' Leser sollten sich dessen bewusst sein.

Ebene des lebensweltlichen Fremdverstehens

Als vierte Dimension ist schließlich die Ebene des **lebensweltlichen Fremdverstehens** zu berücksichtigen, da im Rahmen eines handlungsorientierten Fremdsprachenunterrichts als langfristige didaktische Zielvorstellung die Förderung derjenigen kognitiven und emotionalen Fähigkeiten fungiert, deren Ausprägung für das Fremdverstehen auch in der realen interkulturellen Kommunikationssituation Voraussetzung ist. Die Didaktik des Fremdverstehens geht von der Annahme aus, dass Lernende durch die rezeptionsästhetische Interaktion mit der Textwelt die Fähigkeiten zum Perspektivenwechsel und zur Perspektivenübernahme ausbilden. Diese Fähigkeiten bilden wiederum die Grundlage für das Fremdverstehen in der realen Lebenswelt. Bei der Suche nach einer Antwort auf die Frage, wie das lebensweltliche Fremdverstehen der Lernenden durch den Umgang mit literarischen Texten gefördert werden kann, ist demnach eine Reihe ganz unterschiedlicher Bedingungsfaktoren zu berücksichtigen. Diese lassen sich abschließend mit Hilfe eines Modells anschaulich darlegen:

Ebenen des Fremdverstehens

nach Nünning (2000:79)

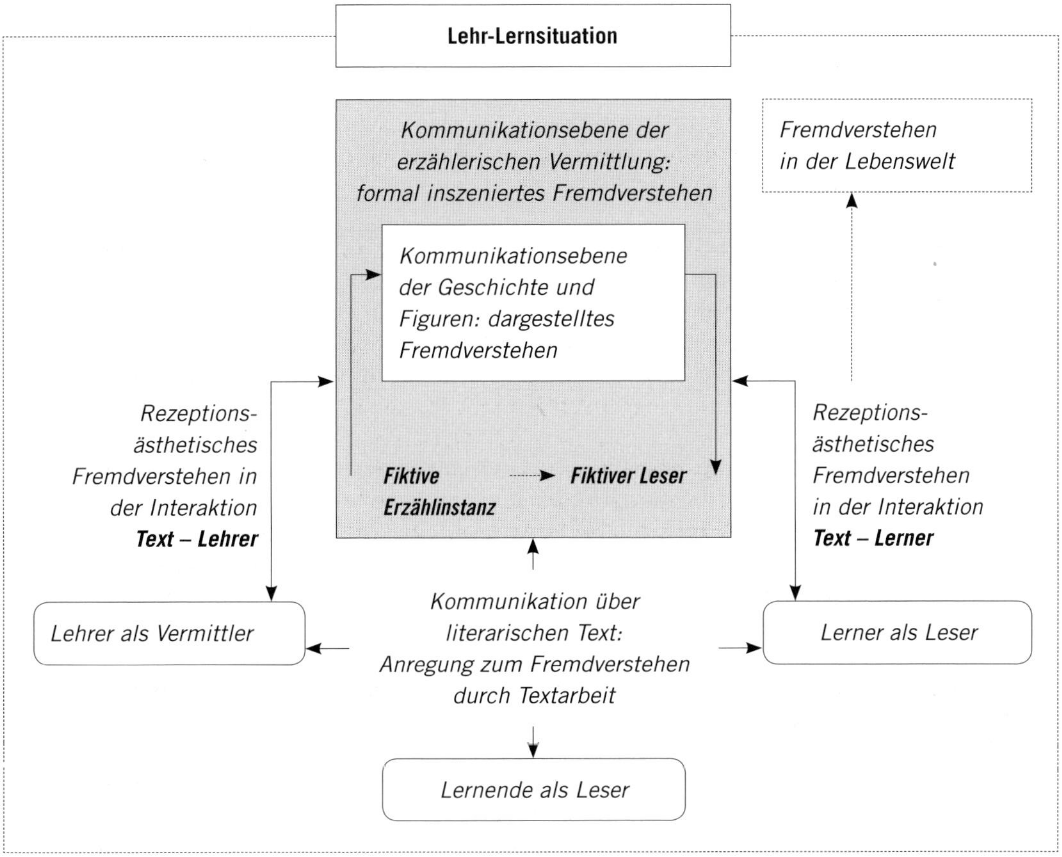

Begriff der ‚Dezentrierung'

Darüber hinaus muss beachtet werden, dass es sich beim Fremdverstehen nicht um eine bestimmte, isolierte oder gar messbare Fertigkeit handelt, sondern um ein komplexes Bündel von kognitiv-affektiven Fähigkeiten. Präzisieren lässt sich das Konzept des Fremdverstehens durch Jean Piagets Begriff der ‚Dezentrierung'. Dieser bezieht sich „auf den in der Entwicklung relativ spät auftretenden Denkakt der Differenzierung eigener und fremder Erkenntnisperspektiven" (Edelstein et al. 1982: 182). Da eine Identifizierung, Differenzierung, Übernahme und Koordinierung anderer Sichtweisen Voraussetzung und Bestandteil des Prozesses der Dezentrierung sind, werden verschiedene Typen von Dezentrierung unterschieden (ebd.: 184):

WISSENSWERT

Typen von Dezentrierung

- Perspektivendifferenzierung, d. i. das Wissen um die Differenz zweier Perspektiven
- Perspektivenübernahme, d. i. die inhaltliche Ausgestaltung der fremden Perspektive
- Perspektivenkoordinierung, d. i. die auf einer Meta-Ebene vollzogene Integration inhaltlich unterschiedlicher Perspektiven

Im Gegensatz zur Differenzierung und Übernahme von Perspektiven bedeutet Perspektivenkoordinierung, „daß die Lernenden in einer Begegnung mit Fremdheit die eigenen und fremden Perspektiven erfassen, miteinander vergleichen und zwischen ihnen vermitteln können" (Schinschke 1995: 42).

Methodische Umsetzung

Um die Frage, wie Fremdverstehen durch literarische Texte lehr- und lernbar ist, methodisch umzusetzen, empfiehlt es sich also, sie leicht umzuformulieren: Durch welche Texte, Zugangsmöglichkeiten und Aufgaben können Fähigkeit und Bereitschaft zur Perspektivendifferenzierung, zur Perspektivenübernahme und zur Perspektivenkoordinierung gefördert werden? Die Entscheidung für eine bestimmte Methode richtet sich danach, ob sie für den jeweiligen Text sowie für die Erreichung der vom Lehrenden ins Auge gefassten Lernziele geeignet ist. Wie Lernende bei der Behandlung literarischer Werke gezielt zur inhaltlichen Ausgestaltung, Differenzierung, Übernahme und Koordinierung verschiedener Perspektiven motiviert und befähigt werden können, wird anhand der unterschiedlichen Gattungen im zweiten Teil des Bandes zu Methodenfragen im Einzelnen dargelegt.

3.3 Die Ausbildung kultureller Kompetenzen: Literatur- als Kulturunterricht

Mediale Begegnung mit der fremden Kultur

Literarische Texte der Zielkultur sind im Fremdsprachenunterricht nicht nur ein wichtiges Medium des sprachlichen und interkulturellen Lernens. Darüber hinaus tragen sie insofern auch zur Ausbildung kultureller Kompetenzen bei, als die Begegnung der Schülerinnen und Schüler mit der Kultur der Zielsprache im Klassenraum zu einem großen Teil in der Form des Umgangs mit Texten stattfindet. Als Produkte eines spezifischen fremdsprachlichen Kontextes können literarische Texte Aufschluss über fremdkulturelle Wirklichkeiten geben. Dies bedeutet nicht, dass sie als Abbilder der fremdkulturellen Realität zu verstehen bzw. misszuverstehen sind. Vielmehr können sie „als Wirklichkeitsentwürfe zur Distanzierung von festgefahrenen Standpunkten führen" und so helfen, „Stereotype und Vorurteile abzubauen" (Glaap/Rück 2003: 136).

Mangelnde Verbindung von Literatur- und Kulturunterricht

Doch obgleich gerade diese Form des kulturellen Lernens innerhalb fachdidaktischer Veröffentlichungen immer wieder als Lernziel angeführt wird und im Fremdsprachenunterricht allgemein in den letzten Jahren Claire Kramsch (1995: 52) zufolge eine „anwachsende Kulturalisierung" stattgefunden hat, wird das Potenzial literarischer Texte für einen kulturwissenschaftlich ausgerichteten Englischunterricht bisher noch keineswegs genügend genutzt. Dies ist zum einen darauf zurückzuführen, dass vielfach die irreführende Überzeugung vorherrscht, literarische Texte seien fiktionale Texte und bezögen sich daher im Gegensatz zu Sachtexten überhaupt nicht auf die außertextuelle Realität, sondern nur auf sich selbst. Zum anderen wurde bislang keine angemessene theoretische Grundlage für die Verbindung von Sprach-, Literatur- und Kulturunterricht entwickelt.

Rückgriff auf Kulturwissenschaften

Setzt man sich daher zum Ziel, den Wirklichkeitsbezug literarischer Texte für den Fremdsprachenunterricht nutzbar zu machen, so bedarf es eines Rückgriffs auf Konzepte und Theorien der Kulturwissenschaften. Die Beschäftigung mit Literatur im Klassenzimmer soll in einen größeren kulturellen Kontext gestellt werden, ohne dabei der Gefahr zu unterliegen, in eine rein informationsentnehmende Lektüre zu verfallen. Daher soll im Folgenden von drei Prämissen ausgegangen werden, die den verwendeten Kultur- und Textbegriff, das Verhältnis zwischen literarischem Text und außertextueller Wirklichkeit sowie den Stellenwert von Darstellungsverfahren bei der Textinterpretation betreffen.

Mehrdimensionaler Kulturbegriff

Innerhalb der Kulturwissenschaften hat sich eine veränderte Vorstellung von dem herausgebildet, was Kultur bedeutet und welche Faktoren sie bedingen. Dabei ist eine Entwicklung festzustellen „von einem ursprünglich statisch-normativen zu einem heute funktional-dynamischen Verständnis von Kultur" (Bach 1998: 192). Die Ausprägung eines solchen Verständnisses von Kultur gründet auf den Einsichten, dass Kulturen von Menschen gemacht bzw. konstruiert werden, dass sie nicht allein durch die künstlerischen Ausdrucksformen einer Gesellschaft – also z. B. durch literarische Texte, Gemälde oder Musik – konstituiert werden und dass sie schon gar nicht auf die sogenannte ‚hohe' Kultur beschränkt werden können. Der Kulturbegriff wird vielmehr mehrdimensional konzeptualisiert: Es wird davon ausgegangen, dass Kulturen nicht nur eine materiale Seite haben, sondern auch eine mentale und eine soziale. Diese drei Dimensionen von Kultur bedingen sich gegenseitig:

Die drei Dimensionen von Kultur

nach Posner (1999:54)

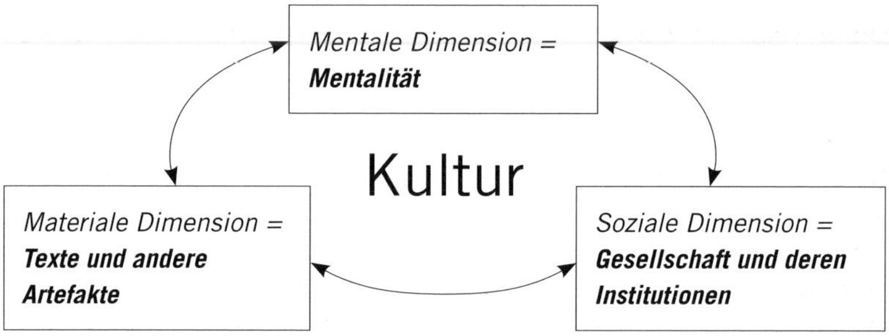

Materiale Dimension von Kultur

Das Modell veranschaulicht erstens, dass fiktionale und nicht-fiktionale, kanonisierte und populäre ebenso wie unterschiedlich medial vermittelte Texte zur materialen Seite der Kultur bzw. zu den Ausdrucksformen zu zählen sind, in denen Kultur zur Ausprägung kommt. Daraus ergibt sich für den Fremdsprachenunterricht als Kulturunterricht die Forderung, dass er auf eine normative und wertbestimmte Eingrenzung des Kulturbegriffs verzichtet, dass dem Literaturunterricht also ein weiter Textbegriff zugrunde gelegt wird, der sowohl vernachlässigte Gattungen und Textsorten als auch Formen von *popular literature* und Produkte der Massenmedien einbezieht.

Mentale Dimension von Kultur

Ein Fremdsprachenunterricht, der von dem hier vorgestellten Kulturbegriff ausgeht, hat zweitens auch die immateriellen bzw. mentalen Aspekte von Kultur zu berücksichtigen, die sich in unterschiedlichen medialen Ausdrucksformen niederschlagen. Das heißt, neben Texten sollten kollektive Erfahrungen, Denk- und Gefühlsweisen, handlungsleitende Werte und Normen sowie Wissensstände und Überzeugungen der Zielsprachenkultur Gegenstand des Unterrichts sein. Auf diese Weise rücken Prozesse kultureller Sinngebung, Selbst- und Weltbilder fremder Kulturen sowie die historische Variabilität von Mentalitäten in das Blickfeld, so dass sich der Gegenstandsbereich des Fremdsprachenunterrichts erweitern lässt.

Soziale Dimension von Kultur

Drittens legt Posners Modell schließlich nahe, dass auch die soziale Dimension der Zielsprachenkultur Eingang in den Fremdsprachenunterricht finden sollte. Die gesellschaftlichen Rahmenbedingungen, Praktiken und Institutionen einer Kultur bestimmen wesentlich die Entstehung, Ausprägung und Rezeption verschiedener medialer Ausdrucksformen. So besteht z. B. bei der Produktion eines Spielfilms (und auch bei schriftsprachlicher Literatur) ein enger Zusammenhang und oftmals ein Spannungsverhältnis zwischen ökonomischen Zwängen, künstlerischem Anspruch und der Wahl eines bestimmten Genres, Plotmusters oder Darstellungsverfahrens (vgl. auch Kap. II.6.2). Ein Fremdsprachenunterricht, der die soziale Dimension von Kultur nicht berücksichtigt, schöpft daher das kulturwissenschaftliche Potenzial einer Behandlung von fremdsprachlichen Texten im Klassenraum nicht aus.

Kultur als Text

Das dem neuen Kulturbegriff zugrunde liegende Verständnis von ‚Kultur als Text' ist – wie Kramsch (1995: 54) beklagt – „Fremdsprachenlehrern nicht vertraut, die eher dazu neigen, Kultur als eine Zusammensetzung von Phänomenen und ideellen Inhalten zu sehen, die im Reich der Gedanken unabhängig von Sprache irgendwo draußen existieren". Sicherlich sollte es im Fremdsprachenunterricht auch um das Unterrichten von Landeskunde im traditionellen Sinne gehen, also um die Vermittlung von Wissen über die Geschichte, Institutionen und Gebräuche der fremdkulturellen Gesellschaft. Vorsicht ist jedoch bei solchen Ansätzen geboten, die literarische Texte als Quelle für landeskundliche Informationen instrumentalisieren, um Lernenden Fakten über die Zielkultur zu vermitteln, die sie sich besser aus anderen, nicht-fiktionalen Texten (wie z. B. Lexika oder Geschichtsbüchern) erschließen können. Oftmals werden nämlich das spezifisch Ästhetische der Texte, deren Fiktionalität und die Funktionen, die literarische Darstellungsverfahren erfüllen können, nicht berücksichtigt. Dieser Gefahr kann durch einen veränderten Textbegriff entgegengewirkt werden.

Veränderter Textbegriff

Aus kulturwissenschaftlicher Sicht handelt es sich bei literarischen Texten um ein Medium, in dem sich Kultur – verstanden als der von Menschen erzeugte Gesamtkomplex von Vorstellungen, Denkformen, Empfindungsweisen, Werten und Bedeutungen – materialisiert. Die Bedeutung von Texten und Medien für die Einbeziehung der mentalen Dimension einer Kultur im Fremdsprachenunterricht ist gerade in der heutigen Medienkulturgesellschaft kaum zu überschätzen. Mehr denn je zuvor erfahren wir ‚Wirklichkeit' als textuell und medial vermittelt bzw. konstruiert. Wer daran zweifelt, sollte sich einmal fragen, was sie oder er über zentrale Aspekte einer fremden (oder auch der eigenen) Kultur der Gegenwart weiß und woher dieses Wissen stammt. Gerade im Falle von fremden Kulturen macht die direkte eigene Anschauung allenfalls einen verschwindend kleinen Teil aus.

Texte als kulturelle Ausdrucksträger

Die besondere Bedeutung, die Sprache und Literatur für den Kulturunterricht haben, gründet somit darin, dass zentrale Bereiche von fremden Kulturen durch solche materiellen Manifestationen überhaupt erst beobachtbar werden. Literarische Texte können demnach als kulturelle Ausdrucksträger angesehen werden, die über ihre Inhalte und Formen kulturelle Belange thematisieren und inszenieren. Es geht also nicht nur um die explizite Auseinandersetzung mit gesellschaftlich relevanten Fragen im Dialog der Figuren oder durch den Erzähler, sondern auch um deren Inszenierung mittels formaler Gestaltungsmittel wie Erzählsituation, Perspektivenstruktur, Raum- und Zeitdarstellung usw. (vgl. z. B. Kap. II.5.2). Folglich kann die Analyse der Darstellungsverfahren eines literarischen Textes Aufschluss geben über das kulturelle Wissen, die Wirklichkeitsvorstellungen und die Denkweisen seiner Entstehungsgesellschaft.

Verhältnis Text – Wirklichkeit

Dies bedeutet jedoch nicht, dass literarische Texte Wirklichkeit einfach widerspiegeln. Sie stehen vielmehr in einem engen dynamischen Wechselverhältnis zur außertextuellen Realität, die sie durch ihre Themenselektion und formalen Mittel kritisch hinterfragen und bisweilen auch umdeuten. Einerseits sind literarische Texte insofern Produkte ihres Entstehungskontexts, als sie gesellschaftliche Ereignisse und Erfahrungen sowie das kulturelle Wissen einer Epoche aufgreifen und mit literaturspezifischen Gestaltungsmitteln kommentierend und interpretierend verarbeiten. Andererseits wirken literarische Wirklichkeitsentwürfe in mannigfaltiger Weise auf die Gesellschaft (und auf die Lernenden) zurück, indem sie etwa zur Ausbildung neuer Wahrnehmungs-, Denk- und Empfindungsweisen beitragen. Durch die fiktionale Gestaltung und Umdeutung von kulturspezifischen Erfahrungen gewinnen literarische Texte einen produktiven, welterzeugenden Charakter und tragen als ein Medium menschlicher Wirklichkeitsaneignung wesentlich zu kultureller Orientierung und Sinnstiftung bei. Folglich sollte es ein Ziel des fremdsprachlichen Unterrichts sein, literarische Texte auch in ihrer Funktion als kulturelle Sinnbildungssysteme sowie in ihrer Wirkung auf die Sinnbildung der Lernenden zu untersuchen. Dazu bedarf es eines ausdifferenzierten Analyseinstrumentariums, zu dessen Erstellung die Literaturwissenschaft und die Kulturwissenschaft wichtige Beiträge leisten können.

Semantisierung und Funktionalisierung

Kulturwissenschaftliche Ansätze innerhalb der Literaturwissenschaft gehen von einer Semantisierung und Funktionalisierung literarischer Darstellungsverfahren aus. Gestaltungsmittel werden nicht allein als formale Merkmale eines Textes, sondern als eigenständige kulturelle Bedeutungsträger angesehen, die ganz verschiedene Funktionen erfüllen können – ein Aspekt, dem im Unterricht noch nicht genügend Aufmerksamkeit gewidmet wird. Auch wenn teilweise die funktionale Bedeutung formaler Elemente von Texten bei Interpretationen im Klassenzimmer erwähnt wird, führt „eine explizit starke analytische Fokussierung auf formale Aspekte im Schulalltag nicht selten zum Verlust der notwendigen funktionalen Betrachtung der Textform. Dies erklärt auch, warum sich in der schulischen Praxis immer noch beklagenswerte Verkürzungen bei der Textbetrachtung mit der Tendenz zur isolierenden Formanalyse beobachten lassen" (Winter 1999: 178).

Funktionsbegriff

Den Lernenden sollte jedoch vermittelt werden, dass es zwischen ästhetischen Ausdrucksmitteln und deren Funktionen keine eindeutige Korrespondenz im Sinne eines *form-to-function mapping* gibt. Der Funktionsbegriff bezieht sich weder auf die Intention des Autors bzw. der Autorin noch auf die tatsächliche Wirkung eines literarischen Textes, sondern auf die potenziellen Effekte von Darstellungsverfahren, die den Inhalt eines Textes organisieren und seine Bedeutung mitbestimmen (vgl. Sommer 2000). Funktionen sind Texten nicht inhärent, sondern werden ihnen erst im Rezeptionsprozess zugeschrieben. Daher kann dasselbe Verfahren – z. B. multiperspektivisches Erzählen – je nach Werkzusammenhang und Leserperspektive ganz unterschiedliche Funktionen erfüllen (vgl. Kap. II.5.2). Und umgekehrt können unterschiedliche Darstellungsverfahren durchaus ein und dieselbe Funktion erfüllen. So kann z. B. sowohl der Einsatz von Musik als auch eine bestimmte Kameraführung in ein und derselben Szene eines Films spannungserzeugend wirken.

Konsequenzen für den Unterricht: Frage nach Funktionspotenzial

Um zu aussagekräftigen Interpretationen ästhetischer Darstellungsverfahren zu kommen und nicht zuletzt um das Interesse der Lernenden für textanalytische Aufgaben zu wecken, sollte es daher ein Ziel des Literaturunterrichts sein, die Beschreibung der spezifischen Gestaltungsmittel eines Textes mit der Frage nach deren Bedeutungs- und Funktionspotenzial zu verknüpfen. Lernende sollten umfassend in der semiotischen Analyse von literarischen Texten geschult werden. Die Einsicht der Schülerinnen und Schüler in die Notwendigkeit textanalytischer Übungen erfolgt nämlich in der Regel dann, wenn ihnen veranschaulicht wird, dass Darstellungsverfahren mit Bedeutung aufgeladen sein können und bestimmte Funktionen erfüllen, dass also Form und Inhalt eines Textes auf das Engste miteinander verknüpft sind (zum Funktionspotenzial filmischer Darstellungsverfahren vgl. Kap. II.6.2). Werden darüber hinaus im Unterricht die Wechselwirkungen zwischen der außertextuellen Wirklichkeit und deren Vermittlung im Text erfasst sowie Unterschiede zu eigenkulturellen Denkweisen und Handlungsmustern herausgearbeitet, dann kann Lernenden verdeutlicht werden, dass die Analyse von Literatur kein Selbstzweck ist, sondern sie zu einem kompetenten Umgang mit Texten auch in ihrer außerschulischen Lebenswelt befähigt.

Konsequenzen für den Unterricht: Berücksichtigung der historischen Dimension

Eine weitere Konsequenz aus den Einsichten der Kulturwissenschaft für die Praxis des fremdsprachlichen Literaturunterrichts ist die Berücksichtigung der historischen Dimension eines Werkes. Nicht nur analytische, sondern auch kreative Zugangsformen zu literarischen Texten haben in den letzten Jahren aufgrund ihrer Text- bzw. Schülerzentriertheit zu einer weitgehenden Ausblendung geschichtlicher Aspekte bei der Beschäftigung mit Literatur im Unterricht geführt. Diese Ausblendung betrifft sowohl die Geschichtlichkeit des literarischen Formenrepertoires als auch die Geschichte des Romans, des Dramas, der Lyrik, des Films und des Hörspiels selbst (vgl. Korte 2002: 206). Da die oben genannten Verfahren keinen Einblick in den Produktions- und Wirkungshorizont des Autors bzw. der Autorin, dessen bzw. deren historisch bestimmten sozialen und kulturellen Status, Selbstverständnis und letztlich auch Literatur- bzw. Gattungsverständnis vermitteln (vgl. ebd.), sollte die historische Dimension wenn nicht bei jeder Werkbetrachtung, so doch in Einzelfällen als ein weiterer Untersuchungsaspekt im Literaturunterricht mit berücksichtigt werden.

Zusammenfassung

Wie in den letzten drei Unterkapiteln gezeigt wurde, kann der fremdsprachliche Literaturunterricht zur Ausbildung ganz unterschiedlicher Kompetenzen bei Lernenden beitragen (vgl. auch Burwitz-Melzer 2005). Lehr- und Lernziele lassen sich sowohl auf sprachlicher und textueller als auch auf affektiver und interkultureller Ebene formulieren.

Lehr- und Lernziele des fremdsprachlichen Literaturunterrichts sind:

- Förderung des Leseverstehens in der Fremdsprache
- Ausbildung sprachlicher und kommunikativer Kompetenzen (Reden und Schreiben über Texte in der Fremdsprache)
- Entwicklung textueller, literarischer, audio-visueller und narrativer Kompetenzen (Textsorten- und Mediengattungsbewusstsein, ästhetisches Empfinden, Rezeption und Produktion von Geschichten)
- Förderung emotiver, imaginativer, emanzipatorischer und sozialer Kompetenzen
- Ausbildung interkultureller Kommunikationskompetenzen (Fremdverstehen, Empathie, Perspektivenübernahme)
- Entwicklung kultureller Kompetenzen (Einsicht in die Semantisierung und Funktionalisierung literarischer Darstellungsverfahren; Schulung in semiotischen Analysen; Sensibilisierung für die Geschichtlichkeit eines Werkes)

4. Kanonfrage und Textauswahl

Textauswahl und Lese(un)lust

Eine wichtige Frage beim Einsatz von literarischen Texten im Fremdsprachenunterricht ist die nach der Auswahl geeigneter Lektüren. Die Schwierigkeit, Schülerinnen und vor allem Schüler zum Lesen zu animieren oder gar ihre Begeisterung für Literatur zu wecken und sie für die intensive Beschäftigung mit literarischen Texten zu erwärmen, ist Unterrichtenden hinlänglich bekannt. Obwohl die Gründe für die oft beklagte Leseunlust der heutigen Schülergeneration sicherlich vielschichtig sind, wird von niemandem ernsthaft bestritten, dass dieses Problem auch in engem Zusammenhang mit der Textauswahl steht.

Kanonisierung von Lektüreklassikern

Trotz vielseitiger Forderungen nach einer größeren Variationsbreite bei der Lektüreauswahl im fremdsprachlichen Unterricht ergibt sich nach wie vor ein erstaunlich homogenes Bild (vgl. jüngst Peters/Unterweg 2005). In allen Gattungen gibt es einen ebenso kleinen wie festen Kanon von Büchern, die zur Standardlektüre gehören. Zu den immer wieder gelesenen Romanen zählen z. B. Klassiker wie J. D. Salingers *The Catcher in the Rye*, George Orwells *Animal Farm* und *1984*, Aldous Huxleys *Brave New World* und William Goldings *Lord of the Flies*. Die Liste der häufig gelesenen Dramen wird angeführt von Shakespeares Werken (insbesondere *Macbeth*), Arthur Millers *Death of a Salesman*, J. B. Priestleys *An Inspector Calls* und Willy Russells *Educating Rita*. Der starken Konzentration auf einige wenige Autoren und Werke im Bereich der Erzähl- und Dramenliteratur korrespondiert die weitgehende Ausblendung vor allem längerer Romane des 18. und 19. Jahrhunderts sowie zeitgenössischer Literatur und lyrischer Texte im Englischunterricht. In Bezug auf alle drei Gattungen ist zudem eine weitgehende Vernachlässigung sowohl von Autorinnen als auch von englischsprachigen Schriftstellern und Schriftstellerinnen, die außerhalb Englands und Amerikas leben und schreiben, zu verzeichnen.

Ursachen

Für die Ursachen dieser Kanonisierung gibt es eine Reihe von Erklärungen. Während etwa die Vernachlässigung von Dramen und Romanen aus dem 18. und 19. Jahrhundert sowie von lyrischen Texten der Moderne aufgrund ihrer Länge und vor allem ihres Schwierigkeitsgrades sicherlich gerechtfertigt ist, scheint die mangelnde Berücksichtigung zeitgenössischer Literatur eher auf pragmatische Gründe zurückzuführen zu sein. Auffällig ist der hohe Grad an Übereinstimmung zwischen besonders häufig behandelten Titeln und den Werken, zu denen es ‚Lektürehilfen' und Musterinterpretationen gibt. Die Kehrseite dieses Zusammenhanges ist leider, dass Texte, zu denen noch keine die Unterrichtsvorbereitung erleichternden Interpretationshilfen vorliegen, nahezu völlig vernachlässigt werden. Insgesamt vermittelt die deutliche Dominanz einer verschwindend geringen Zahl von Texten, die immer wieder gelesen werden, somit den Eindruck eines *circulus vitiosus*. Ein weiterer Teufelskreis ergibt sich durch die seit Jahren bekannte geringe Neigung von Studierenden zur Lyrik, denn es ist nicht auszuschließen, dass die Studierenden von heute (und die von gestern) als Lehrende ihre Abneigung gegenüber Gedichten auf ihre Schüler und Schülerinnen übertragen, womit das Problem perpetuiert wird.

Neue Perspektiven statt Einseitigkeit

Sicherlich kann man davon ausgehen, dass die große Beliebtheit einiger Titel auch darauf zurückzuführen ist, dass sie sich in der Unterrichtspraxis bewährt haben. Diese unbestrittene fachdidaktische Rechtfertigung schließt jedoch nicht aus, dass die Werke anderer (noch) nicht kanonisierter Autoren und Autorinnen mit ebenso gutem oder vielleicht noch besserem Erfolg behandelt werden können. Nicht an der Tatsache, dass die kanonisierten Texte für die Praxis geeignet sind, soll somit gerüttelt werden, als vielmehr an der Einseitigkeit der Schullektüre. Es gilt, neue Perspektiven der Textauswahl zu erschließen, um Lernende durch neue, zeitgenössische Texte stärker zur Lektüre fremdsprachlicher Literatur und zum Literaturunterricht zu motivieren.

Kanonfrage in Zeiten von Zentralabitur, Bildungsstandards und Kerncurricula

Über den Kanon nachzudenken und für eine größere Vielfalt bzw. Offenheit im Bereich der Textauswahl für den fremdsprachlichen Literaturunterricht zu plädieren, mag in Zeiten von Zentralabitur, Bildungsstandards und Kerncurricula müßig erscheinen. Doch gerade vor dem Hintergrund dieser Entwicklungen darf die Kanonfrage aus mehreren Gründen nicht aus den Augen verloren werden. Erstens sind die Bestimmungen für das Zentralabitur in den einzelnen Bundesländern durchaus unterschiedlich: Es werden nicht überall konkrete Titel festgelegt, sondern vielmehr Inhalte und/oder Kompetenzen vorgegeben, die durch die Beschäftigung mit Literatur im Fremdsprachenunterricht behandelt bzw. erworben werden sollen, so dass es noch genug Freiheiten in der Wahl der Texte gibt (obwohl der ‚heimliche Kanon' aber leider weiterhin funktioniert). Zweitens müssen die Verantwortlichen für das Problem sensibilisiert werden, dass ein Zentralabitur mit einem für alle Lernenden verbindlichen Text dem Konzept eines schülerorientierten Fremdsprachenunterrichts diametral entgegenläuft, da die Textauswahl eben nicht mehr von der jeweiligen Lerngruppe und von deren Sprachkenntnissen, Welt- und Vorwissen sowie kulturellen Befindlichkeit abhängig gemacht wird (von der Frage, ob dieser Text der bzw. dem Lehrenden selbst gefällt, mal ganz abgesehen). Drittens schließlich sollte auch neben der fremdsprachigen Pflichtlektüre in der Oberstufe und dem Textbuch in der Unter- und Mittelstufe noch genug Raum für die Einbeziehung weiterer literarischer Texte sein.

Konsequenzem der Kanonisierung

Weitere Gründe für eine Beschäftigung mit der Kanonfrage ergeben sich aus den Konsequenzen der rigiden Kanonisierung im Bereich der englischsprachigen Schullektüre. Zum einen verstärkt die Behandlung immer wiederkehrender Texte, zu denen die Lehrkraft seit Jahren eine Modellinterpretation vorbereitet hat, die heutzutage nicht mehr haltbare Vorstellung, die Aufgabe der Interpretation literarischer Texte sei die korrekte Entschlüsselung der vom Autor intendierten Bedeutung. Zum anderen vermittelt die Kanonisierung aufgrund der diachronen, geografischen und geschlechtsspezifischen Unausgewogenheit ein völlig einseitiges und schon deshalb falsches Bild von den tatsächlichen Verhältnissen im Literatursystem, das die Vielfalt der englischsprachigen Literaturen auch nicht annähernd repräsentativ widerspiegelt.

Berücksichtigung von Autorinnen

Angesichts der Tatsache, dass sowohl die literarische Sozialisation als auch das Sozialverhalten von Heranwachsenden durch die Lektüreerfahrungen in der Schule wesentlich geprägt werden, erscheint insbesondere die Vernachlässigung von Autorinnen gravierend. Sie ist angesichts der Produktivität englischsprachiger Autorinnen zum einen von der Sache her völlig ungerechtfertigt. Zum anderen erscheint sie insofern auch im Hinblick auf die Zielgruppe äußerst fragwürdig, als z. B. in den fremdsprachlichen Leistungskursen – ebenso wie im Fach Anglistik an der Universität – Frauen im Durchschnitt überproportional vertreten sind. Von der feministischen Literaturwissenschaft ist die Beschränkung auf männliche Autoren zu Recht kritisiert worden. Wir plädieren daher mit Nachdruck für eine Berücksichtigung literarischer Texte von Frauen, unter anderem deshalb, weil in ihnen oft jene Geschlechtsstereotypen in Frage gestellt werden, die in vielen Romanen der Autoren, die zu den kanonisierten Schulklassikern zählen, unkritisch wiedergegeben werden.

Autorität duroh Gegenwartsliteratur

Durch die weitgehende Ausblendung der Gegenwartsliteratur im Englischunterricht wird suggeriert, dass es sich beim Phänomen Literatur nicht um einen in ständiger Entwicklung und Erneuerung befindlichen lebendigen Prozess handelt, der von unmittelbarer und komplexer gesellschaftlicher Relevanz ist. Es wird im Gegenteil der Eindruck erweckt, dass z. B. ‚Drama und Theater' ehrwürdige bildungsbürgerliche Institutionen sind, die primär der Vergangenheit angehören und in England mit Shakespeare nicht nur ihren Höhe-, sondern auch ihren Endpunkt erreicht haben. Eine stärkere Einbeziehung zeitgenössischer englischsprachiger Literatur könnte Lernenden hingegen verdeutlichen, dass literarische Texte die gegenwärtig relevanten Kulturthemen einer Gesellschaft aufgreifen, mittels innovativer Darstellungsverfahren (wie z. B. Multiperspektivität, unzuverlässiges Erzählen, Intertextualität oder Metafiktionalität) inszenieren und auf diese Weise auch neue Sichtweisen hervorbringen. So ist z. B. das amerikanische Drama eine Gattung, welche sich – bedingt durch die kommerzielle Ausrichtung der meisten Theater in den USA, die ohne Subventionen auskommen müssen – schon immer in besonders ausgeprägter Form mit gesellschaftlich relevanten Ereignissen und umstrittenen Kulturthemen auseinandergesetzt hat (vgl. Grabes 2000).

Gründe für eine Berücksichtigung von Gegenwartsliteratur

Für die Berücksichtigung von Gegenwartsliteratur im fremdsprachlichen Literaturunterricht lässt sich darüber hinaus eine Reihe weiterer didaktischer, sachlicher und zielgruppenspezifischer Gründe anführen. Neben dem Kriterium der sprachlichen Angemessenheit von Texten, die in modernem Englisch abgefasst sind, ist nicht zuletzt auch das Kriterium der Motivation der Lernenden von Gewicht. Nur wenn man Texte auswählt, die für die Entwicklung der Schülerinnen und Schüler von Bedeutung sind, darf man erwarten, Begeisterung für die Beschäftigung mit Literatur im Fremdsprachenunterricht entwickeln zu können. Die Aktualität zeitgenössischer Texte kann Lernenden vielfältige Anregungen zu spontanen Äußerungen und zur kritischen Auseinandersetzung mit den Textwelten geben, so dass sie sich für die Erreichung eines primären Lernziels, die Befähigung zum selbstständigen Sprechen, als besonders geeignet erweisen.

Konzept eines offenen Kanons

Die formulierte Kritik an der bisherigen Kanonbildung soll nicht dazu führen, den alten Kanon einfach durch einen neuen zu ersetzen. Sinnvoll erscheint es vielmehr, vom Konzept eines offenen Kanons auszugehen, für den Gert Ueding bereits 1981 in der *Frankfurter Allgemeinen Zeitung* plädiert hat. Für den Literaturunterricht forderte Ueding einen Kanon, der „offen nach vorne, zur Entwicklung unserer Literatur, aber auch zurück in die Geschichte, offen also für Revisionen im Lichte neuer Erfahrungen, für Erweiterungen, Änderungen, auch Tilgungen" sein sollte. Mit ähnlicher Zielsetzung hat sich Albert-Reiner Glaap (1990: 13) nachdrücklich für einen offenen Kanon ausgesprochen, der „auch noch offen ist für *ad-hoc*-Entscheidungen in konkreten Lehr- und Lernsituationen".

Berücksichtigung von Schülervorschlägen

Gerade im Lichte eines schülerorientierten Unterrichts sollte ein Kanon außerdem offen sein für Textvorschläge von Seiten der Lernenden, die bei der Textauswahl mitbestimmen können sollten. Obwohl in den letzten zwanzig Jahren die Möglichkeiten und Grenzen eines schülerzentrierten Unterrichts ebenso ausführlich und kontrovers erörtert worden sind wie das Problem der Textauswahl, ist bisher allenfalls punktuell ein Zusammenhang zwischen den beiden Problembereichen hergestellt worden. Ausgehend von der in der Unterrichtspraxis vielfach bestätigten Erfahrung, dass die Motivation Lernender bei der Behandlung von Texten, die sie selbst als interessant und lesenswert einstufen, sehr viel größer ist als bei der Bewältigung von Pflichtlektüre, sollten bei der Textauswahl auf jeden Fall auch Vorschläge der Schülerinnen und Schüler einbezogen werden. Wenn die Lernenden von sich aus keine eigenen Vorschläge machen, die zu einem lehrplangemäßen und unterrichtsrelevanten Thema passen, können die Lehrenden auch drei bis vier Texte zur Wahl stellen, indem sie kurze Inhaltsangaben vermitteln, Rezensionen (z. B. aus dem Internet) im Klassenzimmer verteilen oder die Textanfänge in Kopie zur Verfügung stellen.

Erweiterung des Textbegriffs

Ein weiterer kritischer Punkt in der Auseinandersetzung um die Kanonfrage aus kulturwissenschaftlicher Sicht ist die bisherige Konzentration auf einige wenige Gattungen, Textsorten und Medien. Da Kultur in ihrer Gesamtheit als Zeichensystem angesehen und durch das Zusammenspiel von unterschiedlich medial vermittelten Texten erzeugt wird, muss der Textbegriff auch für den fremdsprachlichen Literaturunterricht erweitert werden. Das heißt, die Einbeziehung eines möglichst breiten Spektrums von Genres und Medien (und das bedeutet auch von *popular literature* und Produkten der Massenmedien) ist gefordert, da einseitige mediale Beschränkungen (z. B. auf schriftsprachliche Texte) den Zugang zu fremden Kulturen verstellen (vgl. Hallet 2002: 269).

Kritik an Beschäftigung mit Einzeltexten

Darüber hinaus wird aus kulturwissenschaftlicher Sicht die Beschäftigung mit Einzeltexten im Literaturunterricht kritisiert (vgl. z. B. Hallet 2002). Da die übliche Konzentration auf einen einzelnen Text der tatsächlichen Einbettung von Literatur in einen größeren textuellen und kulturellen Zusammenhang nicht gerecht wird, sollte das im Unterricht zu behandelnde literarische Werk mit anderen fiktionalen und auch nicht-fiktionalen Texten kombiniert werden. Erst durch die intertextuelle Arbeit beim Vergleich verschiedener Texte können Lernende erarbeiten, welche Wahrnehmungsmuster oder Kollektivvorstellungen in einer bestimmten Gesellschaft oder Kultur existieren und auf welch unterschiedliche Weise sie in literarischen Werken verarbeitet werden.

Grundsätzliche Fragen: Postmoderne, Migration, Globalisierung

Die Arbeit mit unterschiedlichen Texten ist nicht zuletzt deshalb wichtig, weil in unserer postmodernen, pluralistischen Gesellschaft die Kanonisierung literarischer Werke für den Unterricht überhaupt fraglich ist. Gerade in englischer Sprache und in englischsprachigen Kulturen entsteht aufgrund von Migration, globalen Netzwerken und transnationaler Zusammenarbeit eine Vielfalt an (Sub-)Kulturen und Textwelten, welche gewohnte Wertesysteme in Frage stellen und neue Wirklichkeitsvorstellungen hervorbringen. Wenn nun die Auswahl eines Textes für den Unterricht dadurch begründet wird, dass er zentrale menschliche Probleme auf besonders repräsentative Weise behandle, dann stellt sich im Kontext einer so stark ausdifferenzierten Gesellschaft wie der unsrigen zumindest die Frage, was für wen repräsentativ ist und welche Probleme überhaupt noch als ‚zentral menschlich' anzusehen sind.

Konsequenz für den Unterricht: Erstellung von Textsequenzen

Als Konsequenz für den Literaturunterricht ergibt sich daraus die Erstellung von Textsequenzen. Der Vielfalt an unterschiedlichen Wirklichkeitsvorstellungen und Sinnangeboten wird am ehesten eine entsprechende Textvielfalt gerecht, zu der auch subkulturelle, postkoloniale oder Literaturen ethnischer Minoritäten gehören sollten. Dabei sollte jedoch darauf geachtet werden, dass „nicht redundante oder fast deckungsgleiche Texte zusammengestellt werden, sondern komplementäre, kontrastive oder vergleichende Betrachtungsmöglichkeiten entstehen" (Hallet 2002: 99). Im Falle von Unterrichtsreihen zu Kurzgeschichten oder Gedichten ist es z. B. aufgrund der gattungsbedingten Kürze der Texte relativ leicht möglich, Lernende mit einem breit gefächerten Spektrum von Wirklichkeitsentwürfen zu konfrontieren. Textsequenzen ermöglichen darüber hinaus auch schon in der Sekundarstufe I die Arbeit mit literarischen Texten, da Lehrende sich nicht sklavisch an das Schulbuch halten müssen, sondern es vielmehr als Textangebot verstehen können, das mit anderen Texten kombiniert werden kann.

Überwindung der Kanonbildung

Für die Überwindung der Kanonbildung gibt es sicherlich keine Patentrezepte; es liegt jedoch auf der Hand, dass die bei der Textauswahl zugrunde gelegten Kriterien gleichsam die Wurzel des Problems bilden. Im Folgenden soll daher eine Reihe von Kriterien für die Auswahl geeigneter Texte formuliert werden, die zwar niemals alle auf ein einziges Werk zutreffen werden, die die Entscheidung der Unterrichtenden für oder gegen einen bestimmten Text aber erleichtern können. Da auch der Literaturunterricht etwas sein sollte, was Lernende auf ihre Person beziehen können, wird die Frage nach der Auswahl von geeigneten literarischen Werken im Kontext eines schülerorientierten Unterrichts diskutiert. Darüber hinaus sollte jedoch bedacht werden, dass der zu behandelnde Text auch der Lehrkraft selbst gefällt, da sie sonst die Schülerinnen und Schüler nur schwerlich zur Lektüre motivieren können wird.

Frage der Textausgabe

Eine notwendige Voraussetzung für die Behandlung eines Textes im Unterricht ist zunächst, dass er in einer preiswerten und leicht erhältlichen Taschenbuchausgabe vorliegt. Angesichts des inzwischen umfangreichen Angebots von Dramen und Prosatexten der Schulbuchverlage sowie der breiten Auswahl preiswerter Taschenbuchausgaben, die in großer Anzahl auch über das Internet bezogen werden können, ist dies für viele Titel gewährleistet.

Plädoyer für authentische Texte

Allerdings sollte darauf geachtet werden, dass authentische Texte ausgewählt werden. Didaktisierte Texte in Form von sogenannten *simplified readers* können zwar durch ihre reduzierte Länge sowie die vereinfachte Lexik und/oder Grammatik das Leseverstehen in unteren Klassenstufen erleichtern, sollten aber aus mehreren Gründen im Fremdsprachenunterricht der Mittel- und Oberstufe nicht zum Einsatz kommen. Erstens bieten authentische literarische Texte in der Regel ein größeres Motivationspotenzial für Lernende. Zweitens vermögen authentische Texte eher als zum Zweck des Englischlernens erstellte Texte das Gefühl für eine fremde Sprache, ihre Rhythmen, Prosodie und Syntax zu vermitteln. Und drittens schließlich können nur authentische Texte einen wirklichen Einblick in die Sprache und Kultur des Zielsprachenlandes geben: Sie sind für englischsprachige Muttersprachler gedacht, orientieren sich an den Kulturthemen sowie am Selbst- und Weltverständnis englischsprachiger Länder und geben daher besonders gut Aufschluss über deren Werte, Normen und Wirklichkeitsvorstellungen.

Textbezogene und pragmatische Aspekte

Von Bedeutung für die Auswahl authentischer fremdsprachlicher Texte sind zudem einige textbezogene und pragmatische Aspekte. Ein wichtiges Auswahlkriterium ist beispielsweise die **Textlänge**. So scheiden etwa die meisten englischen Romane des 18. und 19. Jahrhunderts schon aufgrund ihres Umfangs als potenzielle Schullektüre aus – es sei denn, man arbeitet im Sinne eines intertextuellen Ansatzes mit verschiedenen Textausschnitten oder kombiniert Auszüge aus einer literarischen Vorlage mit Filmsegmenten im sogenannten *Sandwichverfahren* (vgl. Burger 1995: 595ff.). Noch wichtiger als die Länge eines Textes bei der Auswahl einer Lektüre ist daher sein **Schwierigkeitsgrad**, wobei sowohl sprachliche als auch inhaltliche und strukturelle Probleme bzw. Komplexitäten bedacht werden müssen. Texte sollten weder das sprachliche Aufnahmevermögen noch das psychische oder gedankliche Leistungsvermögen der Schüler und Schülerinnen übersteigen. Außerdem ist die Frage nach der **Strukturierbarkeit** eines Textes und nach den **Anschlussmöglichkeiten**, die er für die analytische und kreative Textarbeit im Klassenzimmer bietet – also die Frage nach seinem Lehr- und Lernpotenzial –, von didaktischem Interesse. Schließlich sollte auch berücksichtigt werden, dass zumindest einige der Texte, die im Fremdsprachenunterricht gelesen werden, als **literarisch ‚hochrangig'** gelten. Dies ist nicht zuletzt auch deshalb wichtig, weil die literarische Sozialisation von Heranwachsensenden durch die Lektüreerfahrungen in der Schule wesentlich geprägt wird.

Schülerzentrierte Aspekte

Nimmt man die Konzeption eines schülerorientierten Unterrichts ernst, so bedürfen diese Kriterien weiterer Ergänzungen. Will man bei Lernenden Freude am Umgang mit Literatur wecken, so sollten

Texte in stärkerem Maße nach ihrer entwicklungspsychologischen und altersspezifischen Angemessenheit ausgewählt werden. Daher bietet sich die Behandlung englischsprachiger Jugendbücher im Fremdsprachenunterricht an. Das Thema eines Textes sollte die Neugier der Schülerinnen und Schüler wecken, sie an ihre eigene Lebenswelt anknüpfen lassen und Bereitschaft zur Auseinandersetzung mit dem Dargestellten auslösen – auch wenn der Text den Lernenden sprachlich anfangs etwas schwierig erscheinen mag. In diesem Zusammenhang ist bei der Literaturauswahl auch danach zu fragen, ob und in welchem Maße ein Text Lernende dazu motivieren kann, überhaupt Interesse an Literatur und spezifisch literarischen Formen der Bearbeitung kulturell relevanter Themen zu entwickeln.

Aktualität und Repräsentativität

Die Angemessenheit eines Textes ergibt sich in dieser Hinsicht nicht zuletzt auch durch seine thematische Aktualität und die aus kulturwissenschaftlicher Sicht wichtige Frage nach seiner (von Zeit zu Zeit neu zu bestimmenden) Repräsentativität. So sollte die Auswahl von für den Unterricht geeigneten Dramentexten beispielsweise den tatsächlichen Gegebenheiten der gegenwärtigen britischen Theaterszene, aber auch der Bedeutung der amerikanischen Literatur und des Beitrags von Dramatikerinnen Rechnung tragen. Es gilt also, Texte für den Unterricht auszuwählen, die für das Verständnis der Zielkultur von zentraler Bedeutung sind.

Formale Aspekte

Zudem sollten literarische Texte nicht allein nach thematischen und inhaltlichen, sondern auch nach formalen Aspekten ausgewählt werden. Die spezifisch ästhetischen Qualitäten von literarischen Texten spielen bei der Textauswahl allzu häufig nur eine untergeordnete Rolle. Dieses Vorgehen steht in starkem Kontrast zu der kulturwissenschaftlichen Einsicht, dass literarische Ausdrucksformen mit Bedeutung aufgeladen sind und daher Aufschluss über die Wirklichkeitsvorstellungen des Zielsprachenlandes geben können. Bei der Auswahl geeigneter Lektüregegenstände sollte also auch die Überlegung eine Rolle spielen, Schülerinnen und Schüler mit den wesentlichen Formen und Ausdrucksweisen der Literatur sowie mit deren Bedeutungspotenzial vertraut zu machen.

Förderung der Text-Leser-Interaktion

Formale Aspekte können die Auswahl eines literarischen Werkes für den Fremdsprachenunterricht auch dann bestimmen, wenn sie die Interaktion zwischen der Textwelt und der Lebenswelt der Lernenden und damit das prozesshafte Textverstehen fördern. Dieser Aspekt ist insofern für den Fremdsprachenunterricht besonders relevant, als die sprachliche und kulturelle Distanz deutscher Schülerinnen und Schüler zu den fiktionalen Welten in englischen Texten berücksichtigt werden muss. Bei der Textauswahl sollte daher darauf geachtet werden, ob diese Distanz zu einem gewissen Teil durch das von den Texten bereitgestellte Identifikationspotenzial kompensiert wird. Dies kann z. B. bei einem Text mit einem Ich-Erzähler der Fall sein. Darüber hinaus befördern gerade Texte, in denen Erfahrungen und Probleme Heranwachsender angesprochen und/oder mit bestimmten Darstellungsverfahren inszeniert werden, die Interaktion zwischen fiktionaler Welt und eigener Lebenswelt, weil sie Lernende ganz besonders in ihrem Vorverständnis herausfordern.

Relevanz des Lernziels

Die Textauswahl ist weiterhin abhängig von dem jeweiligen Lernziel, das durch die Beschäftigung mit Literatur erreicht werden soll. Steht beim Einsatz literarischer Texte beispielsweise das Lernziel Fremdverstehen im Mittelpunkt, so stellt sich die Frage, welche Merkmale Texte aufweisen sollten, um für die Förderung jener kognitiven und emotionalen Fähigkeiten geeignet zu sein, die für das Fremdverstehen konstitutiv sind. In diesem Zusammenhang ist zunächst davon auszugehen, dass bestimmte Gattungen und Texttypen besser zur Förderung des Fremdverstehens geeignet sind als andere. So bieten sich für einen fremdsprachlichen Literaturunterricht mit dem Lernziel Fremdverstehen vor allem Romane, Kurzgeschichten, Dramen und Filme an, weil diese eine Geschichte erzählen oder szenisch realisieren und damit die Dimension des dargestellten Fremdverstehens aufweisen können.

Multikulturelle Texte und Fremdverstehen

Insbesondere eignen sich in diesem Zusammenhang multikulturelle Texte, da in ihnen in der Regel das Thema ‚Fremdverstehen' eine große Rolle spielt. Es geht vielfach um Auseinandersetzungen zwischen dem Einzelnen und der kulturell anders geprägten Gesellschaft, zwischen unterschiedlichen Minoritäten innerhalb einer multikulturellen Gesellschaft und zwischen an die neue Kultur assimilierten Individuen und Mitgliedern ihrer Herkunftskulturen. Dargestellt werden oft auch sogenannte *critical incidents*, d. h. interkulturelle Missverständnisse, aber auch interkulturelle Freundschaften.

Anregung zum Perspektivenwechsel

Darüber hinaus sind Texte, die ein großes Maß an Innenweltdarstellung enthalten, besonders geeignet zur Schulung von Empathie, Perspektivenübernahme und Fremdverstehen. Gerade narrative Texte regen den Leser aufgrund ihres konstitutiven Merkmals der erzählerischen Vermittlung bzw. der perspektivischen Brechung des Geschehens dazu an, die Welt mit den Augen anderer zu sehen. Sie erweisen sich auch insofern als besonders geeignet, als in ihnen oftmals Probleme des Fremdverstehens oder der Perspektivität von Wirklichkeitswahrnehmung auf der Ebene der erzählerischen Vermittlung mit formalen Mitteln inszeniert werden. Dies ist z. B. bei monoperspektivischen Texten der Fall, in denen ein (eventuell sogar unzuverlässiger) Ich-Erzähler herkömmliche Sichtweisen radikal in Frage stellt, oder aber bei multiperspektivisch erzählten Texten, die dauernde Perspektivenwechsel schon beim Lesen erfordern und die durch viele verschiedene Stimmen Lernende mit sehr unterschiedlichen, konfliktauslösenden Lebensentwürfen konfrontieren. Durch die Konfrontation mit den Perspektiven verschiedener Erzähler und Reflektorfiguren (vgl. Glossar) erhalten Lernende die Möglichkeit, sich in diese Perspektiven einzufühlen, sie nachzuvollziehen und die dahinterstehenden Interessen und Beweggründe aufzudecken. Darüber hinaus bieten solche Werke Lernenden die Möglichkeit, die für das Fremdverstehen ebenfalls grundlegende Fähigkeit zur Perspektivenkoordinierung zu entwickeln.

Prinzip der Perspektivenvielfalt

Abschließend lässt sich festhalten, dass bei der Auswahl von für den fremdsprachlichen Unterricht geeigneter Lektüre das Prinzip der Perspektivenvielfalt eines der wichtigsten Kriterien sein sollte – und dies gleich in mehrfacher Hinsicht. Auf die Texte selbst bezogen bedeutet dies z. B., dass den Schülerinnen und Schülern durch die Lektüre möglichst viele verschiedene Perspektiven auf ein bestimmtes Thema präsentiert werden. Welche Geschichte von einem Ereignis erzählt wird, hängt bekanntlich auch in der Lebenswelt entscheidend von der Perspektive des jeweiligen Erzählers bzw. der Erzählerin ab. Im Hinblick auf die Auswahl von Texten ist es daher von nicht zu unterschätzender Bedeutung, welche textuelle(n) und lebensweltliche(n) Perspektive(n) sie jeweils privilegieren. Vor allem bei gesellschaftlich relevanten und kontroversen Themen wie Generationskonflikten, Beziehungen zwischen den Geschlechtern oder den alltäglichen Problemen des Zusammenlebens in multikulturellen Gesellschaften leuchtet es unmittelbar ein, dass es einen großen Unterschied macht, ob in den ausgewählten Texten die Sichtweisen von jungen oder älteren, männlichen oder weiblichen, weißen oder farbigen Figuren im Mittelpunkt stehen. Da es unmöglich ist, eine fremde Kultur als Ganze zu erfassen und wir uns immer nur Ausschnitte von ihr aneignen bzw. einzelne Facetten verstehen können, ist es umso wichtiger, darauf zu achten, den Lernenden repräsentative Perspektiven anzubieten. Dies kann aber durchaus auch durch Texte geschehen, die eine ungewohnte, weil nicht dominante Perspektive (z. B. einer ethnischen Minderheit) auf ein Thema eröffnen.

Breites diachrones Spektrum

In diachroner Hinsicht sollte berücksichtigt werden, dass ein breites Spektrum an englischsprachigen Texten abgedeckt wird. Im Laufe der Zeit sollten Lernende möglichst mit Werken von Shakespeare bis zur Gegenwartsliteratur in Berührung kommen. Eine diachrone Betrachtung literarischer Texte bietet sich auch an, um Schüler und Schülerinnen beispielsweise mit der Variationsbreite und Entwicklung einer bestimmten Gattung vertraut zu machen und unterschiedliche Erscheinungsformen dieser Gattung zu erarbeiten.

Autorinnen und *New English Literatures*

Außerdem gilt es, neben den bewährten Texten auch die Werke von Autorinnen stärker als bisher zum Gegenstand des Unterrichts zu machen. Und im Sinne einer Vielzahl unterschiedlicher Perspektiven sollte auch die Vielfalt englischsprachiger Literaturen außerhalb Großbritanniens und der USA Eingang in den fremdsprachlichen Unterricht finden, d. h., auch der Bereich der *New English Literatures* sollte bei der Lektüreauswahl einbezogen werden.

Gattungsvielfalt

Schließlich sollte die Gattungsvielfalt englischsprachiger Literaturen berücksichtigt werden. Neben den drei Großgattungen Prosa, Dramatik und Lyrik sollten Schülerinnen und Schüler auch durch andere Medien vermittelte Texte wie Comics, Hörspiele, Hypertexte, Spielfilme und Fernsehformate kennenlernen und Einblick sowohl in literarisch hochrangige als auch in populäre Texte erhalten.

Grundsätze für die Textauswahl

Die zu behandelnden Texte sollten ...

- möglichst authentische englischsprachige Texte sein
- in einer preiswerten und leicht erhältlichen Ausgabe vorliegen
- einen Umfang von etwa 200 bis 250 Seiten möglichst nicht überschreiten
- den Bedürfnissen und Interessen der Lernenden entsprechen und einen Bezug zu ihrer Lebenswelt haben
- von ihrem sprachlichen und inhaltlichen Schwierigkeitsgrad her für die Zielgruppe angemessen sein
- am Wissen und den Fähigkeiten der Lerngruppe ausgerichtet sein
- der Lehrkraft selbst gefallen
- die Lernenden zum Nachdenken und Reden über das dargestellte Thema anregen
- sowohl mit den übergreifenden Lernzielen des Fremdsprachenunterrichts als auch mit dem Thema der jeweiligen Unterrichtseinheit vereinbar sein
- thematisch aktuell und repräsentativ für das Zielsprachenland sein
- der Bedeutung der verschiedenen englischsprachigen Literaturen Rechnung tragen
- auch zeitgenössische Literatur und Texte von Autorinnen beinhalten
- in einem ausgewogenen Verhältnis aus verschiedenen Epochen, Gattungen, Medien, Populär- und Höhenkammliteratur stehen
- die Lernenden mit den wesentlichen Ausdrucksformen der

englischsprachigen Literatur vertraut machen
- vielfältige Perspektivenwechsel ermöglichen
- möglichst im Zusammenhang mit anderen (komplementären oder kontrastiven) Texten behandelt werden
- die Interaktion zwischen Textwelt und Lebenswelt der Schüler und Schülerinnen und damit das prozesshafte Leseverstehen fördern
- didaktisch gut strukturierbar sein
- vielfältige Anschlussmöglichkeiten sowohl für die analytische als auch für die kreative Textarbeit bieten

5. Zur Rolle der Lehrkraft beim Einsatz literarischer Texte

5.1 Aufgaben der Lehrkraft

Vielfalt der Aufgaben

Der Lehrkraft fallen beim Einsatz literarischer Texte im Fremdsprachenunterricht ganz unterschiedliche Aufgaben zu. Nach der (im Idealfall gemeinsam mit den Lernenden getroffenen) Lektürewahl und der Formulierung der angestrebten Lernziele gilt es, die Zugangsmethoden sowie die Arbeits- und Sozialformen (Still-, Partner- oder Gruppenarbeit sowie Unterrichtsgespräche) festzulegen und konkrete Aufgabenstellungen zu entwickeln, d. h. die eigentliche Textarbeit zu planen. Vor der Lektüre obliegt es der Lehrkraft, die Lernenden thematisch auf den Text vorzubereiten und ihre Erwartungshaltungen zu wecken, indem sie ihr sprachliches und kulturelles Wissen aktiviert und ihre persönlichen Erfahrungen anspricht. Während der Lektüre hat die Lehrkraft die Aufgabe, den Dialog zwischen Lerner/Leser und Text zu fördern. Dazu gehört nicht nur, Schülerinnen und Schülern die Gelegenheit zur Artikulation ihrer subjektiven Leseeindrücke und -erfahrungen zu geben. Vielmehr müssen die Sinnbildungsprozesse der Lernenden auch dadurch gefördert werden, dass die Lehrkraft ihnen Fragen zu inhaltlichen und formalen Aspekten des Textes stellt und sie in hermeneutischen Interpretationsverfahren schult. Das heißt, die Lehrkraft fungiert als Impulsgeber und als Vermittler zwischen Text und Lerner/Leser.

Moderatorenrolle

Nach der Lektüre besteht die Rolle der Lehrkraft in der eines Moderators. Zunächst gilt es, die Lernenden zu einem Austausch über ihre Deutungsansätze zu bewegen. Die einzelnen Beiträge und Rezeptionsprodukte der Schülerinnen und Schüler müssen sodann auf deren Textverständnis hin analysiert und eventuell präzisiert, konkretisiert oder veranschaulicht werden; wichtige Beiträge müssen von weniger wichtigen unterschieden werden; und die Diskussionsergebnisse müssen (auf Folie, als Tafelbild usw.) festgehalten werden. Um die Schülerbeiträge mit dem Lehrerkonzept zu koordinieren und für die anschließende Textarbeit nutzbar zu machen, hat die Lehrkraft schließlich die Aufgabe, die erarbeiteten Erkenntnisse unter übergeordneten Gesichtspunkten zu bündeln.

Verantwortung beim Einsatz kreativer Verfahren

Eine besondere Verantwortung kommt Lehrenden beim Einsatz kreativer Verfahren zu (vgl. Caspari 2000: 86). Auf der einen Seite müssen sie darauf achten, dass die Lernenden bei aller Freiheit handlungs- und produktionsorientierter Aufgaben dem Text selbst gerecht werden. Das heißt, es obliegt ihnen aufzudecken, „wo die Deutungen der Schülerinnen und Schüler auf objektiv falschen Einschätzungen, fehlendem Wissen oder fehlenden Fähigkeiten beruhen, und sie müssen die Kunst beherrschen, die notwendigen sprachlichen, literarischen oder kulturellen Kenntnisse und Fähigkeiten funktional zu vermitteln" (ebd.). Auf der anderen Seite haben sie die Aufgabe, den Kenntnisstand und Grad an Motivation ihrer Schüler so genau einzuschätzen, „dass sie aus dem breiten Angebot kreativer ... Verfahren die für ihre Lerngruppe bzw. die für die einzelnen Lernenden hilfreichsten und motivierendsten Verfahren auswählen können" (ebd.).

Aufgaben bei der Verfolgung interkultureller Lernziele

Zusätzlich gefordert ist die Lehrkraft bei der Verfolgung interkultureller Lernziele im fremdsprachlichen Literaturunterricht. Um Lernende im Fremdverstehen zu schulen, müssen diese nicht allein zum Mitfühlen mit den Figuren und zum Wechsel ihrer Perspektive bewegt werden. Darüber hinaus steht die Lehrkraft vor der Aufgabe, zwischen den unterschiedlichen persönlichen Reaktionen und Einstellungen der Schülerinnen und Schüler zu vermitteln und bei Polarisierungen und Meinungsverschiedenheiten ausgleichend zu wirken.

Anspruchsvoller Balanceakt

Insgesamt besteht die Rolle der Lehrkraft bei der Arbeit mit literarischen Texten demnach in einem anspruchsvollen Balanceakt. Einerseits muss sie darauf achten, dass sie die individuellen und auch gemeinsamen Lese- und Verstehensprozesse der Lernenden nicht dadurch beeinträchtigt, dass sie ihre eigene Lese- und Sprachkompetenz sowie ihr kulturelles Wissen zu früh oder im Unterrichtsgeschehen an ungeeigneter Stelle einsetzt bzw. ihr eigenes Textverständnis in den Vordergrund stellt. Sie ist zwar als Vermittlerin zwischen Text und Lerner/Leser wichtig, „doch sollte die Präsenz der Lehrerexpertise während jener Phasen, in denen die Lernenden ihre Rezeption des Textes erkunden, formulieren und miteinander aushandeln, eher als Impuls spürbar sein" (Bredella/Burwitz-Melzer 2004: 233f.). Lehrende sollten sich mit vorschnellen Festlegungen zurückhalten und die individuellen, emotionalen und spontanen Schülerreaktionen auf den Text nicht unterdrücken. Andererseits ist die Lehrkraft während des gesamten Rezeptionsprozesses im Klassenzimmer mit ihrem fachlichen und literaturdidaktischen Wissen gefordert, damit die Lernenden bei der Beschäftigung mit einem literarischen Text nicht allein auf ihre eigenen Erwartungen, Assoziationen und subjektiven Reaktionen rekurrieren. Bei einer zu starken Fokussierung auf schülerorientierte Verfahren besteht nämlich leicht die Gefahr, dass die Schüler und Schülerinnen den Text aus dem Blick verlieren und auch keine neuen Erkenntnisse erlangen können. Das Verfolgen von Wissens- und Handlungskompetenz kommt dann im Vergleich zur Ausbildung von Persönlichkeitskompetenz zu kurz; der Literaturunterricht wird zur reinen Erlebnisdidaktik (vgl. Pfeiffer 2002: 199).

5.2 Leistungsfeststellung und -bewertung

Schwierigkeit der Leistungsermittlung im Literaturunterricht

Neben der Impulsgebung bei der Textarbeit und der Vermittlung zwischen Text und Lernern ist es schließlich die Aufgabe der Lehrkraft, die Verstehensprozesse der Lernenden bei der Auseinandersetzung mit einem Text zu beobachten und ihre Leistungen im fremdsprachlichen Literaturunterricht zu bewerten. Dass dies gar nicht so einfach ist, hebt Rüdiger Grotjahn (1995) hervor, denn „[n]icht nur der Prozeß des Lesens, sondern auch das Produkt des Lesens ist rein mental, d. h. einer direkten Beobachtung nicht zugänglich. Es existiert allein im Kopf des Lesers" (ebd.: 540).

Testverfahren

Dennoch haben sich einige Formen der Überprüfung der Verstehens- und Leseleistung bei der Beschäftigung mit literarischen Texten etabliert. Zu diesen gehören vor allem das Multiple-Choice-Verfahren, die Textzusammenfassung (*summary*), die freie Reproduktion (*free recall*), die Beantwortung von Fragen zum Text und der Essay (bestehend aus den drei Aufgabenbereichen *comprehension*, *analysis* und *comment*). Zunehmend werden in Klassenarbeiten auch produktionsorientierte Zugangsformen zur Leistungsfeststellung herangezogen, denn auch durch die kreative Umsetzung seines Textverständnisses in der Abfassung eines durch die Lektüre inspirierten Textes kann der Schüler sein Verstehen dokumentieren (vgl. Brusch 1992: 36).

Kritik an punktuellen Verfahren

In Zeiten eines prozessorientierten Englischunterrichts und einer rezeptionsästhetisch ausgerichteten Literaturdidaktik sehen viele Lehrkräfte diese punktuellen Verfahren der schriftlichen Leistungsbeurteilung beim Textverstehen jedoch durchaus kritisch: „Die genannten Verfahren messen *off-line*, d. h. nach erfolgtem Lesevorgang. Den Prozeß des Leseverstehens erfassen sie nur sehr indirekt." (Grotjahn 1995: 540) Durch den hohen Stellenwert schriftlicher Arbeiten tritt zudem die mündliche Leistung der Lernenden und ihre Benotung im fremdsprachlichen Literaturunterricht in den Hintergrund. Auch die Leistungen, die Schüler und Schülerinnen durch szenische Darstellungsverfahren (z. B. im Dramenunterricht) erbringen, finden aufgrund der Dominanz schriftlicher Verfahren noch zu selten Eingang in die Notengebung. Dabei kommt gerade durch die Art und Weise der szenischen Umsetzung eines Textes, wie z. B. durch den gewählten Tonfall, das Verständnis der dargestellten Figur und der gespielten Szene zum Ausdruck.

Lese- vs. Sprachkompetenz

Des Weiteren stellt sich bei einigen der schriftlichen Aufgaben die Frage nach einer gerechten Evaluierung. Bei der *summary* beispielsweise bleibt oftmals offen, ob inhaltliche Mängel wirklich auf ein ungenügendes Textverstehen auf Seiten des Lerners zurückzuführen sind (Lesekompetenz), oder ob dieser einfach nicht in der Lage ist, einen durchaus verstandenen Inhalt verkürzt und mit eigenen Worten in der Fremdsprache wiederzugeben (grammatisch-lexikalische Kompetenz). Sollen inhaltliche Fragen zu einem Text bearbeitet werden, ist wiederum in vielen Fällen nicht ersichtlich, ob die Antworten direkt aus dem Textverständnis des Lerners resultieren oder ob dessen Weltwissen eine Lösung der Aufgabe auch ohne präzise Textkenntnisse ermöglicht (vgl. Leupold 2002: 231). Und sowohl beim Essay als auch bei produktionsorientierten Aufgaben fällt eine gerechte Bewertung oftmals deshalb schwer, weil in einigen Schülerarbeiten eine große Leistungsspanne zwischen Deutungsansätzen und deren konzeptioneller Umsetzung, zwischen Kreativität und sprachlichem Vermögen besteht.

Lesetagebuch und Portfolio

Ein möglicher Ausweg kann darin bestehen, die Lernenden ein Lesetagebuch (*reading log*) oder ein Portfolio über ihre Lektüreerfahrungen und die Erkenntnisse, die sie im individuellen und gemeinsamen Rezeptionsprozess erlangt haben, anlegen zu lassen (vgl. Bredella/Burwitz-Melzer 2004: 228). Im Lesetagebuch wird die Schülerrezeption eines Textes über die gesamte Dauer der Beschäftigung mit ihm dokumentiert, indem die Lernenden ihre gedanklichen Assoziationen, Fragen und Ideen während der Lektüre festhalten (vgl. Laßmann 1994, Mosner 2000). Als Hilfestellung für Schülerinnen und Schüler zum Anfertigen eines Lesetagebuchs können die Aufgaben und Fragen dienen (vgl. Benton 1992: 94 und Fisher 1991: XX):

AUFGABE

How to keep a Reading Journal

As you read the novel/play, stop from time to time and think back over what you have read. Here are some ways to make use of your journal:

- Jot down your thoughts and feelings as you read. Try to capture all your reactions.
- Copy out words, phrases or lines that you like and try to explain why you like them.
- Is there anything that puzzles you? Make a list of questions that you have about the text and that you might want to research, discuss with your friends or ask the teacher.
- Sometimes we are very moved by a literary text because it reminds us of a personal experience. If you like, describe that personal association.
- Do you find yourself really liking or really loathing any of the characters? What is it about them that makes you react so strongly? Make notes that you can add to as you read the text.
- Does your reading remind you of anything else you have read, heard or seen on TV or at the cinema? Jot down what it is and where the similarities lie.
- Now and again try to predict what will happen next in the novel/play. Use what you already know of the author and the characters to help you do this. Later record how close you were and whether you are surprised at the outcome.
- Sometimes words make pictures in our heads. Make a sketch of such a picture, and add the words which created the picture.
- Can you picture the locations and settings? Draw maps, plans or diagrams.
- If there is a chapter or scene that really strikes you, try to answer these questions:
  - What interests you about this chapter/scene?
  - Why does it strike you?
  - Say what you like (and perhaps dislike) about it.
- Perhaps a title or a line or a feeling gives you an idea for a short story or a scene in a play or a poem of your own. Write your own text.

Aufbau eines literarischen Portfolios

Beim Portfolio geht es hingegen um die Dokumentation und Selbsteinschätzung von Lernentwicklung und Lernleistung durch die Schülerinnen und Schüler. Die Lernenden sammeln fortlaufend ihre unterschiedlichen Arbeiten zu einem literarischen Text (Zusammenfassungen, Interpretationen, Figurenporträts, Klappentexte usw.), wählen die ihrer Meinung nach besten Produkte aus, korrigieren, edieren und reflektieren sie kritisch und liefern sie schließlich als Ganzes zur Evaluation durch die Lehrkraft ab (vgl. Schwarz 2001). Ein Lesetagebuch kann dabei durchaus Inhalt des Portfolios sein: Anhand von Auszügen aus ihrem Journal zeigen die Schülerinnen und Schüler ihren Lernzuwachs als Lesende. Auch mündliche Schülerprodukte (Gedichtrezitationen, Interviews, szenische Umsetzungen, Vorstellung des Portfolios usw.) können Eingang in ein Portfolio finden, z. B. in Form von Ton- oder Videoaufnahmen. Wichtig ist vor allem, dass die Darstellung des Gelernten im Portfolio die Schülerinnen und Schüler dazu zwingt, „ihre Unterlagen noch einmal durchzusehen, zu wiederholen, zu strukturieren, bewusst und begründet auszuwählen sowie Inhaltliches in entsprechender Form zu präsentieren" (ebd.). Vorangestellt werden sollte dem Portfolio ein sogenannter *Cover Letter*, ein Brief, der durch die Textsammlung führt und den Lernenden die Möglichkeit bietet, „neben der Gliederung des Inhalts auch eine Reflexion ihres globalen Lernprozesses zu geben und Lernhöhepunkte, Lernfortschritte, besondere Lernschwierigkeiten oder Lerndefizite sowie Interessensschwerpunkte mitzuteilen" (ebd.). Die Lehrkraft hat schließlich die Möglichkeit, sowohl den Inhalt der Arbeiten als auch ihre sprachliche und formale Gestaltung und natürlich die Schülerselbstbewertung des individuellen Rezeptions- und Schreibprozesses in die Begutachtung mit einzubeziehen (vgl. Bredella/Burwitz-Melzer 2004: 228).

Beurteilungskriterien

Neben der Frage nach geeigneten Testverfahren im fremdsprachlichen Literaturunterricht gilt es zu klären, nach welchen Kriterien die Schülerprodukte bei der literarischen Textarbeit beurteilt werden können. Üblicherweise werden schriftliche, insbesondere textanalytische Arbeiten, nach den drei Kriterien Ausdrucksvermögen, Sprachrichtigkeit und Inhalt bewertet, die als gleich gewichtig, zusammengehörig und aufeinander verweisend angesehen werden (vgl. Nissen 2003). Hilfreich für Korrekturen von Essays ist die etwas mehr ins Detail gehende folgende Kriterienaufstellung von Joanne Collie und Stephen Slater (1987: 254):

METHODE

Bewertung von Essays: Kriterien

Criterion	What is meant by this criterion	Marks assigned
1. knowledge of the book	Candidate shows thorough and detailed familiarity with the work.	
2. essay structure	Candidate organises his or her essay in a systematic and logical way.	
3. language	Candidate's use of language is accurate, varied and clear.	
4. illustration	Candidate quotes from the book to support arguments made, amply and relevantly.	
5. relevance	Candidate answers question directly, with no unnecessary material.	
6. coverage	Candidate deals with all main aspects of the topic set.	
7. originality	Candidate expresses his or her own criticism and interpretations in a personal way.	

Kriterien für die Bewertung kreativer Schreibprodukte

Für die Bewertung kreativer Aufgaben schlägt Klaus Hinz (2003: 355) vor, vorrangig die beiden Komponenten ‚Inhalt' (Gedankenreichtum und Originalität, Plausibilität der Darstellung) und ‚Bezug zum Ausgangstext' (Rückbezug auf den Inhalt des Textes, Berücksichtigung der Konstituenten des Ausgangstextes, z. B. bei narrativen Texten *point of view*, Atmosphäre, *setting*, Charakterkonstellation) zu gewichten. Zusätzlich einbezogen werden sollten Sprache, Stil und Komposition (Gedankenabfolge, Aufbau, äußere Form). Neben den jeweiligen lernstufenbezogenen sprachlichen und textkompositorischen Fähigkeiten der Lernenden gilt es jedoch gerade bei der Bewertung kreativer Schreibprodukte zu bedenken,

> welche Freiheiten bei der inhaltlichen Ausgestaltung eingeräumt wurden, ob die Schülerimagination durch Vorgaben gesteuert wurde und inwieweit die individuelle Schülerleistung eher reproduktiv oder mehr produktiv ausgerichtet ist. Je offener die Aufgabenstellung, desto höher sind auch die Ansprüche an die Darstellungsfähigkeiten der Schüler, umso problematischer wird allerdings auch ihre Bewertung. (Holtwisch 1999: 422)

Fragenkatalog

Um den Lehrenden die Bewertung kreativer Schülerprodukte zu erleichtern, sind daher von verschiedener Seite Fragenkataloge entworfen worden, nach denen bei der Evaluation vorgegangen werden kann (vgl. zum Folgenden Thießen 1998: 249 und Hellwig 2000: 314):

METHODE

Evaluation kreativer Schülerprodukte

- Wie sorgfältig und engagiert ist die Arbeit ausgeführt?
- Ist der vorgetragene/vorgelegte Schülertext in sich stimmig? Gibt es Brüche? Worauf sind diese zurückzuführen? Gibt es beabsichtigte Brüche? Was ist deren Intention?
- Wie hat der Lerner bzw. die Lernerin die Beziehung zum Thema der Aufgabe hergestellt? Bei speziell verlangtem Texttyp: Ist die Textart in ihrer Grundstruktur bei der Gestaltung erfasst?
- Ist die Darstellung, wenn die Textart freigegeben ist, textkonzeptuell und thematisch angemessen?
- Inwieweit ist der Prozess des Sich-Einlassens auf die Aufgabe im Text zu erkennen? – Spiegelt der Text die Entwicklung des Konzepts, ggf. welchen Konzepts?
- Ist der Text inhaltlich glaubwürdig und überzeugend? Sind die Figuren und Räume in ihren Merkmalen glaubhaft dargestellt?
- In welchem Verhältnis steht der Text zur Individualität der Schülerin, des Schülers, ihrem/seinem persönlichen Hintergrund und dem sonst ermittelten fremdsprachlichen Leistungsvermögen?
- Inwieweit ist die Arbeit subjektiv-innovativ; enthält sie originelle, abweichende, alternative, eigenständige Gedanken und Ausdrucksformen – auch in der Konzeption des Textganzen?
- Wie weit ist die Arbeit fremdsprachlich normgerecht? Überzeugt die gewählte Sprache? Ist sie konsequent eingehalten worden? Gibt es sprachliche Brüche? Sind diese eventuell beabsichtigt?

Kriterien-gewichtung

Komplexe schriftliche Schülerleistungen in der Fremdsprache entziehen sich sicherlich einer exakten Messung. Auch „um das Lernerverhältnis zu freien Aufgaben zu fördern", zieht Karl-Heinz Hellwig (2000: 314) daher statt Zensuren „eine frei formulierte Leistungswürdigung" vor. Im Falle von Klassenarbeiten sind jedoch auch kreative Schreibprodukte zu beurteilen. Als nützliche Bewertungshilfe kann Herbert Holtwisch (1999: 423) zufolge die Erstellung einer Matrix dienen, in der alle in einer Lerngruppe vorkommenden Schülerideen aufgelistet und bei der Korrektur einzelner Arbeiten markiert werden. Dadurch lassen sich Klassenarbeiten bezüglich des Ideenreichtums vergleichen. Besonders gelungene Leistungen und auffällige Qualitätsmerkmale einer Arbeit sollten mit einem entsprechenden Bonus in das Gesamturteil einfließen. Bei der Gewichtung der Beurteilungskriterien schlägt Holtwisch (ebd.) ein Vorgehen vor wie auf Seite 53 dargestellt.

Bewertung von Portfolios

Die Bewertung eines Portfolios erfordert über die inhaltliche und sprachliche Beurteilung der einzelnen analytischen und kreativen Schülerarbeiten hinaus die Einbeziehung des gesamten Portfolio-Designs (Sorgfalt, Übersichtlichkeit, besondere Gestaltungsideen) sowie den Grad an Selbstreflexion des eigenen Lernprozesses, der beispielsweise im *Cover Letter* zum Ausdruck kommen sollte. Weitere Kriterien für die Portfolio-Bewertung sind die klare Dokumentation der einzelnen Lernfortschritte durch die Schülerinnen und Schüler und die kritische Kommentierung ihrer Arbeiten.

Bewertung szenischer Verfahren

Auch die Bewertung szenischer Verfahren erfordert die Aufstellung spezieller Kriterien. Zu den Aspekten, die sich für die Überprüfung und Benotung im spielpraktischen Bereich als geeignet erwiesen haben, zählen die Folgenden: wie ein Spieler sich eine Rolle aneignet und sie in Darstellung umsetzt; wie er sein Gegenüber in sein Spiel einbezieht; wie er Spielmittel (Requisit, Kostüm, Maske) einzusetzen versteht; welche Beiträge er zur Regie usw. leistet (vgl. Hesse 1983: 19f.). Für die genaue Beobachtung der Schülerleistungen im Spiel kann die Aufzeichnung szenischer Verfahren auf Video sehr hilfreich sein.

Zusammenfassung und Ausblick

In diesem Kapitel haben wir Gründe für einen Einsatz literarischer Texte im Fremdsprachenunterricht erörtert, Lehr- und Lernziele vorgestellt, Kriterien für die Textauswahl aufgeführt und die Rolle der Lehrkraft beschrieben. Auf der Basis der Einsicht in die Prozesshaftigkeit des Leseverstehens wollen wir durch welche Methoden Lernende zur eigenständigen Auseinandersetzung mit fremdsprachlichen literarischen Texten angeregt werden und durch welche Aufgaben die Lehr- und Lernziele des fremdsprachlichen Literaturunterrichts am besten erreicht werden können.

METHODE

Bewertung kreativer Klassenarbeiten

Kriterien	Punkteverteilung
Umfang - Mindestumfang von ca. 100 Wörtern (Kl. 5) bis ca. 400 Wörter (Kl. 10)	
Kriterienraster - Matrix: Auflistung individueller Schülerideen (Problem der Vergleichbarkeit!)	Spannbreite
Aufgabenbezug - Beachtung geforderter Vorgaben - Vollständigkeit	0 – 5
Gedankliche Auseinandersetzung - Gedankenreichtum (Quantität) - Originelle Gedankengänge (Qualität) - Nachvollziehbarkeit der Gedankenschritte	0 – 7
Komposition (Kohärenz) - Klarheit der Gedanken und Handlungselemente - Plausibilität der Handlungsabläufe - Spannungsaufbau, z. B. bei narrativen Texten	0 – 8
Textformbezug - Beachtung der Textformeigenschaften, Register - Adressatenbezug, Situationsbezug, Schreibintention	0 – 3
Form - Übersichtliche Anlage des Textes, Einteilung in Abschnitte - Ästhetische Präsentation - Ein- und angefügte Zusätze	0 – 2
Sprache - AV: Wortschatz, Syntax, Konnektoren - Sprachrichtigkeit: Grammatik, Orthographie	 0 – 16 0 – 14
Bonus / Malus für ... (verbalisierte Begründung)	...
Zahl aller Punkte / Note: z. B.: Inhalt 25 – Sprache 30 (55 Punkte = sehr gut)	_______ / _______

II. Methoden der Literaturvermittlung

II Methoden der Literaturvermittlung

Planung von fremdsprachlichem Literaturunterricht

- Was müssen Lehrende beachten, wenn sie im Fremdsprachenunterricht literarische Texte einsetzen möchten?
- Wie geht man mit einem Gedicht, einem Drama, einer Kurzgeschichte, einem Roman, einem Film oder einem Hörspiel im Unterricht um?
- Welche didaktisch-methodischen Verfahren gibt es?
- Welche Aufgaben sollte man stellen?
- Wie gestaltet man den Texteinstieg?
- Wie fördert man den Verstehensprozess der Schülerinnen und Schüler während des Lesens?
- Welche Möglichkeiten gattungsspezifischer Zugangsformen gibt es für die Arbeit nach der Lektüre?
- Welche Arbeits- und Sozialformen sollte man wann einsetzen?

1. Typen der Textarbeit: rationale Textanalyse und kreative Zugangsformen

Zielsetzung und Aufbau

Das folgende Kapitel zu den Methoden der Literaturvermittlung im fremdsprachlichen Unterricht liefert einen umfassenden Überblick über die verschiedenen Zugangsformen, die in den letzten Jahren für die Beschäftigung mit literarischen Texten entwickelt worden sind. Zunächst werden wir kurz auf die Diskussion um analytische und kreative Zugangsformen eingehen und die verschiedenen Phasen prozessorientierter Textarbeit skizzieren. Sodann werden wir unter Berücksichtigung verschiedener Arbeits- und Sozialformen sowohl analytische als auch handlungs- und produktionsorientierte Aktivitäten für die einzelnen Gattungen vorstellen.

Überdenken traditioneller Methoden und Arbeitsformen

Ähnlich grundlegend gewandelt wie die vorherrschenden Auffassungen vom Stellenwert literarischer Texte haben sich im Zuge neuer Lernzielbestimmungen, die die Lernenden, ihr Weltwissen sowie ihre Interessen und Bedürfnisse in den Mittelpunkt rücken, auch die Formen der Textarbeit im Englischunterricht. Die Berücksichtigung der Individualität und Emotionalität der Schülerinnen und Schüler sowie die allgemeine Forderung nach mehr Schülerorientierung und -aktivierung haben zu einem Überdenken traditioneller Methoden der Textanalyse (sowie des Frontalunterrichts) geführt. Dadurch ist das Spektrum der Zugangsmöglichkeiten zu literarischen Texten und der dabei eingesetzten Arbeits- und Sozialformen (wie Partner- und Gruppenarbeit, Unterrichtsgespräche, Lernzirkel, Projektarbeit, E-Mail-Projekte usw.) erheblich erweitert worden.

Kritik an rationalen Textanalyseverfahren

Die Kritik an rationalen Verfahren der Textanalyse betrifft vor allem die Annahme eines objektiven Textverstehens, bei dem der Text nur eine Art „Behälter" darstellt, aus dem Informationen, Daten und Bedeutung einfach entnommen werden (vgl. Bredella/Legutke 1985: 6). Im Mittelpunkt rationaler Verfahren steht der Text als geschlossenes Kunstwerk, das hinsichtlich inhaltlicher und formaler Aspekte untersucht und somit zum „Lern-Gegenstand" (Winter 1999: 177) wird. Kritisierte Resultate eines solch „‚verkopften' Literaturunterrichts" (Winzer 2001: 6) sind die Dominanz der Lehrperson, die einseitige Beanspruchung kognitiv-analytischer Fähigkeiten auf Seiten der Lernenden sowie „eine demotivierende[] Überbetonung des Formalen" (Glaap/Rück 2003: 134).

Monotonie der Methoden

Darüber hinaus werden die Monotonie im methodischen Bereich und die Beschränkung auf die Vermittlung bestimmter Inhalte kritisiert. Die kognitiven Lernziele seien „von vornherein von der Lehrkraft festgelegt" und müssten von den Schülerinnen und Schülern „nur noch in einem langwierigen Frage-Antwort-Spiel nachvollzogen werden" (Hermes 1994: 251), wobei immer wieder das gleiche dreigliedrige Schema von *comprehension – a look at language – further discussion* verwendet werde, das die Motivation der Schülerinnen und Schüler beeinträchtige und ihre Aktivitäten auf das Reden über Texte reduziere (vgl. Bredella/Legutke 1985: 103).

Vernachlässigung der Erfahrungswelt der Lerner

Kritikern der rationalen Textanalyse zufolge wird dabei außer Acht gelassen, welche Tätigkeiten und Fähigkeiten der Schülerinnen und Schüler beim Lesen und Verstehen literarischer Texte ins Spiel kommen und welche Erfahrungen die Lernenden in der Auseinandersetzung mit einem Text machen können (vgl. ebd., 9). Da die Subjektivität der Schülerinnen und Schüler nicht berücksichtigt wird, kann eine wirkliche Auseinandersetzung mit dem Text nicht stattfinden. Lesen ist bei diesem Vorgehen kein aktiver Prozess, in dem vorhandene Erfahrungen und Haltungen reflektiert und eventuell verändert werden, sondern führt zu ‚trägem Wissen' in Form von reproduzierbaren Kenntnissen über den Text, die innerhalb des Unterrichts von Bedeutung sind, nicht jedoch für die Erfahrungswelt der Schülerinnen und Schüler außerhalb der Schule.

Handlungs- und produktionsorientierte Verfahren

Im Gegensatz zu rationalen Verfahren der Textanalyse verlagern handlungs- und produktionsorientierte Formen der Textarbeit den Akzent vom Text auf die Lernenden und deren Leseverstehen. Sie richten die Aufmerksamkeit auf die Tätigkeit der Schülerinnen und

Schüler beim Lesen literarischer Texte und tragen somit den Erkenntnissen der Rezeptionsästhetik und ihrer Betonung des Leseprozesses Rechnung. Die aktive Rolle der Lernenden beim Textverstehen wird dadurch gezielt gefördert, dass sie durch handlungs- und produktionsorientierte Verfahren dazu angeregt werden, „eigene Vorstellungen zum Text zu entfalten und sie in mannigfacher Form gestaltend zum Ausdruck zu bringen" (Haas/Menzel/Spinner 1994: 39). Nicht auf die Ermittlung der „(richtigen) Bedeutung eines Textes" oder der „Autorintention" zielen solche Ansätze ab; der Text wird vielmehr zum „Anstoß zu kreativem Handeln" (Rück 1987).

***Personal-response approach:* Berücksichtigung der Lernerstandpunkte**

Handlungs- und produktionsorientierte Verfahren unterscheiden sich also insofern von der rationalen Textanalyse, als durch sie auch die Standpunkte der Schülerinnen und Schüler verstärkt ins Spiel kommen und zum Gegenstand des Unterrichts werden. Der Umgang mit Literatur hat primär spielerischen Charakter und erfolgt weniger kognitiv: „Dieser in der Literaturdidaktik als *personal-response approach* bezeichnete Ansatz sieht den Schüler als Akteur, der sich emotional und handelnd mit Texten auseinandersetzt, der neben der Sprache auch andere Ausdrucksformen (wie Pantomime, darstellendes Spiel usw.) wählt und der nicht nur Rezipient, sondern auch Produzent ist." (Weskamp 1997: 348) Die verschiedenen Formen spielerisch experimentierenden Erforschens eines Textes werden auch unter der Kategorie *creative responses* zusammengefasst (vgl. Bredella 1985: 80).

Ganzheitlicher Umgang mit Literatur

Bei kreativen Formen der Textarbeit geht es insgesamt um einen ganzheitlichen Umgang mit Literatur. Neben kognitiven Kompetenzen haben auch affektive Lernziele große Bedeutung. Möglichst viele Sinne werden einbezogen, und die ganze Person des Lerners wird engagiert, so dass die Lernenden zur Lektüre und zur Auseinandersetzung mit dem literarischen Text motiviert werden und Lesebarrieren abbauen können (vgl. Winzer 2001: 11) – ein Aspekt, der gerade für den Fremdsprachenunterricht äußerst wichtig ist. Darüber hinaus können handlungs- und produktionsorientierte Verfahren „subjektive Standpunkte und Verstehensweisen erhellen, Probleme aufzeigen, Problemlösungsverhalten fördern, zur Diskussion anregen" (Thinnes 1990: 16). Nicht zuletzt wird ein ganzheitlicher Umgang mit Literatur auch den besonderen Lernumständen von leistungsschwächeren Schülerinnen und Schülern gerecht, für deren Lese- und Verstehensprozesse eine Verbindung von inhaltlicher Auseinandersetzung mit dem Text und praktischem Tun sehr förderlich ist (vgl. Gehring 1998).

Zwei Grundformen von kreativen Schüleraktivitäten

Der Doppelbegriff ‚handlungs- und produktionsorientiert' betont zwei Grundformen von kreativen Schüleraktivitäten, zwischen denen vielfältige Mischformen möglich sind:

> einerseits den vielfältigen, durch praktisches Handeln und den aktiven Gebrauch der Sinne bestimmten Umgang mit gegebenen Texten und andererseits das produktive Erzeugen von neuen Texten bzw. Teiltexten und Textvarianten. Mit dem Begriff ‚handlungsorientiert' ist dementsprechend der Aspekt des tausend Möglichkeiten einschließenden bildlich-illustrativen, musikalischen, darstellenden und spielenden Reagierens auf Texte bezeichnet; der Begriff ‚produktionsorientiert' meint dagegen die stärker das kognitive Vermögen beanspruchende Erzeugung von neuen Texten. (Haas/Menzel/Spinner 1994: 39)

Vereinfachend gesagt besteht der handelnde Umgang mit Texten also darin, dass Lerner ästhetisch-künstlerisch tätig werden, indem sie z. B. einen Text gestalten, spielen oder in ein anderes Medium übersetzen. Das Grundprinzip von produktionsorientierten Verfahren wiederum lässt sich auf die knappe Formel bringen: „Texte über Texte schreiben" (Grzesik 1990: 323). Der besprochene Text dient dabei als Grundlage für die Erstellung eigener Texte, mittels derer sich die Lerner kreativ mit einem Text auseinander setzen, indem sie ihn kürzen, erweitern, umschreiben, aktualisieren, verfremden oder als Muster für eigenes Schreiben einsetzen.

Kritik an kreativen Verfahren

Eine Gefahr kreativer Verfahren der Textarbeit und ein häufig geäußerter Kritikpunkt besteht allerdings darin, dass die Texte selbst und ihre besondere Gestalt bisweilen aus dem Blick geraten: „Die Erfahrung lehrt, dass Aufgabenstellungen, die die Schülerinnen und Schüler nur auf der affektiven Ebene ansprechen, sie aber auf der kognitiven Ebene nicht genug fordern, wohl für Identifikationsmöglichkeiten mit den Protagonisten sorgen, die Aussagekraft des Textes aber unterlaufen können." (Bredella/Burwitz-Melzer 2004: 227) Der handelnde Umgang mit Literatur und das Schreiben von Texten über Texte werden dann zum Selbstzweck, wenn literarische Texte nur als Auslöser subjektiver Leserreaktionen bzw. als Sprungbrett für kreativ-produktive Arbeiten dienen.

Notwendiger Rückbezug auf Ausgangstext

Sollen handlungs- und produktionsorientierte Zugangsformen hingegen auch zu einem besseren Verständnis des Ausgangstextes beitragen, ist es notwendig, dass die durch sie erlangten Ergebnisse und individuellen Lesarten auf den Ausgangstext zurückbezogen werden, dass also deren jeweilige Plausibilität in einer abschließenden Betrachtung des Textes überprüft wird. Dies kann z. B. mit Hilfe folgender Arbeitsanweisung bzw. Frage geschehen: ▸ *Find reasons for your reading in the text! Which textual aspects influenced your reading?*

Rückgriff auf rationale Analyseverfahren

Um zu intersubjektiv überprüfbaren Antworten auf diese Frage zu kommen, ist der Rückgriff auf rationale Verfahren der Textanalyse erforderlich. Wie das im Grundlagenkapitel vorgestellte interaktive Paradigma des Textverstehens nahe legt, spielt der Leser mit seinen Erwartungen an einen Text und seinem individuellen Vorverständnis beim Vorgang der Bedeutungskonstruktion eine große Rolle. Wie ein Text verstanden wird, hängt jedoch nicht nur von dem Vorwissen des Lesers ab, sondern wird auch durch textuelle Steuerungsmechanismen bestimmt, die mit Hilfe rationaler Verfahren der Textanalyse ermittelt werden können. Die selbstständige Interpretation von Texten und damit einhergehend auch Lesefreude sind ohne die Ausbildung von analytischen Kompetenzen nicht möglich:

> Learners cannot enjoy texts unless they possess the necessary reading skills, and by helping our students to develop these skills we can empower them to form their own interpretations of texts rather than forcing them to rely passively on works of criticism or on ready-made interpretations provided by teachers. (Campbell 1996: 108)

Einblicke in textuelle Strategien vermitteln

Aufgabe des fremdsprachlichen Literaturunterrichts ist es also auch, Schülerinnen und Schülern Einblicke in die Wirkungsmechanismen und Funktionsweisen textueller Strategien zu vermitteln:

> Indem man bei den Lernenden ein Gespür für die Machart literarischer Texte entwickelt, kann man sie allmählich zu sachgerechten Werturteilen befähigen, Wertungskompetenz vermitteln und so Hilfen für eine reflektierte Teilnahme am literarischen Leben an die Hand geben. Zudem heißt Verstehen immer auch, die unterschiedlichen Beleuchtungen, Abschattungen und Akzentuierungen von Bedeutungsfeldern, Handlungssträngen usw. zu erkennen. Wer meint, lediglich über den Inhalt diskutieren zu können, lässt sich auf den Text gar nicht erst ein und verfehlt den Lesevorgang als ästhetischen Akt. (Glaap/Rück 2003: 134)

Durch die Beherrschung literarischer Analysekategorien wird die Lesekompetenz der Lernenden erweitert. Strukturanalysen helfen Schülerinnen und Schülern, den Weg über das ‚Wie' zum ‚Was' eines Textes zu gehen, d. h. über die Beschreibung formaler Merkmale und deren Funktionen die Bedeutung eines Textes zu erfassen.

Vorzüge analytischer Verfahren

Textanalytische Zugangsformen heben sich zudem durch ihre Präzision, ihre Systematik sowie ihre Lehr- und Lernbarkeit positiv von den teilweise zu Recht in Misskredit geratenen rein impressionistisch-intuitiven Formen der Interpretation ab. Sie stellen ein kritisches, transferierbares Vokabular für die selbstständige Analyse literarischer Texte im Unterricht bereit, das durch spezielle Redemittellisten gesichert werden kann. Mittels textanalytischer Zugangsformen kann außerdem gezeigt werden, dass intuitive Leseeindrücke maßgeblich durch literarische Darstellungsverfahren bedingt sind. Auf diese Weise kann auch dem Standardeinwand, formale Textanalysen seien reiner Selbstzweck und trügen nichts zum Verständnis literarischer Texte bei, überzeugend der Boden entzogen werden.

Kreative Verfahren als Beitrag zum Textverstehen

Ein Nebeneinander von analytischen und kreativen Verfahren kann jedoch nicht heißen, dass handlungs- und produktionsorientierte Zugangsformen allein den Abschluss der Beschäftigung mit einem literarischen Text bilden, sozusagen als Entspannung oder Spaß nach der eigentlichen Textarbeit. Die unterschiedlichen Methoden sollten vielmehr von Beginn der Beschäftigung mit einem literarischen Text an sinnvoll integriert werden. Wie Caspari (1994: 240) in einer empirischen Studie festgestellt hat, werden kreative Verfahren leider allzu häufig gerade nicht zum Ziel der „Überwindung von Lese- und Verstehensschwierigkeiten bzw. zum Ausbau der Lese- und Verstehenskompetenz" verwendet, sondern eher als ‚spielerisches Plus' eingesetzt. Dabei können schülerzentrierte Methoden sehr wohl einen eigenen Beitrag im sinnstiftenden Akt des Textverstehens leisten und auch ein Mittel zur Erkenntnis fördernden Textanalyse sein. (vgl. Kap. II.5.3)

Leistungen handlungsorientierter Verfahren

Die Beispiele, die für einen solch gezielten Einsatz kreativer Verfahren bei der literarischen Textarbeit sprechen, sind zahlreich. So kann durch handlungsorientierte Zugangsformen wie Zeichnen, Kollagieren, musikalische oder pantomimische Umsetzung bzw. szenisches Darstellen das Textverständnis maßgeblich gefördert werden. All diese Verfahren fordern die Lernenden dazu auf, „die eigenen Erfahrungen dem Text explizit [...] gegenüberzustellen – und damit die Aufmerksamkeit in besonderem Maße, bei vielen Lesern überhaupt erst, auf das Unbestimmte oder das Besondere oder auf die poetische Machart eines Textes zu lenken" (Haas/Menzel/Spinner 1994: 46).

Leistungen produktionsorientierter Verfahren

Produktionsorientierte Verfahren wiederum können zur Ausbildung von textuellen Kompetenzen beitragen. Als ‚Koproduzenten' des Autors erfahren die Schülerinnen und Schüler durch ihr eigenes Tun, wie Texte entstehen, und sie lernen, dass mit textuellen Strategien bestimmte Wirkungseffekte erzielt werden können, dass also Literatur etwas Konstruiertes ist, mit dem Absichten verfolgt werden. Der Entwurf alternativer Möglichkeiten zu einem literarischen Text, Variationen der Erzählsituation oder die Imagination von ausgesparten Lebensphasen der Figuren können sich beispielsweise insofern erkenntnisfördernd auswirken, als diese Aufgaben dazu dienen, „die spezifischen Qualitäten einer zur Diskussion stehenden Erzählstrategie kontrastiv abzugrenzen und besser – oder überhaupt erst – sichtbar zu machen" (Schabert 1991: 256). So können Lernende bei der Umwandlung eines Textes in eine andere Erzählsituation die Erfahrung machen, „daß die Er-Form distanzierter, sachlicher und insgesamt objektiver scheint als die Ich-Form, die ja aus der subjektiven Perspektive der Personen erzählt" (Waldmann 1992: 417). Gemäß Waldmanns Prinzip der „Differenzerfahrung" lernen Schülerinnen und Schüler also durch produktionsorientierte Verfahren – die besser als „produktive Interpretationsverfahren" (Pfeiffer 2002: 1999) bezeichnet werden sollten –, „die mit dem Text gegebenen, jedenfalls seine wichtigeren Merkmale aus ihren *Differenzen* zu den statt ihrer auch möglichen Merkmale zu verstehen, anders gesagt: sie von der Wahl des Autors her zu verstehen, aufgrund derer *sie und nicht andere* Merkmale gewählt worden sind" (Waldmann 1992: 417).

Zum interpretatorischen Potenzial kreativer Verfahren

Kreative Verfahren haben aber auch insofern interpretatorisches Potenzial, als sowohl der Vergleich der Rezeptionsprodukte der Lerner (sowie der Lehrkraft) untereinander als auch der Vergleich der Rezeptionsprodukte mit dem literarischen Text analytische Prozesse auslösen können (vgl. Caspari 2000: 85). Anstatt Schülerprodukte allein zur Leistungsfeststellung zu nutzen und damit dem weiteren Unterrichtsverlauf zu entziehen, sollten diese vielmehr zu einer wiederholten, vertieften Lektüre des Textes bzw. ausgesuchter Textpassagen unter neuen Gesichtspunkten führen. Dies kann z. B. anhand der folgenden Fragen geschehen (vgl. auch ebd.: 84):

AUFGABE

Literatur mit kreativen Verfahren interpretieren

- How do I understand the text? What is my solution?
- Why is the original text different from what I expected it to be?
- Why does my end of the story differ from that of my fellow students?
- Why is the illustration of the main character in the book different from my drawing of the same character?
- In what way does the story change when narrated from another perspective?

Caspari (ebd.: 85) ist der Auffassung, dass die meisten Ergebnisse textanalytischer Aufgaben mit einem entsprechenden Schwerpunkt in der Aufgabenstellung und einer entsprechenden Weiterarbeit mit den Rezeptionsprodukten der Lernenden auf diese Weise auch durch kreative Verfahren erzielt werden können.

Veränderte Vorstellung von Textverstehen

In produktionsorientierten Zugangsformen kommt insgesamt eine veränderte Vorstellung von Textverstehen zum Ausdruck. Einen Text verstehen heißt, einen neuen Text herstellen, indem der Ausgangstext be- und verarbeitet (und dabei nicht aus den Augen verloren!) wird. Was in der bisherigen Textarbeit *comprehension* hieß, wird also nun als *processing* und *production* gedacht (vgl. Hallet 2002: 128). Produktiv mit einem Text umzugehen bedeutet auch für Waldmann (1992: 412), dass ein Text nicht gleich als gegebener ‚fertiger' Text angesehen wird. Vielmehr sollten seine Merkmale durch die Herstellung von textuellen Modifikationen und das Verfassen von Alternativ- und Gegentexten aktiv und produktiv intertextuell verstanden werden (vgl. ebd.).

Plädoyer für einen methodischen Pluralismus

Rationale Textanalyse und handlungs- bzw. produktionsorientierter Literaturunterricht sind also keineswegs Alternativen, bei denen sich Lehrende zwischen zwei einander ausschließenden Möglichkeiten entscheiden müssen. Wir möchten im Gegenteil mit Nachdruck für einen methodischen Pluralismus plädieren – und zwar in Form einer Integration von analytischen und kreativen Verfahren. Diese sollten beide fester Bestandteil des Umgangs mit literarischen Texten im Fremdsprachenunterricht sein – nicht zuletzt auch deshalb, weil dadurch verschiedene Lernertypen erreicht werden können.

Gründe für einen methodischen Pluralismus

Eine abwechslungsreiche Kombination dieser unterschiedlichen Zugangswege ist vor allem auch deshalb allen normativen und einseitigen Positionen vorzuziehen, weil verschiedene Formen der Auseinandersetzung mit Texten unterschiedliche Bedeutung für die Bildung des Subjekts haben. Es werden jeweils nur diejenigen Fähigkeiten ausgeprägt, die durch eine bestimmte Methode beansprucht werden. Eine wichtige Voraussetzung dafür, dass neben der Einbildungskraft, der Anschauung und dem Gefühl auch der Verstand und die Urteilskraft angesprochen werden, besteht somit darin, Lernenden ein Repertoire an unterschiedlichen Aufgaben und Methoden anzubieten. Durch den regelmäßigen und durchdachten Wechsel der Methoden sollen sie zum Vollzug möglichst vieler Tätigkeiten angeregt werden, weil sie nur so ein möglichst breites Spektrum jener Vielfalt von Fähigkeiten ausprägen können, die für die Bewältigung alltäglicher Kommunikationssituationen erforderlich sind. Hinzu kommt, dass für viele kreative Arbeiten eine solide Textkenntnis notwendig ist, die überwiegend durch analytische Methoden erlangt wird. *Last but not least*: Durch ein breites Repertoire unterschiedlicher Methoden und Zugänge wird ermöglicht, dass die Schülerinnen und Schüler untereinander und gemeinsam mit dem Lehrer auswählen können, welches Verfahren jeweils angewendet werden soll. Auf diese Weise kann nicht nur das allgemeine Erziehungsziel ‚Mitbestimmung und Verantwortung für den Unterricht' eingelöst, sondern auch die Problemlösungskompetenz der Lernenden gefördert werden.

Verknüpfung von Methoden mit Lernzielen

Als Lehrperson sieht man sich jedoch leider oft damit konfrontiert, dass sich konkrete didaktische Vorschläge gerade für einen handlungs- und produktionsorientierten Umgang mit literarischen Texten in mehr oder minder willkürlichen Zusammenstellungen oder Listen von Aufgaben bzw. *tasks* erschöpfen. So hilfreich solche Hinweise im Einzelfall auch sein mögen, sie entbehren oft einer lernpsychologischen, fachlichen oder didaktischen Fundierung. Methoden sind jedoch erst dann sinnvoll eingesetzt, „wenn man sie im Zusammenhang mit Lern- und Erziehungszielen, Vorstellungen von Lernen und Verstehen und Einsichten in den jeweiligen Gegenstand sieht" (Bredella 1985: 57). Die Auswahl bestimmter Formen kreativen und auch analytischen Arbeitens ersetzt daher nicht die Planung und Reflexion über Lernziele. Es gilt vielmehr, sich bewusst zu machen, welche Lernziele durch die Auseinandersetzung mit Literatur mittels welcher Zugangsformen in besonderem Maße erreicht werden können.

Inhaltsübersicht

Im Folgenden werden anhand der drei literarischen Großgattungen Lyrik, Drama und Prosa sowie anhand auditiv und audiovisuell vermittelter Texte (Hörspiele und Filme) unterschiedliche Formen sowohl der analytischen als auch der kreativen Textarbeit vorgestellt, die in den verschiedenen Phasen der Texterschließung eingesetzt werden können. Der besseren Übersichtlichkeit und der Strukturierung dieses Bandes halber sind die einzelnen Zugangsformen nach Gattungen getrennt aufgeführt. Das bedeutet jedoch nicht, dass sich z. B. viele der im Bereich Lyrik vorgestellten Aktivitäten nicht auch für die Beschäftigung mit dramatischen oder narrativen Texten anbieten oder dass dramatische Zugangsformen nicht auch bei der Arbeit mit Erzähltexten eingesetzt werden können. Im Gegenteil: Eine Zuordnung einzelner Aufgaben zu ausschließlich einer bestimmten Gattung ist oftmals gar nicht möglich. Dem interessierten Leser bzw. der interessierten Leserin sei daher die selbstständige Auswahl von für einen bestimmten Text geeigneten Methoden und Aufgaben ans Herz gelegt. Zunächst möchten wir jedoch noch einige allgemeinere Hinweise zum methodischen Vorgehen bei der Behandlung von literarischen Texten im Englischunterricht geben.

2. Prozessorientierter Literaturunterricht: *pre-*, *while-* und *post-reading-activities*

Drei Phasen der Texterschließung

Um die Verstehens- und Sinnbildungsprozesse der Lerner in Bezug auf die Sprache, den Inhalt, die spezifischen Darstellungsverfahren (z. B. die Erzählperspektive) und die kulturellen Implikationen eines fremdsprachigen Textes im Literaturunterricht zu initiieren und zu unterstützen, wird die Arbeit mit literarischen Werken üblicherweise in drei Phasen unterteilt:

- die Phase vor dem Lesen *(pre-reading phase)*,
- die Phase während des Lesens (*while-reading phase*),
- die Phase nach dem Lesen (*post-reading phase*).

Diese Dreiteilung soll dazu dienen, die Interaktion der Lernenden mit dem Text zu fördern. Es soll der Einsicht Rechnung getragen werden, dass es sich beim Lesen um eine prozesshafte Tätigkeit handelt, bei der Textinformationen mit den Wissensstrukturen und Erwartungen der Lerner zusammentreffen. Der Leseprozess der Lerner wird daher in den unterschiedlichen Phasen mit speziellen Aufgaben zur mündlichen und schriftlichen Sprachproduktion begleitet, die die Entwicklung von Texterschließungs- und Interpretationsstrategien ermöglichen und die Suche nach einem übergeordneten Textsinn vorantreiben sollen. Im Gegensatz zur traditionellen Methode, Schülerinnen und Schülern einen Text (bis auf die Erläuterung einiger unbekannter Wörter) ohne weitere Einleitung bzw. Vorbereitung zum Lesen zu geben, um ihnen dann Verständnisfragen zu eben diesem Text zu stellen, versucht das Drei-Phasen-Modell, der Komplexität des Lesevorgangs gerecht zu werden und Lernende Schritt für Schritt im Textverstehen zu schulen. Dies ist gerade im Kontext Fremdsprachenunterricht sehr wichtig, da

> „fremdsprachliche literarische Texte Barrieren sprachlicher, inhaltlicher und kultureller Art enthalten, die bei einem vergleichbaren muttersprachlichen Text nicht oder in reduzierter Form vorhanden wären" (Hermes 1994: 251).

WISSENSWERT

Pre-reading phase

Die *pre-reading phase* vor dem Lesen eines fremdsprachigen literarischen Textes ist als Vorbereitungsphase ein wichtiger Schlüssel für die weitere Textarbeit. Sie dient dazu,

- die Schülerinnen und Schüler auf den unbekannten Text oder bestimmte Aspekte einzustimmen
- die Aufmerksamkeit, Neugier und das Interesse der Lernenden zu wecken
- die Lernenden an ihre eigenen Erfahrungen in Bezug

auf das Thema des Textes anknüpfen zu lassen
- das Vorverständnis der Lerner in Form von Weltwissen, kulturellen Schemata und literarischen Kenntnissen (z. B. über die Merkmale einer Gattung) zu aktivieren
- in den Schülerinnen und Schülern Erwartungshaltungen gegenüber dem Text zu wecken
- die Lernenden zu einer ersten Haltung gegenüber dem zu behandelnden Thema herauszufordern
- die Schülerinnen und Schüler mit dem Vokabular des Textes vertraut zu machen und ihr sprachliches Vorwissen zu aktivieren
- eventuell kontextuelles Wissen zu dem Text (z. B. zum kulturellen Hintergrund, zur Epoche, zum Autor) zur Verfügung zu stellen (dies ist insbesondere dann relevant, wenn die Erfahrungshorizonte eines Textes jenseits der Schülerhorizonte liegen)

Pre-reading activities

Um die Lernenden emotional, sprachlich und inhaltlich auf den im Unterricht zu behandelnden Text vorzubereiten, werden sogenannte *pre-reading activities* eingesetzt. Ausgangspunkt solcher Aktivitäten ist die Einsicht, dass Leser einen Text – besonders einen fremdsprachigen – schneller und auch besser verstehen, wenn sie den Wirklichkeitsausschnitt, den der Text beschreibt, aus welcher Perspektive auch immer, bereits kennen. Der Text selbst erscheint dann auf der konzeptionellen Folie, die durch die *pre-reading activities* gebildet wurde. Als mögliche Aufgaben vor der Lektüre kommen die folgenden in Betracht (vgl. auch Collie/Slater 1987, Lazar 1993 und Caspari 1997):

METHODE

Pre-reading activities

- mittels einer Fantasiereise zum Thema die Aufmerksamkeit der Lernenden wecken (die Lernenden schließen die Augen und versuchen, mit Hilfe von Fragen, die der Lehrende langsam und mit genügend Pausen vorträgt, in ihrem Innern ein Bild z. B. des dargestellten Konflikts, des Schauplatzes der Geschichte oder des Protagonisten entstehen zu lassen: ▸ *Think of a typical place the protagonist could be in. What does the place look like? What does the person look like? Look at the face, the hair, the clothes, the posture. How old is the person? What is s/he doing? Can you deduce from the way the person looks what is going on in his or her mind?*
- anhand von visuellen und/oder akustischen Medien (Bildern, Fotos, Collagen, Gegenständen, Musik, Filmausschnitten usw.), die thematisch oder atmosphärisch zum Text passen, auf diesen einstimmen

- anhand des Titels, Buchcovers, der Gattungsbezeichnung (z. B. *mystery novel*), des Inhaltsverzeichnisses, der Liste der *dramatis personae* (bei Theaterstücken), des ersten Satzes, Abschnittes und/oder eines Patchworks aus einzelnen Schlüsselwörtern bzw. Textteilen erste Vermutungen über Thema, Inhalt, Konflikte, Struktur, Raum, Zeit usw. anstellen lassen (z. B. bei Schlüsselwörtern die Frage stellen, welche Geschichte diese Wörter verbinden könnte)
- über einen anderen Einstiegstext (z. B. eine Zeitungsmeldung) das Thema des Textes erörtern und dabei möglichst die neuen Wörter aus dem Text integrieren
- Szenen zum Thema des Textes oder anhand der vorgegebenen Figurenkonstellation erfinden und in Form eines Rollenspiels umsetzen
- sich durch Stellungnahmen zu von der Lehrkraft vorgegebenen Aussagen, Meinungsumfragen oder Interviews mit bestimmten Aspekten des Textes (z. B. Problematik, Figuren, Situationen, Zeit, Stimmung) auseinander setzen
- ein Brainstorming zum Themenbereich und/oder zum speziellen Vokabular des Textes durchführen (z. B. in Form eines sogenannten *topic webs* mit dem zentralen Themenbegriff in der Mitte, um den herum Assoziationen, Informationen und Ideen netzartig angeordnet werden)
- die Schlüsselwörter des Textes Definitionen aus einem englischsprachigen Wörterbuch zuordnen bzw. die Lerner entscheiden lassen, welche Lexikondefinition eines Wortes dessen Bedeutung im Text am besten wiedergibt
- in Form eines Assoziogramms, Gedichts oder einer kleineren Geschichte mit dem textrelevanten Wort- und Sachfeld arbeiten
- anhand eines Vergleichs verschiedener Romananfänge die Besonderheiten des Textbeginns verdeutlichen
- durch die Erstellung eines Handlungsgerüsts, das Verfassen eines Gedichts zu Reimwörtern oder die Transformation eines Textes in eine andere Textsorte für die Gattungseigentümlichkeiten des zu behandelnden Textes sensibilisieren
- die Lernenden (z. B. aus Zeitungen, Zeitschriften, Büchern, Interviews, Briefen, aus dem Internet usw.) selbstständig Informationen zum Autor bzw. zur Autorin und/oder zum historischen, sozialen bzw. kulturellen Hintergrund der dargestellten Geschichte einholen und in der Klasse vorstellen lassen (z. B. in Form eines Referats, einer Dokumentation oder eines Wandposters)

Bedeutung der Anfangsphase

Trotz der Wichtigkeit dieser Phase vor dem Lesen, in der die Schülerinnen und Schüler für den ersten Kontakt mit dem Text vorbereitet werden, sollten die einstimmenden Aktivitäten nicht allzu viel Raum einnehmen. Die Anfangsphase im Literaturunterricht hat keine zentrale Bedeutung. Sie soll vielmehr auf den zu behandelnden Text und seine Interpretation vorbereiten sowie das Interesse der Lernenden wecken und ihre Motivation für die Beschäftigung mit dem Text erhöhen. Dabei muss jedoch unbedingt darauf geachtet werden, dass die ausgewählten Aufgaben die Deutung des Textes nicht zu stark in eine bestimmte Richtung lenken.

While-reading phase

Die Phase während des Lesens (*while-reading phase*) dient vor allem dazu, das Textverständnis der Lernenden zu sichern und sie immer wieder zum aktiven Lesen und zum Dialog mit dem Text zu ermuntern. Da insbesondere längere literarische Texte nicht vollständig gemeinsam im Unterricht gelesen werden können, sondern von den Schülerinnen und Schülern die eigenständige Lektüre zu Hause erfordern, ist es wichtig, den Leseprozess nicht nur im Klassenzimmer durch spezielle Aufgaben (und eventuell Arbeitsblätter; vgl. Collie/Slater 1987: 38ff.) zu unterstützen. Aktives Lesen kann dadurch gefördert werden, dass die Lernenden während des Lesens zur Reflexion über ihre gewonnenen Eindrücke und zur Artikulation ihrer persönlichen Reaktionen auf das Gelesene aufgefordert werden. Auch verschiedenste Formen kreativer Auseinandersetzung mit dem Text unterstützen subjektiv bestimmte Verstehensprozesse schon während des Lesens und regen Sinnbildungsprozesse an. Zudem kann durch spezielle Aufgaben der jeweilige Stand des Verstehens in Bezug auf die Plotentwicklung, die Figurendarstellung und die formalen Darstellungsverfahren festgehalten werden. Folgende *while-reading activities* können Lernende während des Leseprozesses dabei unterstützen, mit dem Text – d. h. mit seinem Inhalt, seinen stilistischen Besonderheiten und seiner Sprache – vertraut zu werden (vgl. auch Collie/Slater 1987, Lazar 1993, Caspari 1997 und Hallet 2002: 144f.):

METHODE

While-reading activities

(a) persönliche Reaktionen artikulieren, Hypothesen bilden

- die Vorgeschichte zum ersten Absatz des Textes schreiben, erzählen oder spielen
- Hypothesen über den weiteren Verlauf der Handlung in mündlicher, schriftlicher oder zeichnerischer/illustrierender Form bilden, anhand einer Kopie des Textanfangs und/oder nach einer Unterbrechung des Leseprozesses an bestimmten Punkten: ▸ *What do you think the main conflict will be about? What is going to happen? What is likely to be the fate of character x?*
- Text zeilen- oder abschnittsweise lesen, ggf. auch abschreiben, Hypothesen über Weiterentwicklung bilden („Aufdecktechnik")

- einen Dramenanfang oder einzelne Dramenteile (Akte, Szenen) weiterspielen
- im Text ausgesparte Aspekte, Dialoge oder Handlungen inferieren (*filling in the gaps*)
- im Leseprozess innehalten und bereits aufgestellte Hypothesen überprüfen: ▶ *Are early predictions still valid? Why/why not? How would they need to be changed in the light of our new knowledge?*

(b) den Text über verschiedene Medien erschließen

- Text ‚erschreiben' durch Experimente z. B. mit Schriftarten, -stärken und -größen, Zeilenanordnungen, farblicher Gestaltung
- Text ‚erlesen' oder ‚erspielen' durch die Erprobung von unterschiedlichen Gesichtsausdrücken, Sprechweisen, gestisch-mimischen Ausdrucksformen, Körperhaltungen, räumlichen Anordnungen und Bewegungen
- Text rezitieren, ggf. mit verbindender Zwischenmusik oder mit untergelegter Musik
- erste Leseeindrücke umsetzen, z. B. in Bilder oder Illustrationen, in Form einer Montage aus Bildern und Texten, in eine graphische Struktur, ein Standbild, einen anderen Text (Dialog, Denkblasen/Eingreiftext, Klappentext, Brief, Rede usw.) oder in Musik

(c) das aktive Lesen fördern

- Text sinnvoll rekonstruieren aus einzelnen auseinander geschnittenen Textteilen (z. B. Versen, Strophen, Sätzen, Abschnitten, Dialogpassagen) oder durch Herstellung von Beziehungen, ohne dass der Originaltext bekannt ist („Puzzletechnik", *„re-ordering", „jigsaw reading"*); anschließend Vergleich mit dem Original
- zwei oder mehr ineinander verschränkte Texte entflechten (*jumbled texts*)
- auf bestimmte Aspekte hin lesen (z. B. auf die Entwicklung des Plot oder einer Figur, auf die Darstellung eines Schauplatzes usw.)
- erste Leseeindrücke dokumentieren, Fragen an den Text oder an die Mitschüler formulieren, wichtige Textstellen, spontane Ideen für Textdeutungen (z. B. durch Randbemerkungen im Text, persönliche Stellungnahmen in Form von Lesetagebuch oder -protokoll, fortlaufendem Kommentar, Ausfüllen von Arbeitsblättern, Fragebögen oder Sympathieskalen, Wahl von Bildern/Fotos) festhalten
- relevante Textpassagen unterstreichen und Schlüsselwörter bzw. textuelle Signale notieren, die Einblick in die Problematik des Textes liefern
- Text in Sinnabschnitte gliedern und eine passende Überschrift finden

(d) neuen Wortschatz sichern

- Glossare zu unbekanntem Vokabular erstellen (evtl. in unterschiedlichen Gruppen)
- Multiple-Choice-Fragen zum Text beantworten, um die Erschließung von neuen Wörtern durch den Kontext zu fördern
- neue Wörter in Wortfeldern *(topic webs)* anordnen (z. B. zur Handlung, zu den

Figuren oder zum *setting*), mit Linien verbinden und mit Farben, Zeichnungen oder Symbolen weiter gestalten

(e) das Textverständnis sichern

- einzelne Textpassagen nicht nur lesen, sondern eventuell auch hören und/oder sehen (z. B. als Hörspiel- oder Filmfassung) mit dazugehörigen Hör- und Sehverstehens-Übungen (Lückentexte, Multiple-Choice-Tests usw.), Vergleich der verschiedenen Fassungen anstellen
- Textlücken ergänzen (z. B. halbe oder verkürzte Gedichtzeilen), mit oder ohne Auswahlantworten (*gap-filling*)
- Zuordnungsaufgaben (*matching activities*), bei denen verschiedene Dinge zusammengefügt werden, z. B. Aussagen aus dem oder über den Text und Bilder, Figuren und ihre Äußerungen („Satzquiz"), Figuren und passende beschreibende und/oder wertende Adjektive aus einer vorgegebenen Liste auswählen (*word portraits*) usw.
- kurze Inhaltsangaben (evtl. in Gruppen) zu einzelnen Kapiteln oder zur gesamten Handlung anfertigen (z. B. zunächst in 50 Wörtern und dann erneut in 100, um zu sehen, welche zusätzlichen Informationen gegeben werden; oder aber in mündlicher Form mit vorgegebener Zeitspanne: nach 15 Sekunden übernimmt das nächste Gruppenmitglied die Fortsetzung der Zusammenfassung)
- aus mehreren vorgegebenen kurzen Inhaltsangaben die beste auswählen bzw. bei Zusammenfassungen mit inhaltlich falschen Passagen diese richtig stellen
- vorgenommene Veränderungen an einem Text (durch Hinzufügungen und Weglassungen) identifizieren und so den Originaltext ‚aufdecken' („Original und Fälschung")
- aus einer Liste von Wörtern aus dem Text deren Bedeutung für das Geschehen mündlich in Gruppen rekapitulieren
- Wortkarten, die Bausteine des Handlungsgerüsts enthalten, in die richtige Reihenfolge bringen und die Geschichte dann mündlich oder schriftlich nacherzählen

(f) Leseeindrücke reflektieren, sich mit dem Text auseinandersetzen

- Deutungsprobleme zu kürzeren Textpassagen artikulieren und diskutieren, z. B.: ▶ *Why did character x make this decision / take this step / change her mind?*
- Fragen zu Inhalt und Form des Textes beantworten (neben Lehrerfragen sollten auf jeden Fall auch Schülerfragen zum Zug kommen, indem sich z. B. Kleingruppen zu verschiedenen Kapiteln oder Abschnitten eines Textes Fragen überlegen, die die anderen Gruppen dann beantworten müssen)
- Stellungnahmen zu Thesen über das Gelesene formulieren (z. B. indem wertende Äußerungen zu einem Text von der Lehrkraft vorgegeben werden, die dann von den Lernenden diskutiert und auf einer Skala von „*fully agree*" bis „*totally disagree*" angeordnet werden)

Post-reading phase

Im Anschluss an die Textlektüre und -erarbeitung ist es sinnvoll, die Schülerinnen und Schüler zu Anfang der sogenannten *post-reading phase* zunächst mit ihren persönlichen Reaktionen auf den Text zu Wort kommen zu lassen. Dies kann z. B. in einer Art Rezeptionsgespräch erfolgen, das mit einer Reihe offener Fragen beginnt (vgl. Raue 1980):

AUFGABE

Rezeptionsgespräche führen

- What struck you while reading the text?
- Which impressions did you get while reading the text?
- What did(n't) you like about the story?
- What do you think is important in this text?
- Which aspects of the text would you like to discuss in class?

Im Gegensatz zu konkreten, auf den Text zugeschnittenen Fragen und Aufgaben wie z. B. ▸ *What is the main theme of the text?* ▸ *Describe its plot and structure.* ▸ *Which are the main characters?* ermöglicht es eine solche offene, schülerzentrierte Phase, dass die Lernenden selbstständig Fragen an den Text formulieren. Sie haben die Gelegenheit, ihre individuellen Leseerlebnisse zu schildern und zum Ausdruck zu bringen, was sie persönlich beeindruckt hat, was ihnen nicht gefallen hat, was vielleicht unklar blieb usw. Außerdem wird auf diese Weise ermöglicht, dass die Lernenden das Programm bzw. Analyseschwerpunkte für die anschließende Interpretationsphase (zumindest teilweise) gemeinsam mit der Lehrkraft erstellen bzw. festlegen. Dies ist eine wichtige Voraussetzung für einen späteren selbstständigen Umgang mit literarischen Texten.

Berücksichtigung des Prozesscharakters

Die weiteren Aktivitäten in der Phase nach dem Lesen sollten sodann im Sinne des Prozesscharakters des Textverstehens an die Aufgaben aus den Phasen vor dem Lesen und während des Lesens anschließen. Bei der Nachbereitung und abschließenden Interpretation des Textes sollten die Lernenden auf ihre individuellen Eindrücke und Beobachtungen zurückgreifen und ihre im Leseprozess erlangten Erkenntnisse sinnvoll verwenden können.

METHODE

Verwendung von Leseergebnissen

Im Leseprozess gewonnene Erkenntnisse können verwendet werden

- wenn Schülerinnen und Schüler ihre ersten Reaktionen auf den Text im Nachhinein diskutieren

- indem sie überprüfen, ob sie mit ihren aufgestellten Vermutungen über den Textverlauf/Inhalt des Textes richtig lagen
- indem sie ihre Lesenotizen (z. B. in Form ihrer Lesetagebücher) für spätere Aufgaben verwenden

Post-reading acitivities

Für die analytische und kreative Arbeit mit dem Text sollten sodann Verfahren gewählt werden, die den Lernenden Gelegenheit geben, „den durchlaufenen Erkenntnisweg nachzuvollziehen, die im Verlauf der Textarbeit gewonnenen Einsichten umzusetzen und z. B. zur eigenen Person oder zu anderen Texten in Beziehung zu setzen oder auf überindividuelle Probleme anzuwenden" (Caspari 1997: 45). Dafür bietet sich eine Vielzahl unterschiedlicher Aufgabentypen an (sogenannte *post-reading activities*), die schließlich in ein textdeutendes Gespräch münden sollten (vgl. auch Collie/Slater 1987, Lazar 1993, Caspari 1997, Schlosser 1992 und Hallet 2002: 144f.):

METHODE

Post-reading activities

(a) einzelne Elemente eines Textes konkretisieren

- einen Titel oder Sinnspruch zum Text formulieren (z. B. wenn ein Gedicht zunächst ohne seinen Titel gelesen wurde)
- ein passendes Buchcover oder ein Werbeplakat zu dem behandelten Text entwerfen
- inhaltliche Aspekte ausführen, die im Text ausgespart oder nur angedeutet sind (Gedanken der Figuren, Gespräche, Handlungen), z. B. in Form von inneren Monologen, Selbstgesprächen, Dialogen/Gesprächen, Briefen, Tagebucheinträgen, Telegrammen, Denkblasen *(thought bubbles)*, Berichten, Regieanweisungen (bei dramatischen Texten, Filmen oder Hörspielen)
- kreative Beschäftigung mit dem Erzähler und/oder den Figuren eines Textes, z. B. einen Lebenslauf anfertigen, einen Brief an eine Ratgeberrubrik schreiben *("agony aunt" column)*, einen Brief an eine der Figuren schreiben, eine Vermisstenanzeige aufsetzen, ein Fahndungsposter kreieren (*"wanted!"* bzw. *"missing poster"*), einen Nachruf verfassen (*epitaph*) oder die Begegnung mit einer Figur (im Zug, im Café, in der Schule/Hochschule usw.) beschreiben

(b) einen Text umschreiben oder erweitern

- Text aus einer anderen (im Text nicht zur Geltung kommenden) Perspektive (einer Figur, aber auch eines ‚sprechenden' Tieres oder Gegenstandes) oder in einer anderen Erzählsituation verfassen

- weitere Handlungen einfügen, die ähnlich wie die im Text dargestellten verlaufen
- inhaltliche Alternativen zum geschilderten Handlungsverlauf entwickeln, insbesondere bei offenem oder ambivalentem Schluss (z. B. anderer Schluss, neue Szenen, Nachgeschichte), evtl. eingeleitet durch „*What if*"-Fragen
- Text umschreiben, indem die Handlung an einen anderen Ort oder in eine andere Zeit (Vergangenheit oder Zukunft) versetzt wird; indem das Geschlecht, Alter, das Äußere oder die Charaktereigenschaften einer der Figuren verändert werden (z. B. könnte der Held zur Feindfigur werden); indem zusätzliche Figuren eingeführt werden und am Geschehen teilhaben (evtl. sogar der Schüler bzw. die Schülerin selbst); oder indem Figuren handelnd auftreten, über die im Text nur gesprochen wird
- Erfinden der Vorgeschichte einer Figur (z. B. mit Bezug auf deren Jugenderlebnisse, sozialen Hintergrund, Erziehung, Berufserfahrungen usw.), die ihr Handeln in der Jetztzeit der erzählten Geschichte sowie ihre Überlegungen, Gefühle, Absichten und Bedürfnisse verständlich werden lässt
- Text in einen Gegentext umschreiben (z. B. einem Gedicht über ungetrübtes Liebesglück eines entgegensetzen, in dem das Scheitern einer Beziehung gestaltet wird), eine ‚Verkehrte-Welt-Fassung', Satire, Parodie oder Trivialfassung (z. B. Tragödie – trivialer Liebesroman)

(c) einen Text in eine andere Textsorte bzw. in ein anderes Medium übertragen

- Text in eine andere Textsorte umschreiben, z. B. narrativen Text in ein Theaterstück, ein Drehbuch für eine Seifenoper oder einen Zeitungsartikel
- Sprachtexte visualisieren: Verbalsprachliche Texte werden in eine bildliche Darstellungsform überführt, z. B. Zeichnung, Foto, Collage, Comic, Brettspiel, Standbild/Skulpturengruppe, Pantomime, Schattenspiel, Puppen-/Marionettenspiel, Film
- Bilder versprachlichen: Bildvorlagen wie Cartoons, Zeichnungen, Gemälde, Fotos, Film- und Videoszenen usw. werden in einen fremdsprachigen Text überführt, z. B. Erzählung, Gedicht, Dialog, Monolog, Tagebucheintrag usw.
- schriftsprachliche Texte vertonen: Ein Text wird in musikalischer Form repräsentiert oder begleitet, z. B. durch Laute oder mit Instrumenten (z. B. Orff-Instrumenten), als Rap-Text rhythmisiert oder in einen Hörtext (z. B. ein Hörspiel) umgeformt
- Thema, Problematik, Figuren des Textes szenisch interpretieren, z. B. in Form eines Standbildes, einer Pantomime, eines literarischen Rollenspiels (Interview zwischen zwei Figuren, Gerichtsverhandlung),

einer szenischen Umsetzung oder eines Dialoges zwischen einer Figur und der Lerngruppe („heißer Stuhl")
- Text durch Bewegung und Tanz darstellen

(d) sich persönlich und interpretatorisch mit einem Text auseinandersetzen

- kritische Reaktionen auf den Text in Form einer Buchbesprechung (Rezension), einer Theater- oder Filmkritik oder eines Briefes an den Autor/die Autorin entwerfen
- ausdrücklich positive Texte verfassen, z. B. in Form von Leseempfehlungen, eines Werbetextes oder eines Klappentextes (*blurb*)
- Brief über die persönlichen Leseerfahrungen an einen unspezifischen Adressaten schreiben; die Briefe werden eingesammelt und nach dem Zufallsprinzip für das Verfassen von Antworten wieder unter den Lernenden verteilt; anschließend werden die Briefe im Klassenzimmer ausgelegt und den anderen zum Lesen und Diskutieren zur Verfügung gestellt
- eine Literaturzeitung herstellen, in die auch die Produkte der anderen aufgeführten Aktivitäten Eingang finden können
- einen eigenen Text mit vorgegebenen Wörter verfassen, z. B. in Form eines Montage-Gedichts oder durch die Verwendung der Struktur des besprochenen Textes, z. B. eines Märchens oder einer Fabel
- eine (subjektive) Auswahl der drei wichtigsten Aspekte des Textes treffen, z. B. im Hinblick auf die Plot- oder Figurenentwicklung oder auf die Darstellung des Hauptthemas, mit anschließender Diskussion
- die vertiefte Untersuchung der spezifischen Darstellungsverfahren des Textes in Form textanalytischer Aufgaben unternehmen, z. B. zur Sympathielenkung durch die Darstellung der Innenperspektive einer Figur
- die im Text dargestellte und formal inszenierte Problematik mittels schriftlich zu beantwortender Interpretationsaufgaben und/oder im Unterrichtsgespräch diskutieren
- verschiedene Textinterpretationen vergleichen und diskutieren

Veröffentlichung der Schülerprodukte

Besonders motivierend sind die Produktion eigener Texte und der handlungsorientierte Umgang mit Literatur, wenn die Schülerinnen und Schüler die Möglichkeit zur Veröffentlichung, Ausstellung, Präsentation oder Aufführung der im Unterricht erzielten Resultate haben. Dies kann z. B. in Form einer Ausstellung im Schulgebäude, einer Theateraufführung oder – im Falle von Gedichten – einer Rezitationsveranstaltung auf einem Elternabend oder Klassen- bzw. Schulfest geschehen. Schriftliche Schülerarbeiten können auch in der Schülerzeitung, in einem selbst hergestellten kleinen Buch oder im Internet veröffentlicht werden (Filmkritiken können z. B. bei der Internet Movie Database www.imdb.com oder bei www. amazon com, die beide eine Rubrik für Zuschauerkommentare haben, ins Netz gestellt werden). Darüber hinaus bietet sich statt eines Posters, das die Ergebnisse der Auseinandersetzung mit einem literarischen Werk festhält, auch das Erstellen eines Hypertextes an, der z. B. mit der Homepage der Schule verlinkt wird. Solche „Strategien gegen die ‚Folgelosigkeit' von Unterricht" (Nissen 1994: 37) haben positive Auswirkungen auf alle Altersstufen in einer Schule. Die Schülerinnen und Schüler erhalten die Gelegenheit, ihr Können unter Beweis zu stellen. Die Veröffentlichung der Schülerprodukte vor der ganzen Schule und/oder vor Gästen und Besuchern ist ein Zeichen des Respekts und der Hochachtung vor der Arbeit und Leistung der Lernenden. Sie erfahren, dass die Ergebnisse ihrer Arbeit an sich wichtig und für andere interessant sind und nicht immer nur der Leistungsbewertung dienen. Außerdem ermöglicht und erfordert die Veröffentlichung von Schülerarbeiten einen gewissen kritischen Umgang der Lernenden mit ihren eigenen Produkten: Texte müssen ausgewählt und angeordnet oder auf eine bestimmte Art und Weise vorgestellt werden, und jedes Vorgehen muss begründet werden. Durch die Veröffentlichung ihrer Arbeiten wird Schülerinnen und Schülern daher auch ermöglicht, Qualitätsbewusstsein zu entwickeln und kritisch gegenüber den eigenen Leistungen zu sein.

Neue Medien im Literaturunterricht: Beispiel Internet

In allen beschriebenen Phasen der Beschäftigung mit literarischen Texten ermöglicht der Einsatz des Internet neue, motivierende Arbeitsformen und damit weitere methodische Vielfalt im fremdsprachlichen Literaturunterricht. Betrachtet man das Internet in seiner doppelten Funktion als **Recherche- und Kommunikationsmedium**, so kann es in mindestens zweierlei Hinsicht gewinnbringend für die Arbeit mit literarischen Texten eingesetzt werden. Zum einen bietet es sich neben traditionellen Medien und Materialsammlungen wie Bibliotheken für die Suche nach Informationen über das zu besprechende literarische Werk selbst, seinen Autor bzw. seine Autorin, den historischen und kulturellen Hintergrund sowie verschiedene Interpretationen an. Allerdings müssen die Lernenden bei einer solchen Rechercheaufgabe im Suchen, Lesen und vor allem (kritischen) Bewerten von Internetquellen geschult sein.

Austausch über einen Text via E-Mail

Zum anderen kann das Internet im fremdsprachlichen Literatur- und Kulturunterricht für die interkulturelle Diskussion über einen literarischen Text via E-Mail genutzt werden. Die Lernenden erhalten die Aufgabe, sich gemeinsam mit englischsprachigen Schülerinnen und Schülern schriftlich über ein literarisches Werk auszutauschen (vgl. z. B. Müller-Hartmann 1999). Sie können z. B. dazu aufgefordert werden, in der Kommunikation mit dem Partner so viel wie möglich über einen Text herauszufinden, sich ihm aus unterschiedlichen Perspektiven zu nähern und durch die Sichtweise des Korrespondenzpartners die eigene Deutung zu ergänzen (vgl. Taubenböck 2004b: 6). Eine solche Vorgehensweise bringt es mit sich, dass die Schülerinnen und Schüler selbstständig Fragen an den Text stellen, anstatt die Fragen des bzw. der Lehrenden zu beantworten. Zudem führt die private Zweierkommunikationssituation dazu, „dass weniger Hemmungen bestehen, auch emotionale, persönliche Assoziationen und Deutungen zuzulassen oder vermeintlich simple Fragen zu stellen, die man vor dem Plenum der Klasse nicht äußern würde" (ebd.: 6f.). Diese Form des eigenverantwortlichen Lernens kann sich dann auch sehr motivierend auf die Besprechung der Einzelergebnisse im Plenum in der Phase nach dem Lesen auswirken.

Zusammenfassung

Die folgende Tabelle fasst die Funktionen der drei unterschiedlichen Phasen bei der Textarbeit noch einmal übersichtlich zusammen (vgl. Hinz 2000: 240):

WISSENSWERT

Drei Phasen der Textarbeit

pre-reading phase ↓	- Hinführung zum Text - Aufbau von Erwartungshaltungen - Aktivierung des sprachlichen, kulturellen und kontextuellen Vorwissens
while-reading phase ↓	- Textrezeption - Sicherung des Textverständnisses - Anregung zum und Unterstützung des Leser-Text-Dialog(s)
post-reading phase	- Rezeptionsgespräch - analytische und kreative Textanschlussaktivitäten - textdeutendes Gespräch

Wie sich die vorgestellten Aktivitäten in den drei Phasen im Einzelnen bei der Beschäftigung mit lyrischen, dramatischen, narrativen, auditiven und audio-visuellen Texten einsetzen lassen, wird in den folgenden Unterkapiteln zu den literarischen Gattungen vorgestellt.

3. Die Arbeit mit lyrischen Texten

3.1 Aufgabe des Literaturunterrichts: Interesse und Freude an Lyrik wecken

Problemfall Lyrik

Obwohl der Stellenwert poetischer Texte im Fremdsprachenunterricht seit einiger Zeit Gegenstand eines Umdenkprozesses ist (vgl. Werner 1990), fristet die Lyrik in der Unterrichtspraxis im Vergleich zu den anderen Gattungen zumeist ein Schattendasein. Oft geht die Beschäftigung mit Gedichten im Englischunterricht an deutschen Schulen nur selten über die Sonette von Shakespeare hinaus – und das, obwohl Gedichte zu den Lerninhalten gehören, die von den Richtlinien verbindlich vorgeschrieben werden.

Gründe für die Randexistenz von Lyrik

Für die Randexistenz von Lyrik im fremdsprachlichen Literaturunterricht gibt es eine Reihe von Gründen. Der Einsatz von poetischen Texten wird aufgrund ihrer besonderen Gattungsmerkmale wie Verdichtung in Sprache und Inhalt schon im muttersprachlichen Unterricht oft als schwierig angesehen; im Englischunterricht kommt dann noch die Hürde der fremden Sprache hinzu. Da viele Gedichte lexikalisch und syntaktisch vom Alltagsenglischen abweichen, steht die Gattung außerdem im Verruf, den Lerner von seinen gewöhnlichen Bezugsrahmen zu distanzieren und dadurch das Verstehen des literarischen Textes zu erschweren, ja bisweilen sogar zu verhindern. Auch die traditionell streng analytische Vorgehensweise im Lyrikunterricht, bei der die Schülerinnen und Schüler Gedichte in ihre formalen Bestandteile zu zerlegen haben, hat sicherlich zur allgemeinen Unbeliebtheit der Gattung beigetragen. Insgesamt jedenfalls gilt Lyrik gerade unter deutschen Schülerinnen und Schülern als ein ernstes, schwieriges und erhabenes Genre ohne Aktualitätsbezug, dem man mit Ehrfurcht begegnen muss.

Nutzbarmachung von Gattungsmerkmalen

Ein wesentliches Gattungsmerkmal lyrischer Texte kann man sich aber für den fremdsprachlichen Literaturunterricht durchaus zunutze machen: Aufgrund ihrer vielen Leerstellen laden Gedichte geradezu zu schüler- und handlungsorientierten Verfahren ein. Die Offenheit der Gattung fordert die intensive Mitarbeit der Lerner noch stärker, als dies bei Erzähl- und Dramentexten der Fall ist: Die Schülerinnen und Schüler werden zum Nachdenken angeregt, müssen mit Hypothesen arbeiten, diese gegeneinander abwägen und begründen sowie ergänzen, was im Text angedeutet wird, doch ungesagt bleibt. Die Verdichtung der Sprache und die Vielzahl an Bedeutungsebenen im lyrischen Text können zu höchst unterschiedlichen Rezeptionsweisen führen – eine Tatsache, die insofern produktiv für den Unterricht genutzt werden kann, als die Lernenden dadurch nachhaltig zur Kommunikation angeregt werden.

Sensibilisierung für das Zusammenspiel von Inhalt und Form

Darüber hinaus eignet sich die Lyrik dazu, Lernende für das enge Zusammenspiel von Inhalt und Form zu sensibilisieren. Gedichte brechen sprachliche Regeln und sagen auf diese Weise etwas Besonderes oder Neues aus. So dienen phonologische, morphologische, syntaktische oder semantische Abweichungen von der Normalsprache oftmals dazu, die Aufmerksamkeit der Leser auf ein bestimmtes Element des Gedichts zu richten und dieses besonders hervorzuheben. Durch die Wort- oder Satzstellung in einem Gedicht können z. B. einzelne Wörter herausgestellt und so bei der Rezeption bewusster wahrgenommen werden. Anhand von Gedichten kann Lernenden daher besonders gut verdeutlicht werden, dass die Form literarischer Texte mit Bedeutung aufgeladen ist und dass es daher sinnvoll ist, diese Form (z. B. das Reimschema eines Gedichts) genauer zu betrachten – nicht als Selbstzweck, sondern um dadurch Aufschluss über den Inhalt des Textes zu erlangen. Neben diesen gibt es noch eine Vielzahl weiterer Gründe für den Einsatz von Gedichten im Fremdsprachenunterricht (vgl. auch Burwitz-Melzer 2000: 44):

Vorteile von Gedichten im Fremdsprachenunterricht

- Wegen ihrer Kürze ermöglichen Verse, Abzählreime, Zungenbrecher und kleine Gedichte schon in der frühen Sekundarstufe I erste Begegnungen mit fremdsprachiger Literatur.
- Da Gedichte wegen ihrer sprachlichen und formalen Besonderheiten und ihrer Komplexität nicht einfach gekürzt werden können, handelt es sich bei ihnen immer um authentische Texte, die Lernende mit der Sprachwirklichkeit des fremden Landes vertraut machen können.
- Die poetische Sprachverwendung zwingt die Lerner zur genauen (oft mehrmaligen) Lektüre, zur Konzentration auf sprachliche Details und formale Elemente und dadurch zu einer intensiven Wahrnehmung des Textes und seiner besonderen Ästhetik.
- Die Kombination von Sprache und Rhythmus macht die Fremdsprache sinnlich erfahrbar und regt die Imitationsfreudigkeit der Lernenden an.
- Die Beschäftigung mit Metrum, Reim, Rhythmus und Klangmustern trägt zur Sprachsensibilisierung, zum Training von Intonation und Prosodie sowie zur leichteren Memorierbarkeit von Sprachmustern bei.
- Reime, Rhythmus und Bildersprache erleichtern nicht nur den Aufbau von Wortschatzfeldern, sondern auch die Vorhersagbarkeit des Textinhalts und damit die Verstehensleistung der Lernenden.
- Gedichte bringen oft universelle Themen und allgemeine Lebenserfahrungen zum Ausdruck, an die die Lernenden mit ihren persönlichen Erfahrungen leicht anknüpfen können.

- Gedichte in der fremden Sprache bieten aber auch fremdkulturell geprägte Sichtweisen auf einen Sachverhalt an, so dass die Lernenden in der Beschäftigung mit ihnen lernen, sich mit anderen Perspektiven auseinanderzusetzen, ihnen zuzustimmen oder zu widersprechen und so ihre eigene Sichtweise zu relativieren.
- Gedichte sind ideale Wegbereiter und Vorlagen für kreatives Handeln: Sie ermöglichen den spielerischen Umgang mit sprachlichen Elementen, mit Lauten, Wörtern und Bildern – und das ist eine wichtige Voraussetzung, um eine fremde Sprache zu lernen bzw. um mit ihr vertraut zu werden.
- Bei manchen Gedichten (z. B. bei Raps und Songtexten) eröffnet der musikalische Charakter neue und gerade für jugendliche Lerner ansprechende Zugangswege.
- Die Kürze lyrischer Texte trägt dazu bei, dass Gedichte mit wenig Zeitaufwand in jeder Jahrgangsstufe flexibel einsetzbar sind: Sie können in eigenständigen Unterrichtseinheiten, als Ergänzung oder motivierende Hinleitung zu einem Hauptthema, als kurze Vertiefung oder Kontrastierung mit anderen Textsorten (in einer übergreifenden thematischen Sequenz) oder aber zum Zweck der Einführung neuer grammatischer Strukturen oder Wortfelder zum Einsatz kommen (vgl. Volkmann 1998b: 13).
- Da Gedichte sich aufgrund ihres geringen Umfangs sehr gut zu Textsequenzen kombinieren lassen, bietet die lyrische Gattung die Möglichkeit, Lernenden beispielsweise durch die Beschäftigung mit Texten aus verschiedenen Epochen in relativ kurzer Zeit Einsicht in die historische Dimension von Literatur zu vermitteln; durch die Gegenüberstellung von konkurrierenden poetischen Sichtweisen können Lernende aber auch in der Auseinandersetzung mit differierenden Perspektiven geschult werden.

Interesse und Freude an Lyrik wecken

Wenn es so viele Gründe gibt, die für den Einsatz von lyrischen Texten im Englischunterricht sprechen, wie kann man Schülerinnen und Schülern diese Gattung dann schmackhaft machen? Eine wichtige Voraussetzung dafür, um bei Lernenden Interesse und im Idealfall sogar Freude an Gedichten wecken zu können, ist es, sie die Lebendigkeit und Innovationsfreudigkeit der Gattung erleben zu lassen. Der Gegensatz zwischen der Lyrikfeindlichkeit in deutschen Klassenzimmern und der Lyrikbegeisterung im englischen und amerikanischen Alltag könnte nämlich kaum größer sein.

Allgegenwart von Lyrik im Alltag

Sowohl in Großbritannien als auch in den USA ist seit einigen Jahren das Phänomen einer neuen Lyrikbegeisterung zu beobachten (vgl. Volkmann 1998b und Taubenböck 2004b). Zahlreiche Wortspiele in der Werbung, die an *nonsense poetry* erinnern, das berühmte Projekt *Poetry on the Underground* in der Londoner U-Bahn, Dichterwettbewerbe in Bars und Clubs – sogenannte *poetry slams* – sowie politische Slogans, Popsongs, Buchtitel und Sprichwörter – sie alle zeugen von der Allgegenwart von Gedichten und Reimen im Alltag der Menschen. Dass Lyrik gefragt ist, zeigt sich auch im Literaturbetrieb an der Produktion der Verlage, an Einzelausgaben und zahlreichen Anthologien, die nicht nur in akademischen Kreisen, sondern in allen Bevölkerungsschichten und vor allem bei jungen Lyrikfans großen Absatz finden. Als Erklärung für die steigende Beliebtheit von Gedichten wird angeführt, „dass nach Jahren seelenloser Profitgier der 80er Jahre nun eine neue Kultur des (Mit-)Fühlens angesagt sei" (Volkmann 1998b: 5).

Die neue Popularität des Genres als Chance nutzen

Die neue Popularität der Gattung Lyrik im anglo-amerikanischen Raum sollte als Chance für den Englischunterricht genutzt werden (vgl. auch Taubenböck 2004b: 5). Gelingt es nämlich, die Begeisterung für Lyrik ins Klassenzimmer zu holen, können die Vorurteile ganzer Schülergenerationen gegen Gedichte widerlegt und die Berührungsängste deutscher Schülerinnen und Schüler gegenüber fremdsprachigen lyrischen Texten abgebaut werden. Voraussetzung dafür sind jedoch mindestens zwei Schritte: Erstens sollte einem modernen Lyrikbegriff Rechnung getragen und damit einhergehend die Auswahl lyrischer Texte für den Englischunterricht gründlich überdacht werden. Zweitens gilt es, das Repertoire an Zugangsmethoden zu erweitern und neben formal-analytischen auch kreative und spielerische Verfahren einzusetzen – vor allem wenn es um die erste Begegnung mit englischsprachigen Gedichten im Unterricht geht.

Erweiterter Lyrikbegriff: Neue Formen und Inhalte für den FU

Wenn die Behandlung von Gedichten im Unterricht bei Lernenden auf Gegenliebe treffen soll, ergibt sich für den Lehrenden die Forderung, an die kindliche Begeisterung für Reim und Lied anzuknüpfen und sich bei der Textauswahl an den Kenntnissen, Bedürfnissen und Interessen deutscher Schülerinnen und Schüler zu orientieren. Die Erschließung neuer lyrischer – und für die Lernenden zugänglicherer – Formen und Inhalte für den Fremdsprachenunterricht wird möglich, wenn man von einem erweiterten Lyrikbegriff ausgeht. Während sich traditionelle Gattungsbestimmungen von Lyrik auf die Subjektzentriertheit, das Konzept des lyrischen Ich und die spezifisch lyrisch-ästhetische Sprachverwendung von Gedichten gründen sowie meist einen bestimmten ‚Typ' bzw. eine Erscheinungsform von Gedichten (vor allem die sogenannte ‚Erlebnislyrik') zum Prototyp erklären, findet ab der zweiten Hälfte des 20. Jahrhunderts mit der Hinwendung zur Rezeptionsästhetik eine Abkehr von diesen Gattungsbestimmungen statt (vgl. Taubenböck 2004b: 5). Neuere Definitionen gehen davon aus, dass Lyrik bei kindlichen

Abzählreimen, Versen, Zungenbrechern und Liedern anfängt und über Werbeslogans, Popsongs und Aphorismen bis hin zu dramatischen Monologen und narrativen Balladen reicht. Korrekterweise müsste man also nicht von *poetry*, sondern von *poetries* sprechen.

WISSENSWERT

Poetry? Poetries!: Poetische Formen

tongue twisters
songs
limericks
ads / slogans
aphorisms
acrostics
haikus
sonnets
ballads
dramatic monologues
oral poetry: performance poetry / slam poetry / dub poetry
rap music
nonsense poetry
concrete poetry / pattern poetry
rope rhymes

(nach Taubenböck 2004b: 5)

Potenziale von Nonsens-Dichtung, Popsongs und *performance poetry*

Diese Vielgestaltigkeit der Gattung gilt es für den Englischunterricht zu nutzen, indem nicht nur die ‚hohen' Werke der alten Meister (Oden, Sonette und Balladen), sondern auch aktuelle, teilweise unkonventionelle lyrische Erscheinungsformen zum Einsatz kommen. So bieten sich z. B. insbesondere Nonsens-Gedichte von Autoren wie Edward Lear, Lewis Carroll, Ogden Nash, T. S. Eliot oder W. H. Auden für einen lebendigeren Lyrikunterricht in der Fremdsprache an, da sie durch ihre komischen Themen und die charakteristische verkehrte Blickrichtung auf unsere Welt zugleich als Motivationsimpuls und Kommunikationsanlass dienen können (vgl. Volkmann 1998b: 10). Auch Popsongs und Texte der *rap music* eignen sich gut für den Unterricht, da sie von den Jugendlichen täglich konsumiert werden und ihnen somit vertraut sind. Als besonders motivierend erweist sich schließlich erfahrungsgemäß die Beschäftigung mit mündlicher Dichtung bzw. *performance poetry*. Nicht nur die Dichter der *Liverpool Scene*, zu der Roger McGough, Adrian Henri und Brian Patten gehörten und die von Mitte der 1960er Jahre an Lyrik in einem bis dahin unbekannten Maße popularisierten, hielten Lesungen an ungewöhnlichen Orten und untermalten ihre Gedichte oftmals musikalisch. Auch in der gegenwärtigen Szene, z. B.

bei dem karibisch-britischen *rastaman* Benjamin Zephaniah oder bei Linton Kwesi Johnson, der seine Verse zu Reggae-Musik rezitiert bzw. singt und dessen Gedicht *„Inglan Is a Bitch"* Ende der 1990er Jahre in die *Arnold Anthology* aufgenommen worden ist, steht die schauspielerische Inszenierung der Texte im Vordergrund (vgl. ebd.).

Erweitertes Methodenrepertoire

Die Berücksichtigung des Performanzcharakters lyrischer Texte kann auch dazu beitragen, das Methodenrepertoire im fremdsprachlichen Lyrikunterricht zu erweitern, um so zu einem schülergerechteren Umgang mit Gedichten zu kommen. Der allgemeine Lyrikverdruss an deutschen Schulen ist nämlich nicht zuletzt darauf zurückzuführen, dass formalästhetische Analysen seit Jahrzehnten einen hohen Stellenwert haben und dass durch diese Einseitigkeit der Methodik der emotionale Respons der Lernenden und die Entwicklung ihres Sprachgefühls in Bezug auf Intonation und Rhythmus nicht selten vernachlässigt werden. Bezieht man hingegen die Nähe der Lyrik zu oralen Traditionen in den Unterricht ein und besinnt man sich auf die Wurzeln der Gattung in der Musik (lat. *lyricus*: zum Spiel der Lyra gehörig; aus gr. *lyrikós*, zu gr. *lýra* Leier), so können die Schülerinnen und Schüler zum kreativen, handlungs- und produktionsorientierten Umgang mit Gedichten angeregt werden (vgl. Kap. II.3.2).

Zentrale Bedeutung des Gedichtvortrags

Darüber hinaus weist der Performanzcharakter lyrischer Texte auf die zentrale Bedeutung des Gedichtvortrags für den Unterricht hin. Da ein Gedicht vor allem durch seine klanglichen und rhythmischen Effekte wirkt und in diesen Merkmalen zumindest in Teilen seine Bedeutung steckt, sollte Lyrik im Unterricht nicht nur gelesen, sondern auch vorgelesen und gehört werden – sei es im Lehrer- oder Schülervortrag, sei es durch den Einsatz von Tonträgern. Auf diese Weise können Lernende lyrische Texte rhythmisch-klanglich erfahren, für die Wirkungsweise verschiedener Vortragsstile sensibilisiert werden und Sinnaspekte aufdecken, die beim stillen Lesen nicht in den Blick geraten:

> No wonder the audience for this Cinderella of the written arts remains so small when in school and university so little attention is being paid to how students listen to or perform verse lines. Creating notations for stress patterns is no substitute for training novices to hear the melody within a poem's delicately narrow band of frequencies. Until the melody is heard it cannot be properly suggested how it unites with meaning and emotional significance. (Oliver 1989: vii)

Quellen für Höreindrücke

Als Quellen für authentische Gedichtvorträge bzw. Höreindrücke kommen vor allem *audiobooks* in Frage. Inzwischen gibt es alle bekannteren englischsprachigen Gedichte auf besprochenen Kassetten bzw. CDs. Es können aber auch Audio- und Videosequenzen von *poetry slam sessions*, die live aufgezeichnet wurden, aus dem Internet im Unterricht zum Einsatz kommen (zu finden unter www.livepoets.com; www.slampapi.com; www.poetrymagic.co.uk/performing.html). Werden solche Aufzeichnungen im Unterricht verwendet, kann dies auch dazu beitragen, den Lernenden die Aktualität und Lebendigkeit der lyrischen Gattung auf spannende Weise vor Augen zu führen (vgl. Taubenböck 2004b: 7). Das Besondere an poetry slam-Texten ist, „dass der Vortrag genauso wichtig ist wie der Text selbst, d. h. es handelt sich um echte orale Lyrik, um *spoken word*-Kultur, um *performance poetry*. Die Vortragenden dürfen sich keiner Hilfsmittel, wie z. B. Kostüm, Musikinstrument oder Requisite, bedienen, sie müssen das Publikum einzig durch ihren Text und die Art des Vortrags überzeugen und begeistern" (Taubenböck 2004c: 26).

Fazit

Wenn die Behandlung von Gedichten im Unterricht bei Schülerinnen und Schülern auf Gegenliebe treffen soll, ergibt sich für den Lehrenden demnach zum einen die Notwendigkeit, nicht ausschließlich auf den traditionellen Lyrikkanon zurückzugreifen, sondern den Lernenden auch neue Formen und Inhalte im Bereich der Dichtung zu erschließen. Zum anderen sollten Lehrende beim Einsatz von Lyrik den Akzent nicht einseitig auf die Textanalyse legen. Kenntnisse über die wesentlichen Merkmale lyrischer Texte sind zwar wichtig, um Schülerinnen und Schülern verdeutlichen zu können, welche Funktionsmöglichkeiten im Umgang mit poetischer Sprache stecken können. Darüber hinaus sollte sich die Unterrichtsgestaltung aber auch an Vorschlägen für kreative Formen des Umgangs mit Gedichten orientieren, die im Zuge der Neuorientierung in der Lyrik-Diskussion vor nunmehr fast 20 Jahren unterbreitet worden sind (vgl. etwa Rück 1987, Nics 1990 und Rattunde 1990) und die die aktive Rolle der Lerner als Leser im Verstehensprozess stärken.

3.2 Spaß am lyrischen Spiel vermitteln: kreative Zugangsformen zu Gedichten

Spielerische Annäherung an Lyrik

Um Lernende für die Beschäftigung mit einem relativ fremden Medium wie der Lyrik zu motivieren und um einen schülernahen Lyrikunterricht zu gestalten, sollten der „besondere sprachpädagogische Wert, die besondere lernpsychologische Wirkung" (Rattunde 1990: 193) genutzt werden, die verschiedene kreative Formen des Umgangs mit poetischen Texten auszeichnen. Durch den Rückgriff auf solche Unterrichtsverfahren kann es gelingen, die Lesefreude der Schülerinnen und Schüler zu erhöhen und ihnen Spaß am lyrischen Spiel zu vermitteln. Kreative Verfahren eignen sich insbesondere für die erste Begegnung mit einem Gedicht, sind aber auch insofern hilfreich für die Texterschließung und -interpretation, als Lernende z. B. durch die Vorbereitung eines Gedichtvortrags, die Vertonung eines lyrischen Textes, das Verändern und Umschreiben von Gedichten oder durch das Verfassen eigener poetischer Texte auf spielerische Weise Einblick in die Besonderheiten der lyrischen Gattung erlangen können. Im Folgenden werden daher unterschiedliche kreative Verfahren vorgestellt, die sich für den Zugang zu einem Gedicht, für die Phase der Texterschließung und -verarbeitung sowie für die eigene Textproduktion anbieten.

Kreative Formen des Zugangs zu Gedichten

Spielerische Formen des Zugangs zu Gedichten dienen dazu, Lernende mit einem Text vertraut zu machen und sie an die Arbeit mit einem Gedicht heranzuführen. Insbesondere Verfechter analytischer Verfahren für den Lyrikunterricht haben jedoch oftmals Vorurteile gegenüber kreativen *pre-* und *while-reading activities*. Da heißt es dann spöttisch: „Aha, jetzt wird mal wieder ein Gedicht zerschnitten und erneut zusammengesetzt." Damit kreative Verfahren überhaupt vermehrt Eingang in deutsche Klassenzimmer finden können, muss daher ihr Nutzen sorgfältig dargelegt werden. Aus diesem Grund wird bei den im Folgenden vorgestellten Übungen mitreflektiert, wozu sie im Gedichtunterricht jeweils dienen und was sie im fremdsprachlichen Literaturunterricht im Einzelnen bewirken können.

Rekonstruktion von Gedichten

Bei der Rekonstruktion von Gedichten (*jumbled lines*) geht es darum, ein Gedicht aus seinen einzelnen ungeordneten Zeilen so zu rekonstruieren, dass daraus ein sinnvoller Text wird (vgl. Payrhuber 1996: 24f.). Am besten schneidet man die Gedichtzeilen auseinander, da die Schülerinnen und Schüler die einzelnen Streifen dann immer wieder verschieben und neu anordnen können, bis sie eine sie zufrieden stellende Lösung gefunden haben. Als Texte haben sich insbesondere kurze Gedichte von nicht mehr als zwölf Zeilen bewährt (z. B. Langston Hughes'

„Dream Deferred“; vgl. Maley/Duff 1989: 41) oder aber narrative Gedichte, da in diesen die Handlungsstruktur über formale Aspekte hinaus hilfreiche Anhaltspunkte für die Rekonstruktion geben kann: ▸ *These are the jumbled lines of a poem by Langston Hughes. Work with a partner and put the lines in what you think is the correct order. Tip: The first line is „What happens to a dream deferred?" Compare your results in class.* Verschiedene Lösungsmöglichkeiten sollten zunächst in Partnerarbeit durchgespielt und dann mit der ganzen Klasse diskutiert werden. Abschließend wird den Lernenden das Originalgedicht vorgelegt, und es wird gemeinsam mit ihnen überlegt, wo Unterschiede zu ihren eigenen Versionen bestehen und warum der Dichter sich wohl für diese Reihenfolge der Zeilen entschieden hat.

Jumbled Lines

AUFGABE

Dream Deferred

like a heavy load.
Or crust and sugar over –
Does it dry up
like a syrupy sweet?
Or does it explode?
And then run?
Maybe it just sags
Or fester like a sore –
like a raisin in the sun?
What happens to a dream deferred?
Does it stink like rotten meat?

TEXT

Dream Deferred

What happens to a dream deferred?
Does it dry up
like a raisin in the sun?
Or fester like a sore –
And then run?
Does it stink like rotten meat?
Or crust and sugar over –
like a syrupy sweet?
Maybe it just sags
like a heavy load.
Or does it explode?

Langston Hughes

Nutzen der Übung

Worin besteht nun der Nutzen dieser Übung für den fremdsprachlichen Lyrikunterricht? Zunächst ist das Verfahren der Rekonstruktion von Gedichten aufgrund seines Rätselcharakters sehr motivierend für Lernende. Da die Schülerinnen und Schüler die von ihnen gewählte Reihenfolge der einzelnen Gedichtzeilen begründen müssen, kommt außerdem ihr implizites Gattungswissen zutage (und kann versprachlicht werden!), denn sie mögen sich bei der Wiederherstellung des Gedichts z. B. an dessen Reimschema orientiert haben. Des Weiteren können Lernende bei dem Versuch der Rekonstruktion eines Gedichts (z. B. von Hughes' *„Dream Deferred“*) ein Gespür für dessen inhaltliche und formale Struktur entwickeln, so dass der textästhetische (und auch sprachliche) Lernertrag erfahrungsgemäß ungleich nachhaltiger ist als bei einer traditionellen Gedichtbesprechung (vgl. Payrhuber 1996: 26).

Entflechtung von zwei miteinander vermischten Gedichten

Eine Aufgabe für geübte Lerngruppen, die das Verfahren der *jumbled lines* erweitert, ist die Entflechtung von zwei miteinander vermischten Gedichten. Dafür sollten anfangs nicht zu umfangreiche, thematisch stark unterschiedliche und vorzugsweise gereimte Gedichte gewählt werden (vgl. ebd.: 29). Um zu entscheiden, welche Zeilen zu welchem Gedicht gehören, müssen die Schülerinnen und Schüler den Text sehr genau lesen. Anhaltspunkte für die Entflechtung geben ihnen der jeweilige Inhalt, Reim und Rhythmus der beiden Gedichte. Je verwandter die zwei miteinander verwobenen Gedichte in Bezug auf ihr Thema und ihre sprachliche und formale Gestaltung sind, desto schwieriger ist die Aufgabe der Entflechtung für die Lernenden. Unterschiedliche Lösungen sollten in jedem Fall diskutiert und als erster Ansatz für die Textinterpretation verwendet werden.

Zusammensetzung eines Gedichts aus Alternativen

Eine weitere motivierende Übung für einen ersten Zugang zu einem Gedicht ist die Aufgabe, den Text aus alternativen Angeboten zusammenzusetzen. Zu diesem Zweck versieht die Lehrkraft einzelne Wörter oder Halbverse des zu behandelnden Gedichts mit zwei oder drei inhaltlichen Alternativen, so dass die Lernenden aus mehreren vorgegebenen Wahlmöglichkeiten die ihrer Meinung nach passende Formulierung (z. B. im Hinblick auf Alliteration oder Silbenzahl usw.) auswählen können. Alan Maley und Alan Duff (1989: 39) haben dies an Ausschnitten von John Keats (1795–1821) „*Ode on Melancholy*" demonstriert: ▸ *In this poem by John Keats, alternatives for the underlined words are given. Choose the one you consider most appropriate.* (s. S. 87 oben)
Durch die Aufgabe, sich für eine der vorgegebenen Alternativen zu entscheiden, wird „ein Prozess simuliert, der beim Verfassen von Texten – zumindest potenziell – immer passiert, beim Schreiben von Gedichten aber besonderer Sorgfalt bedarf: das Auswählen aus mehreren sprachlichen Möglichkeiten um einen Sachverhalt, ein Gefühl, eine Stimmung u. Ä. angemessen auszudrücken" (Payrhuber 1996: 30). Auch bei dieser Übung entstehen erfahrungsgemäß unterschiedliche Texte, die sich die Schülerinnen und Schüler gegenseitig vorlesen sollten. Dabei sollten sie ihre Wahl einer bestimmten Formulierung begründen. Anschließend erhalten sie die Originalfassung des Gedichts zum Vergleich. (Die Originalwörter in Keats' Gedicht sind die Folgenden: *weeping, droop-headed, hides, glut, salt-sand, rich, die, aching, veil'd, strenuous, sadness, cloudy.*)

Wiederherstellung der Form eines Gedichts

Bei der Aufgabe, die Form eines Gedichts wiederherzustellen, wird den Schülerinnen und Schülern ein Text vorgelegt, der verfremdet wie ein Prosatext gesetzt ist und nun in eine lyrische Form gebracht werden soll (vgl. Maley/Duff 1989: 36 (s. S. 87 unten):

AUFGABE

Ode on Melancholy

But when the melancholy fit shall fall
Sudden from heaven like a (lonely, sorrowful, weeping) cloud,
That fosters the (delicate, droop-headed, dainty) flowers all
And (swathes, hides, enfolds) the green hill in an April shroud;
Then (glut, ease, feed) thy sorrow on a morning rose,
Or on the rainbow of the (white capp'd, salt-sand, ever rolling) wave,
Or on the wealth of globed peonies;
Or if thy mistress some (wild, rich, fierce, proud) anger shows,
Emprison her soft hand and let her rave,
And feed deep, deep upon her peerless eyes.

She dwells with Beauty – Beauty that must (fade, die, pass, end);
And Joy, whose hand is ever at his lips
Bidding adieu; and (*aching, bitter, fleeting*) pleasure nigh,
Turning to Poison while the bee-mouth sips:
Ay, in the very temple of delight
(*Shrouded, Veil'd, Sacred*) Melancholy has her sovran shrine,
Though seen of none save him whose (*eager, strenuous, sensuous*) tongue

Can burst Joy's grape against his palate fine;
His soul shall taste the (sadness, triumph, fulness) of her might,
And be among her (airy, cloudy, precious) trophies hung.

John Keats

AUFGABE

The Artist

Mr T, bareheaded, in a soiled undershirt, his hair standing out on all sides, stood on his toes, heels together, arms gracefully for the moment curled above his head. Then he whirled about, bounded into the air, and, with an entrechat perfectly achieved, completed the figure. My mother, taken by surprise where she sat in her invalid's chair, was left speechless. ‚Bravo!' she cried at last, and clapped her hands. The man's wife came from the kitchen: ‚What goes on here?' she said. But the show was over.

TEXT

The Artist

Mr T.
    bareheaded
        in a soiled undershirt
his hair standing out
    on all sides
        stood on his toes
heels together
    arms gracefully
        for the moment

curled above his head.
    Then he whirled about
        bounded
into the air
    and with an entrechat
        perfectly achieved
completed the figure.
    My mother
        taken by surprise
where she sat
    in her invalid's chair
        was left speechless.
Bravo! she cried at last
    and clapped her hands.
        The man's wife
came from the kitchen:
    What goes on here? she said.
        But the show was over.

William Carlos Williams

Wiederherstellung in Form eines Gedichts

Rhetorische Figuren wie Parallelismen, Anaphern oder Epiphern sowie das Metrum und das Reimschema (zu den Begriffen der Gedichtanalyse vgl. Kap. II.3.3) geben Hinweise auf die Gliederung des Textes in Verse und Strophen. Dadurch erfahren die Lernenden, „dass Lyrik mehr ist als das Resultat eines Schreibprozesses, in dem die Zeilen lediglich anders als in der Prosa umbrochen werden" (Payrhuber 1996: 33). Die ursprüngliche Anordnung der Zeilen eines Gedichts kann aber auch – wie im Falle des Textes von William Carlos Williams, in dem die Tanzbewegungen des Künstlers durch die besondere rhythmisch-musikalische Form des Gedichts, die in drei Segmente gebrochenen Zeilen (‚*triadic lines*'), zum Ausdruck gebracht werden sollen – auf den ersten Blick für die Lernenden weniger ersichtlich sein und beim Vergleich mit den von ihnen hergestellten Versionen Überraschung hervorrufen. Die Motivation der Lernenden, über mögliche Gründe für die Setzung eines lyrischen Textes und Wirkungseffekte von einzelnen Zeilenanordnungen zu sprechen, ist dann erfahrungsgemäß ungleich größer als bei einer direkten Begegnung mit dem Originalgedicht ohne vorbereitende Aufgabe.

Ergänzung unvollständiger Gedichte

Um Lernende zur intensiven Beschäftigung mit einem lyrischen Text herauszufordern und sie auf ihren eigenen Leseprozess aufmerksam zu machen, bietet es sich auch an, sie ein unvollständiges Gedicht ergänzen zu lassen (vgl. Payrhuber 1996: 38). Dafür werden einzelne Teile des Gedichts – Reimwörter, einzelne Verse bzw. Zeilenanfänge oder ganze Strophen – entfernt (vgl. die beiden nebenstehenden Beispiele aus Maley/Duff 1989: 38, 40). Man kann auch den Schluss weglassen, wenn er pointenhaft gestaltet ist. Wichtig ist jedenfalls, dass für diese Übung nur Gedichte ausgewählt werden sollten, die auch mit fehlenden Wörtern oder Zeilen noch gut verstanden werden können. Dies sind z. B. solche, in denen Wiederholungen auftreten. Beim Streichen verschiedener Gedichtteile sollte zudem darauf geachtet werden, dass sowohl einfachere als auch schwierigere Passagen ausgelassen werden, dass also z. B. auch Wörter entfernt werden, die durch textuelle Signale leicht erraten werden können (vgl. ebd.: 38). Die Schülerinnen und Schüler müssen die entstandenen Lücken dann mit inhaltlich, rhythmisch und stilistisch passenden Wörtern bzw. Zeilen füllen. ▶ *In this poem, some words are missing. Complete the poem with words you consider appropriate to the context.* In weniger erfahrenen Lerngruppen oder zum Zwecke der Binnendifferenzierung kann man das Ergänzen von Reimwörtern dadurch erleichtern, dass man die ausgesparten Wörter durcheinander gewürfelt zusammen mit dem Text präsentiert. ▶ *In this poem, some words are missing. Choose words from the list below and complete the poem.* Jüngere bzw. leistungsschwächere Lernende können so üben, „ihre allgemeine, aber zumeist (noch) unklare Kenntnis vom Reim als einem kennzeichnenden Strukturprinzip von (traditioneller) Lyrik bewusst anzuwenden" (Payrhuber 1996: 39). Werden in älteren oder leistungsstärkeren Lerngruppen keine Reimwörter oder Versteile vorgegeben, können die Schülerinnen und Schüler bei der Ergänzung des Gedichts ihre Fantasie unter Beweis stellen. Die Suche nach passenden Ergänzungen weckt ihre Neugier für das Original, und der Vergleich ihrer Eigenproduktionen mit dem Original wirkt sich ganz besonders motivierend auf die dann erfolgende Besprechung des Gedichts aus. Die Originalwörter in Vachel Lindsays Gedicht sind: *1 broken, 2 always, 3 Someone's, 4 children, 5 tricks, 6 Factory, 7 always, 8 windows, 9 alone, 10 at, 11 windows, 12 hard, 13 Factory, 14 windows, 15 always, 16 broken, 17 other, 18 wrong, 19 something, 20 think, 21 Factory, 22 window.* Die Originalwörter in Alan Brownjohns Gedicht sind: *1 In this house, perhaps a room, 2 (For someone who) has just gone through the door, 3 Forgetting she was there.)*

Missing Words

AUFGABE

Breaking Windows

Factory windows are always 1......................... .
Somebody's 2......................... throwing bricks,
3......................... always hearing 4.........................,
Playing ugly Yahoo 5......................... .

6......................... windows are 7......................... broken.
Other 8......................... are let 9......................... .
No one throws 10......................... the chapel 11.........................
The bitter, 12........................., derisive stone.

13......................... 14......................... are 15.........................
16......................... .
Something or 17......................... is going 18......................... .
19......................... is rotten I 20......................... in Denmark.
End of the 21......................... 22......................... song.

Vachel Lindsay

Missing Lines

AUFGABE

In This City

In this city, perhaps a street.
In this street, perhaps a house.
1....................... ...., ...
.... ,

And in this room a woman sitting,
Sitting in the darkness, sitting and crying
For someone who 2....................... ....
....
And who has just switched off the light
3....................... ....

Alan Brownjohn

Wiederherstellung defekter Gedichte

Eine weitere methodische Spielart des handlungsorientierten Gedichtunterrichts ist die Wiederherstellung defekter Gedichte (vgl. Payrhuber 1996: 43). Zu diesem Zweck ‚beschädigt' die Lehrkraft einen lyrischen Text, indem sie einzelne Wörter z. B. mit Hilfe von Korrekturflüssigkeit oder durch Übermalen mit einem Filzstift ganz oder teilweise unleserlich macht. Der Text wirkt so wie eine Geheimbotschaft, die von den Lernenden enträtselt werden muss. Je nach Grad der Beschädigung wird dabei die Sprachkompetenz der Schülerinnen und Schüler unterschiedlich gefordert: „Sind Wortbestandteile noch zu erkennen, ist es einfacher, die ursprüngliche Formulierung zu treffen als an stark zerstörten Stellen, wo ein Wort möglicherweise gar nicht mehr wiedererkannt werden kann oder, weil es völlig fehlt, aus dem Kontext heraus ersetzt werden muss." (ebd.)

Ziel: intensive erste Beschäftigung mit einem Gedicht

Für alle vorgestellten kreativen Formen des Zugangs zu lyrischen Texten gilt, dass die ergänzten bzw. wiederhergestellten Wörter oder Satzteile nicht notwendigerweise dem Originalgedicht entsprechen müssen. Ziel der Übungen ist nicht die genaue Rekonstruktion des Gedichts. Die Schülerinnen und Schüler sollen vielmehr zu einer intensiven ersten Beschäftigung mit dem Text angeregt werden und die Gelegenheit erhalten, unterschiedliche sprachliche Möglichkeiten zu erproben. Bei der Entscheidung für eine bestimmte Formulierung gibt es also kein ‚richtig' oder ‚falsch', sondern nur schlüssige oder weniger schlüssige Lösungsangebote, die im Plenum diskutiert werden sollten, z. B. anhand von Fragen wie:

AUFGABE

Mit Sprache experimentieren

- Which suggestions do you find most/least acceptable?
- Which suggestions are questionable with regard to language?
- Which suggestions do not fit the sense of the poem?

Auf der Basis ihrer Erfahrungen beim Wiederherstellen des Ursprungsgedichts und mit den eigenen Texten vor Augen sind die Lernenden sodann gut für die Interpretation des Originaltextes vorbereitet.

Kreative Formen der Texterschließung und -verarbeitung

Auch für die Phase der Texterschließung und -verarbeitung bieten sich kreative Verfahren an. Schon das laute Lesen bzw. Vortragen eines Gedichts z. B. kann handlungsorientiert gestaltet werden und damit Abwechslung in den Lyrikunterricht bringen. Weitere schülerzentrierte Formen der Gedichterschließung und -verarbeitung, die im Folgenden vorgestellt werden, betreffen das kreative Erschreiben eines Gedichts, bildkünstlerische und musikalische Verarbeitungsverfahren sowie die Inszenierung und Dramatisierung lyrischer Texte.

Gedichte laut lesen bzw. vortragen

Da Gedichte aus Klängen und Rhythmen bestehen, die maßgeblich zur Textbedeutung beitragen, ist das laute Lesen bzw. das Vortragen eines Gedichts die adäquateste Form ihrer Erschließung im Unterricht. Durch den Gedichtvortrag werden Metrum, Zeilenbildung und Reimschema für die Lernenden deutlich. Ein mindestens ebenso wichtiges Argument für das laute Lesen von Gedichten im Unterricht ist aber auch, dass Schülerinnen und Schülern z. B. das gemeinschaftliche Vortragen eines lyrischen Textes in der Gruppe in der Regel sehr viel Spaß macht und sie auch Freude am Ausprobieren unterschiedlicher Sprecharten in Bezug auf Lautstärke, Tonhöhe, Sprecheranzahl, Sprechergruppierung (z. B. alle Mädchen oder alle Jungen lesen eine Zeile) usw. haben. Die Entscheidung für eine bestimmte Vortragsweise macht ihnen nicht zuletzt ihre produktive Rolle als ‚Mitspieler' bewusst, als aktive Leser, die den Text mit Sinn füllen und seine Wirkung auf die Zuhörer wesentlich mitbestimmen (vgl. Payrhuber 1996: 19). Die folgenden Leseformen bieten sich für das Lesen eines Gedichts im Unterricht an (vgl. ebd.: 24):

METHODE

Vortragsweisen von Gedichten

- **Reihum-Lesen:** Ein Lerner fängt zu lesen an, hört an einer von ihm bestimmten Stelle auf, und seine Nachbarin fährt fort.
- **Stimmvariierendes Einzel- oder Reihum-Lesen:** Wechselnd nach Zeilen, Sinnabschnitten oder Strophen wird ein Gedicht zunächst laut, dann halblaut murmelnd und schließlich flüsternd gelesen.
- **Rhythmisches Lesen:** Beim halblauten gemeinsamen Lesen werden Kopf, Schultern und Oberkörper gemäß dem Rhythmus des Gedichts (beruhigend, aufrührend, drängend, gleichmäßig, stakkatoartig, steigend, fallend usw.) mit bewegt.
- **Rollenlesen:** Ein Gedicht wird in unterschiedlichen Rollen, Situationen und Stimmungen vorgetragen. Eine Schülerin, die das Gedicht z. B. langweilig findet, versucht, es so zu lesen, dass für die anderen das Langweilende hörbar wird. Oder aber jemand liest das Gedicht im Ton einer feierlichen Ansprache oder in der Rolle eines Menschen, der schlecht sieht und den Text mithilfe einer Lupe nur mühsam erkennen kann.
- **Kommentierendes Lesen:** Ein Lerner liest ein Gedicht laut vor und spricht nach einzelnen Wörtern, Versen oder Strophen ‚beiseite', was ihm gefällt oder missfällt, was unklar ist, worüber er gerne eingehender sprechen würde usw.

- **Echolesen:** Eine Zeile wird von einer Schülerin gesprochen und in vorher abgesprochener Reihenfolge zwei- oder dreimal in verebbendem Echoton (wobei auch zum Schluss Laute oder Silben verwischt werden können) von anderen wiederholt.
- **Lautes Lesen in der Gruppe bzw. chorisches Lesen:** Ein Gedicht wird gemeinsam in der Gruppe gelesen, so dass mehr Lernende aktiviert werden können als beim traditionellen Vortrag und sich selbst schwächere Schülerinnen und Schüler trauen, einen Text auch einmal laut vorzutragen.
- **Dialogisches Lesen:** Ein Gedicht wird im Dialog vorgetragen bzw. mit verteilten Rollen gelesen. Für diese Leseform eignen sich insbesondere Gedichte mit dramatischen oder narrativen Elementen.

Vorbereitung des Gedichtvortrags in der Gruppe

Die meisten der dargestellten Leseformen bedürfen einer genauen Vorbereitung. Hierfür bietet sich die Arbeit in Kleingruppen an. Die Schülerinnen und Schüler überlegen gemeinsam, wie das Gedicht beim lauten Vorlesen wirkungsvoll präsentiert werden kann, wie die formalen Gestaltungsmittel des Textes am besten hervorgehoben werden können, mit welcher Lautstärke und wie schnell welcher Vers gelesen wird, wo durch Stimmmodulationen Bedeutungsnuancen herausgearbeitet werden können und mit welcher Mimik und Gestik man den Vortrag an welcher Stelle unterstützen kann. Durch das Experimentieren mit verschiedenen Sprecharten und Vortragsweisen erfassen die Lernenden die ästhetischen Effekte eines Gedichts implizit. Zugleich wird durch das Ausprobieren von unterschiedlichen Vortragsstilen eine zentrale Fähigkeit geübt, die im fremdsprachlichen Literaturunterricht eher noch eine Randexistenz führt: die mündliche Präsentation eines Textes (vgl. Taubenböck 2004c: 28).

Hilfsfragen

Bei den Überlegungen zum Vortrag eines Gedichts können diese Fragen für Lernende sehr hilfreich sein (vgl. Maley/Duff 1989: 110):

AUFGABE

Sich aufs Vortragen vorbereiten

- Does the poem rhyme? Is it a regular or an irregular rhyme scheme?
- Is there a regular rhythmic beat or metre to the poem?
- Do all the lines stop at the end, or do some of them flow over into the next line?
- Which words or syllables do we need to stress most heavily?
- Where should we put the pauses to get the best effect? And how long should they be?

- Which parts should we speak louder, which softer?
  And which faster, which slower?
- If there is a rhyme scheme, how heavily should we emphasise it?
- If there is a regular metre, how obvious should we make it in our reading?
- Which facial expressions and gestures could accompany our reading?
- What is the mood of the poem?
  Does our reading communicate this mood?
- Does our reading of the poem distort its meaning in any way?

Unterschiedliche Vortragsversionen als Beitrag zur Textinterpretation

Nach der Vorbereitungsphase gilt es, die in den Kleingruppen erarbeiteten Versionen – durch einen zum Sprecher der Gruppe gewählten Lerner, durch das Lesen mit verteilten Rollen oder durch chorisches Sprechen – vorzutragen und in ihrer unterschiedlichen Wirkungsweise zu diskutieren. Für einen besseren Vergleich der Versionen können die einzelnen Gedichtvorträge auf Kassette aufgenommen oder per Videokamera aufgezeichnet werden. Für Lernende ist es dabei wichtig zu erfahren, dass ihr Gedichtvortrag, anders als im traditionellen Lyrikunterricht, nicht als Abrundung des Erarbeiteten am Ende der Besprechung steht, sondern dass er selbst eine Interpretation des Textes ist (vgl. Payrhuber 1996: 50). Gerade die Verteidigung einer bestimmten Vortragskonzeption kann sich stimulierend auf das Unterrichtsgespräch auswirken: „Durch das Bemühen der Sprecher ihre Vortragsweise den anderen plausibel zu machen, kommt ein Gespräch in Gang, das mehr ist als das übliche Reden über Texte: Es leistet Interpretation, Deutung, aber so, dass die Schülerinnen und Schüler unmittelbar beteiligt sind. Denn es ist ihre ‚Konkretisation', die zur Diskussion steht, und nicht eine von außen – zumeist vom Lehrer – zu übernehmende." (ebd.)

Betonung des Performanzaspekts durch *poetry slam*-Wettbewerb

Über das Vortragen von Gedichten hinaus kann der Performanzaspekt dieser Gattung im Klassenzimmer noch dadurch besonders betont werden, dass die Schülerinnen und Schüler selbst einen *poetry slam*-Wettbewerb veranstalten (vgl. hierzu und zum Folgenden Taubenböck 2004c). Zusätzlich zu den Kleingruppen, die den Gedichtvortrag vorbereiten, wird eine weitere Gruppe gebildet, die als Jury fungiert und die Aufgabe erhält, den besten Vortrag zu prämieren. Während die Vortragsgruppen an ihrer *oral performance* arbeiten, entwickeln die Juroren Beurteilungskriterien, nach denen sie die Qualität der einzelnen Vorträge beurteilen. Diese Kriterien sollten schriftlich fixiert und für alle sichtbar im Klassenzimmer aufgehängt werden. Die Entscheidung der Jury für den besten Vortrag muss schließlich durch überzeugende Argumente begründet werden. Wie eine solche Kriterienliste aussehen könnte, zeigt die folgende Aufstellung, die nach Belieben ergänzt werden kann (vgl. ebd.: 31):

METHODE

How to Assess Performances	++	+	0	–	––
1) Does the performer speak clearly?					
2) Does he/she know the lyrics by heart?					
3) Does he/she emphasise important words/phrases?					
4) Is the intonation natural, yet impressive?					
5) Does the performer vary the following elements of his/her oral presentation: speed, volume, voice modulation?					
6) Does he/she convey a certain rhythm?					
7) Does he/she look at the audience while speaking?					
8) Is he/she able to establish a relationship with the audience?					
9) Does the performance help the audience understand the poem?					
10) Is the performance compelling?					
11) Is it a pleasure to listen to the performance?					
12)					
13)					
14)					

Deuten eines Gedichts durch ‚Erschreiben'

Im Gegensatz zum mündlichen Vortrag geht es bei der Texterschließung und -verarbeitung durch ‚Erschreiben' um Experimente mit unterschiedlichen Schriftarten, -stärken und -größen sowie um Versuche farblicher Gestaltung. Die Lernenden erhalten die Aufgabe, ein Gedicht schreibend zu deuten, indem sie ihre Interpretation des Textes durch Buchstabenformen, Farben und Untermalungen visuell veranschaulichen:

> Die Größen der Buchstaben vermögen beispielsweise die Bedeutung eines Wortes oder einer Zeile auszudrücken, die Proportionen (kräftig, schlank, gedrungen u. Ä.) eine emotionale Befindlichkeit, die Richtungen (horizontal, diagonal usw.) Ruhe, Dynamik, Erregung: und die Farben können hervorheben, Gemeinsamkeiten signalisieren oder Ausdrucksmittel von Harmonie, Spannung (Farbkontraste), Wärme (Rot, Gelb), Kälte (Blau), Offenheit (Weiß), Verschlossenheit (Schwarz) sein.
> (Payrhuber 1996: 59)

Für eine solche Gestaltungsaufgabe erweist sich die Computertextverarbeitung als sehr hilfreich.

Shape poems / pattern poems

Im Einzelfall kann ein Gedicht, wenn es sich thematisch dazu eignet, auch in Anlehnung an die Tradition der konkreten bzw. visuellen Poesie als *shape poem* oder *pattern poem* gestaltet werden. Dazu experimentieren die Schülerinnen und Schüler graphisch mit einzelnen Wörtern und erstellen Textanordnungen, die eine abbildende Form annehmen (zu den folgenden Beispielen vgl. Gehring 1998: 19):

Pattern poems

NEWSPAPER
NEWS NEWS NEWS
NEWS NEWS NEWS
NEWS NEWS NEWS
NEWS NEWS NEWS
NEWS NEWS NEWS
NEWS NEWS NEWS
cr na sp
crim name sport
me es ts

HOLE
H H
O O
L L
E E
HOLE

J A I L
P P P P
R R R R
I I I I
S S S S
O O O O
N N N N
E E E E
R R R R
J A I L

Bildkünstlerische Verarbeitungsverfahren

Bildkünstlerische Verarbeitungsverfahren beim Einsatz lyrischer Texte im Unterricht sehen vor, dass die Lernenden entweder einem Gedicht Bilder zuordnen oder dass sie in Form einer eigenen Illustration selbst produktiv auf ein Gedicht reagieren (vgl. Payrhuber 1996: 65ff.). Beide Verfahren können die Aussage eines lyrischen

Textes bildlich wiederholen oder visuell veranschaulichen und stellen daher eine kreative Form der Textinterpretation dar.

Gedichten Bilder zuordnen

Bei der Übung, einem Gedicht Bilder zuzuordnen, erhalten die Schülerinnen und Schüler die Aufgabe, zum Text passende Bilder selbstständig zu suchen oder aus einem von der Lehrkraft (aus Illustrierten, Kalendern, Kunstpostkarten, Katalogen usw.) zusammengestellten Angebot auszuwählen (vgl. ebd.: 67). So kann der Stil eines Bildes z. B. die Aussage eines Gedichts oder die in ihm vermittelte Stimmung unterstützen. Die in einem Gedicht zum Ausdruck kommenden Gedanken können aber auch auf bestimmte (gemalte oder fotografierte) Personen bezogen werden. Die Lernenden werden also je nach Akzentsetzung sehr unterschiedliche Bilder für ein und denselben Text auswählen, die diesen ganz unterschiedlich veranschaulichen können. Ein Bild als Illustration für ein Gedicht auszuwählen bedeutet somit bereits, dieses Gedicht auf eine bestimmte Weise zu verstehen, und zu deuten. Die Interpretationsarbeit im Klassenzimmer besteht sodann im Prozess der Reflexion, wenn die verschiedenen Zuordnungen miteinander verglichen werden und die Schülerinnen und Schüler die Wahl ihres Bildes jeweils begründen (vgl. ebd.: 68).

Eigene Bildreaktionen auf ein Gedicht

Das Verfahren, die Schülerinnen und Schüler mit selbst gemalten Bildern oder Collagen auf ein Gedicht reagieren zu lassen, eignet sich besonders für den fächerübergreifenden Unterricht Englisch/ Kunst. Vor allem in älteren Lerngruppen ist dabei jedoch zu vermeiden, dass Sprachbilder einfach in ein gemaltes Bild übertragen werden: „Es sollen nicht schöne ‚Bildchen' entstehen, sondern eine Illustration soll gefunden werden, die ein bildnerisches Symbol darstellt, in dem die Stimmung, das Empfinden oder die Atmosphäre des Gedichts zum Ausdruck kommt." (Payrhuber 1996: 70) Damit die Schülerinnen und Schüler dies leisten können, sollten sie während der Produktionsphase die Gelegenheit zu Gesprächen über die möglichen Bedeutungen des Gedichts erhalten. Solche Gespräche können z. B. dadurch initiiert werden, dass die Lernenden den Entstehungsprozess ihrer Bilder in Kleingruppen zwischendurch immer wieder kommentieren und sich gegenseitig zu ihren Gestaltungsabsichten befragen. Auf diese Weise findet während des gesamten Verfahrens nicht nur eine produktionsorientierte Beschäftigung mit dem Gedicht, sondern auch eine verbale Auseinandersetzung mit seinem Wirkungspotenzial statt. Abschließend sollten die Bilder bzw. Collagen in der Klasse ausgestellt und als Grundlage für ein Interpretationsgespräch im Plenum verwendet werden.

Musikalische Interpretationen

Ähnlich wie bildkünstlerische Zugangsformen zu lyrischen Texten zielen musikalische Verarbeitungsverfahren auf ein kreatives Verstehen und die produktionsorientierte Interpretation von Gedichten ab. Es gibt im Wesentlichen zwei Spielarten musikalischer Verfahren: Entweder einem Gedicht wird ein passendes Musikstück zugeordnet, oder aber die Schülerinnen und Schüler unterlegen den Text mit einer eigens komponierten Melodie bzw. verknüpfen ihn mit Geräuschen.

Gedichten Musik zuordnen

Wie beim Zuordnen von Bildern zu Gedichten ist es das Ziel dieser Übung, „durch eine primär emotionale Zuordnung von Musik zu einem vorgegebenen Gedicht potenzielle Übereinstimmung, Gleichklänge, subjektiv assoziierte Bezüge zu erfassen und in der verbindenden Zusammenfügung von Gedicht und Musik erfahrbar werden zu lassen" (ebd.: 83). Zu diesem Zweck gibt die Lehrkraft entweder einige Melodien vor, aus denen die Lernenden dann die ihrer Meinung nach passende für das Gedicht auswählen, oder aber die Schülerinnen und Schüler suchen zu Hause selbstständig nach Musiktiteln, die der Stimmung des Gedichts besonders entsprechen, und spielen diese im Klassenzimmer vor. Der eigentliche Gewinn für den fremdsprachlichen Literaturunterricht besteht auch hier „nicht im Finden einer ‚passenden' Musik, sondern im Prozess der Reflexion, wenn die verschiedenen Zuordnungen miteinander verglichen, wenn Begründungen für die Wahl gegeben werden" (ebd.). Abschließend kann das Gedicht vorgetragen werden, und ein ausgewählter Musiktitel wird leise dazu gespielt.

Eigene musikalische bzw. rhythmische Reaktionen auf ein Gedicht

Eine für Lernende erfahrungsgemäß sehr motivierende Zugangsform ist es, auf ein Gedicht mit eigenen musikalischen bzw. rhythmischen Kompositionen zu reagieren. Die einfachste Form einer solchen musikalischen Reaktion, die gleichzeitig das ‚Taktgefühl' der Lernenden schult, besteht darin, den Gedichtvortrag durch das Klatschen oder Stampfen des Rhythmus oder durch den Einsatz von Rhythmusinstrumenten zu begleiten (vgl. Gehring 1998: 16). Eine anspruchsvollere Aufgabe ist es, aus Alltagsgegenständen oder Stimmen gewonnene Schallereignisse mit dem Text zu verknüpfen und eine so genannte Geräuschepartitur zu erstellen (vgl. ebd.). Darüber hinaus kann beispielsweise im fächerübergreifenden Unterricht Englisch/Musik versucht werden, ein Gedicht mit einer eigens komponierten Melodie zu unterlegen, die die im Text dargestellten Empfindungen auch klanglich zum Ausdruck bringt.

Texte rappen

Eine weitere Möglichkeit, musikalisch auf ein Gedicht zu reagieren, besteht darin, den Text zu rappen, d. h. ihn zu einem einfachen Beat vorzutragen (vgl. Schlicht 2004). Dafür eignen sich natürlich insbesondere die Rap-Texte zahlreicher Musiker (zu finden im Internet unter www.ohhla.com), in denen oft kunstvoll und geistreich mit Sprache umgegangen wird und die spielerisch-experimentell mit verschiedenen Formen des Reimens umgehen (vor allem mit Binnenreimen, Stabreimen, Halbreimen, Assonanzen usw.). Tempo, Rhythmus, Betonung und Intonationsmuster gesprochener Sprache sind maßgeblich für den Ausdruck der Gefühle und Absichten des Sprechers und können Schülerinnen und Schüler zum Nachahmen inspirieren. Da Hip-Hop und Rap-Musik wesentlicher Bestandteil heutiger Jugendkultur sind und auch schon junge Lernende z. B. durch Videoclips mit dieser Musikrichtung, der ihr eigenen Prosodie und den typischen Posen des Rap-Vortrags (wie Mimik und Bewegung) vertraut sind, können auch schon im frühen Englischunterricht Texte wie der Folgende gerappt werden (vgl. Umansky/Chamberlain 2001):

TEXT

Pass the Jam, Jim

Hurry Mabel, lay that table!
Jane, put Wayne back in his pram!
Where's the bread, Fred?
Bread I said, Fred.

Pass the jam, Jim,
Jam, Jim, jam.

Cut the cake, Kate. Pour the tea, Lee.
Who wants cheese and who wants ham?
Pass the pot, Dot.
Is it hot, Dot?

Pass the jam, Jim.
Jam, Jim, jam.

Here the salt, Walt.
Use your spoon, June.
Jill don't spill
And Phil don't cram!
What a mess, Bess,
On your dress, Bess.

Pass the jam, Jim.
Jam, Jim, jam.

Drink your juice, Bruce.
Slice of pie, guy?
Sip your soup up slowly, Sam.
Who's for custard?
Where's the mustard?

Pass the jam, Jim.
Jam, Jim, jam.

Boil the kettle, Gretel.
Bring the butter, Betty.
Charles wants chips and so does Pam.
Thanks a lot, Jim...
Oh! You've NOT, Jim!
JIM! YOU'VE EATEN
ALL THE JAM!

Kaye Umansky

Der Text kann von allen Lernenden im Chor gerappt werden, oder aber kleinere Schülergruppen übernehmen einzelne Strophen, während der Refrain von der ganzen Klasse vorgetragen wird. Das Tempo kann dabei nach und nach erhöht und der Beat durch Händeklatschen, Stampfen oder improvisierte Instrumente wie Lineale oder Stifte markiert werden. Wenn die Lernenden besonders viel

Spaß am Rappen entwickeln, können sie auch zum Schreiben eigener Texte sowie zur Vorbereitung und Aufzeichnung individueller Performances motiviert werden (vgl. Schlicht 2004).

Gedichte inszenieren und dramatisieren

Von der Umsetzung des Rhythmus eines Gedichts durch Klatschen oder Stampfen zur Inszenierung und Dramatisierung lyrischer Texte ist es nur ein kleiner Schritt. Ziel solcher dramatischen Zugangsformen ist es, Gedichte in Bewegung umzusetzen und das im Text Dargestellte durch Mimik, Gestik und Körperhaltungen zum Ausdruck zu bringen (vgl. Kap. II.4.3 zur szenischen Interpretation von Dramentexten). Dafür eignen sich insbesondere Erzählgedichte und Balladen, da diese eine ‚Handlung' haben und bisweilen auch Dialoge zwischen Figuren enthalten. Infrage kommen jedoch nicht nur Sprech-Schauspiele, sondern auch Puppen- und Schattenspiele sowie pantomimische Darstellungsverfahren (vgl. auch Wessels 1987: 100ff.).

Gedichte selbst schreiben

Die kreative Arbeit mit Gedichten kann Lernenden auch ermöglichen, die Bedeutung von poetischen Darstellungsverfahren für das Wirkungs- und Funktionspotenzial eines lyrischen Textes eigentätig zu erarbeiten – beispielsweise durch das Verfassen eigener kleiner Gedichte. Das bedeutet nicht, dass aus jeder Schülerin bzw. jedem Schüler eine Dichterin bzw. ein Dichter gemacht werden soll. Im Mittelpunkt steht vielmehr das Experimentieren mit Ideen, Wörtern und Strukturen sowie mit den Zusammenhängen von Form und Bedeutung (vgl. Kroth 1996: 26). Eine besondere Herausforderung ist dabei die Arbeit mit ein- und zweisprachigen Wörterbüchern, die es den Lernenden ermöglicht, Wörter aus der Alltagssprache durch weniger gebräuchliches Vokabular zu ersetzen. Hilfreich sind auch sogenannte *rhyming dictionaries* (im Internet zu finden unter www.online-dictionary.net/rhyme/index.php). Die fertigen Gedichte selbst liefern schließlich vielfältige Sprechanlässe in der Fremdsprache. So kann sich ein Unterrichtsgespräch über Inhalt und Form der Texte dadurch ergeben, dass die Lernenden ihre Gedichte vorlesen, Fragen aus der Klasse beantworten und auch ihre Schwierigkeiten beim Schreiben thematisieren. Durch die Gegenüberstellung verschiedener Schülertexte kann den Lernenden außerdem vor Augen geführt werden, dass ein Stichwort bzw. Thema – abhängig von der persönlichen Situation und dem individuellen Erfahrungshorizont des Schreibenden – ganz unterschiedlich lyrisch bearbeitet werden kann (vgl. Kroth 1996: 26).

Orientierung an vorgegebenen Mustern

Das Schreiben eigener Gedichte im Englischunterricht bedarf der sorgfältigen methodischen Vorbereitung und Begleitung. Zu Anfang ist es für Lernende sehr hilfreich, wenn sie sich an vorgegebenen Mustern orientieren können. Dafür eignen sich besonders Gedichte mit einer klaren Form. Die Schülerinnen und Schüler ersetzen zunächst nur einzelne Wörter oder verändern den Stil. Schließlich sollten sie dazu übergehen, die Struktur des Gedichts zu übernehmen und neue Strophen zu schreiben. Aufgrund der starken Textvorgabe ist diese Form des Schreibens auch schon gut im Anfangsunterricht einsetzbar. Sie kann auch bei der Beschäftigung mit Liedern, Reimen und Gedichten aus dem Lehrbuch verwendet werden und die Lehrbucharbeit auf sinnvolle Weise ergänzen (vgl. Rattunde 1990). In jedem Fall führt das Experimentieren mit einem vorgegebenen Muster zu einem besseren Verständnis des vorgestellten Gedichts, vermittelt Sprachgefühl, erlaubt Vokabelarbeit und ermöglicht durch sich immer weiter von der Vorgabe ablösende Formen das Schreiben eigener Gedichte (vgl. Volkmann 1998b: 11).

TEXT

Limericks

There was an Old Man of Moldavia,
Who had the most curious behaviour;
For while he was able,
He slept on a table.
That funny Old Man of Moldavia.

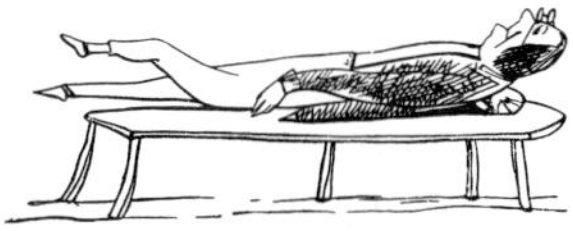

There was a Young Lady whose bonnet,
Came untied when the birds sate upon it;
But she said, "I don't care!
All the birds in the air
Are welcome to sit on my bonnet!"

There was a Young Lady of Turkey
Who wept when the weather was murky;
When the day turned out fine,
She ceased to repine,
That capricious Young Lady of Turkey.

Edward Lear

Beispiel Limerick

Als Beispiel für eine solche Vorgehensweise sei der Einsatz von Limericks im Englischunterricht der frühen Oberstufe genannt (vgl. Kroth 1998). Durch die Beschäftigung mit Limericks von Edward Lear können Lernende Regeln für den Aufbau und Inhalt dieser fünfzeiligen Nonsens-Gedichte mit dem Reimmuster *aabba* entwickeln und in Form eines „*Homemade Limerick Recipe*" (Kroth 1998: 46) festhalten:

METHODE

Homemade Limericks Recipe

Mix contents:		Add rhymes:
line 1	"There was ...", now invent a person and a place	a
lines 2, 3, 4,	Let him or her ... do or say ... strange things.	a b b
line 5	Repeat first line, adding an adjective instead of "there was ...".	a

Nach diesem Rezept schreiben sie sodann eigene Limericks und fertigen im Stile Lears auch Illustrationen dazu an: ▶ *Write your own limerick and illustrate it in the manner of Edward Lear. Invent an odd person and show him/her doing weird things.*

Motivation durch realitätsbezogene Themen

Besonders motivierend für die eigene Gedichtproduktion sind aber auch Vorlagen mit realitätsbezogenen Themen, also z. B. Gedichte, in denen familiäre Bezugspersonen und alltägliche Situationen im Mittelpunkt stehen. Bereits der Bezug auf konkrete, den Lernenden vertraute Situationen und Themen gibt ihnen die Möglichkeit, die Texte in ihre Erfahrungswelt einzuordnen. Dies gilt etwa für das kurze Gedicht *„The Pleasures of Friendship"* von Stevie Smith (1902–1971):

TEXT

The Pleasures of Friendship

The pleasures of friendship are exquisite,
How pleasant to go to a friend on a visit!
I go to my friend, we walk on the grass,
And the hours and moments like minutes pass.

Stevie Smith

Vorbereitung durch Cluster-Verfahren

Das Gedicht kann im Unterricht als Anlass genommen werden, um Schülerinnen und Schülern Gelegenheit zu geben, in einer kreativen Phase ihre Assoziationen zum Thema ‚Freundschaft' sprachlich zu formulieren und ebenfalls in Form eines Vierzeilers zu gestalten. Dabei empfiehlt es sich, den Eingangsvers bis auf das Adjektiv

„*exquisite*" zu übernehmen und die Lernenden dazu aufzufordern, durch die Wahl eines Adjektivs und die Formulierung von drei neuen Versen ihrer Einschätzung von Freundschaft Ausdruck zu verleihen. Die einzelnen Schülerbeiträge können entweder an der Tafel gesammelt und zu neuen Kurzgedichten kombiniert werden, oder die Schülerinnen und Schüler können in Gruppenarbeit ihre Ideen diskutieren, in einzelnen Versen schriftlich festhalten und am Ende ihre Texte zum Thema ‚Freundschaft' vorstellen.

Entstehung eigener kleiner Gedichtformen

Als Vorbereitung zum Schreiben eigener Gedichte bietet sich auch die Methode des *clustering* an (vgl. Payrhuber 1996: 143f.). Der Begriff ‚Cluster' beschreibt das gesamte denotative und konnotative Umfeld, das uns bei der Wahrnehmung eines Wortes durch den Kopf geht. Die Lernenden werden also aufgefordert, ihre Assoziationen zu einem bestimmten Schlüsselwort – z. B. *friendship, forest, street, music, love, autumn* – oder zu einem Kernsatz zu sammeln. Dabei wird das gewählte Wort in die Mitte eines Blatts geschrieben und eingekreist. Alle Gedanken der Lernenden werden sodann um das Zentralwort herum gruppiert.

Cluster-Verfahren

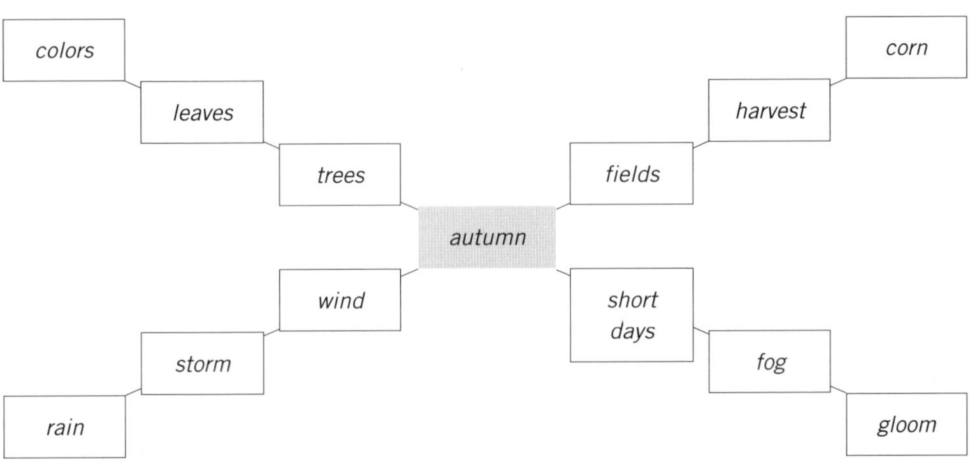

Werden die von den Schülerinnen und Schülern im Cluster-Verfahren assoziierten Wörter, Teilsätze oder Sätze sodann in eine vorgegebene lyrische Form gebracht bzw. nach einem bestimmten Muster angeordnet, können auf relativ einfache Weise eigene kleine Gedichte entstehen. Folgende Formen bzw. Textanordnungen sind für eine solche Übung geeignet:

METHODE

Varianten eigener Gedichte

- ***pyramid poem:*** In der ersten Zeile steht die Überschrift des Gedichts in einem Wort, z. B. *autumn*. In der nächsten Zeile stehen dann zwei von den Schülerinnen und Schülern assoziierte Wörter zum Thema Herbst, dann drei, vier und fünf, bis die Pyramide wieder abwärts gebildet wird und das letzte Wort wieder autumn ist.
- ***cinquain:*** In dieser fünfzeiligen Gedichtform (vgl. Volkmann 1998a: 3) steht ähnlich dem *pyramid poem* in der ersten Zeile ein Substantiv, das eine Person, einen Ort, einen Gegenstand oder ein Gefühl beschreibt (z. B. *mother, beach, table, happiness*). Die zweite Zeile besteht aus zwei Adjektiven, die das Substantiv aus der ersten Zeile charakterisieren (z. B. *kind, wild, unhappy, speechless*). In der dritten Zeile beschreiben drei Wörter das Substantiv in aktiver Weise (z. B. *helping, searching, listening, hoping*). Die vierte Zeile sagt in vier Worten, was das Substantiv aus der ersten Zeile tut (z. B. *father talking to his children, water running down the drain*). In der fünften Zeile kann das Wort aus der ersten Zeile schließlich wiederholt, durch ein ähnliches ersetzt oder durch ein weiteres Adjektiv bzw. Adverb beschrieben werden.

water
restless, silent
raging, running, repeating
helps us to live
endless

- ***chain poem:*** Ein vorgegebenes Wort bildet den Ausgangspunkt für eine Kette von acht bis zehn weiteren Wörtern, die die Lernenden frei assoziierend untereinander auf ein Blatt Papier schreiben. Im nächsten Arbeitsschritt werden die Wörter der Wortkette zu einem zusammenhängenden Text verbunden, ohne dass die ursprüngliche Reihenfolge geändert werden darf. Es können mehrere kurze Sätze, ein langer Satz oder unvollendete Sätze gebildet werden (vgl. Kroth 1996: 26). (s. S. 106)
- ***chain poem* als Gemeinschaftsprodukt**: Das Thema des Gedichts, z. B. *„Love is ...“*, wird oben auf ein leeres Blatt geschrieben. Der erste Schüler vervollständigt den Satz, knickt das Blatt um und reicht es weiter; die nächste Schülerin schreibt dann den nächsten Satz zum Thema Liebe darunter, knickt das Blatt wieder um und reicht es weiter usw. In größeren Gruppen können am Schluss aus den einzelnen Ideen einige ausgewählt und zu einer *final version* des Gedichts zusammengesetzt werden. Als weiterführende Aufgabe bietet sich beim Thema Liebe sodann ein Vergleich mit Adrian Henris Gedicht *„Love*

is …" an, das nach dieser Vorarbeit sicherlich mit großem Interesse von den Lernenden gelesen wird (vgl. Seletzky 1985) (s. u.)

- ***acrostics:*** Ausgegangen wird von den Buchstaben des eigenen Vor- und evtl. auch Nachnamens. Diese werden in einer Reihe untereinander geschrieben, um als Anfänge von Gedichtzeilen zu dienen. Zu jedem Buchstaben entsteht eine Zeile mit Gedanken zur eigenen Person, also eine Art Selbstporträt mit Worten. Wer ungern über sich selbst schreibt, kann einen Freund oder eine Freundin beschreiben. Das fertige Gedicht kann aus einem einzigen langen Satz, aus mehreren kurzen Sätzen oder aus Satzbruchstücken bestehen (vgl. Kroth 1996: 35).

TEXT

Love Is …

Love is feeling cold in the back of vans
Love is a fanclub with only two fans
Love is walking holding paintstained hands
Love is

Love is fish and chips on winter nights
Love is blankets full of strange delights
Love is when you don't put out the light
Love is

Love is the presents in Christmas shops
Love is when you're feeling Top of the Pops
Love is what happens when the music stops
Love is

Love is white panties lying all forlorn
Love is a pink nightdress still slightly warm
Love is when you have to leave at dawn
Love is

Love is you and love is me
Love is a prison and love is free
Love's what's there when you're away from me
Love is …

Adrian Henri

AUFGABE

The Chain Poem

- Begin by writing one noun on a blank sheet.
  Begin at the top, in the centre of the page.
- What other word comes to your mind next?
  Write it down below the first one.
- Keep going, repeat the process until you have written down a list (chain) of ten words. Limit yourself to two minutes for this task.
- Leaving your words in place, fill in the blanks around them with other words, turning the list into one long sentence, or several short ones.
- Your line length may vary. Feel free to make things up or to drift away from the original subject if you like.
- Work on your chain poem at home. You might want to look up certain words in your dictionary. Read your chain poem aloud, give it a certain flow and rhythm.

Gedichtcollagen Fällt den Lernenden das selbstständige Schreiben noch schwer, so bieten Gedichtcollagen eine motivierende Möglichkeit, eigene lyrische Texte zu erstellen (vgl. Payrhuber 1996: 144f.). Die Schülerinnen und Schüler können z. B. schon existierende Gedichte miteinander kombinieren, indem sie in Gedichte früherer Epochen moderne oder zeitgenössische Texte hineinschreiben. Auf diese Weise kann das sprachliche Material neu geordnet und einem bestimmten Thema können neue Facetten abgewonnen werden. Oder aber es werden sogenannte *slogan poems* erstellt. Dazu schneiden die Lernenden nach einem vorab festgelegten Leitbegriff einzelne Textzeilen aus Werbebotschaften, Produktverpackungen, Songtexten oder Zeitschriftenartikeln aus bzw. verwenden englischsprachige Film-, Serien- und CD-Titel oder die Namen von Musikgruppen und fügen diese zu einem Gedicht zusammen (vgl. Gehring 1998).

TEXT

Mistake

TEXT

Beauty

Bewertung von selbstständigen Gedichten

Insbesondere kreative Schülerarbeiten in Form von eigenen lyrischen Texten können Lehrende vor das Problem stellen, sehr persönliche Aussagen der Schülerinnen und Schüler korrigieren und bewerten zu müssen. Eine Möglichkeit, sensibel mit der Bewertung von selbstständig erstellten Gedichten umzugehen, besteht darin, dass die Lernenden ihre Gedichte einander vorlesen und jeder Zuhörer die Aufgabe erhält, ein bis zwei Dinge zu notieren, die ihm an einem Gedicht besonders gefallen haben, und ein bis zwei Dinge, die man anders hätte ausdrücken oder gestalten können.

Fazit

Die vorgestellten schülerorientierten Zugangsweisen zu Gedichten erlauben es, Sprachtraining, kreative Textarbeit und Hinführung zur Gattung Lyrik in gewinnbringender Weise zu verbinden und Lernenden auf spielerische Weise einen ersten Zugang zur Lyrik zu eröffnen. Viele der genannten Aktivitäten mögen zwar weniger anspruchsvoll erscheinen als die etablierten Methoden der Gedichtinterpretation. Bedenkt man aber die „lernverstärkende Vergnüglichkeit und instruktive Überlegenheit solcher (re)kreativen Sprachaktivitäten" (Weller 1990: 100), so kann man davon ausgehen, dass diese Verfahren dazu beitragen, die Erstbegegnung mit einer lyrischen Sprachform in der Fremdsprache für deutsche Schülerinnen und Schüler interessant und abwechslungsreich zu gestalten. Insbesondere für den Lyrikunterricht in der Sekundarstufe II ist es darüber hinaus jedoch erforderlich, dass Lernenden auch die wesentlichen analytischen Herangehensweisen an Gedichte vermittelt werden – nicht im Sinne einer literaturwissenschaftlichen Propädeutik, aber doch so, dass sie Einblick in die wichtigsten Ausdrucksformen poetischer Sprache und deren Wirkungspotenzial erlangen und sich kompetent über Gedichte austauschen können.

3.3 Sprechsituation, Metrum, Strophenform, Reim und rhetorische Figuren: Lyrikanalyse leicht gemacht

How to recognize a poem when you see one...

Beim Einsatz formal-analytischer Zugangsweisen bei der Beschäftigung mit lyrischen Texten im Englischunterricht stehen Lehrende oftmals vor dem folgenden Problem: Einerseits hat wohl jeder Schüler bzw. jede Schülerin ein intuitives Verständnis davon, was ein Gedicht ist; andererseits aber weiß kaum ein Lerner so recht, wie man ein (lyrisches) Gedicht genau definiert. Aufschluss über einige der Besonderheiten der Lyrik gibt das folgende Gedicht des amerikanischen Lyrikers Ogden Nash (1902–1971):

TEXT

The Hippopotamus

Behold the hippopotamus!
We laugh at how he looks to us,
And yet in moments dank and grim
I wonder how we look to him.
Peace, peace, thou hippopotamus!
We really look all right to us
As you no doubt delight the eye
Of other hippopotami.

Ogden Nash

Trotz des nicht eben poetischen Gegenstandes würde diesen Text wohl jeder Schüler und jede Schülerin als ein (kurzes, humoristisches) Gedicht bezeichnen, weist er doch einige der typischen gattungsspezifischen Merkmale auf: Dazu zählen relative Textkürze, Tendenz zur Verdichtung des Inhalts bzw. zu sehr selektiver und eingeschränkter Behandlung des dargestellten Themas (Was gäbe es über Nilpferde nicht sonst alles noch zu sagen?!), die subjektive Perspektive des Sprechers (bzw. ‚lyrischen Ich') sowie Reime (genauer: Paarreime), ein (fast) regelmäßiges Versmaß (Metrum), die strophische Form, das Fehlen einer Handlung, die zweifache Verwendung von Ausrufen und weitere Abweichungen von der Alltagssprache, in der dieses Gedicht teilweise durchaus gehalten ist. All diese Kennzeichen verleihen Gedichten den Charakter von erhöhter Künstlichkeit, der ebenfalls als lyriktypisch gilt.

Zusammenfassung der gattungsspezifischen Merkmale

Im Folgenden ist eine Liste der wichtigsten Merkmale lyrischer Texte aufgeführt, die zwar nicht alle auf jedes Gedicht zutreffen, den Lernenden aber in ihrer Gesamtheit eine anschauliche Vorstellung von den Charakteristika der Lyrik vermitteln können:

WISSENSWERT

Merkmale der Lyrik

- Tendenz zu relativer Textkürze
- spezifische äußere Form: Versstruktur, Metrum, Stropheneinteilung
- Verdichtung in Sprache und Inhalt
- Handlungslosigkeit
- Reduktion raum-zeitlicher Bezüge
- hoher Grad an Subjektivität (Perspektive des lyrischen Ich im Vordergrund)
- thematisch an den Erfahrungen eines Individuums orientiert
- phonologische, morphologische, syntaktische und semantische Abweichungen von der Normalsprache
- andeutungsreiche Bildersprache
- Musikalität und Sangbarkeit
- Charakter von erhöhter Künstlichkeit
- viele semantische Leerstellen

Aufgabe des fremdsprachlichen Literaturunterrichts

Damit Schülerinnen und Schüler bei der Beschäftigung mit Gedichten diese gattungsspezifischen inhaltlichen und formalen Merkmale erkennen und benennen können, ist es auch Aufgabe des fremdsprachlichen Literaturunterrichts, in die Struktur lyrischer Texte einzuführen und wichtige Kategorien der Gedichtanalyse zu vermitteln. Beim Erfassen von Bedeutungsstrukturen auf der lautlichen, syntaktischen, semantischen und pragmatischen Ebene gilt es jedoch zweierlei zu beachten. Zum einen ist das reine Benennen des Metrums, des Reimschemas und der Strophenform eines Gedichts noch keine Textinterpretation. Lernenden sollte also an eingängigen Beispielen verdeutlicht werden, dass nach dem Erfassen formaler und sprachlicher Erscheinungsformen deren Funktion und Wirkung erst noch bestimmt werden müssen. Zum anderen führt erst die Verknüpfung von Einzelbeobachtungen zu Metrum, Reim, Rhythmus und Strophenform, d. h. das Herstellen von Bezügen zwischen den verschiedenen Analyseebenen, zu einer Gesamtaussage über ein Gedicht. So kann z. B. das Motiv ‚Trennung' nicht nur auf der inhaltlichen, sondern eben auch auf der lautlichen, syntaktischen, semantischen und/oder pragmatischen Ebene dargestellt sein. Ein anschauliches Beispiel liefert das folgende Gedicht von Roger McGough, bei dem die Form der Darstellung (insbesondere die Textgestalt) die auf inhaltlicher Ebene beschriebene gefühlsmäßige Distanz zwischen einem Tennis spielenden Paar im mittleren Alter inszeniert (man achte auch auf die Doppeldeutigkeit des Titels):

TEXT

40 Love

middle	aged
couple	playing
ten	nis
when	the
game	ends
and	they
go	home
the	net
will	still
be	be
tween	them

Roger McGough

Zielsetzung des Kapitels

Das folgende Kapitel setzt sich zum Ziel, eine schülergerechte Einführung in die Struktur und Elemente lyrischer Texte zu liefern. Da die Lernenden die Grundbegriffe der Gedichtanalyse oftmals schon aus dem Deutschunterricht kennen, gilt es für den Englischunterricht, dieses Wissen zu festigen, die wichtigsten Kategorien in der Fremdsprache einzuführen und den Umgang mit ihnen zu üben. Dafür werden wir die begrifflichen Mittel bereitstellen (englischsprachige Erläuterungen finden sich im Glossar auf am Ende des Bandes) und Grundfragen der Lyrikanalyse in der Zielsprache Englisch formulieren. Im Mittelpunkt stehen vor allem die folgenden Aspekte: die Frage nach der Sprechsituation, die Untersuchung des äußeren Aufbaus, des Metrums, des Rhythmus und des Reimschemas sowie die Analyse der verschiedenen rhetorischen Figuren und der Bildersprache. Da das Erkennen und Benennen der formalen Elemente eines Gedichts immer nur der Ausgangspunkt für eine Interpretation sein können, werden wir darüber hinaus anhand ausgewählter Beispiele aus der englischen und amerikanischen Dichtung aufzeigen, wie einzelne poetische Phänomene in bestimmten Kontexten wirken und inwiefern sie zur Bedeutung eines Gedichts beitragen.

Einstieg in die Gedichtanalyse

Zunächst stellt sich jedoch die Frage, wie man am besten den Einstieg in die Gedichtanalyse gestaltet. Die Handlungslosigkeit lyrischer Texte stellt Lehrkräfte vor die Aufgabe, Schülerinnen und Schülern auf anderem Wege als über Charaktere, Kausalzusammenhänge oder Kriterien der Zeit einen Zugang zur Textwelt zu erschließen. Das Fehlen einer kohärenten ‚Geschichte', wie sie in narrativen Texten durch die erzählten Ereignisse oder im Drama durch die handelnden Figuren verkörpert wird, macht es Schülerinnen und Schülern unmöglich, bei der Textinterpretation gewohnte Orientierungsschemata als Anhaltspunkte zu verwenden. Damit sie sich langsam an die Arbeit mit einem Gedicht in der Fremdsprache herantasten können, ist es daher sinnvoll, sie nicht gleich das Reimschema bestimmen zu lassen. Zu diesem Zweck können verschiedene kreative Verfahren als Einstieg in die Gedichtanalyse dienen (vgl. Kap. 3.2). Es bietet sich aber auch an, den Lernenden zunächst die Gelegenheit zu bieten, ihre ersten Leseeindrücke wiederzugeben. Dies kann beispielsweise anhand der folgenden Fragen geschehen (vgl. Maley/Duff 1989: 35f.):

AUFGABE

Erste Leseeindrücke wiedergeben

- Which word in the poem struck you most? Which was the most unfamiliar/unexpected/unusual?
- Which do you think is the most important (or striking) line in the poem?
- There is a 'problem line' in the poem. Which do you think it is? Try to solve the problem with a partner.
- Which do you think are the 'happy' words in the poem? Make a list. Then list the 'sad' words. Compare with others. (Alternative contrasts are: concrete/abstract, formal/colloquial, etc.)
- Here are three titles, e. g. .... Which do you think suits the poem best? Here are four pictures: which suits the poem best?
- Choose a line or phrase from the poem which could be used as a book title, the refrain of a song, a one-line message on a postcard, etc.
- Are there any lines which are ambiguous, which you do not understand, or with which you disagree?

Erstellen eines Analyse-programms

Eine andere Möglichkeit des Einstiegs in die Gedichtanalyse, die sich auch aus der Beantwortung der oben genannten Fragen ergeben kann, ist das gemeinsame Erstellen eines Analyseprogramms mit den Schülerinnen und Schülern. Da ein lyrischer Text beim ersten Lesen meist eine Menge von Verständnisproblemen aufwirft, für die man spontan keine Lösung hat, können diese Unklarheiten in Form von Fragen an den Text verbalisiert werden. Dieses Vorgehen erfordert insofern ein Umdenken der Lehrkraft, als diese dazu bereit sein muss, nicht mit einem vorgefertigten Analyseprogramm und -ergebnis ins Klassenzimmer zu kommen, sondern gemeinsam mit ihren Schülerinnen und Schülern über Gedichte nachzudenken, mit ihnen Fragen zu formulieren und sich gemeinsam an deren Beantwortung zu versuchen. Die sich aus der ersten Begegnung mit einem Gedicht ergebenden Unklarheiten können beispielsweise in einem Tafelbild festgehalten werden, indem sowohl Beobachtungen zur Stropheneinteilung, zu Metaphern usw. als auch konkrete Fragen und erste Ideen für Analyseschritte notiert werden. Oder aber die Lernenden erhalten die Aufgabe, sich in Kleingruppen über die für sie wichtigsten Interpretationsfragen auszutauschen und diese dann dem Plenum vorzutragen. In einer anschließenden Diskussion werden die von allen als zentral eingestuften Fragen zusammengefasst und auf Folie für die weitere Gedichtanalyse festgehalten. Vorteil beider Vorgehensweisen ist, dass die Lehrkraft den Rezeptionsprozess der Lernenden nicht durch vorformulierte Fragen in eine bestimmte Richtung lenkt.

Brainstorming über die Gattung Lyrik

Vor dem Besprechen eines Gedichts kann die Lehrkraft die Schülerinnen und Schüler aber auch in Form eines Brainstormings all das zusammentragen lassen, was sie schon über die Gattung Lyrik wissen, z. B. anhand der folgenden Fragen: ▸ *What makes a poem a poem or rather what characteristics can you find in a poem?* Oder konkreter anhand eines Textbeispiels: ▸ *How do we know that this text is a poem?* Interessant wird die Bearbeitung solcher Fragen, wenn in höheren Klassenstufen zusätzlich verschiedene Gattungsdefinitionen von englischsprachigen Dichtern aus unterschiedlichen Jahrhunderten vorgelegt und diskutiert werden (vgl. auch Collie/Slater 1987: 244 und Taubenböck 2004b: 5):

WISSENSWERT

POETRY

- Poetry is "a speaking picture – with this end, to teach and delight". (Sir Philip Sidney, 1551–1586)
- "What oft was thought / But ne'er so well expressed." (Alexander Pope, 1688–1744)
- "Poetry is the spontaneous overflow of powerful feelings; it takes its origin from the emotion recollected in tranquility." (William Wordsworth, 1770–1850)
- "Poetry lifts the veil from the hidden beauty of the world, and makes familiar things be as if they were not familiar." (Percy Bysshe Shelley, 1792–1822)
- Poetry is "a criticism of life". (Matthew Arnold, 1822–1888)
- Poetry consists of "imaginary gardens with real toads in them". (Marianne Moore, 1887–1972)
- "Poetry is not an assertion of truth, but the making of that truth more fully real to us." (T. S. Eliot, 1888–1965)
- "Poetry provides the one permissible way of saying one thing and meaning another." (Robert Lee Frost, 1874–1963)

- "A poem should be palpable and mute / As a globed fruit ... / A poem should not mean / But be." (Archibald MacLeish, 1892–1982)
- "Mathematical formulae are satisfying because they express in a very sharp form a very wide law of nature. One expression encapsulates the motion of all the planets and satellites around the earth. I find that very satisfying. I regard poetry as being akin to that." (Desmond King-Hele, born1927)

Sprechsituation

Geht es sodann um die Interpretation eines bestimmten Gedichts im Unterricht, kann die Analyse seiner Kommunikations- bzw. Sprechsituation (*communication or speech situation*) einen wichtigen Ansatzpunkt bilden. Diese ist ein grundlegendes Strukturierungsprinzip lyrischer Texte und gibt Aufschluss über die kommunikativen Bezüge eines Gedichts. Die Sprechsituation setzt sich zusammen aus dem Sprecher eines Gedichts (*addresser*) und dem Adressaten (*addressee*) sowie aus deren räumlichen und zeitlichen Situierung (*spatial and temporal situations*). Um die Sprechsituation eines Gedichts im Unterricht beschreiben zu können, müssen demnach die folgenden Fragen beantwortet werden:

AUFGABE

Speech situation im Gedicht beschreiben

- Who is the textual speaker?
- To whom are his or her remarks addressed?
- Are there any signals as to the speaker's or the addressee's identities, characteristics and/or spatial and temporal situations?

Aufschluss über diese Fragen gibt eine Analyse der Personal- und Possessivpronomina sowie ihrer Bezüge.

Autor vs. lyrisches Ich

Es gehört zur literarischen Kompetenz der Schülerinnen und Schüler, dass sie lernen, zwischen dem realen Autor (*real author*) und dem Sprecher eines Gedichts (*speaker* oder *voice*) zu unterscheiden. In einem Gedicht äußert sich der Dichter nicht direkt, sondern delegiert seine Aussagen und Empfindungen an einen fiktiven (d. h. erfundenen) Sprecher im Text, den man als ‚lyrisches Ich' (*lyric persona* oder ‚*lyric I*') bezeichnet und der durch seine Haltung die Stimmung (*mood*) und den Ton (*tone*) eines Gedichts bestimmt. Dieses Ich kann mehr oder weniger stark als subjektiver Sprecher und Persönlichkeit hervortreten, ist aber grundsätzlich nicht mit dem historischen Autor gleichzusetzen.

Leser vs. lyrisches Du

In Analogie dazu besteht auf der Empfängerseite ein ähnlicher Unterschied zwischen dem realen Lesepublikum (*real reading public*) und dem in einem Gedicht genannten oder implizit angesprochenen fiktiven Adressaten (*fictive addressee*). Auch wenn es für Lerner auf den ersten Blick nahe liegen mag, solche Anredeformen (*forms of address*) auf sich selbst zu beziehen und sich mit dem ‚lyrischen Du' (‚*lyric thou*') zu identifizieren, sollte ihnen verdeutlicht werden, dass diese Gleichsetzung ebenso unberechtigt ist wie die zwischen Autor und lyrischem Ich. In beiden Fällen besteht ein Unterschied zwischen den historischen Personen, die als lebende Individuen literarische Texte schreiben bzw. lesen, und jenen erfundenen Instanzen, die in diesen Texten sprechen bzw. angesprochen werden. Autoren und Leser sind reale Menschen, während es sich bei einem lyrischen Ich und seinem Pendant auf der Empfängerseite um literarische Gestaltungsmittel (*literary devices*) – mithin um Textstrategien (*textual strategies*) – handelt. Dies zu wissen ist deshalb so wichtig für Lernende, weil die Entscheidung des Autors für eine bestimmte Kommunikationssituation im Gedicht die Art und Weise, wie das Thema des Textes dargestellt wird, entscheidend mitbestimmt.

Kommunikationsmodell lyrischer Texte

Um Lernenden die besonderen Kommunikationsverhältnisse lyrischer Texte zu verdeutlichen, bietet sich das folgende Modell (Nünning/Nünning 2004: 53) an:

Kommunikationsmodell lyrischer Texte

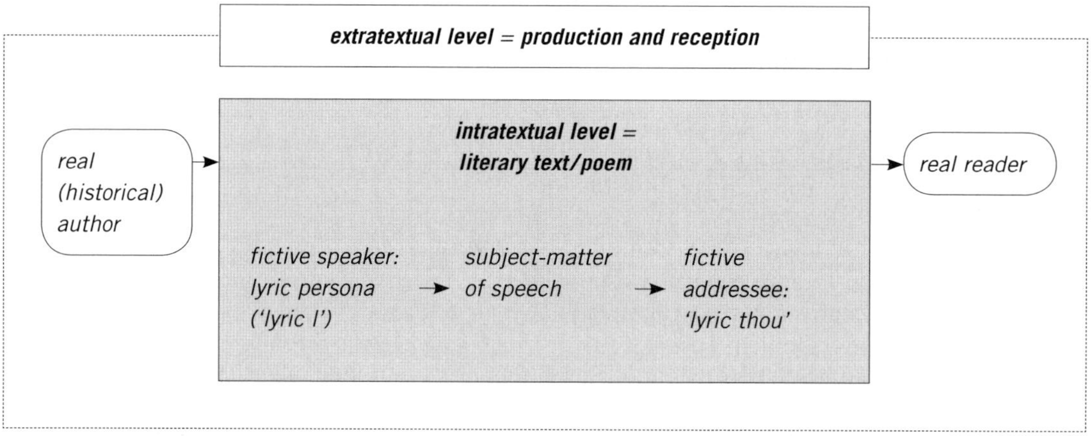

Explizite vs. implizite Subjektivität

Über die Analyse der Kommunikationsverhältnisse hinaus bietet das Merkmal der Subjektivität Lernenden wichtige Anhaltspunkte, um die Gestaltung der Sprechsituation in einem Gedicht zu beschreiben. Je nachdem, wie sehr das lyrische Ich als Sprecher in Erscheinung tritt, unterscheidet man zwischen impliziter und expliziter Subjektivität (*implicit and explicit subjectivity*). Die beiden Pole dieser Skala sind eine kaum in Erscheinung tretende Stimme (*voice*) auf der einen Seite und ein deutlich spürbares und mehr oder weniger stark individualisiertes lyrisches Ich auf der anderen.

Feststellung expliziter Subjektivität

Liegt in einem Gedicht explizite Subjektivität vor, so ist dies für Schülerinnen und Schüler in der Regel leicht zu erkennen. Sie müssen nur die folgenden Fragen mit „Ja" beantworten können:

AUFGABE

Explizite Subjektivität erkennen

- Is the lyric persona clearly perceptible and present?
- Does he or she refer to him- or herself in the first-person singular?
- Does he or she appear as a communicating individual who gives expression to his or her innermost thoughts, feelings and impressions?

Zahllose Beispiele für explizite Subjektivität finden sich etwa in den für den Englischunterricht beliebten Sonetten Shakespeares, in vielen Gedichten der *metaphysical poets* sowie in der Dichtung der Romantik, etwa in William Blakes (1757–1827) sozialkritischem Gedicht „*London*" (1794). Bereits die erste der vier Strophen dieses Gedichts illustriert durch die Wiederholung des Personalpronomens der 1. Person Singular und die subjektiv gefärbte Darstellung der Großstadt beispielhaft den für die Lyrik der Romantik charakteristischen Subjektivismus:

TEXT

Excerpt from *London*

I wander through each chartered street
Near where the chartered Thames does flow,
And mark in every face I meet
Marks of weakness, marks of woe.

William Blake

Aufdeckung impliziter Subjektivität

Als etwas schwieriger für Schülerinnen und Schüler stellt sich hingegen die Aufdeckung impliziter Subjektivität dar. Sie liegt in solchen Gedichten vor, in denen der Sprecher nicht als individualisiertes Ich hervortritt, sondern nur in der Auswahl und perspektivisch gebrochenen Wahrnehmung des Dargestellten sowie in der Art des sprachlichen Ausdrucks erkennbar wird. Implizite Subjektivität entspricht dem Ideal der ,Unpersönlichkeit' (*impersonality*), das für die Ästhetik, Romane und Dichtung des Modernismus (*modernism*) charakteristisch ist. Ein für Schülerinnen und Schüler älterer Jahrgangsstufen aufschlussreiches Beispiel für implizite Subjektivität ist Ezra Pounds (1885–1972) berühmtes Metro-Gedicht. Es ist typisch für die anglo-amerikanische Bewegung des Imagismus (*imagism*), eine lyrische Richtung der 1910er Jahre, die sich vor allem durch größtmögliche Knappheit und andeutungsreiche Bildersprache auszeichnet. Da dieses Gedicht nur aus zwei Zeilen besteht, kann es vollständig zitiert werden:

TEXT

In a Station of the Metro

The apparition of these faces in the crowd
Petals on a wet, black bough.

Ezra Pound

Zur Subjektivität von Ezra Pounds Metro-Gedicht

Obwohl bereits der Titel signalisiert, dass sich dieser Text auf eine (wenn auch nicht näher bestimmte) Metrostation in Paris bezieht, werden Lernende schnell zu dem Schluss kommen, dass dieses Gedicht weder eine ,objektive' Beschreibung der Wirklichkeit noch unpersönlich ist. Sowohl der sprachliche Ausdruck dieses momentanen Eindrucks als auch das gewählte Bild (wer denkt bei einem Blick auf Gesichter in einer Menschenmenge schon gleich an Blätter an einem nassen, schwarzen Ast?) verweisen implizit auf eine Bewusstseinsinstanz, auch wenn diese sich selbst im Gedicht nicht ausdrücklich als lyrisches Ich zu Wort meldet. Der Effekt des verwendeten subjektiven Bildes ist eine Verfremdung unserer gewohnten Wahrnehmungsschemata.

Grade der Explizität des ,lyrischen Du'

In Analogie zum lyrischen Ich kann man auch für den fiktiven Adressaten von verschiedenen Graden an Explizität ausgehen. Auch das ,lyrische Du' kann mehr oder weniger deutlich markiert sein: Je mehr Anredeformen und Personalpronomina der 2. Person ein Gedicht enthält, desto stärker tritt ein lyrisches Du als Ansprechpartner in Erscheinung. Dies gilt es vor allem dann im Unterricht zu erarbeiten, wenn sogenannte Anredegedichte zum Einsatz kommen. In diesen liegt der Akzent nämlich primär auf den jeweiligen Adressaten, die dadurch als ,explizites lyrisches Du' fassbar werden, wie der Anfang von Shakespeares Sonett 18 zeigt: „*Shall I compare thee to a summer's day? / Thou art more lovely and more temperate.*" Ein anschauliches Beispiel für ausgeprägte Explizität des ,lyrischen Du' in einem Anredegedicht ist auch Siegfried Sassoons (1886–1967) Sonett „*Glory of Women*", dessen Thematik beispielhaft für einen Teil der Lyrik des Ersten Weltkriegs ist:

TEXT

Glory of Women

You love us when we're heroes, home on leave,
Or wounded in a mentionable place.
You worship decorations; you believe
That chivalry redeems the war's disgrace.
You make us shells. You listen with delight,
By tales of dirt and danger fondly thrilled.
You crown our distant ardors while we fight,
And mourn our laureled memories when we're killed.
You can't believe that British troops "retire"
When hell's last horror breaks them, and they run,
Trampling the terrible corpses – blind with blood.
    O German mother dreaming by the fire,
    While you are knitting socks to send your son
    His face is trodden deeper in the mud.

Siegfried Sassoon

Sprechsituation in „Glory of Women"

Bei der Analyse der Sprechsituation des Gedichts sollte den Schülerinnen und Schülern auffallen, dass sowohl der erste Vers als auch jeder zweite der ersten zehn Verse jeweils mit dem Personalpronomen der zweiten Person, „you", beginnt. Dabei bleibt zunächst unklar, wer genau mit diesem wiederkehrenden Pronomen gemeint ist. Dennoch enthält das Gedicht verschiedene Signale, die Lernenden Aufschluss über die Identität und Haltungen des Sprechers und derjenigen geben, an die er sich richtet. Diese Signale gilt es herauszuarbeiten: ▶ *Does the poem contain any signals that give hints as to the identities and attitudes of the speaker or his/her addressee? Have a look at the title, at the contrast that is established between the speaker and the lyric thou and at the speech situation in the last three lines.* So deuten beispielsweise der Plural im Titel und die weiteren Äußerungen des Sprechers an, dass nicht ein individuelles Du, sondern eine nicht näher bestimmte Gruppe von Frauen angesprochen wird. Diese Hypothese wird durch die durchgehende Kontrastierung zwischen dem Sprecher und den Adressaten bestärkt, die durch den Gegensatz zwischen „*you*" und „*we*" auch formal betont wird. Die siebenfache Wiederholung des Pronomens „*you*" erzeugt außerdem einen ausgeprägten Adressatenbezug, durch den die Angesprochenen und ihre verklärte Sicht auf den Krieg hervorgehoben werden. Ein signifikanter Wechsel der Sprechsituation findet sich in Zeile 12, in der sich das lyrische Ich plötzlich an eine genauer identifizierte Adressatin richtet. Während in den ersten elf Versen des Gedichts aus dem Kontext (vor allem aus der Zeile *„You can't believe that British troops ‚retire'"*) zu erschließen ist, dass britische Frauen angesprochen werden, wendet sich der Sprecher in den letzten drei Versen an eine deutsche Mutter.

Wechsel von Sprechsituation und Perspektive

Wie Sassoons Text Lernenden zeigen kann, ist die Sprechsituation in einem Gedicht keineswegs immer konstant, sondern kann sich im Textverlauf ändern. Ein typisches Beispiel für einen solchen Wechsel von Sprechsituation und Perspektive findet sich auch in Stevie Smiths meistzitiertem Gedicht *„Not Waving But Drowning"*, dessen Titel im Englischen zu einem geflügelten Wort geworden ist:

TEXT

Not Waving But Drowning

Nobody heard him, the dead man,
But still he lay moaning:
I was much further out than you thought
And not waving but drowning.

Poor chap, he always loved larking
And now he's dead
It must have been too cold for him his heart gave way
They said.

Oh, no no no, it was too cold always
(Still the dead one lay moaning)
I was much too far out all my life
And not waving but drowning.

Stevie Smith

Durch den mehrfachen abrupten Perspektivenwechsel kann das Gedicht Schülerinnen und Schülern ein eindrucksvolles Bild menschlicher Isolation und des Missverstehens vermitteln. Die Hilferufe des Ertrunkenen wurden von den Umherstehenden fälschlicher- und fatalerweise als übermütiges Winken gedeutet, aber die – nach lebensweltlichen Maßstäben natürlich ‚unmögliche' – Perspektive des (toten) lyrischen Ich behält das letzte Wort. Aus der Sicht des lyrischen Ich stellt sich das Geschehen ganz anders dar als aus der Perspektive seiner Mitmenschen: Niemand hat ihn vor dem Ertrinken gerettet, weil niemand den Ernst der Lage erfasst hat. Die Beschäftigung mit diesem Text kann daher auch wichtige erzieherische Funktionen erfüllen, da die Gegenüberstellung der Perspektiven der Zuschauer und des Betroffenen das Mitgefühl und

Einfühlungsvermögen der Schülerinnen und Schüler fördert und somit ihr Sozialverhalten positiv beeinflusst: Sie sind allein schon durch das Lesen des Gedichts dazu aufgefordert, die Perspektive zu wechseln und sich in das lyrische Ich einzufühlen.

Metrum

Neben der spezifischen Sprechsituation zählt das Metrum (*metre*), das vielen Lernenden schon aus dem Deutschunterricht bekannt sein dürfte, zu den wichtigen Bauformen lyrischer Texte. Das jeweilige metrische Schema (*metrical pattern*) aus betonten und unbetonten Silben (*stressed and unstressed syllables*) verleiht Gedichten ein zusätzliches formales Organisationsprinzip, das narrativen und dramatischen Texten (sieht man einmal von einigen Verserzählungen und Versdramen ab) fehlt. Um das Metrum eines Gedichts zu bestimmen, ist es für Lernende sehr hilfreich, den Text laut vorzutragen.

Versfüße

Für die Beschreibung des Metrums eines Gedichts gibt es seit der Antike feststehende Begriffe, die zum Grundinventar der Analyse lyrischer Texte gehören und den Lernenden in englischer Sprache vermittelt werden sollten. Ausgangspunkt für die Beschreibung des metrischen Aufbaus ist die kleinste zusammenhängende und sich wiederholende Einheit, der Versfuß (*foot*). Die Abfolge von unbetonter und betonter Silbe, von ‚Senkung' und ‚Hebung' (x/), bezeichnet man als ‚Jambus' (*iamb*). Die entgegengesetzte Abfolge von betonter und unbetonter Silbe (/x) wird ‚Trochäus' (*trochee*) genannt. Ferner sind in der Lyrik noch die folgenden Versfüße gebräuchlich: Daktylus (*dactyl*; /xx) und Anapäst (*anapest*; xx/) sowie gelegentlich Spondeus (*spondee*; //).

Zahl der Versfüße

Ergänzt wird die metrische Struktur eines Gedichts durch die Anzahl der Hebungen (*beats*), die das Maß für die Länge eines Verses (*verse*) ist. Für die Bestimmung des Metrums müssen Lernende also sowohl die Art der verwendeten Versfüße als auch die jeweilige Anzahl der Hebungen ermitteln. So bezeichnet man einen Vers mit vier betonten Silben etwa als ‚vierhebig' (*four-beat line*) bzw. als ‚Tetrameter' (*tetrameter*). Das Metrum der 14 Zeilen der traditionellen Sonettform ist beispielsweise in der Regel ein fünfhebiger Jambus, auch ‚jambischer Pentameter' (*iambic pentameter*) genannt. Daneben finden sich in der englischsprachigen Dichtung vor allem der Trimeter (*trimeter*) mit drei Hebungen sowie der Hexameter (*hexameter*) mit sechs Hebungen. Folgende Beispiele aus der englischen Lyrik (nach Nünning/Nünning 2001: 59) können Schülerinnen und Schülern die unterschiedlichen Metren illustrieren:

WISSENSWERT

Überblick über die wichtigsten Metren

Trimeter

The kíng I sits in Dúm I ferline tówn (Volksballade)

Tetrameter

Behóld I the híp I popó I tamús! (Ogden Nash)

Pentameter

My mís I tress éyes I are nó I thing líke I the sún (William Shakespeare)

Hexameter

Ánd, as I I líve, you will I sée my he I xámeters I hópping be I fóre you. (S. T. Coleridge)

Rhythmus Während das Metrum (*metre*) eines Gedichts das ideale, völlig regelmäßige metrische Muster ist, das ihm zugrunde liegt, ist der Rhythmus (*rhythm*) die konkrete Umsetzung dieses Musters in all ihren Abweichungen, Auffälligkeiten und Unregelmäßigkeiten (vgl. Bode 2001: 34). Der Rhythmus eines Gedichts hängt jedoch nicht allein vom Metrum ab, sondern auch von der Länge der Silben und der Wiederkehr lautlicher und syntaktischer Elemente. Ebenso wichtig wie die metrische Gliederung ist daher die Beachtung der Wort-, Phrasen- und Satzgliederung bei der Versanalyse im Unterricht. Es gilt, den Schülerinnen und Schülern zu zeigen, dass das Zusammen- bzw. Wechselspiel zwischen Metrum und sprachlicher Realisierung eines Verses den Rhythmus eines Gedichts bestimmt.

Enjambement Oftmals besteht auch ein Spannungsverhältnis zwischen dem Versbau von Gedichten und der Syntax, das den Rhythmus eines Gedichts wesentlich beeinflusst. Wenn Sätze bzw. syntaktische Einheiten über das Ende von Versen hinausführen, so bezeichnet man solche Inkongruenzen zwischen Satzbau (*sentence structure*) und Versbau (*line structure*) als ‚Zeilensprung' bzw. ‚Enjambement' (*run-on line* bzw. *enjambment*). Fällt hingegen das Ende einer Zeile mit einem Einschnitt in der Syntax und damit meist auch einem Sinnabschnitt zusammen, so handelt es sich um einen Zeilenstil (*end-stopped lines*). Besonders auffällig sind Zeilensprünge immer dann, wenn der jeweils folgende Vers notwendige Satzglieder enthält, die im vorhergehenden Vers fehlen. Welche überraschenden Wirkungen sich durch Enjambements erzielen lassen und wie eng verknüpft Inhalt und Form in lyrischen Texten sind, können Lernende anhand von Martin Amis' (*1949) Gedicht „Point of View" erfahren: In diesem Gedicht unterstützen *run-on lines* nachdrücklich die auf inhaltlicher Ebene behandelte Einsicht, dass letztlich alles von der Perspektive des Betrachters abhängt:

TEXT

Point of View

Policemen look suspicious to normal
Murderers. To the mature paedophile
A child's incurious glance is a leer
Of intimate salacity; in more
Or less the same way, live people remain
As good as dead to active necrophiles.
[...]
Anyone who has ever walked into
A lamp-post knows that all speeds above nought
Miles per hour are really pretty fast, thanks.
[...]
If you don't feel a little mad sometimes
Then I think you must be out of your mind.
No one knows what to do. Cliches are true.
Everything depends on your point of view.

Martin Amis

Zäsur

Dass die Form lyrischer Texte mit Bedeutung aufgeladen ist, kann Lernenden auch anhand des Phänomens der ‚Zäsur' (*caesura*) verdeutlicht werden. Diese beschreibt einen metrischen Einschnitt bzw. die daraus resultierende Teilung eines Verses – hervorgerufen durch ein Komma, ein Semikolon oder einen Punkt. Oft handelt es sich bei Zäsuren jedoch nicht bloß um einen Bruch in der metrischen Struktur eines Gedichts, sondern durch die Spannung im Versfluss werden auch thematische Gegensätze und ein Einschnitt in der gedanklichen Gliederung betont. Ein anschauliches Beispiel dafür ist der fünfte Vers in Sassoons bereits zitiertem Sonett „Glory of Women", der durch das Ende des Satzes geteilt wird und in dem das Metrum kurz zum Stillstand kommt. Diese metrische Teilung entspricht insofern dem Inhalt dieses Satzes, als sich nur dieser nicht auf die romantische Verherrlichung des Krieges durch die Frauen bezieht, sondern deren Beitrag zur Fortführung des Krieges thematisiert.

TEXT

You máke I us shélls. II You lí I sten wíth I delíght,
By táles I of dírt and I dánger I fóndly I thrílled.

***free verse*-Gedichte**

Gedichte in freien Rhythmen, bei denen sich kein metrisches Grundmaß ausmachen lässt, nennt man *free verse*-Gedichte (vgl. Bode 2001: 45ff.). Sie sind die dominante Versform des 20. Jahrhunderts. Die Bezeichnung ‚freier Vers' bedeutet jedoch nicht, dass die Form bei diesen Texten keine Rolle spielt, dass also bei der Anordnung der Wörter der pure Zufall herrscht. Im Gegenteil: „Wenn auf das Skelett des Metrums verzichtet wird, müssen andere ‚tragende Teile' eingebaut werden: exponiert platzierte Wortbetonungen, rhetorische Emphase, Parallelismen aller Art (besonders Anaphern und Epiphern) [...] usw. usf." (ebd.: 46f.) Wie das folgende Gedicht von William Carlos Williams (1883–1963) zeigt, kann Unerwartetes im freien Vers den Leser überraschen, und ungewöhnliche Wortgruppierungen erwecken seine Aufmerksamkeit:

TEXT

This is Just to Say

I have eaten
the plums
that were in
the icebox

and which
you were probably
saving
for breakfast

Forgive me
they were delicious
so sweet
and so cold

William Carlos Williams

Äußere Gliederung: Strophik

Bei der Analyse des äußeren Aufbaus eines Gedichts stellt sich für Schülerinnen und Schüler die Aufgabe, seine Struktur bzw. Gliederung zu bestimmen. Dafür müssen sie die Teile identifizieren, aus denen es besteht. In vielen Fällen lässt sich die äußere Gliederung bereits anhand des Druckbilds erkennen, z. B. wenn die Verse nach bestimmten Bauprinzipien zu Gruppen bzw. Strophen (*stanzas*) zusammengefasst sind. Solche Strophen dienen der Gliederung und Ordnung der Gedanken.

heroic couplets

Je nach der Anzahl der vorhandenen Verse unterscheidet man verschiedene Strophenformen. Der Zusammenschluss von zwei Versen zu einem Verspaar wird als Zweizeiler (*couplet*) bezeichnet. Von *heroic couplets* spricht man in der englischsprachigen Dichtung, wenn paarweise gereimte Zweizeiler in jambischen Pentametern verfasst sind. Oftmals verleiht das *heroic couplet* den Aussagen einen einprägsamen, prägnanten und epigrammatischen Charakter. Ein typisches Beispiel dafür ist das folgende, bereits oben zitierte *heroic couplet* aus Alexander Popes poetologischem Lehrgedicht *An Essay on Criticism* (1711/1713), in dem der klassizistische Schriftsteller seine Ansicht bekundet, die Aufgabe des Dichters sei es, die universellen und unveränderlichen Naturgesetze sowie allgemeine Gedanken möglichst treffend zum Ausdruck zu bringen:

TEXT

True wít I is ná I ture tó ad I vántage I dréss'd
What óft I was thoúght, I but né'er I so wéll I expréss'd.

Weitere Strophenformen

Als Terzette (*tercets*) bzw. Quartette (*quatrains*) bezeichnet man drei- bzw. vierzeilige Strophen. In vielen Sonetten sind zwei Terzette zu einem Sechszeiler bzw. Sextett (*sestet*), zwei Quartette zu einem Oktett (*octave*) zusammengeschlossen. Charakteristisches Merkmal der von Henry Howard, Earl of Surrey (1517–1547), geprägten englischen Sonderform des Sonetts (‚*English sonnet*', ‚*Shakespearean sonnet*') ist neben dem fünfhebigen jambischen Versfuß die Aufteilung in drei Quartette (mit Kreuzreim) und ein abschließendes Reimpaar, das *heroic couplet*, das oftmals das Fazit des Gedichts in pointierter Form zusammenfasst:

TEXT

Eternal Summer

Shall I compare thee to a summer's day?
Thou art more lovely and more temperate;
Rough winds do shake the darling buds of May,
And summer's lease hath all too short a date:

Sometimes too hot the eye of heaven shines,
And often is his gold complexion dimmed:
And every fair from fair sometime declines,
By chance, or nature's changing course, untrimmed:

But thy eternal summer shall not fade
Nor lose possession of that fair thou owest;
Nor shall Death brag thou wanderest in his shade
When in eternal lines to time thou growest.

So long as men can breathe, or eyes can see
So long lives this, and this gives life to thee.

William Shakespeare

Formbestimmte lyrische Subgattungen

Neben dem englischen Sonett gibt es einige weitere lyrische Subgattungen, die wesentlich durch ihre äußere Form bestimmt sind. Aufgrund ihres strengen Aufbaus, an dem sich Lernende gut orientieren können, werden sie gerne als Vorlage für das erste kreative Schreiben eigener Gedichte im Englischunterricht verwendet (vgl. Kap. II.3.2). So besteht z. B. der Limerick aus fünf Zeilen, die dem Reimmuster aabba folgen. Der haiku wiederum, eine japanische lyrische Kurzform ohne Titel zur Beschreibung eines einzelnen, sinnlich wahrnehmbaren Augenblicks (Themen sind in der Regel die Jahreszeiten oder andere Naturereignisse bzw. -erlebnisse), setzt sich aus drei Zeilen zu 5 – 7 – 5 Silben zusammen und verfügt über einen pointierten Schluss. Reime spielen keine Rolle, aber Alliterationen, Assonanzen und ein gewisser Silbenrhythmus. Autorinnen und Autoren von haikus in englischer Sprache halten sich oftmals nicht an die genaue Silbenvorgabe (Pounds Metro-Gedicht z. B. wird von vielen auch als haiku bezeichnet), die im Englischen schwierig umzusetzen, im Japanischen aber obligatorisch für ein gutes Haiku ist. Es gibt aber Ausnahmen, z. B. die Gedichte von James W. Hackett (*1929):

TEXT

A bitter morning:
Sparrows sitting together
Without any necks.

James W. Hackett

Deep within the stream
the huge fish lie motionless
facing the current

James W. Hackett

Fragen und Aufgaben zum Aufbau und zur Struktur

Für die Analyse des Metrums, der Versfüße, des Rhythmus und der Strophenform eines lyrischen Textes sowie für die Interpretation von deren Wirkung und Funktionen im Textzusammenhang bieten sich im Englischunterricht die folgenden Fragen und Aufgaben an:

AUFGABE

Die Gedichtstruktur analysieren

- Analyse the metric pattern of this poem. Read the lines out loud and follow the natural pronunciation of the words. Does the poet use metre or free verse? How many feet are there in one verse of this poem? In what way does the metre support or qualify the content? Why does the author employ this rather complicated metre?
- How is the poem's rhythm created? Are there any changes of rhythm in the poem, any run-on lines or caesuras? If so, where do they occur, and why?
- Analyse the poem's external structure. Is there anything remarkable about it? Do regular forms of stanzas (couplet, tercet, quatrain,

sestet, octave) order the content? Does the structure follow a traditional genre (sonnet, limerick, haiku) or does the poem create a form of its own?

Innere Gliederung

Aufschluss über die innere Gliederung (*internal structure*) eines Gedichts können Lernende sowohl über formale wie thematische Kriterien erlangen. Zum einen können die kommunikativen Bezüge und ein Wechsel der Sprechsituation einen Einschnitt markieren. Zum anderen können sowohl Themenwechsel und Änderungen der räumlichen und zeitlichen Bezüge als auch Variationen der formalen Gestaltungsmittel und stilistischen Merkmale (z. B. Wortwahl und Satzbau) Hinweise auf die gedankliche Gliederung geben. Darüber hinaus wird die Gliederung eines Gedichts in vielen Fällen maßgeblich von der Abfolge der Reime geprägt, deren Schema zugleich Sinnabschnitte markiert.

Reim und Reimarten

Einen ersten Zugriff für die Analyse der Gliederung eines Gedichts im Unterricht bietet daher auch die Bestimmung seiner Reime. Unter Reim (*rhyme*) versteht man allgemein den Gleichklang von Wörtern ab dem letzten betonten Vokal. Reim im engeren Sinne beschreibt einen Reim, der sich am Ende der Zeile befindet (Endreim; *end-rhyme*) und bei dem alle Phoneme ab dem letzten betonten Vokal übereinstimmen (reiner Reim; *full/perfect/true/exact rhyme*), wie z. B. in den ersten Zeilen von William Blakes „*The Tyger*": *Tyger! Tyger! burning br<u>ight</u> / In the forests of the n<u>ight</u>.* Ein Binnenreim (*internal rhyme*) beschreibt hingegen den Reim zweier Wörter in demselben Vers: *And a cl<u>atter</u> and a ch<u>atter</u> from within […].* (T. S. Eliot, „*The Waste Land*").

Reimschemata

Die Darstellung der Abfolge der Endreime einer Strophe oder eines Gedichts bezeichnet man als ‚Reimschema' (*rhyme scheme*). Zur Kennzeichnung des Reimschemas verwendet man Kleinbuchstaben in alphabetischer Reihenfolge, wobei gleiche Buchstaben für sich entsprechende Reime stehen. Die Darstellung des Reimschemas ermöglicht es Lernenden, sich einen Überblick über die Struktur eines Gedichts zu verschaffen. Selbst wenn Gedichte nicht strophisch untergliedert sind, tritt ihre Struktur meist durch das Reimschema deutlich hervor. Es gibt nicht nur den bereits genannten Paarreim, bei dem sich die jeweils letzten Wörter von zwei direkt aufeinander folgenden Zeilen reimen, sondern noch einige weitere Reimschemata. Die folgenden deutschen und englischen Begriffe werden dafür im Einzelnen verwendet und sollten im Lyrikunterricht vermittelt werden (nach Nünning / Nünning 2001: 64):

WISSENSWERT

Reimschemata

Bezeichnung (englische Bezeichnung)	Reimschema
Paarreim (*rhyming couplets*)	aa bb cc
Kreuzreim/alternierender Reim (*alternate rhyme*)	abab cdcd
umarmender/umschlingender/ umschließender Reim (*embracing rhyme/envelope rhyme*)	abba cddc
Kettenreim/äußerer Reim (*chain rhyme/interlocking rhyme*)	aba bcb cdc
Schweifreim (*tail rhyme*)	aab ccb

Weitere Klangbeziehungen

Neben den verschiedenen Reimarten und Reimschemata gibt es noch weitere Klangbeziehungen (*sound patterns*) in Gedichten. Nicht nur End- und Binnenreime verknüpfen die Elemente eines lyrischen Textes, sondern auch alle anderen Wiederholungen und Häufungen von Lauten. Die wichtigsten sind in der folgenden Tabelle (nach Nünning/Nünning 2001: 65) zusammengefasst:

WISSENSWERT

Phonologische rhetorische Figuren

Assonanz *(assonance/vowel rhyme)*:
Gleichklang von Vokalen
The apparition of these faces in the cr<u>ow</u>d
Petals on a wet, black <u>bough</u>. (E. Pound)

Konsonanz *(consonance)*:
Gleichklang von Konsonanten
‚Out of this house' – said <u>rider</u> to <u>reader</u>,
‚Yours never will' – said <u>farer</u> to <u>fearer</u>,
(W. H. Auden, „O Where are you Going?")

Alliteration *(alliteration)*:
Häufung von Wörtern mit gleichem Anlaut,

in der Regel trägt die alliterierende Silbe eine Hebung
Nothing is so beautiful as spring –/When weeds, in wheels, shoot long and lovely and lush; / [...]. (G. M. Hopkins, „Spring")

Lautmalerei/Onomatopoesie *(onomatopoeia)*:
durch die Wortwahl wird eine Lautquelle nachgeahmt
Only the stuttering rifles' rapid rattle/Can patter out

Interpretatorischer Nutzen

Die Analyse des Reimschemas und anderer Klangbeziehungen kann Lernenden unterschiedliche Erkenntnisse über einen lyrischen Text vermitteln. Der interpretatorische Nutzen besteht zum einen darin, dass das Reimschema ein Mittel der Untergliederung eines Gedichts ist. Während Endreime die jeweiligen Verse miteinander verknüpfen, markiert ein neuer Reim in vielen Fällen den Beginn eines neuen Sinnabschnitts. Zum anderen erzeugen Reime auf lautlicher Ebene Wiederholungen, indem sie die jeweiligen Reimwörter klanglich verbinden. Durch die Herstellung solcher Beziehungen betonen sie den Zusammenhalt des Textes oder aber heben Kontraste besonders deutlich hervor, wie z. B. der Kreuzreim in Sassoons oben zitiertem Gedicht („*delight/thrilled*" beziehen sich auf die britischen Frauen, „*fight/killed*" auf die Soldaten). Klangbeziehungen wie die Lautmalerei wiederum können inhaltliche Aussagen durch die Nachahmung z. B. von Geräuschen oder Objekten unterstützen. Bei der Untersuchung von Reimen und anderen Klangbeziehungen im Unterricht sollte es demnach vor allem darum gehen, deren Beitrag zum Sinngehalt eines Gedichtes zu bestimmen, z. B. anhand der folgenden Aufgabe bzw. Frage:

AUFGABE

Reime und Klangbeziehungen untersuchen

- You have identified the rhyme scheme of this poem. Now look at its content and consider if rhyme scheme and content correspond.
- What contribution do sound patterns make to the poem's meaning potential?

Rhetorische Figuren

Neben metrischen und strukturellen Merkmalen sind es vor allem rhetorische Figuren (*rhetorical figures*), die die Gestalt und die Wirkung eines Gedichts bestimmen. Lernende sollten also auch die wichtigsten Begriffe für die Analyse rhetorischer Figuren in der Fremdsprache kennenlernen. Dies gilt umso mehr, als rhetorische Figuren keineswegs auf lyrische Texte beschränkt sind, sondern den Schülerinnen und Schülern auch in dramatischen und narrativen Gattungen sowie in Sachtexten begegnen können. Rhetorische

Gestaltungsmittel lassen sich verschiedenen Gruppen zuordnen, je nachdem, auf welche Dimension der Sprache sie sich beziehen. Neben den bereits erläuterten phonologischen Figuren (*phonological figures*), die die lautliche Ebene betreffen, gibt es

- morphologische Figuren (*morphological figures*), die sich auf die Ebene des Wortes und der Wortbildung beziehen,
- syntaktische Figuren (*syntactic figures*), deren Bezugsgröße die Satzstruktur ist,
- semantische Figuren (*semantic figures*), die die Ebene der Wortbedeutung betreffen, und
- pragmatische Figuren (*pragmatic figures*), die auf der Ebene der Sprachverwendung angesiedelt sind.

Kohärenzerzeugende Mittel

Rhetorische Figuren tragen maßgeblich zur Kohärenz (*coherence*) von Gedichten bei. Für Lernende ist es wichtig zu erfahren, dass in lyrischen Texten in der Regel zwar Figuren und eine Geschichte fehlen, dass es aber trotzdem einen sinnvollen Textzusammenhang gibt, der eben auf anderen Mitteln beruht. Zu den kohärenzerzeugenden Elementen in Gedichten zählen alle wiederkehrenden thematischen und formalen Elemente eines Textes, die seine Sinnabschnitte miteinander verknüpfen.

Wortwiederholungen

So finden sich beispielsweise textstrukturierende Wiederholungen auch auf der Ebene von Worten und Wortgruppen (*word repetition*). Die folgende Tabelle (nach Nünning/Nünning 2001: 66f.) gibt einen Überblick über die wichtigsten morphologischen Figuren, die Englischlernende vor allem in der Oberstufe für die Gedichtanalyse benötigen:

WISSENSWERT

Morphologische rhetorische Figuren

Anapher *(anaphora)*:
Wortwiederholung am Anfang von Sätzen oder Versen
<u>So long</u> as men can breathe or eyes can see,
<u>So long</u> lives this, and this gives life to thee.
(William Shakespeare, „Sonnet 18")

Epipher *(epiphora)*:
Wortwiederholung am Ende von Sätzen oder Versen
The yellow fog that rubs its back up<u>on the window-panes</u>,
The yellow smoke that rubs its muzzle <u>on the window-panes</u>,
(T. S. Eliot, „The Love Song of J. Alfred Prufrock")

Epanalepse *(epanalepsis)*:
Wiederholung eines Wortes in unmittelbarem Kontakt (*immediate repetition*) oder unter Zwischenschaltung eines weiteren Wortes
Peace, peace, thou hippopotamus! (Ogden Nash)
I celebrate myself, and sing myself (Walt Whitman, „Song of Myself")

Anadiplose *(anadiplosis)*:
Wiederaufnahme des Endes des vorangehenden Satzes/Verses
And gentle wishes long subdued,
Subdued and cherished long! (S. T. Coleridge, „Love")

Synonymie *(synonymy)*:
Wiederholung durch Ersatz des ersten Wortes durch ein bedeutungsgleiches Wort
For thee I watch, whilst thou dost wake elsewhere

Syntaktische rhetorische Figuren

Ein typisches Beispiel für eine syntaktische rhetorische Figur ist der Parallelismus, d. h. die Häufung von parallelen Satzstrukturen. Neben der Parallelität in der Anordnung von ganzen Sätzen bzw. von Satzgliedern gibt es besondere Formen ihrer Verknüpfung, Abweichungen von der regulären Anordnung der Satzglieder sowie Figuren der Auslassung. Diese syntaktischen rhetorischen Figuren sollten Lernende kennen:

WISSENSWERT

Syntaktische rhetorische Figuren

Parallelismus *(parallelism)*:
Aufeinander folgende Satzglieder sind gleich strukturiert.
Happy my studies, when by these approved!
Happier their author, when by these beloved!

(Alexander Pope, „An Epistle to Dr. Arbuthnot")

Chiasmus *(chiasmus)*:
Überkreuzstellung von Satzgliedern
With wealth your state, your mind with arts, improve

(John Donne, „The Canonization")

Inversion *(inversion)*:
Umkehrung normaler Wortstellung
Here rests his head upon the lap of earth / [...].

(John Gray, „Elegy, Written in a Country Churchyard")

Ellipse *(ellipsis)*:
Auslassung von Satzteilen
Authors are partial to their wit, 'tis true, / But are not Critics [partial] to their judgment too?

(Alexander Pope, „An Essay on Criticism")

Zeugma *(zeugma)*:
Ein Verb regiert mehrere Objekte, zu denen es in verschiedenen semantischen Beziehungen steht.
Here thou, great Anna! whom three realms obey,
Dost sometimes counsel take – and sometimes Tea.

(Alexander Pope, „The Rape of the Lock")

Funktionen von morphologischen und syntaktischen Figuren

Ähnlich wie bei den Klangbeziehungen ist auch im Falle von Wiederholungen auf Wort- und Satzebene den Schülerinnen und Schülern das Folgende zu verdeutlichen: Die Frage nach den Funktionen rhetorischer Figuren in einem Gedicht ist wichtiger als ihre bloße Benennung. Morphologische und syntaktische Figuren unterstreichen oftmals die jeweilige inhaltliche Aussage oder stehen in einem spannungsvollen Gegensatz zur Sinnebene eines Gedichts. Die Hauptfunktion von syntaktischen Figuren besteht z. B. in der Herstellung von Beziehungen der Entsprechung und der Entgegensetzung (vgl. Ludwig 2005).

Sprachbilder als ‚uneigentliche' Ausdrucksweise

Ein weiterer zentraler Bereich der Lyrikanalyse, der mit Lernenden nicht zuletzt aufgrund der Allgegenwart von Vergleichen, Metaphern und anderen Sprachbildern in vielen Gattungen und Medien (z. B. auch im Film) erschlossen werden sollte, ist die Bildlichkeit (*imagery*). Dieser Terminus fungiert als Oberbegriff für verschiedene Arten von Sprachbildern. Dazu zählen etwa die Metapher sowie unter anderem die Metonymie, Synekdoche und Synästhesie. Dabei handelt es sich um verschiedene Arten von ‚uneigentlicher' Ausdrucksweise (*figurative modes of expression*), die oftmals die Funktion erfüllen, abstrakte Begriffe oder Eigenschaften zu verlebendigen und zu veranschaulichen. In literarischen Texten werden diese semantischen Figuren durch Worte ausgedrückt, während sie in Filmen durch Bilder realisiert werden.

Metapher als verkürzter Vergleich

Unter dem Begriff der Metapher (*metaphor*) werden (Wort-)Bilder zusammengefasst, die in einer übertragenen bzw. uneigentlichen Bedeutung verwendet werden. Für Schülerinnen und Schüler ist das Aufspüren einer Metapher in einem Gedicht oftmals schwierig, da der eigentlich gemeinte Gegenstand nicht direkt benannt, sondern durch Worte aus einem anderen Vorstellungsbereich ersetzt bzw. umschrieben wird. Daher ist es hilfreich, Lernenden die Metapher als verkürzten bzw. ‚verdeckten' Vergleich (*shortened or covert comparison*) zu beschreiben, bei dem im Gegensatz zum direkten Vergleich (*simile*) die Vergleichspartikel (z. B. ‚wie' bzw. *like*) entfallen. In Pounds oben zitiertem Metro-Gedicht z. B. fungiert das Bild von Blättern an einem nassen, schwarzen Ast als Metapher zur Beschreibung der Gesichter in einer Menschenmenge, ohne dass ein Vergleichspartikel verwendet wird.

Weitere semantische rhetorische Figuren

Neben dem Sprachbild der Metapher gibt es noch weitere semantische rhetorische Figuren. Dazu zählen etwa die Ironie (*irony*), bei der das Gegenteil des Gesagten gemeint ist, der Pleonasmus (*pleonasm*) – eine überflüssige Aneinanderreihung sinngleicher Worte, z. B. der weiße Schimmel – und das Oxymoron (*oxymoron*) – die Verbindung zweier Wörter, die sich widersprechen bzw. die einander sachlich oder logisch ausschließen. In der folgenden Tabelle (nach Nünning/Nünning 2001: 75f.) werden die für den Englischunterricht an Schulen wichtigsten Sprachbilder genannt und anhand eines Beispiels stichwortartig erläutert:

WISSENSWERT

Semantische rhetorische Figuren

Sprachbilder, die auf einem Vergleich beruhen
(figures of similarity)

Vergleich/Simile *(simile):*
Ein Begriff wird mit einem anderen mittels eines Vergleichspartikels verglichen. *My love is like a red, red rose*
(Robert Burns, „A Red Red Rose")

Metapher *(metaphor):*
Ein Begriff wird durch einen anderen ohne Vergleichspartikel beschrieben. *The apparition of these faces in the crowd; petals on a wet, black bough.*
(Ezra Pound, „In a Station of the Metro")

Synästhesie *(synaesthesia):*
Die sprachliche Vermischung verschiedenartiger Sinneswahrnehmungen bzw. Reize, die unterschiedlichen Sinnesorganen zuzuordnen sind *And the hapless soldier's sigh Runs in blood down palace walls.*
(William Blake, „London")

Personifikation *(personification):*
Belebung oder Vermenschlichung eine Dings oder Abstraktums
Fair Science frowned not on his humble birth,
And Melancholy marked him for her own.
(John Gray, „Elegy, Written in a Country Churchyard")

Sprachbilder, die auf einer Grenzverschiebung beruhen
(figures of contiguity)

Metonymie *(metonymy):*
Ersetzung eines Begriffs durch einen anderen, der in einer sachlichen, logischen oder ursächlichen Beziehung zu ersterem steht.
When I consider how my light [= vision] is spent, [...]
(John Milton, Sonnet XIX)

Synekdoche *(synecdoche):*
Ersetzung des eigentlichen Begriffs durch einen enger oder weiter gefassten, der aber zum gleichen Begriffsfeld gehört.
Fair stood the wind for France,
When we our sails [= ships] advance, [...].
(Michael Drayton, „The Battle of Agincourt")

Sonstige Sprachbilder

Periphrase/Umschreibung *(periphrasis/circumlocution):*
Umschreibung eines Begriffs durch Angaben, die die Merkmale des gemeinten Begriffs zum Inhalt haben.
the bleating kind [= sheep]
(James Thomson, „The Seasons")

Euphemismus *(euphemism):*
beschönigende Umschreibung
You can't believe that British troops ‚retire'
(Siegfried Sassoon, „Glory of woman")

Hyperbel/Übertreibung *(hyperbole):*
unglaubwürdige über- oder untertriebene Ausdrucksweise
An hundred years should go to praise
Thine eyes [...].
(Andrew Marvell, „To His Coy Mistress")

Pragmatische Figuren

Eine letzte Gruppe rhetorischer Figuren, die die Lernenden insbesondere für die Analyse der Sprechsituation eines Gedichts benötigen, ist die der pragmatischen Figuren. Diese beziehen sich auf den Kontext und die Kommunikationssituation in einem lyrischen Text. Beispiele sind etwa die **Apostrophe** (*apostrophe*), d. h. die direkte Anrede einer Person oder eines Dings, und die **rhetorische Frage** (*rhetorical question*), die nicht nach einer Antwort verlangt, weil diese als selbstverständlich vorausgesetzt ist.

Fragen und Aufgaben zur Analyse der rhetorischen Figuren

Obwohl erst Lernende im Englischunterricht der Oberstufe die meisten der dargestellten rhetorischen Figuren in einem Gedicht erkennen und ihre Funktionsweise bestimmen können, sollten einige einfachere rhetorische Figuren wie z. B. die Alliteration, die Anapher, der Parallelismus oder der Vergleich auch schon in der Sekundarstufe I eingeführt werden. Für die Analyse der rhetorischen Figuren in einem Gedicht bieten sich die folgenden Fragen und Aufgaben an:

AUFGABE

Rhetorische Figuren analysieren

- Which morphological and/or syntactic figures can you find in this poem? In what way do they contribute to its meaning?
- Several comparisons are made in this poem. List as many as you can find, and discuss with a partner what functions they fulfil.
- Explain the meaning of the metaphors employed in this poem.

Kombination analytischer und kreativer Verfahren

Da nicht nur der Inhalt eines Gedichts zu seiner Bedeutung beiträgt, sondern auch und vor allem seine Form, sollte es ein Anliegen des fremdsprachlichen Lyrikunterrichts sein, Lernende in der formalen Analyse lyrischer Texte zu schulen. Erst die Betrachtung des Zusammenspiels zwischen seinem Inhalt und seinen verschiedenen formalen Elementen, d. h. seiner Sprechsituation, seinem Aufbau, Reimschema, Metrum und Rhythmus sowie seiner rhetorischen Figuren, ermöglicht die Interpretation eines Gedichts. Um jedoch nicht den (für Lernende oft ermüdenden) Versuch zu unternehmen, ein Gedicht inhaltlich und formal *in extenso* zu besprechen, ist es sinnvoll, sich bei der Gedichtanalyse im Unterricht auf einige Aspekte zu beschränken und die eher formal ausgerichtete Untersuchung immer auch mit kreativen Verfahren der Texterschließung zu kombinieren (vgl. Kap. II.3.2). Zusätzlich motivierend ist die Gedichtinterpretation für Lernende, wenn sie als „spielerisches Aufdecken eines Text-Rätsels“ (Volkmann 1998b: 10) verstanden wird, bei dem sich die Schüler und Schülerinnen durch die Analyse des Metrums, Reims, Aufbaus und der rhetorischen Figuren Schritt für

Schritt als Lyrikdetektive dem Sinn eines Gedichts annähern (vgl. ebd.).

Checkliste für die Gedichtanalyse

Im Folgenden wird in Form einer Checkliste (S. 135) abschließend ein zusammenfassender Überblick über die wichtigsten Fragen der Gedichtanalyse geliefert (vgl. auch Luz 2002 und Meyer 2004). Diese Checkliste ist nicht dafür gedacht, dass Lernende sich sklavisch an die Reihenfolge der vorgeschlagenen Untersuchungsaspekte halten. Vielmehr soll sie Schülerinnen und Schüler in die Lage versetzen, auch ihnen unbekannte Gedichte selbstständig zu analysieren und zu interpretieren. Die einzelnen Fragestellungen sind als Angebot zu verstehen, aus dem jeweils passend zum behandelten Text ausgewählt werden kann, und sie können in beliebiger Reihenfolge miteinander kombiniert werden. Dabei gibt es zwei mögliche Vorgehensweisen: Entweder wird die Form eines Gedichts unter verschiedenen Aspekten Zeile für Zeile untersucht, oder aber ein Aspekt wird herausgegriffen (z. B. das Metrum) und erst im gesamten Gedicht untersucht, bevor man den nächsten Aspekt analysiert (z. B. die Verwendung rhetorischer Figuren). Am Ende werden die verschiedenen Ergebnisse dann in einer Synthese zusammengeführt.

Fazit

In diesem Kapitel haben wir verschiedene Wege aufgezeigt, wie Schülerinnen und Schüler im Fremdsprachenunterricht an lyrische Texte herangeführt und zur Beschäftigung mit Gedichten motiviert werden können. Sowohl das kreative Erschließen lyrischer Texte und das Erproben von verschiedenen Gestaltungsmöglichkeiten als auch die formal-analytische Betrachtung von Gedichten können dazu beitragen, in den Lernenden ein Bewusstsein für die Besonderheiten der lyrischen Sprache und für das Bedeutungspotenzial poetischer Formen auszubilden. Bei einer Erweiterung des lyrischen Kanons und einem schülerorientierten methodischen Vorgehen mag es gar gelingen, die Vorurteile der Schülerinnen und Schüler gegen dieses Genre abzubauen und sie zu einem unbefangenen Umgang mit Gedichten zu bewegen. Lernende sollten jedenfalls auch im Fremdsprachenunterricht die Erfahrung machen können, dass Lyrik „nicht nur schwieriges Objekt mühsamer Analysen und angestrengten Schreibens sein muß, sondern etwas ist, das interessant und spannend sein kann und das Freude macht und gemeinsamen Spaß bringt" (Waldmann 2003: 6).

AUFGABE

How to Interpret a Poem

Title, topic, content

- What does the title tell us about the poem?
  What can we predict from it about the poem‘s form and content?
- What is the subject matter?
  Paraphrase what each part of the poem is about.
- How is the topic developed (description, impression, reflection, etc.)?
- Are there any concepts that structure the content – such as variation, similarity or contrast (e. g. between love – hate, life – death, nature – culture, self – other, etc.)?
- What are the poem‘s predominant mood and tone (melancholic, sad, happy, ironic, etc.)?

Communication situation

- Who is speaking (lyric persona or voice)? Who is being addressed?
- What kind of subjectivity occurs and what is expressed by it?

Poetic form

- Analyse the poem‘s rhythm
  (metre, end-stopped lines, enjambments, caesuras).
- Describe the poem‘s external structure. Is it written in regular stanzas?
- Identify the rhyme scheme of this poem if there is any.
  Does the poem show a regular or an irregular rhyme scheme?

Rhetorical figures

- Which rhetorical figures (phonological, morphological, syntactic, semantic, pragmatic) can you find in this poem?
  Which functions do they fulfil?

Background

- What is the literary background? What do you know about the author‘s life and other works, the literary period he/she lived in, other poems of this type?
- Can the poem be considered as typical of a specific literary period?

Interpretation

- Explain how the poet expresses his/her ideas and what effects his/her choice of words, images and stylistic devices has on the reader.
- What contribution does the form make to the poem‘s meaning potential?
- How convincing has the poet been in connecting form and content?

4. Die Arbeit mit dramatischen Texten

4.1 *Teaching Plays:* das Konzept des spielenden Lernens im fremdsprachlichen Dramenunterricht

Gründe für den Einsatz dramatischer Texte

Dramen haben im Englischunterricht seit Jahrzehnten einen festen Platz. Dafür gibt es eine Reihe guter Gründe. Zum einen sind dramatische Texte aufgrund ihres meist recht begrenzten Umfangs sehr gut geeignet als Einstieg in die Lektüre von Ganzschriften. Zum anderen gibt es eine große Bandbreite englischsprachiger Dramen, die nicht nur von ihren Themen und ihrem sprachlichen Schwierigkeitsgrad her für die Zielgruppe angemessen, sondern auch didaktisch gut strukturierbar und dementsprechend vielfältig einsetzbar sind. Darüber hinaus gibt es vielleicht keine andere Gattung, die im Rahmen eines schülerzentrierten Unterrichts derart viele Möglichkeiten bietet (bzw. geradezu herausfordert), handlungs- und prozessorientierte Formen der Textarbeit einzusetzen.

Besonderheiten der Gattung ‚Drama'

Der Hauptgrund dafür, warum gerade dramatischen Texten im Kontext ‚Fremdsprachenunterricht' große Bedeutung zukommt, liegt in den Besonderheiten der Gattung ‚Drama'. Im Gegensatz zu narrativen und lyrischen Texten sind dramatische Texte nicht allein oder primär für die Lektüre bestimmt, sondern sie sind Spielvorlagen (*scripts*) für szenische Aufführungen (*theatre performances*). Darüber hinaus ist das Handeln der Figuren eines der Hauptmerkmale des Dramas: „Im Drama geht es nicht wie häufig in der Lyrik um Stimmungen und Befindlichkeiten eines lyrischen Ich, es geht nicht wie beim Erzählen um vergangene innere und äußere Geschehnisse, die ein Erzähler erzählt, sondern es geht um das unablässig und unmittelbar von Figuren vorgeführte Handeln von Individuen." (Waldmann 2004: 2)

Dramentexte als Spielvorlagen behandeln

Die Konsequenz, die sich aus den gattungsspezifischen Merkmalen von Dramen für den fremdsprachlichen Literaturunterricht geradezu zwangsläufig ergibt, hat Albert-Reiner Glaap schon 1987 prägnant formuliert: „Dramentexte als Spielvorlage lesen". Gerade weil Dramen keine reinen Lesetexte sind, sondern partiturähnlichen Charakter haben, sollten sie aus Sicht einer Literaturdidaktik, die sich auch medienwissenschaftlich begreift, im Unterricht anders behandelt werden als narrative oder lyrische Texte: dramentexte sollennämlich als Spielvorlagen für szenische Umsetzungen dienen. Zudem legt es die Handlungsdimension dramatischer Texte für deren Rezeption im Klassenzimmer nahe, sie selbst handelnd, d. h. aktiv und produktiv, mitzuvollziehen (vgl. Waldmann 2004: 2).

Integration der Aufführungsdimension in den Unterricht

Die Aufführungsdimension dramatischer Texte kann auf unterschiedliche Weise in den Unterricht integriert werden (vgl. auch Brekle 1995: 115):

- durch einen **Theaterbesuch** (eventuell sogar mit anschließendem Gespräch mit dem Regisseur oder den Schauspielerinnen und Schauspielern etwa über die Intentionen, Merkmale und eventuellen Probleme der Inszenierung und das Verhältnis der Inszenierung zum Dramentext; in jedem Fall mit nachfolgender Diskussion darüber im Unterricht);
- durch den **Einsatz von audio-visuellen Unterrichtsmitteln** (Videoaufzeichnung einer Inszenierung oder Verfilmung eines Stückes; zum Einsatz audiovisueller Medien vgl. Kap. II.6);
- durch **Mitdenken der szenischen Realisierung** beim Lesen und Interpretieren (z. B. durch szenisches Lesen und szenische Interpretationsverfahren; vgl. Kap. II.4.3);
- durch das **darstellende Spiel** der Schülerinnen und Schüler (vgl. Kap. II.4.3).

Ein Text – viele mögliche Realisierungen

Indem der Aufführungsdimension dramatischer Texte Rechnung getragen wird, kann Lernenden eine weitere gattungsspezifische Dimension sichtbar gemacht werden: Im Gegensatz zu lyrischen und narrativen Texten sind Theaterstücke keine ‚fertigen' Texte, sondern erfahren erst in der dramatischen Umsetzung eine ihrer vielen möglichen Realisierungen: „Denn der in der Definition von Drama liegende Zwang zum Transfer (Medienwechsel) in den Kunstraum der Bühne (mit eigener Ästhetik und eigenen Gesetzmäßigkeiten) kommt nicht einer einfachen ‚Umsetzung' gleich, sondern bedeutet immer auch eine Veränderung von Gestalt, Sinn und Bedeutung der Textvorlage (Partitur)." (Göbel 2000: 325) Insbesondere im Hinblick auf die Figuren- und Raumdarstellung sowie die Körpersprache weisen unterschiedliche Inszenierungen oft eine bemerkenswerte Variationsbreite auf, während das Handlungs- und Zeitgerüst eines Dramas in stärkerem Maße durch den Text vorgegeben ist.

Teaching Plays

Im Englischunterricht sollte es daher neben der traditionellen Analyse von szenischen Texten auch um die Analyse (und eventuell den Vergleich) von einzelnen Aufführungen sowie um das spielende Lernen durch dramatische Formen der Textarbeit gehen, um *Teaching Plays* eben. Die Doppeldeutigkeit des Wortes „*play*", das bekanntlich sowohl ‚Spiel' als auch ‚Theaterstück' oder ‚Schauspiel' heißt, eröffnet vielfältige Möglichkeiten, im Englischunterricht nicht nur dramatische Texte zu besprechen, sondern auch spielerische, szenische und handlungsorientierte, Unterrichtsformen einzusetzen – also *Teaching Plays* im Sinne von ‚Spiele(n) lehren (und lernen)' – und dabei zugleich performative Qualitäten zu erproben und auszubilden. Dabei ist keineswegs bloß an praktische Theaterarbeit oder eine komplette Schulaufführung gedacht, sondern auch an eine Vielzahl anderer, weniger aufwendiger dramenpädagogischer Übungen und schüleraktivierender Methoden (vgl. Kap. II.4.3).

Das Konzept des spielenden Lernens

Das Konzept des spielenden Lernens macht Literatur zum Erlebnis: Texte werden durch Inszenierungen lebendig. Da Spielen zudem ein elementar-menschliches Bedürfnis ist, trägt der Einsatz von szenischen Texten zur Förderung der Motivation der Lernenden bei. Durch die Verbindung von Sprechen und Bewegung wird außerdem eine entspannte und konzentrierte Lernatmosphäre geschaffen. Darüber hinaus eröffnet das Prinzip des spielenden Lernens eine Vielzahl didaktischer Differenzierungsmöglichkeiten und schafft dadurch verschiedene Sprechanlässe in der Fremdsprache. Neben **szenischem Lesen** und relativ einfachen Spielformen wie **Puppenspielen** oder **Schattentheater** gibt es zum einen unterschiedlich komplexe Varianten von **Dialogspielen**. Zum anderen bietet es sich natürlich an, sich das große didaktische und lernpsychologische Potenzial von **literarischen Rollenspielen** zunutze zu machen.

Lernziele im Dramenunterricht

Für einen verstärkten Einsatz szenischer Verfahren bei der Beschäftigung mit dramatischen Texten im Englischunterricht spricht nicht zuletzt auch, dass dadurch eine Reihe ganz unterschiedlicher Lernziele verfolgt werden kann. Diese reichen von sprachlichen und kommunikativen über affektive und soziale bis hin zu ästhetischen und interkulturellen Zielen.

Sprachliche Lernziele

Da Dramen hauptsächlich aus Dialogen bestehen, laden szenische Verfahren die Lernenden zum Sprechen in der Fremdsprache ein. Bedeutend für den Spracherwerb ist dabei, dass die Fremdsprache in Interaktion angewandt wird, was nicht nur den Einsatz von verbalen, sondern auch von nonverbalen Kommunikationsmitteln erfordert. Durch die szenische Arbeit mit dramatischen Texten erhalten die Lernenden die Gelegenheit, die Wirkung von Mimik, Gestik und Körpersprache sowie von paralinguistischen Phänomenen wie Intonation, Rhythmus, Tonhöhe, Tempo und Sprechpausen zu erproben. Sie erleben, dass nonverbale Kommunikation Teil jeder zwischenmenschlichen Interaktion ist, Informationen übermittelt, zu Missverständnissen führen, aber auch Verständnisbarrieren abbauen und das rein sprachliche Verstehen in der Fremdsprache erleichtern kann. Die Beschäftigung mit Dramen kann also dazu beitragen, sprachliche Fähigkeiten in den Schülerinnen und Schülern auszubilden, die sonst im Fremdsprachenunterricht oft nicht genügend berücksichtigt werden. Hinzu kommt, dass die Anwendung der Fremdsprache beim Einsatz szenischer Verfahren nicht nur im Spiel selbst erfolgt, sondern auch in den dazugehörigen Vorbereitungs- und Reflexionsphasen.

Lernziel ‚kommunikative Kompetenz'

Szenische Zugangsformen sind bedeutsam für die Ausbildung der kommunikativen Kompetenz der Schülerinnen und Schüler. Beim Theaterspielen ist sprachliches Handeln in eine konkrete Situation eingebunden, die ein bestimmtes Redeverhalten erfordert (z. B. Einstellung auf die Person, zu der wir sprechen; Reaktionsschnelligkeit; Antizipieren von Reaktionen) und den Gesprächsverlauf vorstrukturiert. Der Fremdsprachenunterricht wird zur Probebühne, „auf der SchülerInnen (fremd)sprachliches Handeln üben [...] und Standardsituationen in der Fremdsprache im Vorhinein testen können" (Reisener 2005: 20). Unterschiedliche Handlungs- und Entscheidungssituationen werden (im wahrsten Sinne des Wortes) durchgespielt und verschiedene kommunikative Verhaltensweisen im Spiel antizipiert, erkundet, erprobt und eingeübt. Schülerinnen und Schüler erfahren auf diese Weise den Zusammenhang von sprachlicher Kommunikation und sozialer Situation. Sie lernen, sich mit Anderen (über die korrekte Anwendung der Fremdsprache hinaus) effektiv auszutauschen und zu Formen gelingender Verständigung zu kommen.

Affektive Lernziele

Da die szenische Umsetzung von dramatischen Texten keine rein kognitive Angelegenheit ist, sondern Lernende durch die Anregung verschiedener Sinne und Aktivitäten (Lesen, Hören, Sehen, Darstellen, Fühlen, Erklären usw.) auch in hohem Maße emotional fordert, unterstützt sie die Ausbildung affektiver Lernziele. Zum einen tragen aufführungsorientierte Verfahren dazu bei, dass sich Schülerinnen und Schüler ihrer eigenen Erlebnisse, Wertvorstellungen, Empfindungen und Fantasien gewahr werden und diese in den Prozess der Bedeutungskonstruktion des Textes einbringen: „Der Text bietet Lebensentwürfe, Handlungsmuster und Bilder an, die in uns Erlebnisse, Wünsche und Empfindungen wachrufen. Vergessenes, Abgespaltenes, Ungelebtes und Geträumtes können in der Phantasie durchgespielt und damit bewusst werden." (Scheller 1996: 22) Zum anderen können Lernende durch den Einsatz nonverbaler Kommunikation im Spiel ihre Emotionen und die eigene Persönlichkeit besser zum Ausdruck bringen, Spontaneität, Kreativität und Assoziationsfähigkeit stärken und damit Selbstvertrauen ausbilden. Letzteres ist nicht zuletzt eine wichtige Voraussetzung für die Fähigkeit zu Perspektivenübernahme und Fremdverstehen: *„The willingness to adopt someone else's viewpoint requires, however, a self-confident outlook of one's own and sufficient self-esteem; for only people who are themselves free of feelings of inferiority are prepared to empathize with others."* (Doyé 1999: 38)

Soziale Lernziele

In engem Zusammenhang mit der Förderung affektiver Lernziele steht die Ausbildung sozialer Kompetenzen durch dramatische Verfahren im Englischunterricht. So erfordert die szenische Umsetzung eines literarischen Textes die Zusammenarbeit innerhalb der Gruppe: Die Schülerinnen und Schüler müssen miteinander agieren lernen, sich aufeinander einstellen, sich miteinander abstimmen und auch die Scheu vor Körperkontakt ablegen. Das Spiel fördert die Achtung voreinander und die Sensibilität im Umgang miteinander. Insbesondere die Produktion eines ganzen Stückes kann die Fähigkeit Lernender zur Teamarbeit fördern und die Gruppendynamik im Klassenzimmer im positiven Sinne stärken. Da nicht nur Schauspielerinnen und Schauspieler benötigt werden, sondern auch Verantwortliche für die Regie, die Gestaltung des Schauplatzes, die Beleuchtung, die Kostüme, die Musik usw. bestimmt werden müssen, können in der Regel alle Schülerinnen und Schüler beteiligt werden und zum Gelingen des Gemeinschaftsproduktes beitragen.

Lernziel ‚ästhetische Bildung'

Durch die Inszenierung eines Theaterstückes und seine Aufführung (z. B. auf einem Elternabend, einem Schulfest oder bei Präsentationen von Projekttagen) können Lernende auch für die Aufführungsdimension dramatischer Texte und die Besonderheiten des Theaterapparats sensibilisiert werden (vgl. Schülein/Zimmermann 2002: 264). Ästhetische Bildung erlangen sie zum einen durch die Selbsterfahrung als Schauspieler (Wahrnehmung der eigenen Emotionalität, Fantasien und Körperlichkeit) sowie durch die Erfahrung der Aufführung als kollektives Produkt. Bei der Inszenierung eines Stückes wird eben nicht nur textuelles Handlungsgeschehen stegreifartig visualisiert, sondern der Text wird mit Hilfe der Vorstellungskraft der Schülerinnen und Schüler im Spielakt über die Vorlage hinausgehend neu erschaffen (vgl. Schuster 1996: 132). Das Spiel verstärkt „die Sinnlichkeit, Anschaulichkeit und Vorstellungskraft beim Erfassen des Sinns des Werkes und erhöht damit den Anteil des ästhetischen Erlebens, des aktiven emotionalen Beteiligtseins bei der ästhetischen Aneignung" (Brekle 1995: 116). Zum anderen erfahren die Lernenden bei der Aufführung die Kollektivität der Rezeption, den Bezug zu einem Publikum, „das teilnimmt an dem theatralen Ereignis in der Gemeinsamkeit des Erlebens" (Schülein/Zimmermann 2002: 264). Im Gegensatz zum Rollenspiel ist das Theaterspiel nämlich kein Spiel, das um des Spielenden willen gespielt wird, sondern eines, „das eine weitere Instanz als Spiel und Spieler aufweist: den Zuschauer, für den es gespielt wird. [...] Das verändert das Spiel entscheidend, etwa den in ihm gesprochenen Dialog; er ist ein anderer, ob er nun zwischen Dialogpartnern oder vor Zuschauern gesprochen wird" (Waldmann 2004: 14f.).

Lernziel ‚interkulturelle Handlungsfähigkeit'

Im Kontext eines Fremdsprachenunterrichts, der dem Lernziel der interkulturellen Handlungsfähigkeit verpflichtet ist, erhalten Dramentexte und dramatische Formen der Textarbeit ein zusätzliches Gewicht. Erstens lässt die Unmittelbarkeit dramatischer Texte das Geschehen gegenwärtig erscheinen und erleichtert so das Sich-Hineinversetzen der Lernenden in fremde Situationen und Kontexte. Indem dramatische Texte Lernende dazu ermuntern, ihre eigene Erlebniswelt zu verlassen und sich in eine fremde Erlebniswelt einzufühlen, dienen sie zweitens der Erprobung der Übernahme einer fremden Perspektive. Drittens erfordert das szenische Spiel die zeitweilige Aufgabe eigenkultureller Erfahrungen, Wahrnehmungskonzepte und Deutungsmuster, derer es beim Verstehen fremder Kulturen bedarf. Die Lernenden üben das Spiel mit verschiedenen Perspektiven, lernen auf spielerische Art und Weise, verschiedene Positionen durchzuhalten und setzen sich somit mit verschiedenen Wirklichkeitsansichten auseinander. Viertens schließlich laden dramatische Texte durch ihre gattungsspezifischen Besonderheiten zum aktiven Perspektivenwechsel ein. Das, was die Lernenden schon beim Lesen oder Anschauen eines Stückes an Perspektivenwechseln vollziehen, kann durch eine Reihe spielerischer Zugangsweisen noch explizit gefördert werden.

Analysing Drama

Die spezifisch literarische Dimension dramatischer Texte sollte allerdings über all den Vorzügen, die aufführungsorientierte Ansätze für die Ausbildung sprachlicher, sozialer und interkultureller Lernziele mit sich bringen, nicht aus dem Auge verloren werden. Unserem allgemeinen Plädoyer eines Sowohl-als-auch von analytischen und kreativen Zugangsformen zu literarischen Texten gemäß kann es nicht darum gehen, *Analysing Drama* einfach durch *Teaching Plays* zu ersetzen. Dramenanalytische Kenntnisse sind wichtig für die (von den aktuellen Richtlinien und Lehrplänen geforderte) kompetente Teilhabe der Lernenden am kulturellen Leben. Ziel des Dramenunterrichts sollte daher auch sein, „den Schüler für die Wirkung des dramatischen Ausdrucks zu sensibilisieren; ihn neugierig darauf zu machen, wie er zustande kommt, d. h. auf das Verstehen von Wirkungsmechanismen, die letzten Endes alle auf ihn als Zuschauer, auf seinen ästhetischen und intellektuellen Genuss abzielen" (Renk 1986: 17). Damit Schülerinnen und Schüler eine differenzierte Rezeptionsfähigkeit in Bezug auf die formal-ästhetischen Qualitäten von Dramen erlangen, müssen sie in der Analyse dramatischer Strukturelemente geschult werden. Dies geschieht auf dem Wege einer Erarbeitung der grundlegenden Darstellungsverfahren des Dramas wie Exposition, Handlung, Figurendarstellung und Dialoggestaltung, aber auch der nonverbalen Ausdrucksfunktionen wie Körpersprache, Mimik und Bühnenbild. Kenntnisse über die Bauformen dramatischer Texte, z. B. über den Unterschied zwischen Haupt- und Nebentext und deren jeweilige Funktionen, sind nicht zuletzt auch für das szenische Arbeiten mit Theaterstücken notwendig. Aus diesem Grund werden wir in den folgenden beiden Unterkapiteln neben spielerischen Unterrichtsformen auch die wichtigsten Kategorien der Dramen- und Aufführungsanalyse vorstellen und Vorschläge für ihren Einsatz im Englischunterricht machen (zu verschiedenen allgemeineren *pre-*, *while-* und *post-reading activities* vgl. Kap. II.2).

4.2 Figur, Dialog, Handlung, Zeit und Raum: Dramenanalyse leicht gemacht

Zielsetzung Ziel des analytisch-interpretierenden Dramenunterrichts ist es, die Gestaltungselemente des Dramatischen zu erarbeiten. Zu den wichtigsten dramatischen Bauformen gehören die Figuren, die Handlung, Dialoge und Monologe, der Nebentext, die Zeitstruktur und die Raumdarstellung. Kenntnisse über diese grundlegenden Elemente bringen Lehrende in der Regel aus ihrem Studium mit. Was ihnen jedoch bisweilen fehlt, sind praxisorientierte Anregungen, wie bei der Anwendung von Kategorien der Dramen- und Aufführungsanalyse im Fremdsprachenunterricht konkret vorgegangen werden kann. Daher werden im Folgenden begriffliche Mittel bereitgestellt, Grundfragen der Dramenanalyse in der Zielsprache Englisch formuliert und Vorschläge für eine systematische Untersuchung der Struktur und der Elemente dramatischer Texte unterbreitet, die für den Englischunterricht an Schulen angemessen und für Lerner leicht umsetzbar sind. Viele dieser Kategorien und Analysefragen lassen sich insbesondere im Bereich der Dialog- und Figurenanalyse auch im Roman-, Film- und Hörspielunterricht einsetzen.

Einsatz dramenanalytischer Kategorien im Unterricht Im Hinblick auf den Einsatz dramenanalytischer Kategorien im Unterricht ist es uns wichtig, zwei Aspekte herauszustellen. Erstens geht es bei den im Folgenden vorgestellten Bauelementen dramatischer Texte nicht darum, dass diese bei der Besprechung eines Stücks nacheinander durchdekliniert werden. Im Gegenteil: Abhängig vom jeweiligen Text und den Lernzielen einer Unterrichtseinheit gilt es, eine sinnvolle Auswahl an Analysekategorien und Interpretationsfragen zu treffen. Zweitens sollten Grundfragen der Dramenanalyse, z. B. zur Figurendarstellung oder zur Handlungsstruktur, auch nicht immer erst nach dem Lesen oder Anschauen eines Stückes zum Einsatz kommen, sondern durchaus auch schon während der Rezeption. Dies dient sowohl der Sicherung des Textverständnisses der Lernenden als auch der Förderung des aktiven Lesens bzw. Sehens und des Dialogs mit dem Text.

Kommunikationsstruktur dramatischer Texte Bei der Erörterung der Besonderheiten der Gattung ‚Drama' sind die Kommunikationsverhältnisse im dramatischen Text bereits dargestellt worden. Einerseits ist wie bei lyrischen und narrativen Texten auch zwischen der Ebene der werkexternen Kommunikation (*external communication*), auf der der historische Autor bzw. die

Autorin und die jeweiligen Rezipienten angesiedelt sind, und einer textinternen Kommunikationsebene (*communication within the text*) zu differenzieren. Andererseits bestehen neben Kollektivität von Produktion und Rezeption (*collective nature of production and reception*), die für die Theateraufführung (wie auch für den Kinofilm und das Hörspiel) kennzeichnend ist, auch im Hinblick auf die textinterne kommunikative Grundsituation (*internal communication situation*) deutliche Unterschiede zwischen dramatischen und anderen literarischen Texten.

Kommunikationsmodell des dramatischen Textes

Ein auf das Drama bezogenes Kommunikationsmodell ermöglicht es, Lernenden einige der Hauptunterschiede, die zwischen dramatischen Texten und anderen literarischen Gattungen bestehen, grafisch zu veranschaulichen. Das Kommunikationsmodell des dramatischen Textes (*communication model for drama*) stellt in stark vereinfachter Form dar, wer mit wem spricht, und verdeutlicht drei Besonderheiten der Kommunikation im Drama. Erstens gibt es im werkinternen Bereich auf der Ebene der Figuren in der Regel mehrere Sender (*speakers*) und mehrere Empfänger (*addressees*). Zweitens können im Drama auf der Figurenebene die Rollen von Sender und Empfänger beliebig oft wechseln. Dies wird in dem Modell durch die Pfeile gekennzeichnet, die in beide Richtungen zeigen. Daraus ergibt sich drittens, dass der Dialog die wichtigste Form dramatischer Informationsvergabe bildet. Viertens schließlich veranschaulicht dieses Modell, dass sich die textinterne Kommunikation in den meisten Dramen auf eine werkinterne Ebene beschränkt, auf die der handelnden Figuren. Damit unterscheidet sich die Mehrzahl der Dramen auch von narrativen Texten, in denen ein Erzähler das auf der Ebene der Figuren stattfindende Geschehen vermittelt (vgl. Kap. II.5.2).

Kommunikationsmodell des dramatischen Textes

nach Nünning/Nünning (2004:79)

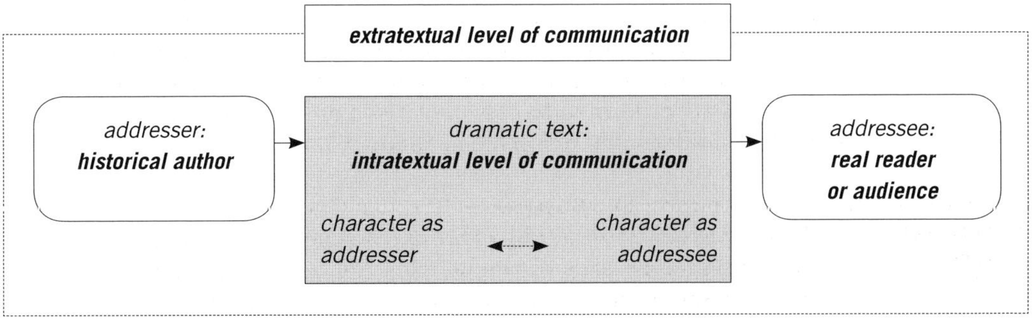

Kommunikationssituation im Drama und im Theater

Um im Englischunterricht auch der Aufführungsdimension dramatischer Texte Rechnung tragen zu können, ist darüber hinaus die besondere Kommunikationssituation zu berücksichtigen, die im Gegensatz zum Drama für das Theater kennzeichnend ist. Die Unterschiede zwischen den Kommunikationsverhältnissen der Dramenlektüre und einer Theateraufführung werden im folgenden Modell schematisch dargestellt. Im ersten Fall fungiert der Autor (*author*) als Sender (*addresser*), der dramatische Text konstituiert die Botschaft (*message*), und der Leser (*reader*) hat die Rolle des Empfängers (*addressee*). Hingegen übernimmt bei einer Theateraufführung der gesamte Theaterapparat (*theatre apparatus*), der aus einem Kollektiv von Produzenten besteht (Regie, Dramaturgie, Schauspieler, Bühnenbildner usw.), die Funktion des Senders, die Bühnenaufführung (*performance*) bildet die Nachricht oder Botschaft, und der ebenfalls kollektive Empfänger ist das Theaterpublikum (*audience*). Gleichwohl besteht eine enge Beziehung zwischen diesen Kommunikationsprozessen, die sich wechselseitig bedingen: Der dramatische Text fungiert als Spielvorlage, auf der wiederum die Aufführung beruht.

Kommunikationsmodelle von Drama und Theateraufführung

nach Platz-Waury (1999: 4) aus Nünning/Nünning (2004: 80)

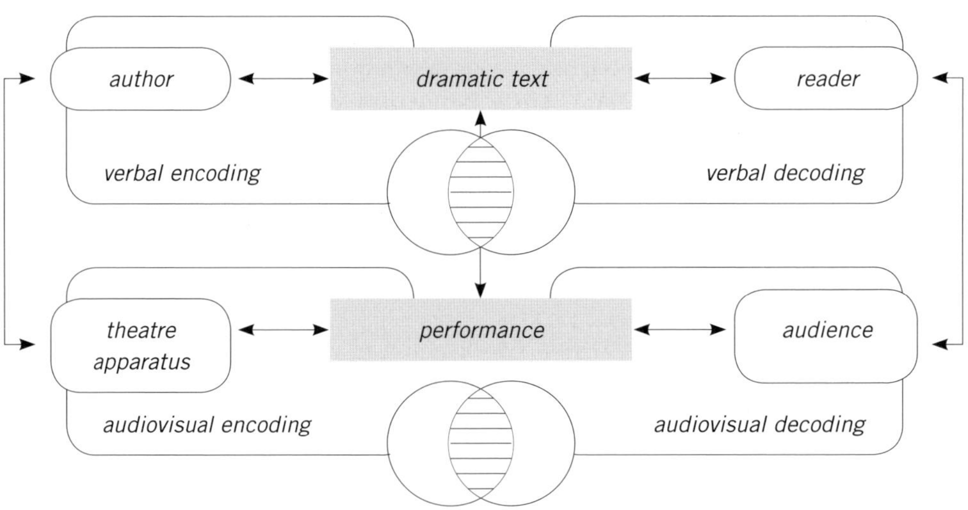

Drei Ebenen der Kommunikation

Wie Lernende beim Theaterbesuch, bei einer Videoaufzeichnung bzw. bei der selbsttätigen Aufführung eines Dramas vor Publikum selbst erfahren können, handelt es sich im Gegensatz zur Dramenlektüre bei einer Inszenierung insgesamt um einen sehr viel komplexeren Kommunikationsprozess. Die Bedeutungsbildung vollzieht sich auf mehreren einander überlagernden Ebenen gleichzeitig: „einer dramatischen (die Interaktion der Figuren auf der Bühne), einer theatralischen (die Kommunikation zwischen Schauspieler und Publikum) und einer lebensweltlichen Ebene (die gesellschaftliche Kommunikation über die Inszenierung und deren Bezug auf lebensweltliche Normen)" (Mahler 2000: 71).

Erzählen und Erzähler im Drama

In Ausnahmefällen kann im Drama sogar noch eine weitere Kommunikationsebene hinzukommen: die der erzählerischen Vermittlung (*communication level of narrative transmission*). Gerade im 20. Jahrhundert, aber auch in früheren Epochen der Dramengeschichte finden sich vor allem am Drameneingang viele narrative Elemente, wobei in zahlreichen Stücken gleich zu Anfang sogar ein übergeordneter Erzählrahmen (*superordinate narrative frame*) etabliert wird.

Episierung durch spielinterne und spielexterne Figuren

Es kann beispielsweise eine spielinterne oder eine spielexterne Figur (*character inside or outside the action*) als Erzähler auftreten, die sich direkt an das Publikum wendet und das Geschehen auf der Bühne kommentiert und bewertet. Ein Beispiel für ein Drama, in dem eine spielinterne Figur in die Rolle einer Erzählinstanz schlüpft, ist Peter Shaffers Welterfolg *Amadeus* (1979). Dieses Stück schildert nicht – wie der Titel vermuten lassen könnte – Mozarts Werdegang, sondern bietet in szenischer Reihung einen Abriss jener Stationen, die aus Salieris perspektivisch gebrochener Rückschau als die entscheidenden Episoden seines Intrigenspiels gegen das verhasste Genie erscheinen. Salieri fungiert in diesem Stück quasi als Ich-Erzähler, der nicht nur zentrale Episoden aus seinem von der Rivalität mit Mozart überschatteten Leben wiedergibt, kommentiert und bewertet, sondern sich auch selbst vorstellt und sich direkt an das Publikum wendet, um sich das Verständnis seiner Zuhörer zu sichern. Hingegen ist die Position der vermittelnden Erzählinstanz in Thornton Wilders *Our Town* (1938) von einer spielexternen Erzählerfigur besetzt, die nicht selbst an der Handlung auf der Kommunikationsebene der Figuren beteiligt ist, sondern als ‚Spielleiter' außerhalb des Geschehens steht.

Weitere Techniken epischer Kommunikation

Darüber hinaus gibt es sowohl sprachliche als auch außersprachliche Formen der Episierung. Zu den sprachlichen Episierungstendenzen zählen kommentierende Regieanweisungen (*stage directions involving commentary*), Projektionen (*projections*) und Spruchbänder (*banners*). Eine wichtige außersprachliche Form der Episierung ist das illusionsdurchbrechende Bloßlegen des theatralischen Apparates (*destruction of the theatrical illusion*), z. B. das ‚Aus-der-Rolle-Fallen' einer Figur, wie es in Thornton Wilders *The*

Skin of Our Teeth (1942) vorkommt. Aufgrund ihrer Ähnlichkeiten mit den Merkmalen von Erzähltexten werden solche Gestaltungsformen und Kommunikationstechniken als ‚episch' (*epic*) bezeichnet. Durch sie nähert sich die dramatische Kommunikationsstruktur den für narrative Texte üblichen Verhältnissen an (vgl. Kap. II.5.2). Falls im Englischunterricht also ein episches Drama behandelt wird, sollten auch die folgenden Fragen bzw. Aufgaben bei seiner Analyse gestellt werden: ▶ *Which forms of epic communication can you find in this drama? Which functions do they fulfil?* ▶ *Describe the narrator and his role in this play.*

Repliken, Haupttext und Nebentext

Dass dramatische Texte für spätere Aufführungen geschrieben sind, lässt sich Lernenden bereits an ihrer Aufteilung verdeutlichen. Schon das gemeinsame Betrachten der ersten Seiten eines Dramas zeigt, dass dramatische Texte zum einen aus der Ebene der verbalen Kommunikation (*verbal communication*) bestehen, die durch die Äußerungen der Figuren (*characters' remarks*), auch ‚Repliken' genannt, konstituiert wird. Zum anderen enthalten sie meist mehr oder weniger ausführliche Hinweise für die spätere Aufführung, die in der Regel typografisch durch Kursivdruck (*printed in italics*) abgesetzt sind. Während die Äußerungen der Figuren den sogenannten ‚Haupttext' (‚*primary text*') darstellen, der von Schauspielern (*actors*) und Schauspielerinnen (*actresses*) auf der Bühne (*stage*) laut gesprochen wird, besteht der ‚Nebentext' (‚*secondary text*') vor allem aus Hinweisen für die szenische Umsetzung eines Stücks. Diese betreffen etwa das Bühnenbild (*stage set*) oder die Gestik (*gestures*) und Mimik (*facial expressions*), die vom Autor bzw. von der Autorin durch Regieanweisungen (*stage directions*) mehr oder weniger stark vorgegeben sein können, die aber erst während einer Aufführung festgelegt werden. Zum Nebentext gehören alle Bestandteile eines dramatischen Texts, die nicht zu den Repliken zählen, also neben Regieanweisungen, Akt- und Szenenmarkierungen (*demarcation of acts and scenes*) und der Identifizierung der jeweils sprechenden Figuren auch sämtliche Elemente wie der Titel eines Stücks (*title of the play*), Widmungen (*dedications*), Vorwörter (*prefaces*) und das vorangestellte Personenverzeichnis, eine Auflistung der *dramatis personae*.

Außersprachliche Zeichensysteme

Neben ihrem Aufführungscharakter besteht ein weiterer Unterschied zwischen Dramen und anderen literarischen Texten darin, dass Erstere sich nicht nur verbaler, sondern auch nonverbaler Kommunikationsmittel bedienen. Da diese als Bedeutungsträger fungieren, sind Kenntnisse im Bereich der außersprachlichen Zeichensysteme (*non-verbal sign systems*) vor allem dann für die Arbeit mit einem dramatischen Text im Englischunterricht eine notwendige Voraussetzung, wenn dieser im Hinblick auf sein Potenzial für eine szenische Umsetzung bzw. als inszenierter Text (anhand einer Videoaufzeichnung oder eines Theaterbesuchs) analysiert werden soll. Gegenüber der Dramenlektüre kommen nämlich bei der szenischen Umsetzung eines dramatischen Textes die akustische Dimension (Stimmen, Geräusche, Musik, Stille) und die optische Dimension (Bühnenbild, Aussehen der Figuren, Gestik, Mimik, räumliche Gruppierung und Bewegung der Spieler) hinzu. Weil an der szenischen Realisierung eines dramatischen Textes ein breites Repertoire von sprachlichen und außersprachlichen Zeichensystemen (bzw. ‚Codes') und von verschiedenen Formen der Wahrnehmung (bzw. ‚Kanälen' der Kommunikation) beteiligt ist, wird das Drama als eine ‚plurimediale Darstellungsform' bezeichnet (vgl. Pfister 1994: 24).

Systematisierung der Zeichensysteme

Bei der Systematisierung der unterschiedlichen Zeichensysteme kann zum einen danach gefragt werden, ob es sich um schauspielerbezogene Kategorien handelt oder ob sie den Raum, die Bühne bzw. andere Aspekte der szenischen Realisierung betreffen. Zum anderen können beständige bzw. durative, d. h. länger andauernde, Theatercodes (wie das Bühnenbild) von vorübergehenden bzw. nicht-durativen Zeichen, die sich dauernd verändern (z. B. Mimik, Gestik), unterschieden werden. Das folgende Diagramm (vgl. ebd.: 27) gibt einen Überblick über die wichtigsten Theatercodes:

Die wichtigsten Theatercodes

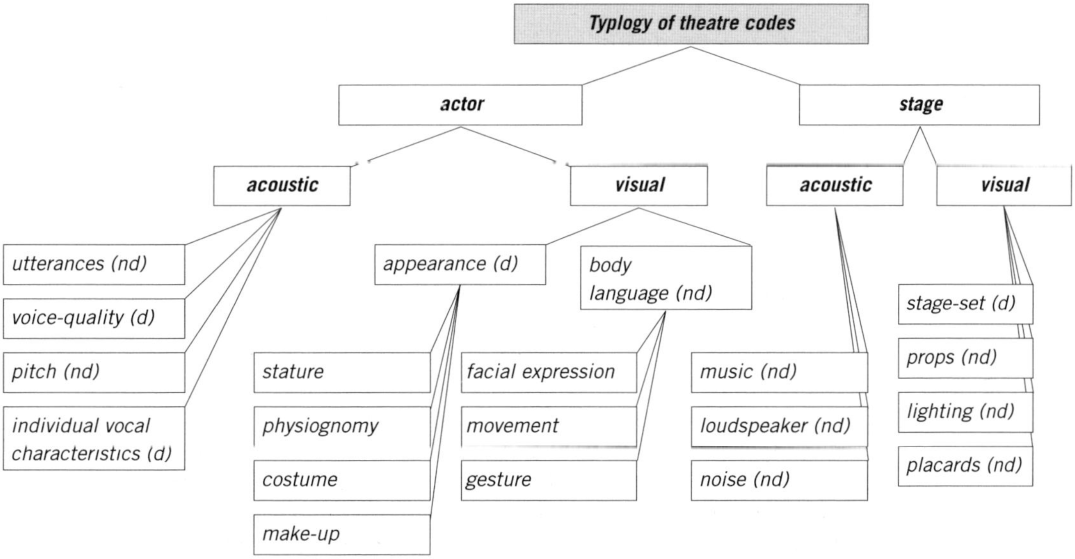

d = durative/nd = non durative

Fragen und Aufgaben zur Analyse der nonverbalen Zeichensysteme

Die Analyse der in einem Theaterstück verwendeten dramentechnischen Mittel ist eine notwendige Voraussetzung sowohl zur Erklärung der Wirkung eines Dramas als auch für die Ausbildung von Medienkompetenz. Um die verschiedenen außersprachlichen Zeichensysteme und deren Funktionspotenzial bei der Beschäftigung mit einem Dramentext bzw. bei der Besprechung einer Inszenierung im Unterricht zu analysieren, bieten sich die folgenden Fragen und Aufgaben an:

AUFGABE

Außersprachliche Zeichensysteme analysieren

- How are the characters described in the stage directions? What do the descriptions of statures, physiognomies, costumes, masks and hairstyles tell the reader about the characters?
- How do the actors play the characters? Does the theatre performance take into account the characters' description in the secondary text? If not, what is the change in meaning?
- Is there anything remarkable about the characters' facial expressions, gestures or body language? What functions do these non-verbal signs fulfil in scene x?
- Do the characters' facial expressions and gestures agree with their utterances, support their utterances or differ from their utterances?
- In what way do the actors' voices and vocal qualities such as pitch, volume, stylistic features, etc. contribute to the meaning of the verbal messages?
- Which purposes does the acoustic dimension serve according to the stage directions? What are the effects of sounds and music in the actual performance?
- Describe the set, the props and the lighting if these elements of the stage design are significant or in any way unusual.
- How is the fictional setting presented on stage? Is it faithfully realised or changed by the performance?

Informationsvergabe am Drameneingang

Wenn Lernende einen dramatischen Text für eine Aufführung inszenieren, ist es eine ihrer Aufgaben, sich mit der Informationsvergabe am Drameneingang zu beschäftigen. Es sollte ihnen daher vermittelt werden, dass bei dramatischen Texten zwei verschiedene Formen des Eingangs unterschieden werden: die **Exposition** (*exposition*) und der **dramatische Auftakt** (*dramatic introduction*). Der Auftakt erfüllt primär die Aufgabe, die Aufmerksamkeit der Zuschauer zu wecken und sie in die Atmosphäre des Stücks einzustimmen. Mit dem Begriff der Exposition hingegen wird die Vergabe jener Informationen bezeichnet, die für die szenisch dargestellte Situation bedeutsam sind. Der Exposition kommt daher in erster

Linie die Funktion zu, Zuschauer über die in der Vergangenheit liegende Vorgeschichte des Geschehens zu informieren und sie in Ort, Zeit und Figuren einzuführen. Dramatischer Auftakt und Exposition können in der Texteingangsphase bzw. im ersten Akt zusammenfallen. Typische Beispiele für deren Nacheinander finden sich hingegen in vielen Dramen Shakespeares, allen voran im Auftritt der Hexen in der ersten Szene von *Macbeth* (1605/06) und bei dem Schiffbruch am Anfang von *The Tempest* (1610/11), die beide mit einem dramatischen Auftakt beginnen.

AUFGABE

Den Drameneingang analysieren

- How does the drama begin?
- Where and when does the action start?
  How is the setting described/presented?
- Which characters appear on stage? How are they presented?
  Who is the protagonist?
- What are the effects of the opening phase on the audience?
- What do you think is going to happen next?
- What functions does the beginning fulfil? (Does it primarily serve to awaken the audience's interest, or does it serve to inform the audience about the time and place of the action and about the characters?)
- What information does the exposition provide?
  At what point does the exposition come to an end?
- Do the exposition and the dramatic introduction occur simultaneously or in succession?

Dialogisches und monologisches Sprechen

Zu den grundlegenden Kategorien und Fragen der Dramenanalyse, die im Literaturunterricht vermittelt werden sollten, zählen auch die verschiedenen Formen monologischen und dialogischen Sprechens im Drama. **Dialog** und **Monolog** sind die wesentlichen Bestandteile der meisten Dramen. Das bedeutet jedoch nicht, dass der Dialog auf diese Gattung beschränkt ist. Vielmehr gehören Dialoge auch zu den Gestaltungsmitteln des Hörspiels sowie des Kino- und Fernsehfilms, und sie werden auch in narrativen Gattungen – etwa in Romanen, Kurzgeschichten, Märchen und Balladen – verwendet. Kenntnisse in der Dialoganalyse ermöglichen Lernenden daher die selbstständige Erarbeitung einer Vielzahl unterschiedlicher Texte und Medien. Weitere typische Formen der Informationsvergabe im Drama sind der **Botenbericht** (*messenger speech*) und die sogenannte ‚**Mauerschau**' oder Teichoskopie (*teichoscopy*), bei der eine Figur Ereignisse, die sich *off-stage* ereignen, beobachtet und gleichzeitig darüber berichtet.

Dialog Kenntnisse über die Besonderheiten des dialogischen Sprechens sind für Lernende sowohl für die Analyse von Dramentexten und Inszenierungen als auch für eigene szenische Umsetzungen hilfreich. Der Begriff ‚Dialog' (*dialogue*) bezeichnet ein Gespräch zwischen zwei oder mehreren Figuren, das aus einer Abfolge von ‚Repliken' bzw. Reden (*remarks*) und Gegenreden (*counter-remarks*) besteht; dementsprechend unterscheidet man ‚**Zwiegespräche**' (*duologes*) von ‚**Mehrgesprächen**' (*polylogues*). In einem Dialog tauschen die Figuren Gedanken oder Meinungen aus, erörtern ein Thema oder spinnen Intrigen.

Kategorien zur Dialoganalyse: der ‚Untertext' Der Einsatz von Kategorien zur Dialoganalyse im Englischunterricht ist deshalb relevant, weil Lernende mit ihrer Hilfe die Redeabsichten und Strategien der einzelnen Dialogpartner in einem Dramentext erkennen können. Zunächst ist den Lernenden zu verdeutlichen, dass die Äußerungen der Figuren in einem Drama (wie Äußerungen in Kommunikationssituationen überhaupt) Ausdruck von Handlungsabsichten sind, d. h., ihnen liegt eine Redeabsicht zugrunde und sie rufen beim Dialogpartner eine kommunikative Wirkung hervor. Da Redeabsicht und Wirkung einer Replik im Theatertext selbst nicht ausgesprochen werden, vom Darsteller aber mitzudenken und bei der Analyse eines Theatertextes aufzudecken sind, wird diese kommunikative Dimension des Spiels oft als ‚Untertext' bezeichnet (vgl. Müller 1992: 365).

METHODE

Untertext eines Dialogs analytisch und/oder im szenischen Spiel erfassen

- die **Struktur beschreiben** (gedacht als detailliert erweiterte Regieanweisung etwa in der Form „fragt vorsichtig", „antwortet mit Bestimmtheit", „verbessert entschieden" usw. nach einer Untersuchung der Wortwahl der Dialogpartner und der Struktur ihres Gesprächs)
- eine **Verbalisierung** als ‚Text' versuchen (in Form eines verdeutlichten Sprechakts, bei dem die Spieler ihre Dialoge präzisieren, z. B. durch Paraphrasierung)
- **Untertext** mit theatersprachlichen Mitteln sichtbar machen (d. h. durch Tonfall, Gestik, Mimik, Körperhaltung, Gangart)

Kategorien zur Dialoganalyse: die Gesprächsstruktur Ferner spielt bei der Untersuchung von Dialogen die Struktur des Gesprächs eine Rolle. Dieses Kriterium der Dialoganalyse umfasst die **Länge** der Repliken (*the length of individual utterances*), die **proportionale Verteilung** der Redeanteile auf die verschiedenen Figuren (*the distribution of contributions among the characters*) sowie die **Unterbrechungsfrequenz**, d. h. die Häufigkeit, mit der in einem Gespräch ein Wechsel der Sprecher erfolgt (*the frequency with which the role of the speaker changes*). So kann die ungleiche Verteilung der Redeanteile zwischen zwei Dialogpartnern beispielsweise auf die Dominanz einer Figur hinweisen. Interpretatorisch aufschlussreich ist oft auch eine Analyse der zeitlichen Relationierung der einzelnen Repliken (*the temporal relations between the various utterances*): Neben dem Regelfall des Nacheinanders (*linear succession*) der Repliken, gibt es etwa das Ins-Wort-Fallen (*interruption*), das ein Zeichen gestörter Kommunikation (*malfunctioning communication*) sein kann. In den Stücken des amerikanischen Autors David Mamet, z. B. in *American Buffalo* (1975) oder *Glengarry Glen Ross* (1983), sind solche Kommunikationsstörungen zwischen den Figuren Programm: Sie stehen für eine Welt, in der Sprache nicht mehr verbindet und in der die Sprachunfähigkeit der Figuren mit ihrer Handlungsunfähigkeit einhergeht.

Funktionen von Dialogen

Obgleich Dialoge oft durchaus ‚lebensecht' wirken, sollte man Lernenden für die Text- und Aufführungsanalyse sowie für das szenische Arbeiten mit dramatischen Texten klarmachen, dass es sich dabei um literarische Gestaltungsmittel handelt, die mehr oder weniger stark konventionalisiert sind und in einem Stück bestimmte Funktionen erfüllen. Während reale Gespräche im Alltag primär kommunikativen und sozialen Bedürfnissen dienen, kann das dialogische Sprechen im Drama für ganz unterschiedliche Zwecke eingesetzt werden.

WISSENSWERT

Funktionen von Dialogen

- Informationsvergabe für die Zuschauer
- Initiierung und Vorantreiben der Handlung
- Informationsaustausch zwischen den Figuren
- Planung und Durchführung von Handlung
- Selbstvorstellung und Selbstcharakterisierung der Figuren
- Fremdcharakterisierung der Figuren
- Klärung von Standpunkten und Beziehungsverhältnissen
- Austragung von Konflikten

Fragen zur Dialoganalyse

Um mit Schülerinnen und Schülern die Dialoge eines Dramas bzw. einzelner Szenen zu beschreiben und in ihrer Funktionsweise zu bestimmen, bieten sich die folgenden Fragen an (vgl. auch Meyer 2004: 108):

AUFGABE

Dialoge beschreiben und ihre Funktion bestimmen

- Who says what to whom, how and for which reasons?
- What are the utterances of character x aiming at?
- What function is fulfilled by the different lines in the text – is a particular line an apology, a threat, a promise, etc.?
- What is the relationship between the utterances of character x and character y?
- Which functions does the dialogue between character x and character y fulfil?

Monologisches Sprechen

Wenn Lernende einen dramatischen Text szenisch umsetzen, erfahren sie die Besonderheiten des monologischen Sprechens sozusagen am eigenen Leib. Ein Monolog (*monologue*) ist das Selbstgespräch einer Figur, das auf der Bühne an niemanden gerichtet ist, selbst wenn weitere Figuren anwesend sein sollten. In Monologen sprechen Figuren ihre Gedanken und Gefühle auf der Bühne laut aus. Die Perspektive des jeweiligen Sprechers verleiht den Informationen, die in Monologen vergeben werden, einen hohen Grad an Subjektivität. Monologe liefern daher keine ‚objektive' Darstellung einer Situation, sondern eine subjektiv gebrochene Sehweise, die von den Eigenarten und der Perspektive des einzelnen Sprechers geprägt ist. Der Umfang solcher Selbstäußerungen kann von wenigen Zeilen bis zu einem ausführlichen Selbstgespräch reichen. Wenn die Figur während ihres Selbstgesprächs alleine auf der Bühne ist, spricht man von einem Soliloquium (*soliloquy*).

Monologisches Sprechen als Dramenkonvention

Um Lernende für die gattungsspezifischen Besonderheiten dramatischer Texte zu sensibilisieren, sollte ihnen vermittelt werden, dass es sich beim Monolog um eine besondere Aussageform des Dramas handelt, für die es im Gegensatz zum Dialog in der Alltagskommunikation keine Entsprechung gibt. Da dem monologischen Sprechen die Konvention zugrunde liegt, dass eine Figur im Drama laut denkt, sind Monologe eine spezifisch dramatische Form der Bewusstseinsdarstellung. Glaubhaft wirkt ein Monolog somit nur im Rahmen dieser stillschweigenden Übereinkunft zwischen Autor und Publikum. In realistischen Dramen, die die Illusion erwecken wollen, das Geschehen könne sich tatsächlich so zugetragen haben, werden Monologe aufgrund ihrer offensichtlichen Künstlichkeit oft vermieden.

Funktionen von Monologen

Die Zuschauer über Gedanken, Gefühle und Pläne einer Figur zu informieren, ist aber nicht die einzige Aufgabe, die Monologe in dramatischen Texten erfüllen. Monologe können auch der Verknüpfung der Auftritte von Figuren und der Überleitung zwischen Szenen dienen (Brückenmonolog, Übergangsmonolog) oder in Form eines Berichts über szenisch nicht dargestellte Ereignisse Glieder in der Kette des dramatischen Geschehens bereitstellen (epischer Monolog).

Eingangsmonolog von Shakespeares *Richard III*

Einen Einblick in einige der Besonderheiten monologischen Sprechens bietet das folgende Selbstgespräch, mit dem sich der Titelheld zu Beginn von *Richard III* (1592/93), einer der bedeutendsten Historien Shakespeares, dem Publikum vorstellt. Da diese Selbstäußerung mit dem Anfang des Stücks zusammenfällt, spricht man von einem ‚Eingangs-' bzw. ‚Selbsteinführungsmonolog'. Im Gegensatz zu den Monologen in Shakespeares Tragödien weist Richards Selbstgespräch noch nicht jene gedankliche Inkohärenz auf, wie sie etwa für Hamlets oder Macbeths Konfliktmonologe charakteristisch ist. Vielmehr entfaltet dieser Monolog die Gedanken und Pläne des Helden Richard, Duke of Gloucester, in einer sehr geordneten und logisch aufeinander folgenden Weise.

TEXT

Richard III (I,i,1–30)

RICHARD:

Now is the winter of our discontent
Made glorious summer by this sun of York;
And all the clouds that loured upon our house
In the deep bosom of the ocean buried.
Now are our brows bound with victorious wreaths;
Our bruised arms hung up for monuments;
Our stern alarums changed to merry meetings,
Our dreadful marches to delightful measures.
Grim-visaged war hath smoothed his wrinkled front;
And now, instead of mounting barbed steeds
To fright the souls of fearful adversaries,
He capers nimbly in a lady's chamber
To the lascivious pleasing of a lute.
But I, that am not shaped for sportive tricks,
Nor made to court an amorous looking-glass;
I, that am rudely stamped, and want love's majesty
To strut before a wanton ambling nymph;
I, that am curtailed of this fair proportion,
Cheated of feature by dissembling Nature,
Deformed, unfinished, sent before my time
Into this breathing world, scarce half made up,

And that so lamely and unfashionable
That dogs bark at me as I halt by them;
Why, I, in this weak piping time of peace,
Have no delight to pass away the time,
Unless to spy my shadow in the sun
And descant on mine own deformity:
And therefore, since I cannot prove a lover,
To entertain these fair well-spoken days,
I am determined to prove a villain
And hate the idle pleasures of these days.
Plots have I laid, inductions dangerous,
By drunken prophecies, libels and dreams,
To set my brother Clarence and the king
In deadly hate the one against the other:
And if King Edward be as true and just
As I am subtle, false and treacherous,
This day should Clarence closely be mewed up,
About a prophecy, which says that G
Of Edward's heirs the murderer shall be.
Dive, thoughts, down to my soul: here Clarence comes.

William Shakespeare

Funktionen von Monologen

Dieser Eingangsmonolog aus Shakespeares Königsdrama *Richard III* gibt Lernenden exemplarisch Einblick in viele der Funktionen, die Monologe erfüllen können. Die folgende Übersicht verdeutlicht, dass diese Ausdrucksform des Dramas einige Aufgaben erfüllen kann, die im Dialog nicht in gleichem Maße verwirklicht werden können.

WISSENSWERT

Funktionen von Monologen

- atmosphärische Einstimmung in die Spielwelt und Beschreibung der Umgebung
- expositorische Informationsvergabe über Vorgeschichte und Ausgangslage sowie Einführung in Geschehen, Figuren, Raum und Zeit
- Kommentierung des vorausgegangenen Geschehens aus der Sicht des Sprechers
- Selbstvorstellung und Selbstcharakterisierung des Protagonisten
- Gedanken- und Gefühlsausdruck des Sprechers, Vergegenwärtigung von inneren Vorgängen und Konflikten
- Offenlegung von Plänen, Absichten, Spannungen und Entscheidungsprozessen des Sprechers

- Einweihung des Zuschauers in die Perspektive des Helden bzw. Schurken (Mittel der Sympathielenkung)
- Wecken von Erwartungen in Bezug auf die zukünftige Entwicklung (spannungserzeugendes Mittel)

Fragen zur Monologanalyse

Für die Untersuchung von Monologen im Englischunterricht sind die folgenden Fragen hilfreich:

AUFGABE

Monologe analysieren

- Why is a monologue used in this scene?
- What is said in this monologue and for which reasons?
- What are the character's utterances aiming at?
- Which functions does this monologue fulfil?

Beiseite-Sprechen

Mit dem Beiseite-Sprechen (*aside*) lernen die Schülerinnen und Schüler eine weitere Form des gattungsspezifischen Sprechens im Drama kennen. Wirkung und Funktion dieser Form der Informationsvergabe erschließen sich insbesondere bei der szenischen Umsetzung eines Theaterstückes. Wie bei einem Monolog sind nämlich nicht die Figuren auf der Bühne Adressaten eines *aside*, sondern das Publikum. Während den auf der Bühne anwesenden Figuren die entsprechenden Informationen vorenthalten werden, gewinnen die Zuschauer durch das (mitgehörte oder direkt an sie adressierte) Beiseite-Sprechen (*overheard* oder *ad spectatores*) einen Informationsvorsprung gegenüber den übrigen Figuren. Die Informationsvergabe wird somit einseitig gesteuert. Dieses Wissen ist für die Interpretation von Dramen deshalb wichtig, weil die überlegene Informiertheit es dem Rezipienten beispielsweise ermöglicht, Fehlurteile einer Figur zu durchschauen, die wahren Absichten einer Figur zu erkennen, die Implikationen ihres Handelns vorherzusehen oder Missverständnisse zwischen den Figuren aufzudecken. Ob die diskrepante Informiertheit (*discrepant awareness*) zwischen Rezipienten und Figuren komisch oder tragisch wirkt, hängt dabei von der jeweiligen Situation im Drama ab. Auf jeden Fall ist sie eine Voraussetzung für das Entstehen von **dramatischer Ironie** (*dramatic irony*), da die Äußerungen einer Figur durch den Wissensvorsprung der Zuschauer eine ihr nicht bewusste und von ihr daher auch nicht intendierte Zusatzbedeutung bekommen.

Figur und Handlung

Sowohl für die Interpretation eines Dramas bzw. einer Inszenierung als auch für die Aufführung szenischer Texte im Klassenzimmer sind Kenntnisse über die Konstituenten ‚Handlung' (*action*) und ‚Figur' (*character*) von großer Bedeutung. Mit diesem Wissen können Lernende zum einen die Handlungsstruktur eines Dramas beschreiben, und dies ist eine wesentliche Aufgabe vor der Inszenierung eines Stückes. Zum anderen erfahren die Schülerinnen und Schüler, wie Figuren konzeptualisiert sein können, welche Techniken der Figurencharakterisierung es gibt und wie viele Informationen über den dramatischen Konflikt allein schon in der Figurenkonstellation angelegt sind. Kenntnisse über die Figurendarstellung (*presentation of characters*) in dramatischen Texten sind daher auch im Hinblick auf das Hineinschlüpfen der Lernenden in eine fremde Rolle äußerst hilfreich.

Begriff ‚Handlung'

Lernenden sollte zunächst verdeutlicht werden, dass ‚Handlung' in Bezug auf dramatische und narrative Texte sowie auf Filme und Hörspiele im weitesten Sinne ‚S ituationsveränderung' bedeutet. Der Begriff ‚Handlung' bezieht sich auf eine von Figuren ausgeführte, subjektiv sinnhafte Zustandsveränderung oder -aufrechterhaltung. Handlungen sind vor allem von vier Faktoren bestimmt: Fähigkeiten, Bedürfnissen, Motivationen und Intentionen. Die Absichten der Figuren werden jedoch nicht nur in Tragödien häufig durch äußere Mächte vereitelt. Auch in Komödien ist das Erreichen des Ziels oft nicht auf das Gelingen der Pläne der Figuren, sondern auf Zufälle bzw. die ebenfalls fehlschlagenden Handlungen ihrer Widersacher zurückzuführen.

Handlungseinheiten und Handlungsaufbau

Wenn es im Englischunterricht um die Inszenierung eines Dramas bzw. um dessen Analyse geht, sollten die Lernenden außerdem über den Handlungsbegriff Bescheid wissen, der sich auf den übergreifenden Handlungszusammenhang des gesamten Stücks bezieht. In der Dramenanalyse unterscheidet man zwischen einer geschlossenen Form (*closed form*), die eine völlig in sich abgeschlossene Geschichte bildet mit einem endgültigen Schluss (vgl. auch Kap. II.5.2 zu Techniken der Schlussgebung), und einer offenen Form (*open form*), wie sie beispielsweise in Samuel Becketts *Waiting for Godot* (1953) vorliegt. Handlungseinheiten bilden die Szene (*scene*) und der Akt (*act*). Der klassische Aufbau eines Dramas geht von folgendem Idealtyp (Pyramidendarstellung nach Gustav Freytag) einer im Wesentlichen geschlossenen Form von fünf Akten mit Einleitung (*introduction*), Steigerung des Konflikts (*development of the conflict/complication*), Höhepunkt und Beginn des tragischen Falls des Protagonisten (*climax and beginning of the protagonist's tragic descent*), retardierendes Moment bzw. Fall/Umkehr (*moment of delay/ reversal*) und Katastrophe/Lösung (*catastrophe/dénouement*) aus:

Pyramidendarstellung des Dramenaufbaus

nach Gustav Freytag

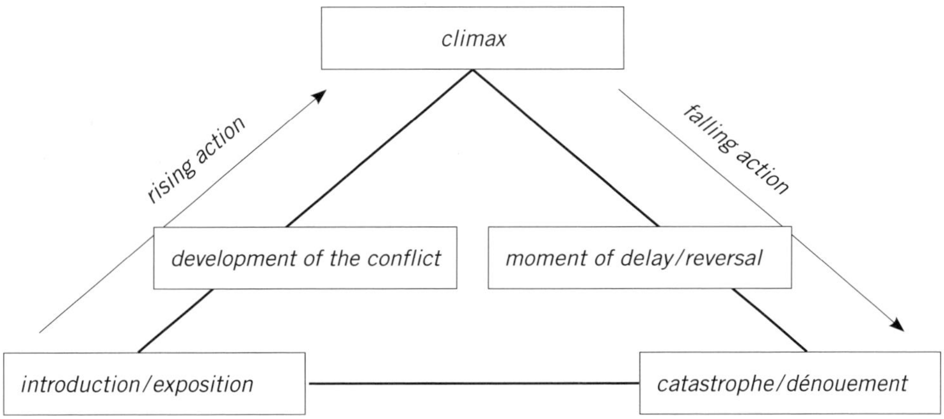

Fragen zur Handlungsanalyse

Viele moderne und postmoderne Dramen weichen jedoch von diesem Idealtyp ab, bestehen manchmal nur aus einzelnen Szenen und haben eher episodischen oder fragmentarischen Charakter.

AUFGABE

Handlungen analysieren

- Which factors influence the behaviour of the characters and therefore the development of the action?
- Are the intentions of the characters in any way frustrated?
- Are actions or circumstances dominant?
- What structural elements are there in the play? What is the key moment? What is the climax?
- In what way is the plot of the play structured? Is it coherent, linear, episodic, fragmentary?
- What kind of ending does the play have (closed or open)?
- Is the main action brought to a logical conclusion? Why/why not?

Interdependenz von Figur und Handlung

Die Analyse der Handlungsstruktur verdeutlicht Lernenden, dass zwischen Figur und Handlung im Drama ein korrelatives Verhältnis besteht. Einerseits führen Figuren Handlungen auf der Basis ihrer notwendig begrenzten Perspektive aus. Das dramatische Geschehen ergibt sich aus den Äußerungen der auftretenden Figuren, deren Dialoge die Handlung in Gang setzen und sie vorantreiben. Andererseits wirken Handlungen zugleich auf die Perspektive einer Figur zurück, weil sich mit jeder Handlung der Informationsstand, die Fähigkeiten und Bedürfnisse sowie die Motivationen und Intentionen einer Figur verändern können (zur ursprünglich aus der Dramentheorie stammenden textanalytischen Kategorie der Figurenperspektive vgl. Kap. II.5.2).

Figuren im Text und auf der Bühne

Bei der Beschäftigung mit der Figurendarstellung können Lernende auch erneut für den Unterschied zwischen der Text- und der Aufführungsdimension eines Dramas sensibilisiert werden. Während sich eine Figur in einem dramatischen Text nur durch ihre Repliken und ihre Handlungen manifestiert, kommen bei einer Bühnenrealisierung und im Film die physische Präsenz des Schauspielers sowie seine Körpersprache hinzu. Grundsätzlich ist zu differenzieren zwischen den (realen) Schauspielern und den (fiktiven) Rollen, die sie auf der Bühne verkörpern. Der Begriff ,Figur' signalisiert, dass es sich um fiktive bzw. erfundene Gestalten handelt und dass Figuren nicht mit realen Personen gleichzusetzen oder gar zu verwechseln sind. In der Dramenanalyse ist eine Vielzahl an Kategorien und Modellen zur Untersuchung der Figurendarstellung in szenischen Texten entworfen worden (vgl. vor allem Pfister 1994: Kap. 5), die sich (in vereinfachter Form) auch sehr gut für den Englischunterricht eignen und die auch auf andere literarische Gattungen (insbesondere Erzähltexte, Filme und Hörspiele) angewandt werden können.

Personal

Die Gesamtheit aller vorkommenden Figuren in einem Drama bezeichnet man als das ,Personal' eines Stücks. Dem ersten Akt von Dramen vorangestellt ist meist ein Personenverzeichnis, das eine Auflistung der *dramatis personae* enthält. Je nach ihrer Wichtigkeit für ein Stück unterscheidet man Hauptfiguren (*main characters*) und Nebenfiguren (*minor characters*), wobei die Übergänge fließend sein können.

Kontrast- und Korrespondenzrelationen

Ein wichtiges Mittel zur Strukturierung des Personals, das von Lernenden erfahrungsgemäß leicht umgesetzt werden kann, ist die Ermittlung der Gemeinsamkeiten und Unterschiede, die zwischen den Eigenschaften der Figuren bestehen. Diese semantischen Äquivalenzen und Gegensätze werden als Kontrast- und Korrespondenzrelationen (*correspondences and contrasts*) bezeichnet. Durch die Differenzen zu anderen Figuren treten die jeweiligen Besonderheiten der einzelnen Figuren deutlicher hervor. Die Gegenüberstellung mit einem üblen Schurken (*villain*) z. B. lässt eine Heldin (*heroine*) oder einen Helden (*hero*) in viel größerem Glanz erstrahlen als der Vergleich mit einer Reihe positiv gezeichneter Figuren.

Figurenkonstellation

Um die Struktur des Personals in einem Stück zu beschreiben, wird in der Dramentheorie der Begriff der Figurenkonstellation (*character constellation*) verwendet. Dieser Begriff bezieht sich auf das Verhältnis bzw. die Stellung der Figuren zueinander. Es geht also nicht bloß um die Merkmale bzw. Eigenschaften der Figuren, sondern auch um die (sich im Textverlauf eventuell wandelnden) Beziehungen zwischen ihnen. Nach der Figurenkonstellation in einem Stück kann also folgendermaßen gefragt werden: ▶ *What are the characters' positions and relationships towards others? What constellations of characters do you detect in the different scenes and what is their function?* Bestimmte Gattungen zeichnen sich durch relativ festgelegte Figurenkonstellationen aus. So gibt es in vielen Tragödien eine klare Gegenüberstellung von Protagonist (*protagonist*) und Antagonist (*antagonist*). Weitere Positionen bzw. Rollen, die Figuren im Plot innehaben können, sind z. B. die des Helfers (*helper*), des Vertrauten (*confidant*) oder des Zeugen (*witness*).

Grafische Darstellung der Figurenkonstellation

Um die Figurenkonstellation eines Stückes zu erarbeiten, ist es für Lernende hilfreich, wenn sie eine grafische Darstellung anfertigen. Dafür bietet sich ein sogenanntes Soziogramm an, bei dem die Figuren ihrer persönlichen Verbindung entsprechend gruppiert werden. Die Art der Verbindung zwischen den Figuren kann durch verschiedene Linienformen (durchgezogen, gestrichelt, mit Pfeilen versehen usw.), Symbole und/oder Beschriftungen angezeigt werden. Zusätzlich können konfliktauslösende Ereignisse und Motive der Figuren mit in die Darstellung aufgenommen werden.

Figurenkonstellation zu W. Shakespeares *Hamlet*

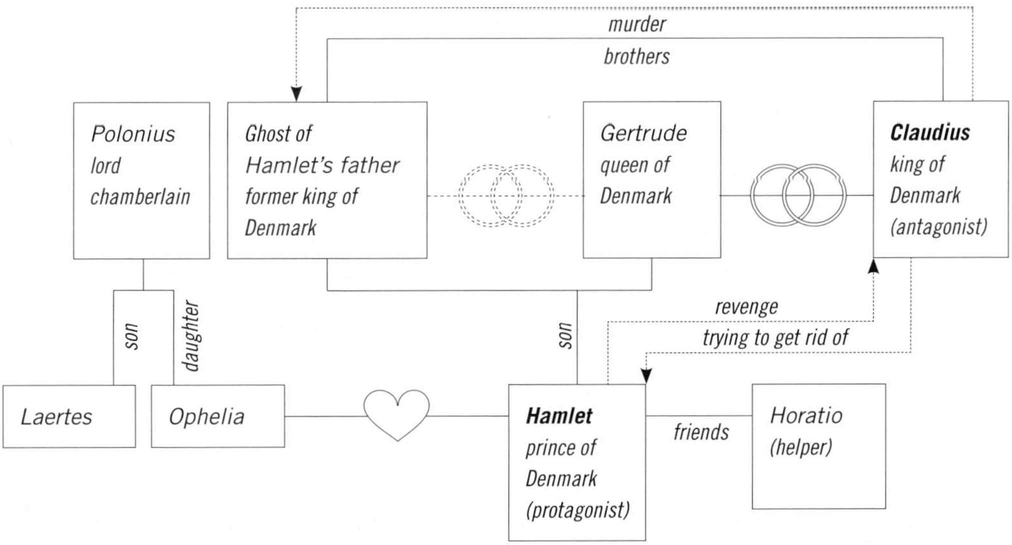

Eine solche grafische Darstellung kann Lernenden verdeutlichen, dass in der Konstellation der Figuren und der Unversöhnlichkeit ihrer Motive oft bereits das Konfliktpotential angelegt ist, aus dem sich die dramatische Handlung entwickelt. Darüber hinaus kann eine solche Grafik bei der Textinterpretation als Grundlage für das Gespräch über den dramatischen Konflikt und als Gedächtnisstütze dienen. Werden im Laufe der Lektüre zu verschiedenen Zeitpunkten wiederholt Figurenkonstellationen erstellt, können die Lernenden an diesen Veränderungen in den Beziehungen zwischen den Figuren und damit auch im Handlungsverlauf ablesen.

Figurenkonfiguration

Das wichtigste Kriterium für die Gliederung von Szenen, das Lernende insbesondere dann kennen müssen, wenn sie ein Stück aufführen möchten, ist der Auftritt (*entrance*) bzw. Abgang (*exit*) einer oder mehrerer Figuren. Dadurch verändert sich jeweils die als Konfiguration (*configuration*) bezeichnete Zahl der Figuren, die zu einem bestimmten Zeitpunkt auf der Bühne anwesend sind. Die Analyse der Konfigurationsstruktur gibt Aufschluss über die Bedeutung, die den einzelnen Figuren für ein Stück zukommt, weil die Anzahl der Konfigurationen, an denen Figuren beteiligt sind, Rückschlüsse auf ihren Stellenwert und die Beziehungen zwischen den Figuren zulässt. Außerdem hängt der unterschiedliche Informationsstand der Figuren von den Konfigurationen ab, an denen sie jeweils beteiligt sind.

Figurenkonzeption

Hinsichtlich der Figurenkonzeption (*character conception*) stellt sich bei der Dramen- bzw. Aufführungsanalyse zum einen die Frage, ob Figuren unverändert bleiben oder sich entwickeln (statische vs. dynamische Figuren bzw. *static vs. dynamic characters*): ▶ *Do the main characters develop in the course of the action?* Zum anderen ist danach zu fragen, ob es sich um eindimensionale Typen handelt, die durch einen kleinen, in sich stimmigen Satz von Merkmalen gekennzeichnet sind (*flat characters*) – wie z. B. der Geizhals, der Höfling usw. –, oder um mehrdimensionale Figuren, die durch eine Fülle von Eigenschaften individualisiert sind (*round characters*):

AUFGABE

Figurenkonzeptionen bestimmen

- Do the characters have only a limited range of traits or do they have many different features?
- Are the characters presented as one-dimensional types or as three-dimensional and complex beings?
- Which of the characters would you call ‚round' and which seem to remain ‚flat'? Are there also types?

Techniken der Figurencharakterisierung

Um diese Fragen zu klären, sollten Lernende zunächst aufgefordert werden, alle Informationen, die man über die Figuren erhält, zusammenzutragen. Dieser Analyseschritt lässt sich durch weit gefasste Fragen wie ▸ *What do we get to know about the male and female protagonists?* oder ▸Which particular traits are attributed to the individual characters? einleiten. Zur Erarbeitung der wichtigsten Merkmale der Figuren bietet sich im Unterrichtsgespräch etwa folgende Frage an: ▸ *What are the major differences and similarities between the female and the male characters in this drama?* Im Gegensatz zu diesen Fragen, die auf die Eigenschaften der Figuren und die ihnen zugrundeliegende Figurenkonzeption abzielen, geht es bei der Analyse der Techniken der Figurencharakterisierung um die Art und Weise, wie die Informationen über die Haupt- und Nebenfiguren vermittelt werden. Dabei ist erstens zwischen **expliziter** und **impliziter Charakterisierung** (*explicit/direct characterisation vs. implicit/indirect characterisation*) zu unterscheiden, je nachdem ob die jeweiligen Attribute direkt sprachlich genannt oder aus dem Verhalten einer Figur indirekt erschlossen werden müssen.

AUFGABE

Figuren charakterisieren

- ▸ Make a list of the protagonist's personality traits that are actually named or specified.
- ▸ What can be inferred about a particular character from the way he or she speaks, behaves and/or acts?
- ▸ What do the characters' actions (speeches, thoughts) reveal about them?

Figurale vs. auktoriale Charakterisierungstechniken

Zweitens ist es wesentlich, von welchem textuellen Sprecher die charakterisierenden Informationen vergeben werden. Dabei ist zum einen zwischen **Selbst**- und **Fremdcharakterisierung** zu unterscheiden (*self-characterisation vs. characterisation by others*): ▸ *Does the protagonist characterise himself (or herself) or is he (or she) characterised by one of the other characters?* Zum anderen ist danach zu fragen, ob bei der Informationsvergabe über die Eigenschaften von Figuren die Figuren selbst oder der Autor (bzw. die Gesamtstruktur des Textes) als ‚Sender' fungieren (**figurale** vs. **auktoriale Charakterisierungstechniken** bzw. *figural vs. authorial techniques of characterisation*): ▸ *Is it the author or the characters themselves who convey the relevant information about the characters?* Zu den auktorialen Techniken der Figurencharakterisierung zählen z. B. Beschreibungen im Nebentext, der Gebrauch sprechender und implizit charakterisierender Namen (*telling names vs. implicitly characterising names*) sowie die Kontrast- und Korrespondenzrelationen zwischen den Figuren.

Frage der Zuverlässigkeit

Bei den Techniken der Figurencharakterisierung ist drittens zu berücksichtigen, wie verlässlich bzw. unzuverlässig explizite Selbst- oder Fremdcharakterisierung jeweils sind: ▸ *Do you think that the characterisation (i. e. what a given character says about him- or herself or about someone else) is reliable? And if not, what makes you doubt that he or she is speaking the truth?* Grundsätzlich ist davon auszugehen, dass alle expliziten Selbst- und Fremdcharakterisierungen immer auch implizite (oftmals unbewusste) Selbstcharakterisierungen sind, denn die Art und Weise, wie ein Sprecher sich oder andere beurteilt, lässt zugleich Rückschlüsse über dessen eigene Einstellungen und Werte zu. Um Schülerinnen und Schüler für diese Zusammenhänge zu sensibilisieren, bieten sich etwa folgende Fragen an: ▸ *What do a character's statements about others reveal about himself or herself?* bzw. ▸ *Does the protagonist's self-characterisation correspond to what he or she actually does?*

Techniken der Figurencharakterisierung

nach Pfister (1994: 252) aus Nünning/Nünning (2004: 97)

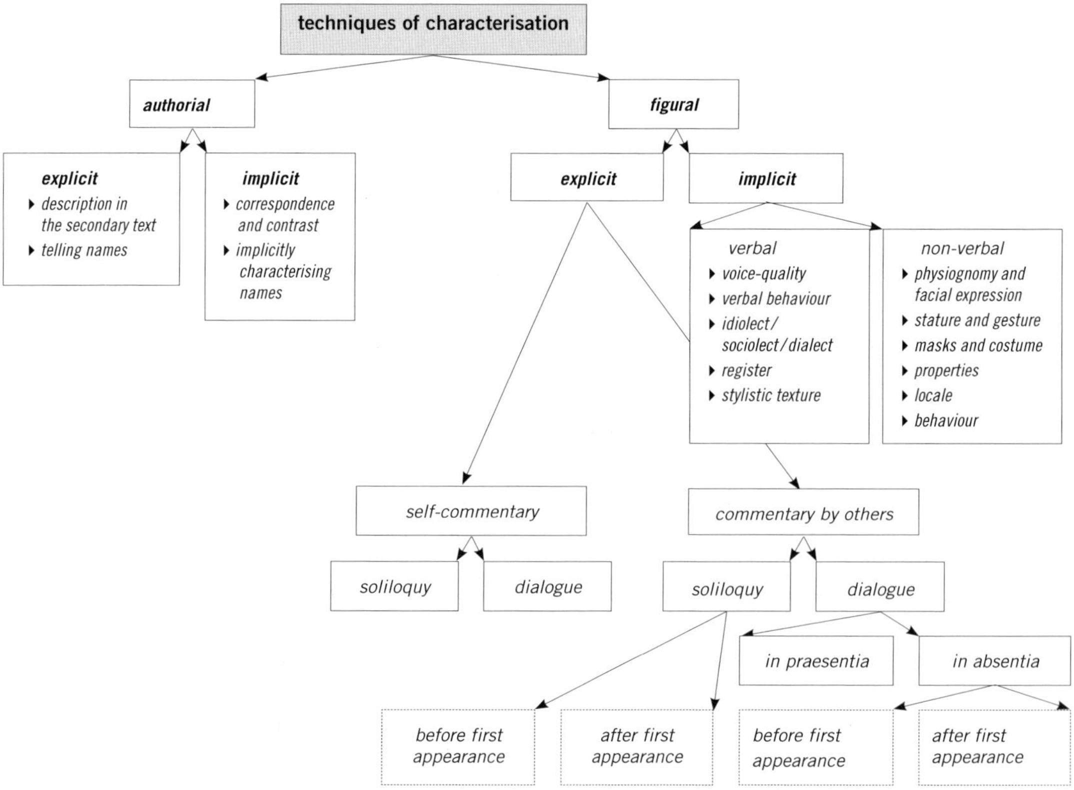

Bühnen- bzw. Theaterraum und fiktiver Raum

In Analogie zu der Differenzierung zwischen Schauspieler und Rolle sollten Schülerinnen und Schüler in einem Literaturunterricht, der auch der Aufführungsdimension dramatischer Texte Rechnung trägt, den Unterschied zwischen dem realen Bühnen- bzw. Theaterraum (*stage* oder *theatre*) und dem fiktiven bzw. imaginären Raum (*fictional* oder *imaginary space*), in dem sich das dargestellte Geschehen ereignet, kennenlernen. Der fiktive Raum ist meist nur teilweise optisch konkretisiert; oft sprechen Figuren etwa von anderen fiktiven Räumen, in denen sie sich zwischen ihren Auftritten im Rahmen der Spielwelt aufgehalten haben. Bei der Realisierung des fiktiven Raumes auf der Bühne gibt es ein ganzes Spektrum von Möglichkeiten, das von einer neutralen Umsetzung, in der nur wenige optische Signale den Schauplatz plastisch werden lassen, bis zur realistischen Darstellungsform reicht, in der viele Requisiten den dargestellten Wirklichkeitsausschnitt illusionistisch nachahmen.

Techniken der Raumdarstellung

Die Raumdarstellung in Theaterstücken beruht zum einen auf dem Bühnenbild (Kulissen, Requisiten, Beleuchtung, Spezialeffekte usw.), wobei es dem Regisseur überlassen bleibt, inwiefern er sich an Angaben aus dem Nebentext hält. Zum anderen gibt es eine Art der Raumdarstellung, die als Wortkulisse (*word scenery*) oder gesprochener Raum bezeichnet wird und die der Imagination der Zuschauer manchmal einiges abverlangt. Die Wortkulisse kann sich sowohl auf den Schauplatz der Handlung als auch auf bestimmte Requisiten oder imaginäre Gestalten (etwa geisterähnliche Erscheinungen) beziehen, die nicht direkt auf der Bühne zu sehen sind. Im Gegensatz zum Bühnenbild sind Wortkulissen nicht ‚objektiv' vorgegeben, sondern von der Perspektive und der momentanen Gestimmtheit derjenigen Figuren abhängig, deren Repliken Aufschluss über den jeweiligen Schauplatz geben. Außerdem können Wortkulissen viele Angaben enthalten, die sich auf der Bühne gar nicht konkretisieren lassen.

Semantisierung des Raumes

Für die Analyse der Raumdarstellung im Unterricht ist schließlich die Frage wichtig, inwiefern die dargestellten Räume in einem Drama semantisiert sind, d. h., inwiefern sie zu eigenständigen Bedeutungsträgern werden. So kann z. B. eine Figur implizit durch den Raum, in dem sie lebt, charakterisiert sein. Auch Grenzüberschreitungen können wichtige Hinweise für die Charakterisierung einer Figur liefern. Interpretatorisch aufschlussreich sind des Weiteren die Relationen innerhalb eines Schauplatzes, Relationen zwischen Schauplatz und *off stage* sowie die zwischen mehreren Schauplätzen, z. B. zwischen Zivilisation und Natur in Shakespeares *A Midsummer Night's Dream* und *As You Like It* (vgl. auch Kap. II.5.2 zur Raumdarstellung in Erzähltexten). Wie Manfred Pfister (1994: 341) hervorhebt, ist das *off stage* z. B. in den Stücken von Samuel Beckett häufig so wenig konkretisiert, „daß der szenisch präsentierte Schauplatz als hermetisch abgeschlossen und isoliert von jedem engeren oder weiteren räumlichen Kontext erscheint und das Geschehen damit den Charakter eines existentiellen Modells bekommt". Bei Harold Pinter hingegen ist umgekehrt „meist der Innenraum als Zufluchtsort positiv aufgeladen und das *off stage* der Bereich, aus dem eine namenlose, nicht genauer faßbare Bedrohung sich mit jedem Klopfen, jedem Telefonanruf, jeder neuen Figur ankündigt" (ebd.).

Fragen zur Analyse des Raumes

Um die Raumdarstellung in einem dramatischen Text bzw. bei einer Theateraufführung zu untersuchen, bieten sich die folgenden Fragen an:

AUFGABE

Raumdarstellung untersuchen

- Where does the story take place (single setting or multiple settings)?
- Is the setting important or not?
- How is the fictional space represented on stage?
- To what degree are the stage directions concerning the set observed?
- By what means is the representation of place achieved (props, lighting, etc.)?
- Do the characters refer to other fictional places? Do they use word scenery?
- To what extent does the setting determine the action?
- How does space become a bearer of meaning in its own right? What does the setting contribute to the total effect?

Kategorien der Zeitdarstellung

Von der Erzählforschung entwickelte Kategorien der Zeitdarstellung können auch für die Analyse von Dramen, Filmen und Hörspielen verwendet werden. So finden sich auch in Theaterstücken chronologische und anachronische Darstellungen (*chronological and anachronic representations*), Vorausdeutungen und Rückwendungen (*flash-forwards and flashbacks*), Pausen und Ellipsen (*pauses and ellipses*) (zur Erläuterung dieser Kategorien vgl. Kap. II.5.2). Auch wenn anachronische Darstellungsweisen im Theater eher selten sind, gibt es doch in einigen englischsprachigen Dramen Experimente mit Rückblenden, z. B. in Tennessee Williams *The Glass Menagerie* (1944) oder in David Hwangs *M. Butterfly* (1988). In letzterem wird die tragische Geschichte des französischen Diplomaten René Gallimard dargestellt, der in Frankreich wegen Spionage für China verurteilt wird. Aus seiner Gefängniszelle erfährt der Zuschauer in zahlreichen *flashbacks* von Gallimards zwanzig Jahre andauerndem Verhältnis mit der chinesischen Schauspielerin Song Liling, die nicht nur als Spion der chinesischen Regierung enttarnt wird, sondern auch – und das ist das Heikle in diesem Stück – als Mann (die weiblichen Rollen in der Peking-Oper wurden traditionellerweise mit Männern besetzt).

Reale Spielzeit vs. fiktive gespielte Zeit

Im Drama unterscheidet man zwischen realer Spielzeit (*actual performance time*) und fiktiver gespielter Zeit (*fictional time*). Unter der realen Spielzeit versteht man die konkrete Dauer der Aufführung (abzüglich der Pausen). Bei der fiktiven gespielten Zeit ist hingegen zu unterscheiden zwischen der Zeit, die szenisch realisiert wird, und jener Zeitspanne, über die Zuschauer im Verlaufe einer Aufführung (etwa während der Exposition oder im Zuge der Aufklärung zunächst rätselhafter Geschehnisse) wichtige Informationen erhalten. Häufig finden sich auch Zeitaussparungen zwischen dramatischen Szenen oder Akten bzw. zwischen filmischen Sequenzen. Dass die Untersuchung des Verhältnisses zwischen Spielzeit und gespielter Zeit interpretatorisch aufschlussreich sein kann, kann Lernenden anhand von Marsha Normans ergreifendem Drama *'night Mother* (1982) verdeutlicht werden. In diesem Stück entspricht die gespielte Zeit der realen Spielzeit, was ganz erheblich zum Spannungsaufbau beiträgt. Geschildert wird ein Abend im Hause von Thelma Cates und ihrer 38-jährigen Tochter Jessie, zu dessen Beginn Jessie ankündigt, sie werde sich am Ende des Abends erschießen. Im Verlauf des Stückes wird der Leser bzw. Zuschauer zunächst Zeuge der Unglaubwürdigkeit der Mutter, dann ihres Entsetzens und schließlich ihres verzweifelten Versuchs, Jessie von ihrem Plan abzubringen – was ihr jedoch nicht gelingt: Am Ende erschießt sich Jessie wirklich. Neben dem Spannungsaufbau erfüllt die besondere Zeitdarstellung in diesem Drama noch eine weitere Funktion: Durch den drohenden endgültigen Abschied von Mutter und Tochter herrscht während des dargestellten abendfüllenden Gesprächs zwischen den beiden ein sonst nicht erreichtes Maß an Ehrlichkeit und Offenheit, das einen tiefen Einblick in ihre Gefühls- und Gedankenwelten erlaubt.

Vorzüge der Dramenanalyse

Insgesamt gesehen bieten analytische Zugangsformen beim Einsatz dramatischer Texte im Englischunterricht die folgenden Vorzüge. Erstens liefern dramen- und aufführungsanalytische Kategorien Schülerinnen und Schülern eine wichtige Orientierungshilfe bei der Interpretation von Theaterstücken. Zweitens stellt die Dramenanalyse das notwendige Vokabular bereit, das es Lernenden erlaubt, sich innerhalb (und außerhalb!) des Klassenzimmers kompetent über Dramen auseinander zu setzen. Drittens bestehen die entwickelten Analysefragen aus leicht lehr- und im Unterricht gut umsetzbaren Teilschritten mit hohem Transferwert für die selbstständige Erschließung weiterer szenischer Texte. Viertens erhalten Lernende bei diesem methodischen Verfahren, das immer auch die Aufführungsdimension dramatischer Texte im Blick hat und eine Verbindung von Dramen- und Inszenierungsanalyse anstrebt, wichtige Einblicke in die gattungsspezifischen Besonderheiten von Theaterstücken. Fünftens schließlich liefern dramen- und aufführungsanalytische Kategorien das notwendige Gattungswissen, das Lernende nicht zuletzt für die eigene Umsetzung szenischer Texte benötigen – eine methodische Zugangsform, die gerade im Fremdsprachenunterricht groß geschrieben wird. Abschließend seien daher noch einmal die wichtigsten Oberbegriffe und Untersuchungsbereiche für die Analyse dramatischer Texte aufgeführt:

WISSENSWERT

Drama: Terms and Aspects of Analysis

Fundamental features of dramatic composition

- the dramatic text as script and play
- relationship between text and performance
- the theatre performance as a multimedial form of representation
- collective nature of production and reception

Special features of dramatic communication

- communication situation in drama and in the theatre
- primary text and secondary text
- verbal and non-verbal theatre codes

Transmission of information

- exposition vs. dramatic introduction
- dialogue (duologue, polylogue), monologue (incl. soliloquy), aside (overheard or ad spectatores)
- messenger speech and teichoscopy
- narration and the narrator in drama
- closed vs. open ending

Characters

- *dramatis personae* (main and minor characters)
- character constellation (protagonist, antagonist, helper, confidant, witness, etc.)
- correspondences and contrasts
- character conception (static vs. dynamic, flat vs. round)
- techniques of characterisation (authorial vs. figural, explicit vs. implicit)
- character configuration

Action
- units (scenes, acts) and composition of the action (introduction, rising action, climax, falling action, dénouement)

Representation of place and temporal structures
- stage/theatre vs. fictional/imaginary space
- techniques of representation of place (curtains, props, lighting, special effects, etc.; word scenery)
- semanticisation of space (space as a bearer of meaning in its own right)
- fictional time vs. actual performance time
- chronological vs. anachronic representations (flash-forwards and flashbacks, pauses and ellipses)

4.3 Theaterstücke spielerisch-kreativ erarbeiten: ein Überblick über szenische Zugangsformen

Alternativen zur Dramenanalyse

Die skizzierten Besonderheiten der Gattung ‚Drama' eröffnen vielfältige didaktische Möglichkeiten. Neben der traditionellen Textanalyse gibt es viele alternative, handlungsorientierte, spielerische und kreative – kurzum: spezifisch dramatische – Formen der Textarbeit, die der Behandlung von Theaterstücken neue Impulse verleihen. Im Zentrum des *creative acting* steht nicht die begriffliche Analyse, sondern das aktive Sprechen, Spielen, Darstellen und Agieren, also Formen, die über die Inszenierungsanalyse hinaus der Tatsache Rechnung tragen, dass ein Drama als eine Spielvorlage für Aufführungen im Theater gedacht ist.

Ziele kreativer Verfahren

Im Gegensatz zur traditionellen Dramenanalyse zielen spielerische und dramatische Formen nicht in erster Linie darauf ab, die Ausbildung kognitiver Fähigkeiten der Lernenden zu fördern, sondern ihnen Spaß am dramatischen Spiel und am Sprechen der Fremdsprache zu vermitteln sowie ihre Spontaneität, Kreativität und Assoziationsfähigkeit zu fördern. Worin die Besonderheiten von „Spiel als Lerntechnik" bestehen, hat Heinz Blumensath (1992: 28) anschaulich beschrieben: Die Auseinandersetzung mit einem literarischen Text bei dieser Art von Lernen „geht viel stärker von der subjektiven Befindlichkeit und der Betroffenheit der Leser aus, und sie wählt andere Fragestellungen, weil zunächst nicht die kognitive Rezeption, sondern die direkte Umsetzung ins Sichtbare, Gestische, Körperliche, sinnliche Phantasie und Erkenntnis verlangt werden".

Spielerische Verfahren als effiziente Lernform

Vorsicht ist jedoch bei der Tendenz geboten, den Dramentext selbst zugunsten spielerischer Verfahren zu vernachlässigen. Damit das szenische Spiel im fremdsprachlichen Literaturunterricht zur effizienten Lernform wird, sollte es nicht ausschließlich pädagogischen Zwecken dienen (Stichwort ‚Rollenspiel') oder für die Erlangung rein sprachlicher Lernziele (Stichwort ‚mündliche Kommunikation') eingesetzt werden. Die Konzentration auf die verschiedenen Aspekte einer szenischen Realisierung sollte vielmehr gewährleisten, dass die Themen, Strukturen und Darstellungsverfahren des zu behandelnden dramatischen Textes durch Erspielen erfasst werden. Die im Folgenden vorgestellten Methoden zielen auf diese enge Verbindung von Text und Spiel ab. Sie gehen davon aus, dass darstellendes Spiel immer eine Form von Interpretation ist. Denn die Art und Weise, wie man in der Rolle einer Figur Dinge sagt, welche Mimik und Gestik man ihr verleiht und wie man mit anderen Figuren agiert, sagt maßgeblich etwas darüber aus, wie man diese Figur und die Figurenkonstellation des Dramas insgesamt versteht.

Aufführungsbezogene Lektüre

Allen kreativen Zugangsformen zu einem Drama (wie im Übrigen jedem Theaterbesuch mit Schülerinnen und Schülern) sollte eine aufführungsbezogene Lektüre des Textes bzw. einzelner Szenen zugrunde liegen (vgl. Payrhuber 1998). Das heißt, Lernende haben beim Lesen des fremdsprachlichen dramatischen Textes zwei Aufgaben zu bewältigen: zum einen die Wörter und Sätze in der Fremdsprache zu lesen und ihre Bedeutung zu verstehen; zum anderen sich vorzustellen, wie die Dialoge und Monologe sowie die Regieanweisungen, d. h. der Haupt- und Nebentext, in Handlung umgesetzt werden könnten. Da es relativ schwierig ist, sich beim Lesen eines Dramentextes auf mehrere Aspekte seiner Aufführung gleichzeitig zu konzentrieren, kann die Leseaufgabe auch entsprechend eingeschränkt werden oder aber verschiedene Gruppen erhalten unterschiedliche Leseaufträge. So kann ein Text beispielsweise mit den Augen des künftigen Darstellers bzw. der Darstellerin (*actor/actress*), des Regisseurs (*stage director*), des Dramaturgen (*dramatic adviser*), des Kostüm- oder des Bühnenbildners (*costume or stage designer*) gelesen werden, die jeweils auf ganz unterschiedliche Aspekte der Aufführung zu achten haben. Jede dieser Formen des Lesens auf die szenische Realisierung eines Dramas hin hat ganz im Sinne von John Russell Browns *theatre of the mind* den Vorteil, dass der Text den Lernenden bei der späteren kreativen Arbeit im Klassenzimmer weniger abstrakt ist. Sie haben ihn schon aus ganz unterschiedlichen Perspektiven betrachtet: „*A good reader of plays is producer, stage manager, director, voice coach, casting officer, costumer, makeup artist, and practically everyone else associated with the play.*" (Coldwell 1968: 129)

Notwendigkeit einer Aufwärmphase

Vor der eigentlichen szenischen Arbeit mit einem Drama hat die Lehrkraft die Aufgabe, die Lernenden auf den Einsatz dramatischer Zugangsformen vorzubereiten und den Übergang vom Text zum Spiel zu finden. Die Beschäftigung mit Dramen im Unterricht fordert zwar zum Spielen auf, aber Spielen will auch gelernt und vor allem gelehrt sein, damit es als effiziente Methode im fremdsprachlichen Literaturunterricht verwendet werden kann. Außerdem müssen die Schülerinnen und Schüler erst einmal zum Spielen bewegt werden – ein Aspekt, der gerade für höhere Klassenstufen, in denen die Spielbereitschaft meist nicht mehr so ausgeprägt ist wie bei jüngeren Lernenden, kaum überschätzt werden kann. Daher wird vor dem Theaterspielen eine kurze Aufwärmphase (*warming-up phase*) von etwa 5–10 Minuten empfohlen. Die Aufwärmphase dient zum einen dazu, die durch das Sitzen ermüdeten Lernenden zu aktivieren, ihre Konzentration und Aufnahmekapazität zu fördern und eine entspannte Atmosphäre zu schaffen. Zum anderen zielen dramatische Aufwärmübungen wie z. B. interaktionistische Spiele darauf ab, das für die spätere Zusammenarbeit bei szenischen Umsetzungen notwendige Vertrauen zwischen den Schülerinnen und Schülern aufzubauen und ein Gruppenklima des Miteinander zu schaffen, bei dem auch die Lehrkraft selbst sich als Teilnehmerin einbringen sollte. Darüber hinaus tragen *warming-up activities* dazu bei, dass jeder einzelne Lerner alle ihr oder ihm zur Verfügung stehenden Ausdrucksmittel im Spiel einsetzt, ihre Hemmungen vor dem Spielen vor Publikum abbaut, sich auf andere einzustellen lernt, ein Gefühl für den eigenen Körper entwickelt und für ihre Körpersprache sensibilisiert wird.

Dramenpädagogische Übungen

Vielfältige Anregungen zur Einstimmung auf die szenische Textarbeit kommen aus der Dramenpädagogik. Je nachdem, welchen Aspekt des Theaterspielens sie jeweils vorbereiten und fördern (Körpersprache, Stimme, Interaktion zwischen den Spielern, Einsatz von Requisiten usw.), lassen sich die einzelnen Aktivitäten in Gruppen zusammenfassen (vgl. Karbowska-Hayes 1984: 16–21; Maley/Duff 2001; Waegner 2003):

METHODE

Dramenpädagogische Übungen

Entspannungsübungen

Im Klassenzimmer wird erst einmal Platz geschaffen; Tische und Bänke müssen verrückt werden. Alle Schülerinnen und Schüler und auch die Lehrkraft stellen sich sodann im Kreis auf, und es geht los mit leichter Gymnastik. Am besten wird mit der Kopf- und Schulterpartie begonnen, und dann arbeitet man sich langsam bis zu den Füßen vor. Reihum kann jeder Spieler eine Übung vorschlagen. Dabei sollte möglichst an alle Teilbereiche gedacht werden: Kopf, Schultern, Arme, Hände, Finger, Wirbelsäule, Rumpf, Bauch, Schenkel, Füße. Auch gezielte Atemübungen sind empfehlenswert (z. B. schnell durch die Nase einatmen und langsam durch den Mund wieder ausatmen; danach langsam durch die Nase einatmen und schnell durch den Mund wieder ausatmen).

Interaktionsspiele in der Gruppe

- **Freier Fall:** Die Schülerinnen und Schüler finden sich zu fünft zusammen. Vier von ihnen bilden einen kleinen Kreis, und der/die fünfte steht in der Mitte mit geschlossenen Augen. Der Schüler bzw. die Schülerin im Kreis beginnt nun, sich nach vorne, nach hinten oder zur Seite fallen zu lassen, wobei die Beine geschlossen und die Füße immer fest auf dem Boden bleiben sollten. Die anderen vier haben die Aufgabe sie/ihn aufzufangen und sanft wieder gerade auszurichten. Jede/r sollte einmal die Position in der Mitte übernommen haben.
- **Formen erstellen:** Die Lernenden finden sich zu dritt oder viert zusammen, fassen sich an den Händen, bleiben mit den Füßen fest auf dem Boden und versuchen dann, mit ihren Körpern und Armen auf verschiedenen Ebenen (in der Hocke, gebeugt, gestreckt usw.) verschiedene, fantasievolle Formen herzustellen.
- **Skulpturen erstellen:** Die gleichen Gruppen haben nun die Aufgabe, eine Gruppenskulptur zu erstellen, indem ein Schüler anfängt, eine Pose einzunehmen, und die anderen sich dann nach und nach um ihn herum, an seiner Seite oder auf ihm gruppieren.

Interaktionsspiele zu zweit

- **Spiegelspiel:** Zwei Lerner stehen sich gegenüber. Ihre Handflächen sind auf Schulterhöhe einander zugewandt, ohne sich jedoch zu berühren. Einer der beiden gibt nun die Bewegung der Arme, Hände und des Körpers vor. Sein Gegenüber muss versuchen, ihm diese Bewegungen spiegelbildähnlich nachzuahmen. Oder aber ein Lerner führt alltägliche Verrichtungen durch wie z. B. Zähneputzen, Schminken, Haare bürsten, Anziehen usw., und sein Gegenüber versucht, es ihm spiegelbildähnlich gleich zu tun.
- **Zauberspiegel:** Ein Spieler hält dem anderen die Hand vor das Gesicht und fixiert damit den Blick des Partners, so dass dieser der Hand wie in Trance in die kleinsten Bewegungen folgt. Zuerst bewegt diese Hand nur den Kopf (kippen, drehen), dann folgt ihr der Mitspieler durch den Raum. Dabei kann man den Partner auch auf dem Boden ‚ablegen' und wieder ‚auferstehen' lassen. Mit Musik unterlegt wird diese Übung schon zu einem theatralen Ereignis.
- **Blindenführung:** Ein Partner hält seine Zeigefingerspitze in Brusthöhe hoch und der andere Spieler, der die Augen geschlossen hat, tippt

leicht mit seinem Zeigefinger darauf. Das ist der einzige Kontakt. Der Blindenführer führt den Blinden nun vorsichtig durch den Raum und bedeutet ihm in wenigen Worten (in der Fremdsprache!), in welche Richtung er sich bewegen soll, damit kein Zusammenstoß mit anderen stattfindet. Zwischendurch kann er ihn an Personen oder Gegenstände heranführen, um sie ihn tastend erfahren zu lassen.

Übungen zur Konzentration auf die Körpersprache

- **Bewegungsspiel:** Die Schülerinnen und Schüler werden aufgefordert, im Klassenzimmer umherzulaufen und ihre Bewegungen den folgenden von der Lehrkraft geäußerten Anweisungen anzupassen:

- *Move as if walking in very high-heeled shoes.*
- *Move as if walking through mud in heavy boots.*
- *Move as if walking barefoot over hot sand on the beach.*
- *Walk as if carrying full cups or glasses.*
- *Walk as if being followed and feeling nervous.*
- *Now move very slowly – imagine it is very hot and humid, you have no energy, your limbs feel very heavy, your feet are like concrete, the sun is beating down on your head.*
- *Move very quickly – imagine it is very cold, you are shivering, your coat is very thin, you feel chilled to the bone, the wind and rain are lashing you. You are in a great hurry to get home.*
- *Move very heavily – imagine you are going up a hill and you are carrying heavy suitcases. Your arms are aching.*

- **Berufe raten:** Die Lernenden bilden einen großen Kreis. Ein Spieler geht in die Mitte und stellt einen Beruf pantomimisch dar. Die anderen müssen raten, welcher Beruf dies sein soll. Danach geht es in eine neue Raterunde. Insgesamt sollten möglichst viele Schülerinnen und Schüler bei der pantomimischen Darstellung zum Zuge kommen.
- **Gefühle raten:** Drei Spieler stellen sich vor der Gruppe auf und erhalten von der Lehrkraft die Aufgabe, ein bestimmtes Gefühl in gesteigerter Form gestisch-mimisch darzustellen. Folgende Gefühle, die als Hilfestellung für die Lernenden im Hinblick auf ihre Umsetzung an konkrete Situationen gebunden sind, können dargestellt werden:

- *You are impatient because your bus is late.*
- *You are very bored.*
- *You are excited because you will see your boyfriend/girlfriend again after you haven't seen him/her in four weeks.*
- *You are nervous because of an exam.*
- *You are relieved because you passed your exam.*

Die Darstellung des jeweiligen Gefühls sollte so erfolgen, dass der erste Spieler in der Reihe z. B. eine leichte Nervosität zeigt, und die beiden anderen Spieler den Gefühlsausdruck entsprechend zu steigern versuchen (durch einen stärkeren Gesichtsausdruck und/oder mehr Körpereinsatz usw.). Aufgabe der restlichen Schülerinnen und Schüler ist es, das dargestellte Gefühl zu erraten.

- **Standbilder erraten**: Sechs Spielerinnen und Spieler finden sich zusammen und erhalten die Aufgabe, zu einem bestimmten Thema ein Standbild zu erstellen: *a family picture / a wedding ceremony in church / a talkshow / an operation theatre / a rollercoaster.* Vor der Vorführung vor der Klasse erhält die Gruppe die Gelegenheit, sich vor der Tür zu besprechen und das Standbild zu proben. Die Klasse hat dann die Aufgabe, das dargestellte Thema zu bestimmen.

Spiel mit Verfremdungen und Requisiten

- **Objekte benennen:** Die Schülerinnen und Schüler werden dazu aufgefordert, durch den Raum zu gehen. Jede(r) für sich hat die Aufgabe, einzelne Objekte (Fenster, Tafel, Stuhl, Tisch, Tasche usw.) zu fixieren, darauf zuzugehen und sie laut zu benennen. Nach wenigen Minuten werden die Lernenden gebeten, dieses Spiel zu wiederholen, aber die Objekte dieses Mal absichtlich falsch zu benennen. Auf diese Weise werden sie auf das für das Theater notwendige ‚Als-ob-Spiel' vorbereitet.
- **Einsatz von Gegenständen:** Die Lernenden bringen eine möglichst große Auswahl an Gegenständen mit (Tücher, Papierrollen, Steine, Sportgeräte, Stöcke usw.). Jeder Spieler sucht sich einen Gegenstand aus und verfremdet ihn durch eine sachfremde Benutzung (z. B. Tuch als Wasser oder Bett, Stöcke als Waffen, Papierrollen als Fernglas usw.). Paarweise sollen sich die Spieler dann mit den von ihnen gefundenen szenischen Tätigkeiten auf einen anderen Spieler einlassen und über ihr Requisit und das Spielangebot des Partners spielerisch Kontakt aufnehmen.

Übung zur Konzentration auf Stimme und Ausdruck

- **Linienimprovisation:** Zwei Spieler stellen sich einige Meter voneinander entfernt auf und gehen dann Zug um Zug aufeinander zu, indem sie jeweils abwechselnd einen Fuß vorsetzen. Beide erhalten ein Wort oder einen Satz, das bzw. den sie bei jedem Schritt äußern, z. B. Spieler A: *„I" / Spieler B: „You"*; Spieler *A: „Yes" /* Spieler B: *„No"*; Spieler A: *„Give me back my book." /* Spieler B: *„I wouldn't dream of it."* Diese Wörter bzw. Sätze gilt es, in jeweils unterschiedlicher Betonung, Lautstärke (sprechen, schreien, flüstern), Tonart, Schnelligkeit usw. vorzutragen, damit die Lernenden ein Gefühl für

> die Wichtigkeit des stimmlichen Ausdrucks im Theaterspiel und für die Bedeutungsveränderungen, die z. B. mit dem Wechsel der Betonung einhergehen können, erhalten. Beispielsweise können kommunikative Grundmuster wie „sich einschmeicheln", „abschmettern", „bitten", „zurückweisen", „insistieren" oder „entgegenkommen" durchaus hörbar gemacht werden (vgl. Müller 1992: 368). Beim Zusammentreffen der Spieler tauschen diese die Rollen bzw. wechseln die Perspektive: Sie gehen nun rückwärts und entfernen sich wieder Schritt für Schritt voneinander, wobei sie das Wort bzw. den Satz des anderen mit jedem Schritt anders aussprechen.

Reflexive Verarbeitung der Aufwärmübungen

Sinn und Zweck dieser Aufwärmübungen sollten mit den Lernenden besprochen werden. Sinnvoll ist es, immer mal wieder kurze Reflexionsphasen zwischen den einzelnen Übungen zu initiieren, z. B. anhand der folgenden Fragen: ▸ *What did we do and why? How did you feel?* Es gilt, den Schülerinnen und Schülern bewusst zu machen, dass solche Übungen ernsthaft durchgeführt werden sollten, dass sie keine überflüssige Spielerei sind, sondern für das Spiel öffnen und eine Atmosphäre schaffen, die dem szenischen Umgang mit dramatischen Texten angemessen und förderlich ist.

Nach der Aufwärmphase

Nach der Aufwärmphase beginnt die eigentliche szenische Arbeit mit einem Dramentext. Allerdings sollte darauf geachtet werden, dass schon die Aufwärmübungen in einem sinnvollen Zusammenhang mit der anschließenden szenischen Arbeit stehen und diese vorbereiten. Aufgabe der Lehrkraft nach der Aufwärmphase ist es, (im Idealfall gemeinsam mit den Schülerinnen und Schülern) geeignete Textpassagen für verschiedene dramatische Zugangsformen wie z. B. stegreifartiges Nachspielen oder pantomimische Darstellung bzw. konflikthaltige Textstellen für die Entwicklung eines Standbildes oder die Umsetzung in einem Rollenspiel zu finden.

Szenische Interpretation von Dramentexten

Viele der im Folgenden vorgestellten Aktivitäten orientieren sich am Ansatz der „szenischen Interpretation", der von Ingo Scheller entwickelt wurde (vgl. Scheller 2004). Bei der szenischen Erarbeitung bzw. Interpretation eines Dramentextes geht es nicht darum, das Drama theatergerecht zu spielen oder aufzuführen. Schellers Methode setzt vielmehr auf den Einsatz darstellender Verfahren mit dem Ziel einer Interpretation des Textes durch die Handlungen der Schülerinnen und Schüler. Literarisches Verstehen wird als ganzheitliche, sinnliche Verarbeitung des Dramentextes verstanden, indem einzelne Textpassagen bzw. Szenen von den Lernenden verkörpert, d. h. sinnlich erfahrbar, anschaubar und erlebbar werden. Darüber hinaus soll mit Mitteln des szenischen Spiels im Sinne eines schülerzentrierten Unterrichts ein Prozess in Gang gebracht und intensiviert werden, „in dem Schüler und Schülerinnen bei der Auseinandersetzung mit den im Text gestalteten fremden Lebensentwürfen, Handlungsmustern und Szenen eigene Erlebnisse, Empfindungen und Verhaltensmuster entdecken können" (Scheller 1996: 22).

Reading Plays Aloud Als ein Einstieg in die Beschäftigung mit einem Dramentext bietet sich das laute Lesen an, da dieser Zugriff eine gewisse Annäherung an die Realisierung eines Stückes darstellt und der akustischen Dimension eines Dramas besonders angemessen ist. Die Umwandlung eines dramatischen Textes in das sinnlich wahrnehmbare Medium der gesprochenen Sprache kann vom Einzelnen

- durch lautes Lesen,
- durch gegenseitiges Vorlesen,
- durch gemeinsames Lesen in der Klasse (reihum liest jeder einen Satz, eine Satzgruppe oder den Redebeitrag einer Figur) oder
- durch das Lesen mit verteilten Rollen geleistet werden.

Das laute Lesen erschließt zusätzliche sprachliche Bedeutungsebenen, die beim stillen Lesen nicht unbedingt in den Blick geraten. Damit diese Bedeutungsebenen beim lauten Lesen auch wirklich zum Ausdruck kommen, sollte der zu lesende Text den Lernenden nicht unbekannt sein. Darüber hinaus macht das Lesen mit verteilten Rollen die Mehrstimmigkeit und Perspektivenvielfalt dramatischer Texte sinnlich erfahrbar. Dies kann Lernenden auch dadurch veranschaulicht werden, dass eine Szene von verschiedenen Gruppen auf Kassette aufgenommen wird. Die unterschiedlichen Versionen können dann im Plenum vorgespielt und auf ihre jeweilige Wirkung hin diskutiert werden.

Szenisches Lesen Im Gegensatz zum lauten Lesen handelt es sich beim szenischen Lesen um ein Lesen mit sparsamen oder angedeuteten inszenatorischen Mitteln, um die Szenen über den gelesenen Text hinaus zu verdeutlichen (vgl. Frommer 1995: 19). Der Raum ist angedeutet, z. B. durch Tisch und Stühle, und die szenischen Situationen werden durch Auftritt, Gang, Geste der lesenden Darsteller (mit dem Text in der Hand) und Anordnung der Sprecher andeutungsweise gespielt. Insbesondere die räumliche Anordnung der Leser ist wichtig, damit sich das szenische Lesen vom Lesen mit verteilten Rollen, bei dem die Sprecher zufällig im Raum gruppiert sind, unterscheidet. Durch das bedeutungstragende Arrangement der Leser und die Choreographie ihrer Bewegungen bildet der Raum beim szenischen Lesen ein eigenes Zeichensystem, so dass diese Übung die räumliche Dimension des Inszenierens sichtbar und erfahrbar macht (vgl. ebd.: 20). Für szenische Lesungen eignen sich daher Szenen, deren Bedeutung sich aus der Anordnung und Bewegung der Figuren im Raum erschließen lässt (vgl. ebd.: 147). Noch mehr als das laute Lesen bedarf das szenische Lesen der Vorbereitung, da die Leser sich über die zu setzenden Zeichen – hörbare durch Betonungen und Sprechpausen und sichtbare durch Positionierungen im Raum und die Raumausstattung – verständigen müssen.

Erlesen und Erspielen eines Dramentextes

In engem Zusammenhang mit dem lauten und dem szenischen Lesen stehen Übungen, die die Aneignung eines Dramentextes durch Erlesen oder freies Erspielen in den Mittelpunkt stellen. Eine zentrale Szene bzw. Stelle des Textes wird dafür ausgewählt und mehrfach gelesen oder gespielt. Durch das Experimentieren mit verschiedenen **Sprechhaltungen** (z. B. Intonationsweise, Stimmlage, Sprechgeschwindigkeit, Sprechlautstärke oder Tonfall), **gestisch-mimischen Ausdrucksformen**, **Körperhaltungen** (Geh-, Steh- und Sitzhaltungen), **räumlichen Anordnungen** (nah und weit voreinander stehend oder sitzend, mit und ohne Blickkontakt, mit und ohne Körperkontakt) oder **Rollenverteilungen** (eine Rolle wird durch unterschiedliche Spieler mehrfach besetzt, oder es findet ein Rollentausch statt, bei dem ein Spieler die Rolle des Partners übernimmt – und umgekehrt) können die Lernenden erkunden und ausprobieren, wie die Figuren sich verhalten, wie sie sich begegnen und miteinander sprechen und wie sie mit- und gegeneinander agieren (vgl. Waldmann 2004: 118). Dabei können die Lernenden sich auch vom Text lösen und die Szene mit ihren eigenen Worten improvisieren. Eine solche Übung kann der Vorbereitung der Lernenden auf die Übernahme einer Rolle dienen, da sie sich vorstellen müssen, wer die Figur ist, die sie verkörpern sollen, wie sie sich in diesem Moment fühlt, was sie denkt, wie sie sich bewegt, wie sie geht, welche körperlichen Eigenheiten sie hat und wie sie spricht.

Erlesen und Erspielen eines Textes im Kontext Fremdverstehen

Dem Erlesen und Erspielen eines Dramentextes kommt insbesondere im Kontext des Lernziels Fremdverstehen besondere Bedeutung zu. Sich in eine dramatische Figur einzufühlen bedeutet nämlich nicht nur, sich in sie ‚hineinzudenken' und sich ihre Absichten und Motive zu verdeutlichen. Es gilt vielmehr zu versuchen, die Empfindungen und Wahrnehmungen, die Wünsche, Ängste und Sehnsüchte der Figur mitzufühlen. Zu diesem Zweck ist es hilfreich, wenn man die mit den Empfindungen einer Figur verbundene Mimik und Gestik, die Haltung, die sozialen Verhaltensweisen und die Äußerungsformen der Figur annimmt und ihre Worte spricht (vgl. ebd.: 119).

Erbauen von Standbildern

Durch das Erbauen von Standbildern und Skulpturen in kleineren Schülergruppen kann durch entsprechende Körperhaltungen gestisch und mimisch, durch Körperkontakt oder Distanz sowie durch die Blickrichtung der Figuren die Konfliktsituation eines Dramas dargestellt werden. Ein Lerner kann dabei die Rolle des Architekten oder Bildhauers übernehmen, der die anderen Lerner als sein ‚Material' so lange aufstellt und formt, bis Haltungen, Figurenkonstellationen und Mimik dem Bild entsprechen, das man zeigen will. Fotografischen Momentaufnahmen gleich können Standbilder so Szenen und Handlungsverläufe fixieren, die Beziehungen der Figuren untereinander deuten und die Atmosphäre einer Szene vermitteln (vgl. Scheller 1993: 62): „Interpretiert wird dabei das szenische Geschehen nicht nur durch den gewählten Ausschnitt, das bildliche Arrangement und den Standpunkt, von dem aus es gesehen wird, sondern auch durch die Bedeutung, die dem Bild, und die Gedanken und Gefühlen, die den Figuren in diesem zugeschrieben werden." (ebd.)

Auswertung von Standbildern

Für die Auswertung von Standbildern bieten sich verschiedene Aufgaben an. So kann beispielsweise durch ein zweites Standbild als alternatives Gruppenbild eine mögliche Lösung der Situation dargestellt werden. Danach sollten dann die Wege diskutiert werden, die von der Konfliktsituation zur Lösungssituation führen bzw. führen könnten (vgl. Schlosser 1992: 50). Weitere Möglichkeiten der Auswertung sind das Suchen der Klasse nach dazugehörigen Textstellen, die Befragung des Bildhauers nach seinen Intentionen sowie der Darsteller nach ihren Empfindungen, das Fotografieren und Vertexten des Standbildes sowie die Auflösung des Standbildes in stummes Spiel (vgl. Frommer 1995: 141).

Stummes Spiel: Texte pantomimisch darstellen

Das stumme Spiel bzw. pantomimische Darstellungsweisen bieten sich im Dramenunterricht an, weil sie die Lernenden die Bedeutung der Körpersprache beim szenischen Darstellen erfahren lassen. Eine Schülergruppe kann beispielsweise die Aufgabe erhalten, eine Textszene pantomimisch darzustellen und Informationen über äußere Ereignisse und innere Vorgänge, über Gefühle, Haltungen, soziale Rangordnungen und Figurenbeziehungen, die durch den fehlenden Text nicht sprachlich vermittelt werden können, entsprechend durch Mimik, Gestik und Bewegungen zum Ausdruck zu bringen. Die restlichen Lerner sind so als Zuschauer ganz auf die sichtbaren Zeichen des Theaters angewiesen und sollten nach dem Spiel diskutieren, was sie an nonverbalen Informationen aufnehmen konnten. Die pantomimische Darstellung einer Szene ist aber auch deshalb von Bedeutung für den fremdsprachlichen Literaturunterricht, weil sie als Interpretationsvorschlag dieser Szene von der Klasse verbal in der Fremdsprache gedeutet werden kann. In einer solchen Unterrichtssituation findet die Interaktion nicht zwischen der Lehrkraft und einem der Lerner statt, sondern dass die Lernenden unmittelbar auf die Interpretationsvorschläge ihrer Mitschüler eingehen können, ohne dass die Lehrkraft als Vermittlungsinstanz nötig wäre (vgl. Müller 1980: 176).

Szenische Umsetzung einzelner Textpassagen

In einem nächsten Schritt gilt es, einzelne Textpassagen nicht nur nonverbal, sondern auch verbal szenisch umzusetzen. Wenn die Lernenden sich durch das Erlesen des Textes oder durch spielerische Verfahren wie das Bauen von Standbildern schon eingehend mit den Figuren und dem dargestellten Konflikt beschäftigt haben, gelingt ihnen die Umsetzung einer ausgewählten Szene in der Regel recht gut. Um die Spielzeit für den einzelnen Schüler bzw. die einzelne Schülerin zu verkürzen und um möglichst vielen Lernenden eine direkte Beteiligung am Spiel zu ermöglichen, bietet es sich an, die zu spielende Szene in drei bis vier Passagen zu gliedern und diese einzelnen Textabschnitte in unterschiedlichen Gruppen vorbereiten zu lassen. Wenn alle Gruppen ihre jeweilige Passage eingeübt haben, wird die Szene in der korrekten Reihenfolge der einzelnen Passagen gespielt. Nach der Umsetzung der gesamten Szene sollte dann über die unterschiedlichen Interpretationen der einzelnen Figuren, die ja im Spiel mehrfach besetzt waren, diskutiert werden. Eine weitere Aufgabe kann darin bestehen, alle Spieler einer Rolle in neuen Gruppen ein Persönlichkeitsprofil der Figur erstellen zu lassen, die sie gespielt haben.

Beteiligung möglichst vieler Lerner

Neben dem Spielen einer Szene in verschiedenen Gruppen gibt es noch einige andere Aktivitäten, durch die möglichst viele Lernende direkt am Spiel beteiligt werden können. So können die zuschauenden Schülerinnen und Schüler ihre Mitschüler z. B. durch **Stopp-Rufen** im Spiel unterbrechen und einen der Mitspieler auswechseln. Dabei wird so lange agiert, bis niemandem mehr neue Varianten einfallen (vgl. Schuster 1988: 40). (Allerdings sollte die Lehrkraft darauf achten, dass nicht zu viele Stopps den Handlungsfaden zerreißen und die Spielenden nicht mehr in ihre Rolle zurückfinden und dadurch entmutigt werden.) Eine andere Möglichkeit ist die Alter-Ego-Technik:

METHODE

Alter-Ego-Technik

Bei dieser Aktivität wird jedem Spieler ein Partner zur Seite gestellt, der verschiedene Aufgaben übernehmen kann:

- Er kann dem Spielenden helfen, seine Haltung zu verdeutlichen, ihm Stichwörter und Argumente liefern
- er kann dem Spielenden unbewusste oder verdrängte Gedanken und Gefühle der zu verkörpernden Figur mitteilen
- er kann am Ende der Szene mit dem Spielenden in einen Dialog über dessen Darstellungsweise treten

Szenische Demonstration

Auch die szenische Demonstration ist mit Unterbrechungen des Spiels verknüpft. Vorgesehen ist ein Standpunkt außerhalb des Geschehens: Ein Spieler wird mit der Aufgabe betraut, in der Rolle eines Erzählers die Vorführung von außen zu erläutern und zu kommentieren (vgl., auch zum Folgenden, Frommer 1995: 142). Die zuschauenden Schülerinnen und Schüler erfahren auf diese Weise, auf welche Textstellen sich das Spiel jeweils bezieht. Der Sprecher kann die Zuschauer auch über die zuvor in der Gruppe vereinbarte Gestaltungsabsicht informieren, so dass diese Gelegenheit haben, das Spiel daran zu messen und nach Abschluss der Demonstration auch zu bewerten. Im Extremfall wird das Spiel bei der szenischen Demonstration zur fortlaufenden Umsetzung parallel gesprochener Regieanweisungen, wobei der eigentliche Spieltext reduziert wird. Der Sprecher der Gruppe kann auch in das Spiel eingreifen und notfalls Korrekturen vornehmen.

Szenische Verfahren der Bewusstseinsdarstellung

Es ist eine Besonderheit der Gattung Drama, die inneren Vorgänge der Figuren auf der Bühne nicht so ausführlich darstellen zu können, wie dies beispielsweise in narrativen Texten der Fall ist. In vielen Dramen ist das, was die Figuren empfinden, fühlen und denken, oft nicht versprachlicht. Diese Besonderheit dramatischer Texte fordert Lernende geradezu heraus, mittels einer Perspektivenübernahme die Gedankenwelt der Figuren auszufabulieren. Verschiedene szenische Verfahren bieten sich dafür an. So kann ein Spieler z. B. bei einer Szene, in der die Figur etwas besonders Auffälliges sagt oder Widersprüchliches tut, in einer Art **innerem Monolog** beiseite (und gegebenenfalls *ad spectatores*) sprechen, was die Figur dabei empfindet, fühlt oder denkt (vgl. Waldmann 2004: 123). Die Zuschauer können den Zeitpunkt der Bewusstseinsdarstellung auch selbst bestimmen, indem sie an einer Stelle, die sie genauer gedeutet haben möchten, das Spiel durch einen Stopp-Ruf unterbrechen und die betreffende Figur zu ihrer Gedanken- und Gefühlswelt in der spezifischen Situation **interviewen** (vgl. ebd.) – etwa anhand von Fragen wie: ▸ How do you feel at that moment? Do you mean what you say? What are you planning to do next? Oder aber einer der Zuschauer ruft „Stopp!", stellt sich in Form einer **Dopplung der Figur** hinter diese, nimmt deren Haltung ein und sagt (in der Ich-Form), was diese Figur seiner Ansicht nach gerade fühlt, denkt, will oder bezweckt. Dann tritt er wieder ab, und das Spiel geht weiter. All diese szenischen Verfahren der Bewusstseinsdarstellung sind eine Hilfe für Lernende, die Figuren eines Stückes zu konkretisieren. Sie tragen dazu bei, dass Lernende sich mit den Rollen, die sie spielen, besser identifizieren.

Stimmenskulptur

Eine weitere Möglichkeit, das Innenleben einer Figur zur Darstellung zu bringen, ist die Stimmenskulptur (vgl. Scheller 1998: 136f.). Bei diesem Verfahren überlegen sich die Schülerinnen und Schüler, welche unterschiedlichen inneren Stimmen in einem entscheidenden Moment im Spielverlauf die Figur zu einer bestimmten Handlungsweise veranlasst haben könnten bzw. was die Figur in diesem Moment gedacht haben könnte. Nacheinander gehen einige Lernende nach vorn, stellen sich hinter die Figur (und bleiben dort auch stehen) und sagen einen Satz, der der Figur durch den Kopf gegangen sein könnte. Wenn genügend Stimmen vorhanden sind, ruft ein zuvor ausgewählter Spielleiter diese nacheinander ab und koordiniert bzw. kontrastiert sie, indem er auf die entsprechenden Repräsentanten zeigt, die dann ihren Satz sagen. Indem er die Reihenfolge der Stimmen variiert und einzelne Stimmen wiederholen lässt, kann er bestimmte Gedanken hervorheben und auch Widersprüche deutlich machen. Die Figur selbst (bzw. der Spieler/die Spielerin), deren Gedanken durch die Stimmen repräsentiert werden, entscheidet im Verlauf des Verfahrens, welche Stimme ihr Innenleben am ehesten wiedergibt, welche Gedanken eine geringere Rolle spielen, welche ihrer Meinung nach für die spezifische Situation gar nicht geeignet sind und welche eventuell noch fehlen. Zur Veranschaulichung des Verhältnisses der Stimmen zum tatsächlich Gedachten bzw. zu dem, was der Spieler oder die Spielerin für diese Figur an Gedanken für möglich hält, werden die Stimm-Repräsentanten entsprechend um die Figur gruppiert (d. h. näher dran oder eben weiter weg). Der Stimmenchor wird dann so lange durchgespielt, bis er den Vorstellungen des Spielers bzw. der Spielerin für diese Figur entspricht. Dadurch können insgesamt die inneren Haltungen der Figur, die den Lernenden durch die szenische Umsetzung eines Stückes allein vielleicht nicht deutlich geworden sind, differenzierter gedeutet und eventuell sogar in ihren Widersprüchen aufgedeckt werden.

Rollenspiele

Für die themenbezogene Auseinandersetzung mit einem Theaterstück im Englischunterricht bietet es sich an, die von dem jeweiligen Text vorgegebenen Konflikte in Form von Rollenspielen (*role plays*) dramatisch zu erörtern oder ihre Lösung im Rollenspiel antizipierend darzustellen. Vor allem bei Themen wie Generationenkonflikten, Auseinandersetzungen mit Angehörigen verschiedener Kulturen oder Problemen im Umgang mit dem anderen Geschlecht liefert die eigenständige Verarbeitung von Konfliktkonstellationen zwischen den Figuren Schülerinnen und Schülern vielfältige Möglichkeiten, eigene Erfahrungen einzubringen und ihre jeweiligen Einstellungen szenisch umzusetzen. Begrenztes sprachliches Ausdrucksvermögen kann dabei teilweise durch Gestik und Mimik kompensiert werden. Wichtiges Merkmal des Rollenspiels ist, dass die Lernenden sich vom Text lösen und diesen über die szenische Darstellung hinaus erweitern. Das heißt, sie brauchen den Text nicht auswendig zu lernen, aber sie müssen ihn kennen. Das Rollenspiel ist also der Lektüre nachgeordnet. Im Folgenden werden verschiedene Formen des Rollenspiels kurz vorgestellt (vgl. auch Kappe 1991: 106f.).

Intrapersonales Rollenspiel

Im intrapersonalen Rollenspiel werden alle Rollen (gewöhnlich sind es zwei) von derselben Schülerin gespielt, die dabei die ‚Technik des leeren Stuhls' anwendet: Bei den ‚Gesprächspartnern' auf dem Stuhl handelt es sich um projizierte Figuren aus dem vorliegenden Dramentext. Die Lernerin kommuniziert in diesem Fall als sie selbst mit einer Figur des Dramas und äußert sich z. B. über deren Verhalten oder befragt sie nach ihren Motiven. Sie kann aber auch als eine Dramenfigur mit einer anderen Dramenfigur ‚sprechen'. Denkbar ist darüber hinaus, dass ‚ein Teil eines fiktionalen Charakters' auf ‚einen anderen Teil dieses fiktionalen Charakters' trifft, wenn beispielsweise das Ich der Vergangenheit einer Figur mit dem Ich der Gegenwart konfrontiert wird (das Rollenspiel dient dann der Erarbeitung und Deutung intrapersonaler Polaritäten und Konflikte). Dabei kann das Rollenspiel als spontane Dramatisierung erfolgen, auf schriftlicher Vorbereitung beruhen oder nach der spontanen Dramatisierung schriftlich festgehalten werden (vgl. ebd.: 107).

Interpersonales Rollenspiel

Das interpersonale Rollenspiel dient der Dialogisierung von Beziehungen zwischen den Figuren eines Theaterstückes und der Herausarbeitung von Beziehungsstrukturen. Jede Rolle, die der dramatische Text anbietet, wird von einem Lerner bzw. von einer Lernerin oder von Lerngruppen im Wege des ***doubling*** (argumentative Unterstützung eines Lerners durch einen oder mehrere Mitschüler) gestaltet. Das eigentliche Spiel kann sodann entweder schriftlich vorbereitet werden oder aber mittels **Stegreif-Improvisationen** erfolgen. Die Szenen, die dabei entstehen, sind gespielte Zusätze zum Text: Szenen aus der Vorgeschichte der Figuren; im Text ausgesparte Handlungen, die zwischen den einzelnen Akten und Szenen liegen; Szenen, über die nur berichtet wird oder die nur beschrieben werden (z. B. in Form von Botenbericht oder Mauerschau); Szenen aus einem fiktiven Nachspiel, die den Schluss genauer fassen und seine Folgen darstellen (vgl. Frommer 1995: 134f.). Weitere Möglichkeiten für Rollenspiele bietet die genauere Ausführung von Randfiguren in Episoden mit den Hauptfiguren, in denen diese ihr Handeln und ihre Motive deutlicher machen (vgl. Waldmann 2004: 148).

Rahmen fürs Rollenspiel: Beispiel ‚Gerichtsverhandlung'

Man kann dem Rollenspiel auch einen Rahmen geben und ihm dadurch eine äußere und innere Struktur verleihen. Wird der Konflikt eines Textes z. B. in Form einer Gerichtsverhandlung dramatisiert, bestimmen zwei Vorgänge den Spielablauf: die Ermittlung und die Urteilsfindung. Befragen und Beraten sind in diesem Fall die beiden Handlungsaufgaben, vor die sich die Spielerinnen und Spieler gestellt sehen. Zu den Figuren, die dem Text selbst entnommen sind, kommen dann noch Figuren hinzu, die zusätzlich gebraucht werden wie Ankläger, Verteidiger, Richter, Gutachter (vgl. Frommer 1995: 134f.).

Dialogspiele

Ist eine Lerngruppe noch nicht so geübt im Rollenspiel mit mehreren Teilnehmern, ist es erfahrungsgemäß leichter, sie zunächst mit Dialogspielen zwischen zwei Figuren beginnen zu lassen (z. B. in Form eines Interviews oder eines Telefongesprächs). Natürlich gibt es auch unterschiedlich komplexe Varianten von Dialogspielen. Deren Spektrum reicht von einfachen **Alltagssituationen** über standardisierte **Frage-und-Antwort-Schemata** bis hin zu komplexen dialogischen Strukturen. Dialogspiele lassen sich ferner unterscheiden in **komplementäre Formen** wie Berichtspiele, Beratungsspiele und Aufforderungsspiele, **koordinative Dialogspiele** (etwa Erörterungs- und Planungsspiele) und **kompetitive Dialogspiele** (z. B. Verhör oder Konfliktdialoge). Besonders reizvoll ist es, die Lernenden während des Dialogspiels zu einem Partnertausch zu bewegen, so dass sie in ihrer Rolle auf möglichst verschiedene Verkörperungen ihres Gegenübers treffen.

Spiel mit Stellvertretern

Eine weitere Möglichkeit, Lernende langsam an das Rollenspiel heranzuführen und auch zurückhaltendere Schülerinnen und Schüler zum szenischen Gestalten zu bewegen, ist das Spiel mit Stellvertretern (vgl. Meserle 2004). Bei dieser Übungsform schlüpfen die Lernenden nicht selbst in die Rolle der Figuren in einem Stück, sondern stellen die Situation mit Hilfe von neutralen **Puppenfiguren** dar. Ein großer Vorteil dieses Verfahrens ist, dass beispielsweise Handlungen, die körperlichen Einsatz verlangen, gefahrlos auf die Puppen übertragen werden können, so dass eventuell vorhandene Berührungsängste der Schülerinnen und Schüler beim Spiel umgangen werden können. Ungeahnte Motivation und Spaß am Spiel kann auch die Darstellung des Geschehens aus der Sicht von **Gegenständen** freisetzen. Die Lernenden erhalten die Aufgabe, einen Perspektivenwechsel vorzunehmen und eine Konfliktsituation aus der Sicht der Requisiten, z. B. des Sofas, auf dem die Figuren sitzen, oder des Tellers, der im Streit geworfen wird, darzustellen. Der Vorteil bei dieser Übung ist folgender: „Gegenstände implizieren keinen moralischen Wert, sie agieren nicht und kennen keine Gefühle, daher kann aus der Perspektive der Gegenstände ziemlich neutral beobachtet und die Beobachtung verbalisiert werden." (ebd.: 45)

Vorbereitung einer Theateraufführung

Auch wenn szenische Interpretationsverfahren nicht unbedingt auf die Inszenierung eines ganzen Stückes abzielen, bedeutet dies nicht, dass die Vorbereitung einer Theateraufführung im Englischunterricht keine sinnvolle Aufgabe ist. Im Gegenteil: Ein wesentlicher Vorzug der Inszenierung eines Stückes besteht darin, dass alle Schülerinnen und Schüler an dieser Aufgabe beteiligt werden können – auch diejenigen, die nicht so gerne in eine Rolle schlüpfen. Denn für die Aufführung eines Dramas werden neben Schauspielerinnen und Schauspielern auch Dramaturgen, Regisseure und Bühnenbildner sowie Verantwortliche für die Kostüme, die Maske, den Ton und die Beleuchtung benötigt. Diese Aufgaben können jeweils in Gruppenarbeit erledigt werden. Außerdem ist es sinnvoll, wenn eine weitere Schülergruppe

- Material zum Drama sammelt (wie Informationen zum Autor bzw. zur Autorin und zur Erstaufführung, historisches Bild- und Textmaterial usw.),
- eine Collage, ein Plakat oder ein Programmheft für die Aufführung entwirft (mit Personenverzeichnis, Bühnenbildern, Inhaltsangabe, Aufführungsintention, Materialien zum Autor und seiner Zeit) und
- die Inszenierung dann fotografiert bzw. filmt.

Zu den Aufgaben der verschiedenen Gruppen bei einer Inszenierung gehören die Bearbeitung der Spielvorlage (mit eventuellen Textkürzungen), das Einarbeiten, Auswendiglernen und Einüben der Rollen, die Entwicklung einer Regiekonzeption und das Führen der Regie, häufiges Proben, das Anfertigen von Bühnenbildern und Kostümen, das Bereitstellen der Requisiten sowie die Vorbereitung der Technik (Licht, Musik, Sound usw.). Aufgrund des erheblichen Zeitaufwandes bietet sich die Inszenierung eines Stückes jedoch eher für eine **Projektwoche** oder eine englischsprachige **Theater-AG** an (für wertvolle Tipps vgl. Wessels 1987: 110–133). In jedem Fall ist die Inszenierung eines Dramas eine Gemeinschaftsproduktion, die die Teamarbeit fördert.

Spiel- und Reflexionsphasen im Wechsel

Sowohl bei Aufgaben zur szenischen Interpretation eines Dramas als auch bei der Inszenierung eines ganzen Stückes ist es im Hinblick auf die Textinterpretation wichtig, Lernenden während des Spiels und nach dem Spiel ausreichend Gelegenheit zur Reflexion zu geben. Spiel- und Reflexionsphasen sollten sich abwechseln, damit die Schülerinnen und Schüler darüber sprechen können, wie sie ihre Rolle erlebt haben, welche Schwierigkeiten ihnen bei der Umsetzung einer Szene begegnet sind, welche Absichten sie mit ihrem Spiel verfolgt haben usw. Durch das Aufeinandertreffen unterschiedlicher Umsetzungsmöglichkeiten (z. B. beim Spiel mit Stopp-Rufen) und die Auseinandersetzung mit abweichenden Interpretationsweisen können im Unterricht solche Reflexionsphasen zudem dazu genutzt werden, verschiedene Auslegungsmöglichkeiten eines dramatischen Textes aufzuzeigen. Mit dem Plenum als Regulativ kann dabei der Gefahr entgegen gearbeitet werden, dass Lernende einzelne Szenen ungeachtet textueller und kontextueller Signale völlig beliebig umsetzen. Der Wechsel von Spiel- und Reflexionsphasen während des Spiels kann daher den folgenden Spielprozess wesentlich mitsteuern.

Wechselwirkung von Produktion und Rezeption

Auch die Wirkung einer szenischen Umsetzung bzw. Aufführung auf die Zuschauer und die Leistungen der verwendeten Mittel und Techniken sollten in Reflexionsphasen diskutiert werden. Ein wesentliches Merkmal (und damit auch ein Vorzug) des darstellenden Spiels besteht in der Wechselwirkung von Produktion und Rezeption (vgl. Brekle 1995: 116). Da beim Theaterspielen im Unterricht Tätige zugleich Betrachtende sind und umgekehrt, sollte die Möglichkeit eines eingehenden Austauschs über die intendierte und die tatsächlich erzielte Wirkung beim Spiel genutzt werden. Den jeweils zuschauenden Schülerinnen und Schülern können zu diesem Zweck spezielle Beobachtungsaufträge (zum Ausfüllen der Rolle durch die Spielerinnen und Spieler, zu Bühnenbild und Kostümen usw.) gegeben werden. Wichtig dabei ist, dass die Zuschauer sich nicht nur auf den Text, also den Inhalt des Stückes konzentrieren, sondern auch das für die Gesamtwirkung entscheidende Zusammenspiel von verbalen und nonverbalen Zeichen beachten. Im Idealfall werden auf diese Weise Gespräche über die Merkmale und Tendenzen einzelner (kürzerer oder längerer) Produktionen in der Fremdsprache in Gang kommen können (vgl. Waldmann 2004: 269f.).

Rolle der Lehrkraft bei szenischen Interpretationsverfahren

Der Einsatz von szenischen Interpretationsverfahren im fremdsprachlichen Literaturunterricht setzt Fähigkeiten voraus, die Lehrende in der Ausbildungsphase in der Regel nicht erworben haben, sondern die sie sich erst in der Praxis aneignen müssen (vgl. Scheller 1996: 30). Zum einen haben sie die Aufgabe, das Spiel durch die Schülerinnen und Schüler von außen zu steuern. Zum anderen müssen sie als Animateure, Mitspieler und Gesprächspartner immer wieder aktiv in den Spielprozess eingreifen, indem sie spontan Rollen übernehmen und Lernende in ihren Rollen in persönliche Gespräche verwickeln (vgl. ebd.). Dieser Balanceakt zwischen der Position des distanzierten Spielleiters und der direkten Konfrontation mit den Schülerinnen und Schülern im Spiel fällt vielen Lehrenden nicht leicht. Damit weder die Lehrenden noch die Lernenden überfordert werden, ist es ratsam, zunächst mit kurzen Szenen und einfachen Verfahren wie z. B. Standbildern oder Rollengesprächen zu beginnen.

Produktionsorientierte Verfahren im Dramenunterricht

Neben spielerischen Zugangsformen bzw. in Kombination mit ihnen leisten auch produktions-, d. h. schreiborientierte Verfahren einen wichtigen Beitrag zur Aneignung szenischer Texte im fremdsprachlichen Literaturunterricht. Wenn Lernende ein Drama erkunden, indem sie selbst dramatische Sequenzen schreiben und diese auch spielerisch umsetzen, dann machen sie andere Erfahrungen mit dem Text, als wenn sie ihn nur lesen und analysieren: Das Verstehen dramatischer Strukturen, Formen und Techniken hat insofern eine andere Qualität, als deren Funktionen und Leistungen an der Wirkung der eigenen dramatischen Produktionen direkt und intensiv erfahren werden können (vgl. Waldmann 2004: 2f.). Die im Folgenden vorgestellten produktionsorientierten Aufgaben können mit Gewinn im fremdsprachlichen Literaturunterricht eingesetzt werden (vgl. ebd.: 145ff.).

Schreiben von Nebentexten

Um Lernenden zu verdeutlichen, dass zu einem Dramentext mehr gehört als die Dialoge der Figuren, bietet es sich an, ihnen eine Szene vorzulegen, bei der alle Nebentexte gestrichen wurden. Die Schülerinnen und Schüler erhalten die Aufgabe, in Gruppenarbeit zu entscheiden, wie die Szene gespielt werden soll, d. h., wie die Figuren ihre Repliken sprechen, welche Mimik und Gestik sie einsetzen und wie sie sich auf der Bühne bewegen sollen. Außerdem sollten die Lernenden Überlegungen zum Schauplatz sowie zu Kostümen und Maske anstellen. Folgende Fragen können bei der Erstellung eines Nebentextes hilfreich sein:

AUFGABE

Nebentexte schreiben

- What do you think the characters look like?
- What costumes might they wear?
- What kind of facial expressions and gestures do you think they might use?
- What sort of voices do you think they have?
- How might a certain line be said (coldly, aggressively, with a sneer, in a loving voice, etc.)?
- How do you think the characters move around the stage?
- What do you think the setting looks like?

Nach der Fertigstellung der Nebentexte werden diese miteinander verglichen. Dabei kann so vorgegangen werden, dass die einzelnen Gruppen ihre jeweilige Interpretation der Szene kurz vorspielen bzw. szenisch lesen und der Rest der Klasse dann zu bestimmen versucht, was die Gruppe genau im Nebentext zu dieser Szene festgelegt hat. Eine weitere Aufgabe, die das Schreiben von Nebentexten betrifft, ist die **Konkretisation** von Zeit und Raum, Requisiten und Kostümen in Form umfangreicher Szenenanmerkungen und/oder Regieanweisungen. Ziel ist es, die für die Handlung wichtigen Orte bzw. die Zeit, zu der das Drama spielt (z. B. im Hinblick auf wichtige politische und kulturelle Ereignisse), genauer zu beschreiben (vgl. Waldmann 2004: 148).

Verfassen zusätzlicher Szenen

Eine wesentlich komplexere Aufgabe besteht darin, Lernende zusätzliche Szenen zu einem Dramentext schreiben zu lassen. In diesem Fall müssen sie Haupt- und Nebentext miteinander kombinieren. Für eine solche Aufgabe bietet es sich an, Episoden aus dem vor dem Dramenbeginn liegenden Leben einer Figur zu erfinden, da diese die Motive und Handlungsweise der Figur verständlich werden lassen können (vgl. ebd.). Oder aber man lässt die Lernenden Subtexte zu den Repliken der Figuren schreiben, in denen die Figuren ‚beiseite' oder in einem (von jemand anderem gesprochenen) inneren Monolog das artikulieren, was sie bei dem, was sie sagen und tun, gerade fühlen, fürchten, hoffen, denken, beabsichtigen usw. (vgl. ebd.). Weitere Schreibaufgaben für zusätzliche Szenen sind die Fortführung eines vorgegebenen Dramenanfangs, das Erfinden einer Episode auf der Grundlage einer vorgegebenen Figurenkonfiguration (es könnten z. B. Figuren aufeinander treffen, die sonst im Drama keinen gemeinsamen Auftritt haben), das Schreiben einer möglichen Verbindungsszene zwischen zwei kurzen Dramensequenzen oder das Verfassen einer Schlussszene (vgl. ebd.: 154).

Textveränderungen

Die Kreativität der Lernenden und ihr Verständnis für die Strukturen dramatischer Texte können aber auch dadurch gefördert werden, dass man ihnen Aufgaben für die Veränderung eines vorhandenen Dramas an die Hand gibt. So können Akt- oder Dramenschlüsse neu geschrieben werden. Die Schülerinnen und Schüler können auch versuchen, alternative Handlungsweisen der Figuren zu entwerfen und die in einem Drama dargestellten Konflikte anders als im Text zu lösen. Oder aber die Form eines Dramentextes selbst wird verändert, indem epische Instanzen wie z. B. ein Sprecher, Spielleiter oder ein Chor eingefügt werden, die einzelne Szenen oder Sequenzen des Dramas (eventuell auch gegenläufig und kritisch) einleiten und vor allem kommentieren (vgl. ebd.: 151). Im Sinne einer Ausbildung von Textsortenbewusstsein können Lernende szenische Passagen aber auch in einen Erzählerbericht umwandeln oder die Dialoge der Figuren in einem Bericht ergebnishaft zusammenfassen.

Verfassen von Rollenbiografien

Eine produktionsorientierte Schreibaufgabe, die die Lernenden auf die szenische Umsetzung eines Stückes, insbesondere auf die Übernahme einer Rolle vorbereitet, ist das Verfassen von sogenannten Rollenbiografien. Die Schülerinnen und Schüler wählen jede/r eine Figur aus und schreiben in Einzelarbeit in der Ich-Form eine Biografie dieser Figur, d. h. eine Art Lebenslauf, in der sie sich die Figur im

Hinblick auf ihre Herkunft, ihren Stand, ihr Alter, ihr Äußeres, ihre Entwicklung, ihre momentane Situation, ihr alltägliches Leben, ihr Selbstbild, ihre Gefühlslage und ihren Charakter genauer vorzustellen versuchen. Dabei sollten sie sich zum einen an den Text halten und herausfiltern, welche Informationen dieser über die jeweilige Figur liefert. Zum anderen können die Schülerinnen und Schüler sich aber auch Details aus dem Leben der Figuren ausdenken. Diese sollten allerdings in Bezug auf die Konzeptionen der Figuren stimmig sein. Nach der Erstellung der Rollenbiografien sollten die Schülerinnen und Schüler sich zu jeweils einer Figur des Stückes in Kleingruppen zusammenfinden und ihre Ergebnisse vorstellen und diskutieren. Zur Hilfe beim Verfassen von Rollenbiografien können die Lernenden sich an den folgenden Fragen orientieren (formuliert nach Waldmann 2004: 121):

AUFGABE

Rollenbiografien verfassen

- **general questions:** What is your name? How old are you? What is your nationality?
- **outward appearance:** How tall are you? What is your stature? What do your face and hair look like? How do you dress? How do you move? Is there anything significant about your facial expressions or gestures? What about your voice?
- **development:** Where do you come from? Where did you grow up? Who were your parents? What did you like or dislike about them? Do you have any brothers or sisters? What do they mean to you? What were your experiences in school? Was there any significant event in your childhood?
- **everyday life:** What is your profession? What does it mean to you? How would you describe your everyday life? What do you do in your spare time? Where would you like to live?
- **self-image and relationship to other people:** What do you like or dislike about yourself? What do you fear? What are your dreams? How do you feel about your body and about sexuality? What do others mean to you? What do men and women mean to you?

Fazit Welch wichtigen Beitrag der kreative, spielerische und analytische Umgang mit dramatischen Formen und Texten für den fremdsprachlichen Literaturunterricht liefern kann, haben wir in diesem Kapitel zu demonstrieren versucht. Gerade durch die kreative Auseinandersetzung mit – und Aufführung von! – dramatischen Texten können nicht nur Sprachfähigkeiten und Wissensbestände vermittelt, sondern auch soziale Schlüsselkompetenzen wie Empathie,

Fremdverstehen, Toleranz und Teamarbeit ausgebildet sowie Vorstellungskraft, Kreativität und affektive Komponenten ausgeprägt werden. Die Lernenden werden insgesamt zu verstärkter Selbsttätigkeit und zur Eigeninitiative angeregt. Außerdem fördert das darstellende Spiel das intensive Lesen und die gründliche Textarbeit sowie die Auseinandersetzung über Inhalt und Form des Textes. Allerdings gilt es zu beachten, dass dramatische Zugangsformen von Beginn des fremdsprachlichen Literaturunterrichts an kontinuierlich eingesetzt werden, denn nur dann kann von den Lernenden auch noch auf höheren Klassenstufen die erforderliche Spielbereitschaft erwartet werden.

Mit Dramen ganzheitlich lernen

Insgesamt möchten wir Lehrende und Lernende jedenfalls nachhaltig dazu ermuntern

- sich dramatischen Texten spielerisch (also gattungsadäquat) zu nähern und dabei verstärkt dramatische Formen zu erproben
- gemeinsam und kreativ neue Spielformen (und Spielregeln) zu entwickeln
- dramatische Textvorlagen zum Spielball und Anlass für selbsttätiges und kreatives Handeln zu machen,
- die anderen als gleichberechtigte Spielgefährten zu behandeln,
- die Rollen des Spielleiters und/oder anderer Mitspieler zu übernehmen
- kurzum: die bestehenden didaktischen Spielräume zu erweitern.

Denn nur wer zu spielen wagt, wird die Erfahrung machen, dass dadurch ganzheitliches Lernen möglich wird.

5. Die Arbeit mit narrativen Texten

5.1 Geschichten im Fremdsprachenunterricht: von der Rezeption und Analyse narrativer Texte bis zur mündlichen und schriftlichen Produktion eigener Erzählungen

Allgegenwart des Erzählens

Erzählen hat Hochkonjunktur: Gleichgültig wohin man blickt, überall ist man von verschiedenen Formen des Erzählens umgeben. Ob in den unzähligen Erzählungen im Alltag, den Talkshows und ‚Dokudramen' im Fernsehen, den digitalen narrativen Formen wie Hypertexten oder im Film und in der Literatur – überall und dauernd wird in den unterschiedlichsten Lebenssituationen, Kontexten und Formaten erzählt. Erzählen ist somit zugleich Element alltäglichen Sprechens und ästhetische Form.

Erzählen als anthropologisches Grundbedürfnis

Angesichts dieser Allgegenwart von *stories* in der heutigen Medienkulturgesellschaft spricht vieles für die These, dass das Erzählen von (kürzeren oder längeren, privaten und öffentlichen) Geschichten ein anthropologisches Grundbedürfnis des Menschen zu sein scheint. Es gründet wohl in dem Verlangen nach Erklärungen und nach Sinnstiftung, das von Geschichten in besonderer Weise erfüllt wird. Erzählen dient der Kommunikation und Verarbeitung von Erfahrungen, der Bewältigung von Ängsten, dem Ausmalen von Handlungsoptionen, der Zuweisung von Bedeutung an das eigene Verhalten und an die Reaktionen anderer. Geschichten geben somit nicht nur der chaotischen Vielzahl von Erlebnissen und Ereignissen eine Struktur, sondern sie verleihen unseren Erfahrungen auch einen Sinn und spenden damit auch einen gewissen Trost über die Kontingenz und Endlichkeit des Lebens:

> *So while we live with the anxiety that our lives may have one of these key attributes but not the other (they come to an end, but they do not make sense), we comfort ourselves with narratives, which have both these desiderata: they have beginnings, middles and ends, and they make sense. (Toolan 2001: 14)*

Sozialer Charakter des Erzählens

Erzählen ist aber nicht nur ein Mittel der individuellen Sinnstiftung und der Bewältigung von Kontingenz. Aufgrund seines sozialen Charakters fungiert es auch als ein Medium der Kommunikation, der Unterhaltung, der Orientierung und der Schaffung von Gemeinschaft und kollektiver Identität: „Im Erzählen werden Beziehungen gestiftet, das Spiel von Nähe und Distanz reguliert, Welt- und Menschenbilder entworfen." (Pfeiffer 2002: 190)

Erzählen als Medium der Identitätsbildung

Gerade für den Aufbau von individueller und kollektiver Identität kann die Bedeutung des Geschichten-Erzählens kaum überschätzt werden. Insbesondere ‚Selbst-Erzählungen' „dienen funktional der Integration des menschlichen Lebens" (Polkinghorne in Straub 1998: 33). Zwischen privaten und öffentlichen Erzählungen auf der einen Seite und individueller wie kollektiver Identität auf der anderen besteht somit ein enger wechselseitiger Zusammenhang. Die Geschichten, die Menschen, Gruppen oder Nationen sich und anderen erzählen, sind von zentraler Bedeutung für die (persönliche, gemeinschaftliche und nationale) Identitätsbildung, Identitätsreproduktion und Identitätspräsentation (vgl. Straub 1998: 128ff.). Dabei ist es keineswegs nur so, dass Individuen, Gruppen oder Nationen jeweils ihre Geschichten konstruieren; vielmehr werden sie auch in gleichem Maße durch ihre Erzählungen konstruiert: „Ob das gut ist oder schlecht, jeder von uns lebt innerhalb bestimmter historischer Erzählungen, ja, er ist ein Konstrukt derselben – Erzählungen über unser Volk, unsere Kultur, Nation, Region, Familie und dergleichen mehr." (Kenneth J. Gergen in Straub 1998: 199)

Didaktische Funktionen

Darüber hinaus können Geschichten auch moralische, pädagogische und didaktische Funktionen erfüllen. Dies ist insbesondere bei Genres wie Märchen, Straßenballaden und Fabeln unübersehbar, nicht zuletzt weil darin die „Moral von der Geschicht'" oft besonders deutlich artikuliert wird.

Vielzahl der Erzählformen

Die Vielfalt unterschiedlicher Funktionen des Erzählens erklärt sicherlich zum Teil die Vielzahl der Erzählformen, denen man im Alltag überall begegnet. Zu narrativen Texten gehören zunächst einmal jene Textsorten, die André Jolles (1999) die ‚einfachen Formen' genannt hat. Viele dieser Genres spielen im Schulalltag seit jeher eine große Rolle. Insbesondere Märchen, Witze, Sprichwörter und Rätsel, aber auch Legenden, Sagen und Fabeln sind aus dem Englischunterricht (insbesondere der Sekundarstufe I) kaum wegzudenken. Kennzeichnend für solche Erzählformen sind Jolles zufolge neben einem relativ schlichten Sprachduktus einfache Grundmotive und Verknüpfungstechniken sowie eine dem mündlichen Erzählen nachempfundene Erzählhaltung. Vor allem am Beispiel des Romans und der Short Story lässt sich beobachten, dass sich viele dieser außer- bzw. vorliterarischen ‚einfachen Formen' auch im Kontext von literarischen Genres wiederfinden.

Neue narrative Formen

Überblickt man die Vielfalt der Erzählformen und konkreten Geschichten, mit denen wir in unserer Medienkulturgesellschaft täglich konfrontiert sind, so wird deutlich, dass es neben den traditionellen einfachen Erzählformen und komplexeren literarischen Erzählgenres inzwischen eine große Bandbreite neuer narrativer Formen gibt. Besonders auffällig ist die Entstehung neuer Erzählformen im Bereich der Mediengattungen, mit denen Lernende durch das Fernsehen und die Pop-Musik schon früh vertraut werden. Seien es Talkshows, *daily soaps, sitcoms* und andere Serien, die meisten Musikvideos oder sogenannte *news stories*, die nicht nur in Zeitungen, sondern auch in anderen Massenmedien verbreitet werden – man kann sich des Eindrucks kaum erwehren, dass gerade im Fernsehen überall und immer erzählt wird.

Hyperfictions

Neue multimediale Erzählgenres haben vor allem auch durch das Internet Verbreitung gefunden. In *hyperfictions*, d. h. fiktionalen Hypertexten, wird nicht nur die Linearität der Erzählung aufgebrochen; vielmehr verändern sich auch die jeweiligen Rollen von Autor bzw. Erzähler und Leser bzw. Zuhörer, weil Rezipienten bzw. User einen viel größeren Einfluss auf den Rezeptionsprozess gewinnen. Nicht zuletzt deshalb eröffnen derartige Erzählformen eine Vielzahl von bislang nicht annähernd ausgeschöpften Möglichkeiten für einen schülerzentrierten Unterricht.

Narrative Schülertexte und narrative Kompetenz

Die verschiedenen Erzählformen sind allerdings nicht nur als Textmaterial bzw. Unterrichtsgegenstände von großer Bedeutung für den fremdsprachlichen Literaturunterricht. Vielmehr sind auch viele der gesprochenen und geschriebenen Schülertexte selbst narrativer Art. Es geht also im Literaturunterricht nicht bloß um eine möglichst kompetente Rezeption und Analyse von Geschichten, wie sie bei der Behandlung von Romanen und Short Storys lange im Vordergrund gestanden haben, sondern auch und vor allem darum, Lernende zur Produktion von mündlichen und schriftlichen Geschichten zu befähigen (vgl. hierzu Kap. I.3.1 zur Entwicklung von narrativer Kompetenz als Lehr- und Lernziel im fremdsprachlichen Literaturunterricht).

Erzählkonventionen

Wie lassen sich nun narrative Fähigkeiten schulen oder ausbilden? Will man so etwas wie eine Geschichte erzeugen, so muss man die Regeln bzw. Konventionen der Textsorte kennen. Was man von einer mündlichen Erzählung mindestens erwartet, hat der Soziolinguist William Labov (in Toolan 2001: 148) dargelegt:

WISSENSWERT

Konventionen einer mündlichen Erzählung

1. Abstract: What, in a nutshell, is this story about?
2. Orientation: Who, when, where?
3. Complicating action: What happened and then what happened?
4. Evaluation: So what?
5. Result or resolution: What finally happened?
6. Coda: That's it, I've finished and am ‚bridging' back to our present situation.

Variabilität von Geschichten

Eine solche Liste von Merkmalen darf nicht darüber hinwegtäuschen, dass auch das Erzählen von Geschichten sozialer, historischer und kultureller Variabilität unterliegt. Sowohl die Ausbildung von narrativer Kompetenz als auch die jeweils favorisierten Arten des Geschichtenerzählens hängen in erheblichem Maße von Faktoren wie Alter, Geschlecht, sozialer Schichtenzugehörigkeit und Umgebung ab. Das folgende Modell zeigt, wie sich sowohl die bevorzugten Themen als auch die Diskursformen des Geschichtenerzählens bei Lernenden im Alter von fünf bis 17 Jahren im Laufe der Zeit verändern:

Altersabhängige Ausbildung von *narrative skills*

nach Toolan (2001: 191)

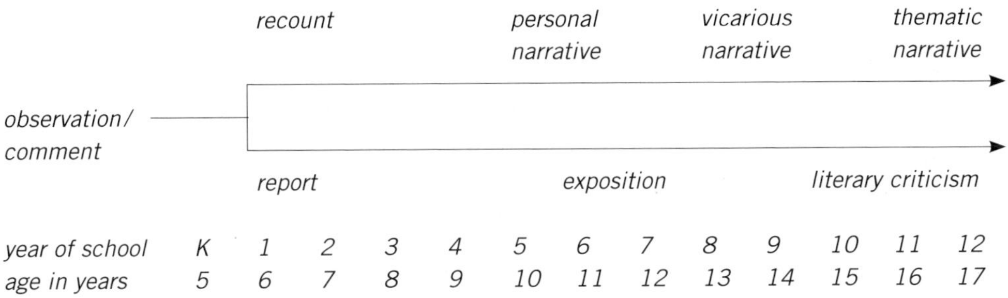

Kulturell verfügbare Plots

Wenn wir Geschichten erzählen, greifen wir außerdem stets – bewusst oder unbewusst – auf kulturell verfügbare Plots zurück. In unserer Kultur gehören zu solchen Plots etwa Aufsteigergeschichten (‚*from rags to riches*') oder solche, die Niedergang und Verfall zum Thema haben, sowie *romance plots*, in denen das Zusammenfinden eines Paares im Mittelpunkt steht. Auch Geschichten, die durch die Medien vermittelt oder erzeugt werden, basieren auf solchen Plots. Besonders deutlich zeigt sich dies im Falle von Erzählgenres wie Pop- und Rap-Songs, *urban legends* sowie *soaps* und *sitcoms*, die auf kulturell verfügbare Plots zurückgreifen (und diese zugleich weiter verbreiten) und daher in vielfältiger Weise Rückschlüsse auf die Werte und Normen der Gesellschaft zulassen, die diese Genres hervorbringt.

Narrative Psychologie

Welche Aspekte darüber hinaus bei der Frage nach der narrativen Kompetenz von Bedeutung sind, hat vor allem die in den USA vieldiskutierte narrative Psychologie herausgearbeitet (vgl. Straub 1998 sowie Bruner 1986 und 1990). Dieser psychologische Ansatz untersucht – vereinfachend ausgedrückt – die Bedeutung des Erzählens von Geschichten für menschliches Verstehen und Handeln. Dem

Ansatz liegt, wie Donald E. Polkinghorne darlegt, die konstruktivistische Auffassung zugrunde, „daß die Erzählung das primäre strukturierende Schema ist, durch das Personen ihr Verhältnis zu sich selbst, zu anderen und zur physischen Umwelt organisieren und als sinnvoll auslegen" (in Straub 1998: 15). Erzählen wird dabei als eine zentrale Art der kognitiven Strukturierung aufgefasst, die dem Verstehen dient und durch die Menschen Ereignissen und ihren Erfahrungen nachträglich Sinn und Bedeutung verleihen: „Die narrative Strukturierung führt zu narrativen Produkten, die in ihrem Aufbau kulturelle Plots und Charakterisierungen verwenden." (ebd.)

Regeln des Erzählens

Geschichten sind somit Konstrukte, die nach bestimmten, früh internalisierten Regeln gebildet werden (vgl. Straub 1998: 18):

WISSENSWERT

Regeln des Erzählens

Fabelbildungen setzen Ereignisse zu einer Geschichte zusammen, indem sie

a) die Grenzen einer Zeitspanne festlegen, die den Anfang und das Ende der Geschichte bilden
b) Kriterien für die Auswahl der Ereignisse zur Verfügung stellen, die in die Geschichte aufzunehmen sind
c) Ereignisse zeitlich so ordnen, daß sich eine Bewegung – eine Geschichte – entfaltet und in einer Konklusion ihren Höhepunkt findet, und
d) die Bedeutung, die Ereignisse im Hinblick auf ihren Beitrag zur Geschichte als einem einheitlichen Ganzen besitzen, klären oder explizieren.

Konstruktcharakter von Geschichten

Geschichten bilden somit niemals eigene Erfahrungen oder vergangene Ereignisse ‚neutral' oder gar ‚objektiv' ab. Vielmehr beruhen sie in mehrfacher Hinsicht auf komplexen Selektions-, Kombinations- und Perspektivierungsprozessen. Darüber hinaus gibt es noch weitere Merkmale von Erzählungen, die den Konstruktcharakter von Geschichten sowie die unüberbrückbare Kluft zwischen Ereignissen und den Geschichten, die über diese Ereignisse erzählt werden, unterstreichen. Dazu zählen die (Re-)Konstruktivität von Erinnerungen und von Gedächtnis sowie ‚Glättungsvorgänge' (wie Auslassungen, Relevanzsetzungen, Hervorhebungen, Ausschmückungen und Überleitungen) (vgl. ebd.: 24ff.). Aus den genannten Gründen sind Vergangenheit und Gegenwart zu einem hohen Maße „als narrative Konstruktionen" (Jerome S. Bruner in Straub 1998) aufzufassen, die das Resultat retrospektiver, strukturierender und interpretierender Prozesse sind: „Narratives Wissen ist kein bloßes

Zurückrufen der Vergangenheit. Narratives Verstehen ist eine retrospektive, interpretative Komposition, die vergangene Ereignisse im Lichte der aktuellen Auffassung und Beurteilung ihrer Bedeutung zeigt." (Polkinghorne in Straub 1998: 26)

Konsequenzen für den Unterricht

Vor dem Hintergrund dieser Einsichten besteht die Ausbildung von narrativer Kompetenz im Unterricht zu einem großen Teil darin, die für das Verstehen und Erzählen von Geschichten relevanten Teilfähigkeiten zu erwerben und sie in der Praxis zu erproben. Wenn Lernende sich kompetent und kritisch mit den privaten und öffentlichen *stories* auseinander setzen sollen, denen sie im Alltag und in den Medien auf Schritt und Tritt begegnen, dann müssen sie zunächst einmal die Elemente, Strukturen und Mechanismen kennenlernen, die in die Konstruktion von Erzählungen eingehen. Diese Regeln betreffen nicht nur die Auswahl relevanter Ereignisse, sondern auch deren Anordnung, Verknüpfung und Entfaltung zu einer ‚guten' und kohärenten Geschichte. Neben diesen *story*-bezogenen Aspekten kommen noch Techniken der erzählerischen Vermittlung, Perspektivierung und gegebenenfalls textuellen bzw. medialen Inszenierung der erzählten Ereignisse hinzu. Der Erwerb von Wissen über narrative Texte ist daher eine wichtige Voraussetzung sowohl für das Verständnis von verschiedenen Erzählformen und -funktionen als auch für die Produktion eigener Erzählungen.

Analytische und kreative Verfahren

Erzähltextanalyse ist somit keineswegs obsolet, sondern ein wichtiger Schritt hin zum Aufbau von rezeptiver und produktiver narrativer Kompetenz. Neben den erwähnten dominant kognitiv-analytischen Kategorien und Zugangsweisen bedarf es jedoch der Ergänzung durch weitere, schülerzentrierte, kreative und produktionsorientierte Methoden, die für die Ausbildung von aktiver narrativer Kompetenz unverzichtbar sind. In den folgenden beiden Unterkapiteln sollen daher sowohl textanalytische als auch kreative Formen der Arbeit mit narrativen Texten vorgestellt werden (zu verschiedenen allgemeineren pre-, while- und post-reading activities vgl. Kap. II.2).

5.2 Kommunikationsebenen, Erzählsituation, Bewusstseinsdarstellung, Raum- und Zeitdarstellung: Erzähltextanalyse leicht gemacht

Aufgabe des Literaturunterrichts

Angesichts der Vielfalt und Wandlungsfähigkeit von Erzählformen stellt sich für den Literaturunterricht die Aufgabe, sich Klarheit über die wesentlichen Elemente des Erzählens und ihre strukturellen Zusammenhänge zu verschaffen. In den Mittelpunkt des Interesses rückt damit die Narrativität, d. h. die spezifisch narrative Dimension von Erzähltexten, also jene Merkmale, die sie von anderen Gattungen unterscheiden.

Stellenwert rationaler Analyseverfahren

Der Umgang mit narrativen Texten im Englischunterricht war lange Zeit von rationaler Textanalyse geprägt. Im Zuge des Aufschwungs von Rezeptionsästhetik und einem schülerzentrierten Englischunterricht sind Verfahren der Erzähltextanalyse bei der Behandlung narrativer Texte jedoch zunächst in den Hintergrund gedrängt worden. Inzwischen hat sich gleichwohl vor allem aufgrund der Ergebnisse von PISA zunehmend die Einsicht durchgesetzt, dass textanalytische Kenntnisse eine wichtige Voraussetzung für das Textverstehen sind und daher bei der Beschäftigung mit Erzähltexten vermittelt werden sollten. Daher möchten wir im Folgenden praxisnah und dem aktuellen Stand der Erzähltheorie entsprechend aufzeigen, wie rationale Verfahren der Erzähltextanalyse mit Erfolg im Unterricht eingesetzt werden können.

Unterrichtsrealität

Zu den Grundfragen der Erzähltextanalyse zählen die Untersuchung der Geschichte, die Bestimmung der Erzählsituation, die Charakterisierung der Figuren sowie die Analyse des Schauplatzes und der Zeitstruktur. Wenn im Englischunterricht jedoch nach dem *point of view* in einer Kurzgeschichte oder einem Roman gefragt wird, herrscht oft betretenes Schweigen unter den Lernenden. Ganz ähnlich sieht es bei anderen Grundfragen der Erzähltextanalyse aus, die sich etwa auf die Figurencharakterisierung, die Erzählweise oder die Handlungsstruktur in narrativen Texten beziehen. In den letzten Jahrzehnten hat sich eine enorme Kluft zwischen der zum Teil sehr differenzierten Erzähltheorie und den Bedürfnissen der Unterrichtspraxis aufgetan. Während die literaturwissenschaftlichen Verfahren der Erzähltextanalyse inzwischen außerordentlich terminologisch ausgefeilt sind, fehlt es bislang an praxisorientierten Arbeiten, aus denen hervorgehen würde, wie bei der Anwendung von erzähltheoretischen Kategorien im Fremdsprachenunterricht konkret vorzugehen ist. Dies ist zum Teil darauf zurückzuführen, dass selbst neuere Lehrerhandbücher und *study-aids* nach wie vor von Begriffen und Methoden ausgehen, die erzähltheoretisch überholt und didaktisch schlecht umsetzbar sind.

Zielsetzung

Wie einfach es sein kann, die Erzählsituation eines Textes herauszufinden oder die Techniken der Figurendarstellung präzise zu beschreiben, soll im Folgenden gezeigt werden. Um Lehrenden die Vermittlung von Kenntnissen in der Analyse narrativer Texte gezielt zu erleichtern, werden begriffliche Mittel bereitgestellt, Grundfragen der Erzähltextanalyse in der Zielsprache Englisch formuliert und konkrete Umsetzungsvorschläge gemacht, die für Lernende auf Anhieb verständlich sind. Ziel ist es, umfassende Fragen wie die nach der Erzählperspektive und Figurencharakterisierung in eine nachvollziehbare Reihe von spezifischen, systematisch aufgebauten Analyseschritten zu zergliedern. Die verwendeten Fachbegriffe werden in Klammern ebenfalls in Englisch angeführt; englischsprachige Erläuterungen der Begriffe finden sich im Glossar am Ende des Bandes. Auf diese Weise sollen Möglichkeiten des Zugangs zu Erzähltexten erschlossen werden, die nicht nur dem heutigen Erkenntnisstand der Erzähltheorie entsprechen, sondern die Lehrenden auch konkrete Hilfen für ihre praktische Arbeit in der Klasse an die Hand geben. Da nicht nur Romane und Short Storys Geschichten erzählen, sind viele der im Folgenden vorgestellten Überlegungen und Kategorien auch für die Analyse von Comics, Filmen, fiktionalen Hypertexten und anderen narrativen Genres relevant.

Story vs. discourse

Ein Ausgangspunkt für die Analyse von Erzähltexten ist die Differenzierung von Kommunikationsebenen (*levels of communication*). Viele Ansätze legen eine Opposition von *story* und *discourse* zugrunde. Der Begriff der ***story*** bezeichnet die Abfolge der erzählten Ereignisse nach ihrem zeitlichen Ablauf und umfasst die Gesamtheit der Aspekte, die die Ebene der erzählten Geschichte konstituieren. Der Begriff des ***discourse*** bezieht sich auf die Gestaltung der Geschichte durch den Erzähler, auf die Struktur der erzählerischen Vermittlung (*structure of narrative transmission*). Die beiden Grundfragen, die sich aus dieser Unterscheidung ergeben, lauten: Was wird erzählt? (▸ *What is the story about? bzw.* ▸ *Give a brief summary of the main events!*) Wie wird eine Geschichte erzählerisch vermittelt? (▸ *How is the story presented? bzw.* ▸ *What is the point of view of the story?*) Die Unterscheidung zwischen der Ebene der *story* und der des *discourse* trägt der Tatsache Rechnung, dass ein und dieselbe Geschichte im Hinblick auf Auswahl und Betonung einzelner Ereignisse, sprachliche Gestaltung sowie Wahl der Perspektive und bestimmter Erzählmuster ganz unterschiedlich erzählt werden kann. Dieser Umstand eröffnet wiederum ein großes didaktisches Potenzial, besonders im Hinblick auf schüleraktivierende und produktionsorientierte Verfahren (vgl. Kap. II.5.3).

Konstituenten narrativer Texte

Die Unterscheidung zwischen *story* und *discourse* liefert außerdem einen Bezugsrahmen, um die verschiedenen Konstituenten narrativer Texte (*constituents of narrative texts*) zu bestimmen. Dies ist eine grundlegende Voraussetzung für ein erfolgreiches Unterrichtsgespräch über eine Kurzgeschichte oder einen Roman. Der Bereich der erzählten Geschichte lässt sich weiter aufgliedern in **Ereignisse** (*events*) und in einer Geschichte existierende Phänomene (*existents*), bei denen wiederum zwischen den **Figuren** (*characters*) und dem **Schauplatz** (*setting*) unterschieden wird. Bei der Analyse der Ebene des Diskurses wird danach gefragt, **wer erzählt** (▸ *Who is the narrator?*) und **aus wessen Perspektive** die dargestellte Welt geschildert wird (▸ *From whose point of view do we perceive the events?*). Das folgende Diagramm zeigt dies auf einen Blick:

Konstituenten narrativer Texte

nach Chatman (1978: 19)

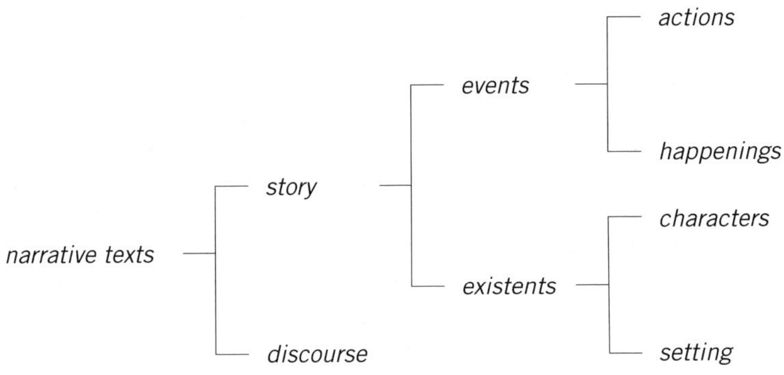

Definitionen von Narrativität

Das Bündel von formalen und/oder inhaltlichen Merkmalen, durch das sich Erzählungen auszeichnen, wird als ‚Narrativität' (*narrativity*) bezeichnet. Um Textsortenkompetenz zu erlangen, müssen die Lernenden darin geschult werden, die einzelnen literarischen Gattungen zu erkennen und ihre spezifischen Merkmale zu beschreiben. Definitionen von Narrativität variieren, je nachdem ob sie von der Ebene des Erzählten (*story*) oder der des Erzählens (*discourse*) ausgehen. In der strukturalistischen Erzähltheorie herrscht die Auffassung vor, dass Erzählungen (im Gegensatz zu Gedichten, Beschreibungen, Abhandlungen und anderen Texttypen) eine **Handlung** aufweisen. Hingegen sehen am Erzählvorgang bzw. *discourse* interessierte Ansätze die **erzählerische Vermittlung** als konstitutives Kennzeichen von Narrativität (vgl. Stanzel 1995: 15ff.). Ein dritter Ansatz sieht das Besondere narrativer Texte eher in einem primär inhaltlichen Merkmal: in der grundsätzlichen Möglichkeit von Erzählungen, durch ihre narrative Struktur **menschliche Erfahrungen** zum Ausdruck bringen zu können (vgl. Fludernik 1996: 12).

Merkmalsbündel

Anstatt sich auf eine dieser Definitionen zu versteifen, ist es für die Analyse von Erzähltexten im Unterricht sinnvoller, von einem Merkmalsbündel auszugehen, durch das sich narrative Texte auszeichnen. Nicht jeder Erzähltext muss alle drei Merkmale aufweisen, sondern in bestimmten Genres, Epochen oder Werken kann eines überwiegen: In Anekdoten und Actionfilmen steht z. B. meist die Handlung im Vordergrund, in Erzählungen mit einer komplexen erzählerischen Vermittlung der Erzählvorgang selbst und in Pop-Songs und psychologischen Romanen des Modernismus (*modernism*) das Element der ‚Erfahrungshaltigkeit' (*experientiality*). Gleichgültig ob es sich um komplexe literarische Erzählgenres oder um einfache narrative Kurzformen handelt, narrative Texte unterscheiden sich von anderen Textsorten (z. B. argumentativen, deskriptiven, instruktiven und konversationellen Texten) in jedem Fall dadurch, dass sie eine Geschichte erzählen oder darstellen.

Kommunikationsmodell narrativer Texte

Den theoretischen Rahmen für die Analyse einer Kurzgeschichte oder eines Romans im Unterricht bildet das Kommunikationsmodell narrativer Texte (*communication model for narrative texts*). Dieses hat sich nicht zuletzt deshalb als ein ebenso einfaches wie angemessenes Hilfsmittel bewährt, weil es die Einbeziehung aller an der Kommunikation im Erzähltext beteiligten Sender- und Empfängerinstanzen (*instances of addresser and addressee*) auf verschiedenen außertextuellen und textuellen Kommunikationsebenen (*extratextual and intratextual levels of communication*) ermöglicht.

Kommunikationsmodell narrativer Texte

nach Nünning/Nünning (2004:104)

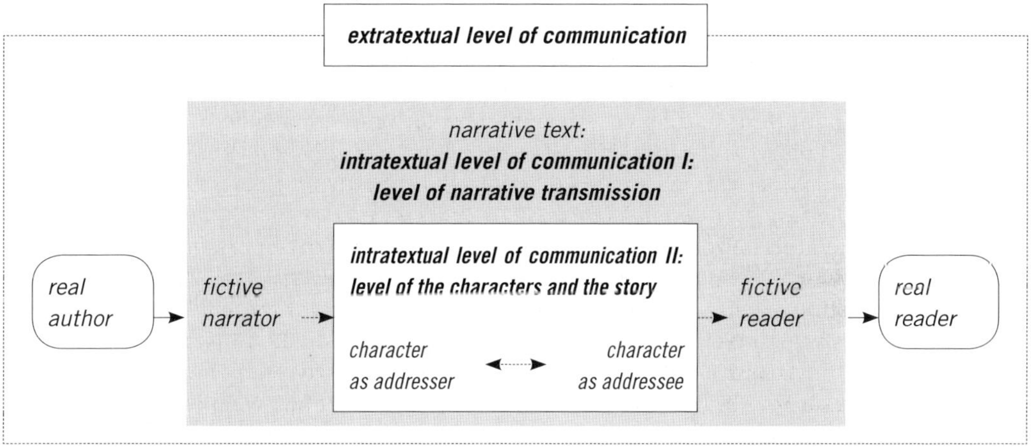

Kommunikationsverhältnisse im Erzähltext

Mit Hilfe dieser schematischen Darstellung können Lernenden die Kommunikationsverhältnisse im narrativen Text grafisch veranschaulicht werden. Der Dialog zwischen den Figuren der Geschichte (*characters in the story*) findet auf der Handlungsebene statt (*level of the characters and the story*) und ist in die übergeordnete Kommunikation zwischen dem fiktiven Erzähler (*fictive narrator*) und dem fiktiven Leser (*fictive reader*) eingebettet (*level of narrative transmission*). Von diesen beiden werkinternen Kommunikationsebenen ist der werkexterne Bereich zu unterscheiden, in dem der reale Autor (*real author*) und der reale Leser (*real reader*) angesiedelt sind (*extratextual level of communication*), die von allen fiktionalen textuellen Sprechern zu unterscheiden sind.

Story-Ebene: Figuren, Handlung und Raum

Wenn die Analyse der Erzähltechniken, die in stärkerem Maße einer Lenkung durch Lehrerfragen bedarf, für eine bestimmte Lerngruppe als zu schwierig erscheint, bildet die Untersuchung der *story*-Ebene mit ihren Aspekten ‚Figuren', ‚Handlung' und ‚Raum' einen geeigneten Einstieg bei der Behandlung von narrativen Texten. Als hilfreich für die Ermittlung der Konstituenten einer Geschichte und ihrer Relationen zueinander hat sich die Anfertigung eines Inhaltsresümees erwiesen. Als Anhaltspunkte können die Bestimmung der Figurenkonstellation, die Erarbeitung der Kontrast- und Korrespondenzrelationen zwischen den Figuren und die Aufteilung der Geschichte in Handlungseinheiten und Handlungsstränge mit Angaben zum Raum dienen.

Figurendarstellung

Da die Ermittlung der Eigenschaften von Figuren Lernenden erfahrungsgemäß relativ leicht fällt, kann es sinnvoll sein, bei der Textanalyse mit diesem Aspekt zu beginnen. Für den Bereich der Figurendarstellung (*presentation of characters*) und Figurencharakterisierung (*characterisation*) kann die Erzähltextanalyse auf ein differenziertes Repertoire von Kategorien zurückgreifen, das die Dramentheorie entwickelt hat (s. hierzu im einzelnen Kap. II.4.2). Bei der Anwendung auf die Untersuchung von narrativen Texten bedürfen einige der dramentheoretischen Konzepte jedoch einer Modifizierung bzw. Ergänzung, weil zusätzlich die Ebene der erzählerischen Vermittlung zu berücksichtigen ist.

Techniken der Figurencharakterisierung

Während die dramenanalytischen Kategorien zur Beschreibung von Figurenkonzeptionen (*character conceptions*) und -konstellationen (*character constellations*) Lernenden auch die differenzierte Untersuchung der Figuren in Erzähltexten ermöglichen, sind bei der Vermittlung von Techniken der Charakterisierung noch Ergänzungen vorzunehmen. Neben den auch im Drama gebräuchlichen Verfahren der **expliziten** und **impliziten figuralen Selbst- und Fremdcharakterisierung** (*explicit and implicit self-commentary and commentary by others*) können in Kurzgeschichten und Romanen auch charakterisierende Äußerungen der Erzählinstanz vorliegen. Die Erzählinstanz kann durch expositorische Informationsvergabe – oftmals in Form einer **Blockcharakterisierung** (*block characterisation*) –, durch Kommentare und Wertungen in vielfältiger Weise zur Charakterisierung der Figuren und zur Rezeptions- und Sympathielenkung beitragen. Das folgende Beispiel aus dem ersten Kapitel von J. K. Rowlings Roman *Harry Potter and the Philosopher's Stone* (1997) verdeutlicht dies. Harrys Ersatzfamilie, die Dursleys, werden mittels Blockcharakterisierung eingeführt, und der bissige Erzählerkommentar über Mrs. Dursleys Hang, ihre Nachbarn auszuspionieren, weckt im Leser nicht gerade Sympathien für diese Figur:

TEXT

Excerpt from *Harry Potter and the Philosopher's Stone*

Mr. and Mrs. Dursley, of number four, Privet Drive, were proud to say that they were perfectly normal, thank you very much. They were the last people you'd expect to be involved in anything strange or mysterious, because they just didn't hold with such nonsense.
Mr. Dursley was the director of a firm called Grunnings, which made drills. He was a big, beefy man with hardly any neck, although he did have a very large moustache. Mrs. Dursley was thin and blonde and had nearly twice the usual amount of neck, which came in very useful as she spent so much of her time craning over garden fences, spying on the neighbours. The Dursleys had a small son called Dudley and in their opinion there was no finer boy anywhere.

Joanne K. Rowling

Vier Erzählweisen

Um im Unterricht Aufschluss über die Figuren in einem narrativen Text zu gewinnen, können darüber hinaus die vier Erzählweisen (*narrative modes*) ‚direkte Rede' (*speech*), ‚Bericht' (*report*), ‚Beschreibung' (*description*) und ‚Erzählerkommentar' (*comment*) einbezogen werden. Der Begriff **‚Bericht'** bezeichnet die meist zeitraffende Wiedergabe von Geschehensverläufen durch die Erzählinstanz. Während sich der Terminus **‚Beschreibung'** auf die Darstellung von Räumen oder Objekten der fiktiven Welt bezieht, umfasst die Erzählweise **‚comment'** alle Kommentare des Erzählers zum Geschehen. **Direkte Rede** kommt vor allem in Form von Figurendialog (*dialogue*) im szenischen Erzählen (*scenic report/scene*) vor.

AUFGABE

Figurendarstellung untersuchen

- Which characters speak?
- Of which characters are we told the thoughts?
- Which characters have perceptions of their environment which are formulated in the text?
- To which degree does a character initiate actions?
- Does the text contain a physical description of a particular character?
- Does the description extend to the mental and psychic state of the character?
- What do we get to know of the biographical background of a given character?
- Does the character judge others or is he judged by others?
- Does the narrator pass judgments on him?

Wie sehr die Art der Figurendarstellung in narrativen Texten die Erwartungen der Leserinnen und Leser im Hinblick auf das Erzählgeschehen bestimmt, können die Lernenden auch mit Hilfe kreativer Schreibaufgaben erarbeiten (vgl. Kap. II.5.3).

Handlungsstruktur

Ein weiterer Aspekt der Erzähltextanalyse, der Lernenden den Einstieg in die Untersuchung eines narrativen Textes erleichtern kann, ist die Ermittlung seiner Handlungsstruktur. Hier gilt es zunächst, die Geschichte zeitlich und räumlich zu situieren, die beteiligten Figuren zu benennen sowie die wichtigsten Ereignisse und ihre kausale Anordnung zu rekonstruieren:

AUFGABE

Handlungsstruktur untersuchen

- What exactly happens and why? Describe the main events.
- Who takes part in the story?
- When and where does the story take place?
- Is the story based on a traditional plot pattern (love and marriage plot, quest plot, etc.)?
- How many sections does the story fall into? Think of a heading for what is dealt with in each of them.
- What is the structure of the action? Is it linear, circular or fragmentary?

Story vs. plot

Bei der Beantwortung dieser Fragen sollte die Unterscheidung zwischen der Geschichte (*story*) und dem Plot (*plot*) beachtet werden. Der Begriff ‚**story**' bezieht sich auf die Ereignisse in ihrer chronologischen Reihenfolge, ohne dass deren kausale Beziehungen in den Blick geraten. Einen ‚**plot**' hat eine Geschichte hingegen dann, wenn die Handlungselemente zusätzlich kausal und logisch miteinander verknüpft sind. Um es mit einem viel zitierten Beispiel von E. M. Forster (1927/1981: 93f.) zu verdeutlichen: „*A plot is also a narrative of events, the emphasis falling on causality. ‚The king died and then the queen died', is a story. ‚The king died, and then the queen died of grief', is a plot.*" Dieser nur aus einem Satz bestehende Plot weist gleich zwei Ereignisse auf, wobei das zweite in einem ursächlichen Zusammenhang zum ersten steht.

Herringbone Technique

Um die Antworten auf die sogenannten W-Fragen einer Geschichte *(Who? What? When? Where? Why?)* in eine anschauliche und für Lernende leicht memorierbare Struktur zu bringen, bietet sich die sogenannte *herringbone technique* an (vgl. Walker 1996). Mit Hilfe dieses grafischen Verfahrens, das an ein Fischskelett erinnert, kann das Handlungsgerüst eines narrativen Textes vereinfacht und übersichtlich dargestellt werden. Eine solche Darstellung ist insofern hilfreich bei der Beschäftigung mit Erzählliteratur im Unterricht, als sie als Grundlage für das Schreiben eines Inhaltsresümees, für mündliche Nacherzählungen sowie für Diskussionen über einen Text im Plenum dienen kann. Außerdem lässt sich mit ihrer Hilfe das Textverständnis der Lernenden überprüfen.

Herringbone Technique

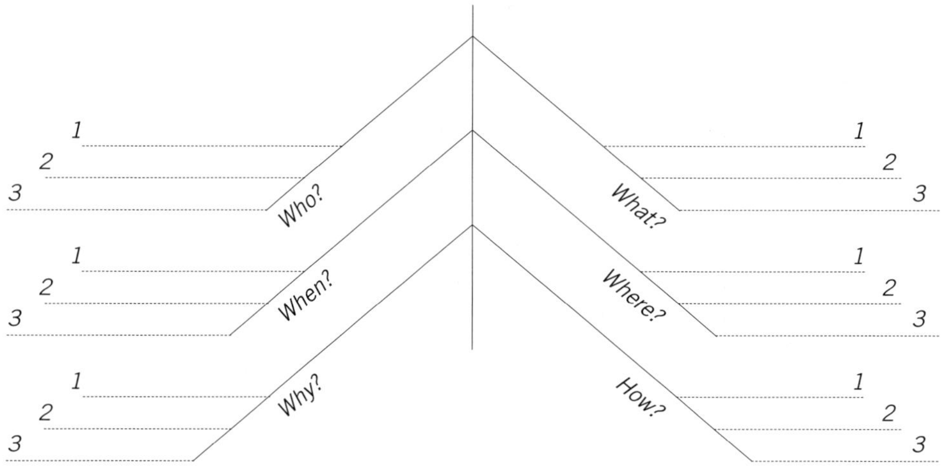

Romaneingang und Exposition

Zur Analyse der Handlungsstruktur im Unterricht gehören auch Fragen nach den Formen des Romaneingangs (*beginning*), der Gestaltung der Exposition (*exposition*) und den Techniken der Schlussgebung (*ending*):

AUFGABE

Romaneingang untersuchen

- How/where does the narrative begin?
- In what manner is the narrative brought to a close?
- Are the beginning and the ending clearly marked?

Im Hinblick auf die Vielzahl von Möglichkeiten, die Anfänge narrativer Texte zu gestalten, wird in der Erzähltextanalyse unterschieden zwischen der detaillierten Entfaltung der Handlung von ihren Anfängen und der Vorgeschichte her (**ab ovo beginning**), dem unmittelbaren Hineinversetzen in die voranschreitende Handlung (**in medias res**) sowie der analytischen Struktur, die mit dem Ende der

Geschichte beginnt und allmählich die Voraussetzungen der Eingangssituation aufdeckt (**in ultimas res**). Zur Exposition zählen die zum Verständnis der erzählten Geschichte notwendigen Informationen über Zeit, Ort, Figuren und Vorgeschichte der Handlung.

Schlussgebung Bei den Techniken der Schlussgebung in narrativen Texten (*techniques for concluding narrative texts*) stellt sich die Grundfrage, ob es sich um ein ‚**geschlossenes Ende**' (*closed ending*) handelt, bei dem die Probleme gelöst und die Handlung zu einem logischen Abschluss geführt wird, oder um ein ‚**offenes Ende**' (*open ending*), bei dem die Konflikte ungelöst bleiben und das Schicksal der Figuren nicht geklärt wird. Insbesondere Erzählungen mit einem offenen Ende bieten sich im Unterricht für eine Vielzahl kreativer Verfahren an, z. B. für die schriftliche Fortführung der Erzählung oder die szenische Umsetzung eines alternativen Endes. Ein ‚erwartetes Ende' liegt im Falle der ‚**poetischen Gerechtigkeit**' (*poetic justice*) vor, der moralisch gerechten Verteilung von Lohn und Strafe. Wenn es sich um einen unerwarteten Eingriff einer von außen kommenden und am Handlungsverlauf unbeteiligten Instanz handelt, spricht man von einem ‚**deus ex machina-Ende**' (*deus ex machina ending*).

Raumdarstellung Neben der Frage nach der Figurendarstellung und der Handlungsstruktur fällt es Schülerinnen und Schülern auch verhältnismäßig leicht, mit der Frage nach der Gestaltung des Raumes (*space*) einer fiktionalen Geschichte zu beginnen. Dabei geht es vor allem darum, welche Schauplätze und Gegenstände in einem narrativen Text dargestellt und wie sie erzählerisch gestaltet werden. Um Aufschluss über die Raumdarstellung zu erhalten, sollte die Frage gestellt werden, ob der Raum von einem übergeordneten Erzähler beschrieben oder aus der Perspektive einer der Figuren wahrgenommen wird, deren Erlebnis- und Auffassungsweisen subjektiv gefärbt sein können: ▸ *Is the space described by the narrator or is it filtered through the perceptions of a character? What does this tell us about the representation of space in this text?* In narrativen Texten tragen unterschiedliche Darstellungsverfahren dazu bei, Vorstellungen von Räumen zu entwerfen. Dabei fungieren vor allem die Beschreibung, die Bewusstseinsdarstellung und die Bildlichkeit (Metaphern, Metonymien, Synekdochen; vgl. Kap. II.3.3) als Mittel der Gestaltung des Raumes der Geschichte.

Funktionen der Raumdarstellung Entscheidend für Fragen der Interpretation im Unterricht ist die Einsicht, dass Räume in literarischen Texten nicht bloß als Schauplätze fungieren, sondern dass die Raumdarstellung bestimmte Funktionen erfüllen kann. Räumliche Oppositionen können z. B. zum Modell für semantische Oppositionen werden (vgl. Pfister 1994: 339). Aufschluss über die Bedeutung des Raumes in einem Text vermitteln daher vor allem dessen Aufteilung, die Relationen innerhalb eines Schauplatzes sowie die Gegenüberstellung verschiedener Orte. So symbolisiert die strikte Abgrenzung der Wohngebiete der britischen Kolonisierer von denen der einheimischen Bevölkerung in vielen Kolonialromanen, z. B. in E. M. Forsters *A Passage to India* (1924), nicht nur die räumliche, sondern auch die kulturelle Distanz zwischen Indern und Briten, deren Wirklichkeitsvorstellungen, Werte und Normen sich nicht vereinbaren lassen. Literarische Raumdarstellungen sind also kein Selbstzweck, sondern sie fungieren ebenso wie andere Darstellungsverfahren als Bedeutungsträger (*carriers of meaning*). Teil der Untersuchung der Raumdarstellung im Unterricht sollte daher immer auch die Bearbeitung der folgenden Frage sein: ▸ *Which functions does the representation of space serve in this text?* Einblick in die Funktionen der Raumdarstellung in narrativen Texten können die Lernenden aber auch durch kreative Aufgaben erhalten (vgl. Kap. II.5.3).

Discourse*-Ebene: Erzählsituation/ *point of view

Im Hinblick auf die *discourse*-Ebene ist kein Aspekt der Erzähltextanalyse von der Erzähltheorie so ausführlich erörtert worden wie die Frage nach den Möglichkeiten, die Erzählperspektive oder den *point of view* eines narrativen Textes zu gestalten. Die Begriffe ‚Erzählsituation' (*narrative situation*), ‚Erzählperspektive' (*narrative perspective*) und *point of view* beziehen sich auf die Art und Weise, wie Figuren, Ereignisse oder Handlungen in narrativen Texten erzählerisch vermittelt werden. Die Untersuchung des *point of view* bietet schon deshalb stets einen geeigneten Ansatzpunkt für die Analyse einer Kurzgeschichte oder eines Romans, weil die erzählerische Vermittlung das konstitutive Gattungsmerkmal narrativer Texte ist.

Narration* vs. *focalisation

Für die Textanalyse im Englischunterricht ist weiterhin die Unterscheidung zwischen ‚Erzählen' und ‚Fokalisieren' relevant, d. h. zwischen den Aspekten eines Textes, die sich auf den Erzählvorgang beziehen (*narration*), und denjenigen, die die perspektivische Brechung der erzählten Welt durch wahrnehmende Subjekte betreffen (*focalisation*). Der Begriff ‚Fokalisierung' umfasst neben der sinnlichen Wahrnehmung auch Bewusstseinsvorgänge wie Denken, Fühlen und Erinnern. Dadurch wird hervorgehoben, dass ein Erzähler (*narrator*) und eine Fokalisierungsinstanz (*focaliser*), die Franz K. Stanzels Begriff ‚Reflektorfigur' entspricht, durch unterschiedliche Tätigkeiten charakterisiert sind: Der Erzähler berichtet über eine fiktive Welt, während eine Fokalisierungsinstanz als psychisches Orientierungszentrum fungiert, aus dessen Wahrnehmungs- und Bewusstseinsperspektive der Leser bzw. die Leserin das fiktionale Geschehen verfolgt.

Analyseschritte Die Unterscheidung zwischen *narration* und *focalisation* ermöglicht es, die pauschale Frage nach dem *point of view* im Englischunterricht in eine Reihe von spezifischen, systematisch aufgebauten Analyseschritten aufzugliedern. Um die Erzählperspektive in einem narrativen Text zu bestimmen, müssen die Lernenden zwei eng miteinander verbundene, aber unterschiedliche Fragen beantworten:

(1) Wer erzählt den Roman bzw. die Kurzgeschichte? (▸ *Who speaks?* bzw. ▸ *Who is the narrator of the story?*)

(2) Aus wessen Sicht oder Perspektive wird die fiktionale Welt wahrgenommen? (▸ *Who sees?* bzw. ▸ *Through whose eyes do we see the events?*)

Mit Hilfe dieser beiden leicht verständlichen Fragen lässt sich zum einen der *point of view* in einem Text in anschaulicher und für Lernende nachvollziehbarer Weise ermitteln. Zum anderen eröffnen die beiden Fragen Lehrenden die Möglichkeit, die wichtigsten Merkmale der auktorialen, personalen und Ich-Erzählsituation im Unterricht zu erarbeiten (vgl. Stanzel 1995).

Bestimmung der Erzählsituation Da die Bestimmung der Erzählsituation in einem narrativen Text auf der Kombination der Antworten zu diesen beiden unterschiedlichen Fragen beruht, empfiehlt es sich, beide bei der Texterschließung getrennt zu stellen. Die oben genannte Reihenfolge bietet sich deshalb als Vorgehensweise im Unterricht an, weil die Charakterisierung eines Erzählers Schülerinnen und Schülern erfahrungsgemäß relativ leicht fällt, während die Analyse der perspektivischen Brechung in stärkerem Maße einer Lenkung durch gezielte Lehrerfragen bedarf. Um Lernenden die Analyse der erzählerischen Vermittlung weiter zu erleichtern, ist es allerdings erforderlich, die beiden Teilfragen noch zu präzisieren.

Who speaks? Im Hinblick auf die Frage *Who speaks*? gilt es zunächst, Schülerinnen und Schülern den Unterschied zwischen dem Erzähler und dem Autor eines Textes zu verdeutlichen. Hierzu erweisen sich solche Beispiele als besonders geeignet, in denen ein Autor eine Geschichte von einem andersgeschlechtlichen Erzähler vermitteln lässt. Dieser Sachverhalt wäre ohne die Differenzierung Autor/Erzähler nicht fassbar. Als nächster Schritt ist die Unterscheidung zwischen dem übergeordneten Erzähler (*superordinate narrator*) und den Figuren der Geschichte einzuführen. Die Kommunikation der Charaktere in der Geschichte bildet den Figurendialog (*dialogue between the characters*). Hingegen konstituiert die Kommunikation des Erzählers mit dem fiktiven, oftmals im Text direkt angesprochenen Adressaten den Erzählvorgang (*narrative process*). Da sich der Erzähler auf einer übergeordneten Kommunikationsebene befindet, handelt es sich beim Figurendialog um eine eingebettete Kommunikation (*embedded communication*). Ein Wechsel der Sprecher

– von der Erzähler- zur Figurenrede – ist recht einfach zu erkennen, weil er meist durch Inquit-Formeln wie *she said* oder *he replied* angezeigt wird.

Art der Erzählinstanz

Im Anschluss daran ist zu prüfen, ob die Erzählinstanz selbst als Figur an dem fiktiven Geschehen teilnimmt. Dies kann durch folgende Fragen geschehen:

AUFGABE

Erzählinstanz identifizieren

- Is the narrator present in the story s/he narrates?
- Does the narrator participate in the story?
- Is the narrator herself/himself a character in the story s/he tells?

Wenn der übergeordnete Sprecher selbst Teil der erzählten Geschichte ist, handelt es sich um einen ‚**Ich-Erzähler**' (*first-person narrator*). Die Ich-Erzählsituation (*first-person narrative situation*) unterscheidet sich dadurch von der auktorialen und der personalen Erzählsituation (*authorial narrative situation* bzw. *figural narrative situation*), dass der Ich-Erzähler zugleich als Figur in der dargestellten Welt auftritt. Im Gegensatz dazu stehen **auktoriale Erzähler** und **neutrale Erzählinstanzen**, wie sie für die personale Erzählsituation charakteristisch sind, außerhalb der Welt der Figuren. Daher spricht man in diesen beiden Fällen von einem ‚Er-Erzähler' (*third-person narrator*).

Ich-Erzählsituation

Anhand der Frage *Who speaks?* lassen sich noch weitere Merkmale der Erzählsituationen illustrieren und Begriffe einführen, die für die Texterschließung im Unterricht von Bedeutung sind. In der Ich-Erzählsituation wird das Geschehen von einem ‚**erzählenden Ich**' (*narrating I*) berichtet, das selbst als Figur (*character*) bzw. ‚**erlebendes Ich**' (*experiencing I*) an der Handlung in der fiktiven Welt teilnimmt. Erzählendes und erlebendes Ich sind häufig durch zeitliche und kritische Distanz getrennt (*temporal distance* bzw. *critical distance*). Darüber hinaus ist die Frage von Bedeutung, welche Rolle der Ich-Erzähler in der fiktiven Geschichte spielt:

AUFGABE

Rolle des Ich-Erzählers feststellen

- What is the narrator's relationship to the other characters?
- What is the narrator's role in the story?
- Is the narrator herself/himself the protagonist of the story or is s/he one of the minor characters?

Wenn der Erzähler selbst die Hauptfigur der Geschichte ist, handelt es sich um den als ***I-as-protagonist*** bezeichneten Typus. Ist der Erzähler lediglich eine Nebenfigur, ein Beobachter oder ein Zeuge des Geschehens, so spricht man von ***I-as-witness***.

Beispiel für die Ich-Erzählsituation

Einige der typischen Merkmale der Ich-Erzählsituation werden am Anfang von Charles Dickens' Bildungsroman *The Personal History of David Copperfield* (1849–50), in dem der Titelheld seine eigene Geschichte erzählt, sehr schön deutlich:

TEXT

Excerpt from *The Personal History of David Copperfield*

Whether I shall turn out to be the hero of my own life, or whether that station will be held by anybody else, these pages must show. To begin my life with the beginning of my life, I record that I was born (as I have been informed and believe) on a Friday, at twelve o'clock at night. It was remarked that the clock began to strike, and I began to cry, simultaneously.

Charles Dickens

Bewusstseinsdarstellung in den Erzählsituationen

Durch die Feststellung der Zugehörigkeit des Ich-Erzählers zur Welt der Figuren kann den Lernenden ein weiteres Merkmal der Ich-Erzählsituation erschlossen werden: Die Bewusstseinsdarstellung ist auf die Gedanken und Gefühle des Ich beschränkt. Ich-Erzähler können über Gedanken und Gefühle anderer allenfalls Mutmaßungen anstellen. Hingegen können Erzähler in der auktorialen und personalen Erzählsituation Einblick in das Bewusstsein aller Figuren nehmen. Außerdem zeichnen sich die auktoriale und personale Erzählsituation durch die fiktive **Allgegenwart** (*omnipresence*) und **Allwissenheit** der Erzählinstanzen aus (*omniscience*), während Ich-Erzähler zu jedem Zeitpunkt nur an einem Schauplatz anwesend sein und nicht in die Zukunft blicken können. Um all dies im Unterricht zu erarbeiten, bieten sich Fragen wie die folgenden an:

AUFGABE

Merkmale der Erzählsituation erschließen

- How much does the narrator know about the characters' feelings? What do we get to know about the characters' thoughts?
- Is the narrator omnipresent? Omniscient? Does s/he know everything about the characters and does s/he have free access to their minds, feelings and secret thoughts, or does s/he possess only a limited knowledge, presenting the story as it is seen and understood by one of the characters? Quote instances from the text to illustrate your opinion.

Expliziter vs. verborgener Erzähler und Adressat

Für die Bestimmung der Erzählsituation in einem narrativen Text ist es wichtig festzustellen, wie deutlich der Erzähler als Person fassbar wird. Die Lernenden sollten daher aufgefordert werden, alle Informationen, die sie in einem Text über den Erzähler erhalten, zusammenzutragen. Dieser Analyseschritt lässt sich durch eine Frage wie ▸ What do we get to know about the narrator? einleiten. Eine Alternative wären Fragen nach Alter, Geschlecht oder moralischen Einstellungen des Erzählers. Wenn ein Erzähler als individualisierter, erkennbarer Sprecher hervortritt, handelt es sich um einen expliziten Erzähler (*overt narrator*). Wird die Geschichte hingegen von einer anonym bleibenden Stimme vermittelt, über die der Leser keinerlei Informationen gewinnt, so ist der Sprecher als ein neutrales Erzählmedium oder verborgener Erzähler (*covert narrator*) zu bezeichnen. Da ein expliziter Erzähler sich oft direkt an den Adressaten wendet, entspricht ihm auf der Empfängerseite meist ein ebenso expliziter fiktiver Adressat (*overt narratee/addressee*). Hingegen bildet ein nicht erkennbarer, verborgener Adressat (*covert narratee/addressee*) das Pendant einer neutralen Erzählinstanz.

Unzuverlässige Erzähler

Um die Erzählinstanz eines narrativen Textes auch im Unterricht differenziert beschreiben zu können, sollte außerdem die Frage nach ihrer Verlässlichkeit gestellt werden: ▸ *How reliable or unreliable is the narrator?* Als unzuverlässige Erzähler (*unreliable narrators*) werden solche Erzähler bezeichnet, deren Wiedergabe der Ereignisse oder Interpretation des Geschehens der Leserin Anlass geben, die Glaubwürdigkeit des Sprechers in Zweifel zu ziehen. Beeinträchtigt wird die Zuverlässigkeit eines Erzählers vor allem durch seinen begrenzten Wissensstand, seine emotionale Involviertheit in das Geschehen und ein fragwürdiges Werte- und Normensystem (vgl. Nünning et al. 1998). Die Frage nach der Verlässlichkeit stellt sich vor allem bei Ich-Erzählern, während das Geschehen in der auktorialen und personalen Erzählsituation in der Regel von einem glaubwürdigen Erzähler (*reliable narrator*) vermittelt wird.

Signale der Unzuverlässigkeit

Um festzustellen, ob ein Erzähler einen unglaubwürdigen Eindruck erweckt, müssen die Lernenden nach textuellen Signalen suchen, die es nahe legen, die Verlässlichkeit oder Urteilsfähigkeit des Sprechers in Zweifel zu ziehen. Solche textuellen Signale unzuverlässigen Erzählens (*textual signals for unreliable narration*) können sein:

WISSENSWERT

Signale für *unreliable narration*

- explizite Widersprüche innerhalb der Erzählerrede
- die Kontrastierung unterschiedlicher Versionen desselben Geschehens
- Diskrepanzen zwischen den Aussagen und Handlungen eines Erzählers
- Diskrepanzen zwischen den Selbstcharakterisierungen des Erzählers und Fremdcharakterisierungen durch andere Figuren
- Diskrepanzen zwischen der Wiedergabe der Ereignisse durch den Erzähler und dessen Interpretationen des Geschehens
- die Betonung der eigenen (Un-)Glaubwürdigkeit
- Hinweise auf Erinnerungslücken
- eingestandene Parteilichkeit
- paratextuelle Signale (z. B. Titel, Untertitel, Vorwort)

Als Frage im Unterricht bietet sich also an: ▶ *Are there any signs that the narrator may be unreliable?* Um den Zusammenhang zwischen den erarbeiteten Merkmalen und der durch sie gegebenen impliziten Selbstcharakterisierung des Erzählers bzw. der Erzählerin zu verdeutlichen, sollten sich Fragen wie die folgenden anschließen: ▶ *What do these signs tell us about the narrator?* ▶ *Could it be that the narrator tells us, without knowing that s/he does, a ‚second' story s/he herself/himself is not aware of? If so, what is this story about?*

Beispiel für *unreliable narration*

Das folgende Zitat, das den Textanfang von Edgar Allan Poes Short Story *„The Tell-Tale Heart"* (1843) bildet, vermittelt einen anschaulichen Eindruck von diesen textuellen Signalen, die zu den wichtigsten Kennzeichen von *unreliable narration* zählen:

TEXT

Excerpt from *The Tell-Tale Heart*

True! – nervous – very, very dreadfully nervous I had been and am; but why will you say that I am mad? The disease had sharpened my senses – not destroyed – not dulled them. Above all was the sense of hearing acute. I heard all things in the heaven and in the earth. I heard many things in hell. How, then, am I mad? Hearken! And observe how healthily – how calmly I can tell you the whole story.

Edgar Allan Poe

Auktoriale vs. personale Erzählsituation

Mit Hilfe der Frage *Who speaks?* lassen sich außerdem die wichtigsten Unterschiede zwischen der auktorialen und der personalen Erzählsituation für Lernende anschaulich verdeutlichen. Das Wissen um diese Unterschiede ist eine wichtige Voraussetzung für die selbstständige Erschließung und Interpretation narrativer Texte. Die auktoriale Erzählsituation stimmt nämlich mit der personalen lediglich darin überein, dass eine übergeordnete Erzählinstanz die fiktionale Handlung vermittelt, an der der Erzähler selbst nicht als Figur beteiligt ist. Hingegen unterscheiden sie sich im Hinblick auf die Deutlichkeit, mit der der Erzähler als Sprecher in Erscheinung tritt. In der auktorialen Erzählsituation berichtet ein expliziter Erzähler aus epischer Distanz in panoramischer Weise über die Ereignisse in der dargestellten Welt. Allerdings beschränkt sich ein auktorialer Erzähler nicht darauf, den Schauplatz und die Figuren zu beschreiben (*description*) und über die Ereignisse zu berichten (*report*). Er stellt sich auch durch Einmischungen (*intrusions of the narrator/narratorial intrusions*) als Person dar. So gibt er Kommentare zu der Geschichte ab (*commentary on the story*) und kann auch den Erzählvorgang thematisieren (*commentary on the discourse*). Werturteile und Interpretationen des Erzählers (*judgements* bzw. *interpretations of the narrator*), Verallgemeinerungen (*generalisations*) und häufige Leseranreden (*reader address*) sind weitere Kennzeichen der auktorialen Erzählsituation.

Beispiel für die auktoriale Erzählsituation

Ein besonders typisches Beispiel für eine auktoriale Erzählsituation ist der Anfang des 3. Kapitels von Buch 1 aus Henry Fieldings Roman *The History of Tom Jones. A Foundling* (1749):

TEXT

Excerpt from *The History of Tom Jones. A Foundling*

I have told my reader, in the preceding chapter, that Mr. Allworthy inherited a large fortune; that he had a good heart, and no family. Hence, doubtless, it will be concluded by many that he lived like an honest man, owed no one a shilling, took nothing but what was his own, kept a good house, entertained his neighbours with a hearty welcome at his table, and was charitable to the poor, i. e., to those who had rather beg than work, by giving them the offals from it; that he died immensely rich and built an hospital. And true it is that he did many of these things; but had

> he done nothing more I should have left him to have recorded his own merit on some fair freestone over the door of that hospital. Matters of a much more extraordinary kind are to be the subject of this history, or I should grossly misspend my time in writing so voluminous a work, and you, my sagacious friend, might with equal profit and pleasure travel through some pages which certain droll authors have been facetiously pleased to call The History of England.
>
> Henry Fielding

Analysefragen Um im Unterrichtsgespräch zu erarbeiten, ob das Geschehen in einem narrativen Text durch einen auktorialen Erzähler oder ein neutrales Erzählmedium vermittelt wird, bieten sich daher folgende Fragen an:

AUFGABE

Erzählsituation analysieren

- Are there any narratorial intrusions?
- Does the narrator make any explicit moral comments or judgements?
- Does the narrator interpret the characters' actions?
- Is there any commentary on the discourse?

Werden diese Fragen bejaht, so liegt eine auktoriale Erzählsituation vor. Erfährt man hingegen nichts über die Person, Werte und Normen des Erzählers, so spricht dies für eine personale Erzählsituation, in der die Spuren des Erzähltwerdens aufgrund des Zurücktretens des fiktiven Erzählers kaum mehr erkennbar sind. Schon mit Hilfe der Frage *Who speaks?* ist es daher auf relativ einfache Weise möglich, Lernenden die Unterschiede zwischen der auktorialen und personalen Erzählsituation zu erklären. Dies ist insofern wichtig für die Textarbeit, als z. B. Faktoren wie die Sympathielenkung in einem Text wesentlich von der Gestaltung der Erzählsituation abhängen.

Who sees? Mit der Frage *Who sees?* lassen sich weitere, für die Textinterpretation aufschlussreiche Unterschiede zwischen den verschiedenen Erzählsituationen einfach und verständlich darlegen. Dabei sollte Schülerinnen und Schülern zunächst verdeutlicht werden, dass der Erzähler keineswegs immer auch derjenige ist, aus dessen Sicht das Geschehen wahrgenommen wird. Vielmehr kann die Erzählinstanz fallweise die Perspektive einer oder mehrerer Figuren bei der erzählerischen Vermittlung miteinbeziehen. ▶ *Do we see the events through the narrator's perspective or through the eyes of one of the characters?*

Ermittlung der Fokalisierungsinstanz

Um Lernenden die Beantwortung dieser Frage zu erleichtern, sollte der bzw. die Lehrende ihnen klarmachen, dass in der Regel anhand eindeutiger Kriterien festgestellt werden kann, wer als Reflektor bzw. Fokalisierungsinstanz in einem Text fungiert. Erstens dienen meist Eigennamen und Personalpronomen der dritten Person Singular als Indikatoren für die personale Zuordnung des Gesehenen, Empfundenen oder Gedachten zu einer textuellen Instanz: ▶ *To which textual instance do the proper nouns and personal pronouns in the third-person singular refer?* Um ermitteln zu können, wer die jeweilige Reflektorfigur ist, muss zweitens geprüft werden, auf welches Subjekt sich die Verben des Wahrnehmens, des Denkens, des Fühlens und des Erinnerns beziehen: ▶ *Who is the subject of the verbs of perceiving, thinking, feeling and remembering?* Zum Zwecke der systematischen Wortschatzarbeit empfiehlt es sich, Listen dieser für die *point of view*-Analyse immer wiederkehrenden Verben zu erstellen.

Externe vs. interne Fokalisierung

Wenn sich solche Verben auf die Erzählinstanz beziehen, die die erzählte Welt aus übergeordneter Perspektive wahrnimmt, liegt externe Fokalisierung (*external focalisation*) vor. Ein solcher fokalisierender Erzähler (*narrator-focaliser*) fungiert dabei in Personalunion als Erzähl- und externe Fokalisierungsinstanz; er ist sowohl Subjekt des Erzählvorgangs als auch der Fokalisierung. Im Gegensatz dazu bezeichnet interne Fokalisierung (*internal focalisation*) jene Art der perspektivischen Brechung, bei der Figuren der fiktiven Welt als Fokalisierungssubjekt fungieren. In diesem Fall wird die fiktive Welt aus der Sicht einer oder mehrerer Figuren geschildert (*character-focaliser/reflector*). Da dabei erneut Verben wie *see*, *think* oder *feel* darauf hinweisen, wer jeweils die Figur ist, deren subjektives Erleben wiedergegeben wird, kann die Grundfrage *Who sees?* beliebig variiert werden, je nachdem welche Verben des Wahrnehmens, Denkens oder Fühlens im Einzelfall verwendet werden.

Auktoriale vs. personale Erzählsituation

Anhand der Frage *Who sees?* kann somit auf nachvollziehbare Weise der zweite wichtige Unterschied zwischen der auktorialen und der personalen Erzählsituation im Englischunterricht eingeführt werden: Während in der auktorialen Erzählsituation externe Fokalisierung vorherrscht, zeichnet sich die personale Erzählsituation dadurch aus, dass das Geschehen dominant aus der Perspektive von Figuren der erzählten Welt wahrgenommen wird. Dieses Wissen um die Unterschiede zwischen den verschiedenen Erzählsituationen, vor allem auch in ihrer Wirkung auf den Leser, ist nicht zuletzt für das Verfassen eigener Geschichten wichtig, d. h., es trägt auch zur Ausbildung produktiver narrativer Kompetenz bei (vgl. hierzu auch Kap. II.5.3).

Beispiel für die personale Erzählsituation Der Anfang von Virginia Woolfs Roman *Mrs. Dalloway* (1925), bei dem der Leser ohne auktoriale Exposition unmittelbar in die Erlebnisperspektive der Titelfigur hineinversetzt wird, ist ein typisches Beispiel für die personale Erzählsituation:

TEXT

Excerpt from *Mrs. Dalloway*

Mrs. Dalloway said she would buy the flowers herself. For Lucy had her work cut out for her. The doors would be taken off their hinges; Rumpelmayer's men were coming. And then, thought Clarissa Dalloway, what a morning – fresh as if issued to children on a beach. What a lark! What a plunge! For so it had always seemed to her, when, with a little squeak of the hinges, which she could hear now, she had burst open the French windows and plunged at Bourton into the open air. How fresh, how calm, stiller than this of course, the air was in the early morning; like the flap of a wave; the kiss of a wave; chill and sharp and yet (for a girl of eighteen as she then was) solemn, feeling as she did, standing there at the open window, that something awful was about to happen; looking at the flowers, at the trees with the smoke winding off them and the rooks rising, falling; standing and looking until Peter Walsh said, „Musing among the vegetables?" – was that it? – "I prefer men to cauliflowers" – was that it? He must have said it at breakfast one morning when she had gone out on to the terrace – Peter Walsh. He would be back from India one of these days, June or July, she forgot which, for his letters were awfully dull; it was his sayings one remembered; his eyes, his pocket-knife, his smile, his grumpiness and, when millions of things had utterly vanished – how strange it was! – a few sayings like this about cabbages. She stiffened a little on the kerb, waiting for Durtnall's van to pass. A charming woman, Scrope Purvis thought her (knowing her as one does know people who live next door to one in Westminster); a touch of the bird about her, of the jay, blue-green, light, vivacious, though she was over fifty, and grown very white since her illness. There she perched, never seeing him, waiting to cross, very upright. [...].

Virginia Woolf

Mischformen Zwischen der auktorialen und der personalen Erzählsituation kann es aber auch verschiedene Mischformen und fließende Übergänge geben. Die Stadien des Übergangs lassen sich zum einen nach der Deutlichkeit abstufen, mit der der Erzähler als Sprecher in Erscheinung tritt. Zum anderen unterscheiden sie sich im Hinblick auf die Dominanzverhältnisse, die zwischen dem Vorherrschen von Außen- und Innenperspektive bei der Darstellung der Figuren bestehen. So kann der Leser auch in der auktorialen Erzählsituation punktuell Einblick in das Bewusstsein einer oder mehrerer Figuren erhalten oder in der personalen Erzählsituation Passagen finden, die keiner Reflektorfigur zuzuordnen sind.

WISSENSWERT

Übersicht über die drei Erzählsituationen

Vergleichskriterien	Ich-Erzählsituation	Auktoriale Erzählsituation	Personale Erzählsituation
Situierung des Erzählers	Erzähler tritt als Figur in der erzählten Welt auf	Erzähler steht außerhalb der erzählten Welt	Erzähler steht außerhalb der erzählten Welt
Explizität des Erzählers	Konkret fassbarer, sehr expliziter, individualisierter Sprecher	Konkret fassbarer, sehr expliziter, individualisierter Sprecher	Es ist kein Erzähler als individualisierter Vermittler auszumachen; anonyme Stimme
Dominante Erzählweise(n)	Bericht und Kommentar	Bericht, Beschreibung, Einmischungen, Kommentare, Werturteile, Leseranreden, Äußerungen zum Erzählvorgang	Bewusstseinsdarstellung und Dialog: Wiedergabe von Sinneseindrücken, Gedanken und Gefühlen einer bzw. mehrerer Figur(en)
Fokalisierung	Außenperspektive oder Wechsel zwischen Innen- und Außenperspektive	Vorherrschen der Außenperspektive	Vorherrschen der Innenperspektive
Fokalisierungsinstanz	Bewusstseinsdarstellung durch das erlebende Ich bzw. Rückerinnung des erzählenden Ich	Fokalisierender Erzähler	Fokalisierende Figur(en)
Bewusstseinsdarstellung	Bewusstseinsdarstellung ist auf die Gedanken und Gefühle des Ich beschränkt	Erzählinstanz hat Einblick in das Bewusstsein aller Figuren	Erzählinstanz hat Einblick in das Bewusstsein aller Figuren
Privilegien der Erzählinstanz	Erzähler kann nur an einem Schauplatz anwesend sein und nicht in die Zukunft blicken	Erzählinstanz ist allwissend und allgegenwärtig	Erzählinstanz ist allwissend und allgegenwärtig

Mono- vs. multiperspektivische Fokalisierung

Liegt in einem narrativen Text interne Fokalisierung vor, sollte sich im Unterricht die Frage anschließen, ob die dargestellte Welt aus der Sicht einer oder mehrerer Figuren perspektivisch gebrochen vermittelt wird: ▸ *Do we see the events through the eyes of only one character or through the eyes of several different characters?* Wird das fiktive Geschehen gleichbleibend aus der Perspektive einer bestimmten Figur wahrgenommen, dann handelt es sich um monoperspektivische Fokalisierung (*fixed focalisation*). Hingegen liegt multiperspektivische Fokalisierung (*multiple/variable focalisation*) vor, sobald sich mehrere Figuren als Reflektorfiguren abwechseln. Das didaktische Potenzial der Frage nach mono- oder multiperspektivischer Fokalisierung liegt auf der Hand: Im Falle von multiperspektivischer Fokalisierung kann Lernenden anschaulich verdeutlicht werden, dass sich ein Ereignis aus verschiedenen Perspektiven betrachtet jeweils ganz anders darstellen kann, dass also die Wahrnehmung oder Erinnerung eines Ereignisses wesentlich von der Subjektivität des Betrachters abhängt.

Multiperspektivisches Erzählen

Diese Einsicht kann Lernenden auch im Falle des multiperspektivischen Erzählens (*multiperspectival narration*) vermittelt werden. Dieser Begriff bezeichnet eine Form der erzählerischen Vermittlung, bei der ein Sachverhalt, ein Geschehen, eine Epoche oder eine Figur aus zwei oder mehreren unterschiedlichen Blickwinkeln dargestellt wird (vgl. Nünning/Nünning 2000). Es liegt also in Erzählungen wie z. B. John Fowles' *The Collector* (1963) oder Andrea Levys *Never Far From Nowhere* (1996) vor, in denen es mehrere Erzähler bzw. Erzählerinnen gibt, die das Geschehen jeweils von ihrem Standpunkt aus schildern. Um feststellen zu können, ob ein narrativer Text multiperspektivisch erzählt ist, muss daher die fogende Frage beantwortet werden: ▸ *How many narrators take part in the mediation of the events?*

Figurenperspektive

Um sich multiperspektivischen Texten im Unterricht nicht nur über formale, sondern auch über inhaltliche Aspekte annähern zu können, bietet sich die Einführung der Begriffe ‚Perspektive' (*perspective*) und ‚Perspektivenstruktur' (*perspective structure*) an. Im Gegensatz zum oben erläuterten *point-of-view*-Begriff, der sich auf die Ebene der erzählerischen Vermittlung bezieht, bezeichnet der erzähltheoretische Begriff der ‚Perspektive' einen wichtigen inhaltlichen Aspekt narrativer (und auch dramatischer) Texte, nämlich die individuelle Wirklichkeitssicht einer Figur. Die Perspektive einer Figur ist demnach durch die folgenden Faktoren bestimmt (vgl. Surkamp 2003):

WISSENSWERT

Faktoren der Figurenperspektive

Die Perspektive einer Figur ist bestimmt duch
- ihr Wissen und ihre Kenntnisse
- ihre psychologische Disposition
- ihre Werte und Normen
- ihre Bedürfnisse und Absichten
- ihr Geschlecht, ihren Glauben, ihre nationale und ethnische Identität
- die ökonomischen, politischen, sozialen und kulturellen Umstände, unter denen sie lebt.

Der Begriff der Figurenperspektive (*character perspective*) umfasst also den Merkmalssatz (*spectrum of characteristics and attitudes*), der eine Figur konstituiert und ihre Sicht der fiktionalen Welt bzw. ihr subjektives Wirklichkeitsmodell bestimmt. Eine Einführung dieser Kategorie in den Englischunterricht ist nicht zuletzt deshalb wichtig, weil mit dem Wissen, aus welchen Faktoren sich die Perspektive einer Figur zusammensetzt, eine der typischen kreativen Aufgaben bei der Beschäftigung mit einem Erzähltext – nämlich die Aufforderung, die Geschichte aus einer anderen Perspektive darzustellen – kompetent bearbeitet werden kann (vgl. auch Kap. II.5.3).

Erzählerperspektive

Aus diesem Grund sollte auch der Begriff der Erzählerperspektive (*narrator perspective*) bei der Textanalyse im Englischunterricht eingeführt werden. Erzähler, die sich persönlich zu Wort melden und als Sprecher fassbar werden, können dem Leser bzw. der Leserin Einblick in ihren biografischen Hintergrund, ihre psychologische Disposition sowie ihre Werte und Normen geben. Gilt es nun, die Ereignisse in einem Text aus der Perspektive eines anderen Erzählers darzustellen, wissen die Lernenden, dass diese andere Perspektive sich aus einem anderen biografischen Hintergrund und einem anderen Werte- und Normensystem ergeben kann. Zudem kann die Einbeziehung der Erzählerperspektive für die Interpretation einer Kurzgeschichte oder eines Romans von Bedeutung sein. Gerade von Seiten der feministischen Erzähltheorie wird z. B. die Berücksichtigung des Geschlechts von Erzählinstanzen bei der Textanalyse gefordert, da gesellschaftlich konstruierte Merkmalszuschreibungen an die Geschlechter die Sicht einer literarischen Instanz auf die fiktionale Wirklichkeit beeinflussen können. Um dies bei der Textinterpretation aufdecken zu können, müssen die Lernenden Kenntnisse in der Analyse der Perspektiven eines narrativen Textes besitzen.

Analyse der Perspektiven

Zur Analyse der Perspektiven eines Textes gehört zunächst deren Rekonstruktion bzw. inhaltliche Ausgestaltung. Die Lernenden sollten also aufgefordert werden, alle Informationen, die man über den biografischen Hintergrund, das Alter und Geschlecht, den Wissensstand, die psychologische Disposition, die Handlungsmotive und die Wertvorstellungen des Erzählers und der Figuren erhält, zusammenzutragen. Dieser Analyseschritt lässt sich durch weit gefasste Fragen wie ▸ *What do we get to know about the protagonists?* bzw. ▸ *What do we get to know about the narrator?* einleiten. Zur Erarbeitung der wichtigsten Merkmale der einzelnen Figurenperspektiven bietet sich die folgende Frage an: ▸ *What are the major differences and similarities between the character perspectives in this novel?*

Analyse der Perspektivenstruktur

In einem zweiten Schritt gilt es sodann, das Verhältnis der Einzelperspektiven zueinander, also die Perspektivenstruktur eines narrativen Textes, zu untersuchen. Diese bezeichnet sowohl das übergeordnete System von Kontrast- und Korrespondenzrelationen (*relationships of contrast and correspondence*) zwischen allen Figurenperspektiven als auch die Gemeinsamkeiten und Unterschiede zwischen den Werten und Normen der Figuren und der Perspektive des Erzählers (vgl. Surkamp 2003). Die Untersuchung der Perspektivenstruktur eines narrativen Textes im Unterricht ist daher zum einen von grundlegender Bedeutung, um Aufschluss über so zentrale Phänomene wie die Sympathielenkung oder die Rekonstruktion des Werte- und Normensystems (*norm and value system*) eines Textes zu gewinnen. Zum anderen können Lernende bei der Analyse des Verhältnisses der Einzelperspektiven die Fähigkeit zur Perspektivenkoordinierung erwerben – mithin eine Fähigkeit, die neben der Perspektivendifferenzierung und -übernahme als zentrale Voraussetzung für das Fremdverstehen angesehen wird (vgl. Kap. I.3.2).

Selektion und Strukturierung

Die Perspektivenstruktur eines Textes lässt sich durch die **Selektion** der Einzelperspektiven (Anzahl der Perspektiven und Breite des gesellschaftlichen und kulturellen Spektrums) sowie durch die **Strukturierung** des Ensembles von Perspektiven (Hervorhebung einer Perspektive, Hierarchisierung der Perspektiven) charakterisieren (vgl. Surkamp 2003).

AUFGABE

Verhältnis der Perspektiven im Text analysieren

- How do the perspectives relate to each other?
- Are the character perspectives homogenous or do they differ?
- Are any of the perspectives foregrounded?
- What about the individual degree of authority and reliability ?

- Is there a personalised narrator that controls the character perspectives (especially in an authorial narrative situation)?
- Can you detect any form of hierarchy among the perspectives?

Geschlossene vs. offene Perspektivenstruktur

Bündelt man die verschiedenen Analysekategorien zur Relationierung der Figurenperspektiven, so eröffnet dies die Möglichkeit, Erzähltexte zwischen den Typen einer geschlossenen Perspektivenstruktur (*closed perspective structure*) und einer offenen Perspektivenstruktur (*open perspective structure*) zu klassifizieren. Diese Unterscheidung befähigt Lernende dazu, das Wirkungspotenzial multiperspektivischer Texte differenziert zu beschreiben. Im Falle der geschlossenen Perspektivenstruktur gibt es nämlich eine privilegierte Weltsicht bzw. die verschiedenen Figurenperspektiven laufen letztlich in einem gemeinsamen Fluchtpunkt zusammen, so dass der Eindruck eines einheitlichen Weltbildes entsteht. Im Gegensatz dazu zeichnen sich Texte mit einer offenen Perspektivenstruktur dadurch aus, dass die Einzelperspektiven miteinander kontrastieren und sich widersprechen, dass ihnen ein gemeinsamer Fluchtpunkt fehlt und dass auch keine übergeordnete Erzählinstanz ausgleichend zwischen ihnen vermittelt.

Beispiel für eine offene Perspektivenstruktur

An dem schon oben erwähnten Roman *Never Far From Nowhere* von Andrea Levy lässt sich das Funktionspotenzial einer offenen Perspektivenstruktur sehr schön veranschaulichen. In diesem im gegenwärtigen Großbritannien angesiedelten multikulturellen und multiperspektivischen Text wird die Geschichte der ungleichen Schwestern Vivien und Olive Newton erzählt, die als Kinder jamaikanischer Einwanderer in London geboren werden und auch dort aufwachsen. Beide fungieren abwechselnd als Ich-Erzählerinnen, die aus ihrer jeweils subjektiv gefärbten Sicht das Aufwachsen in einer ethnischen Minderheit schildern und dabei ganz unterschiedliche Haltungen zur multikulturellen Gesellschaft verkörpern: Anpassung auf der einen und bewusste Abgrenzung auf der anderen Seite. Damit kontrastiert Levys Roman zwei einander ausschließende Identitätskonzepte. Während Olive ihre ethnische Identität bewahrt, ist Viviens Selbstbild vom Grad ihrer Akzeptanz durch ihre englische *peer group* abhängig, die in ihr keine Schwarze sehen. Olive tendiert zur Verabsolutierung, Vivien zum Leugnen kultureller Differenzen. Der Roman vermeidet eine explizite Bewertung der beiden Perspektiven: Keine Perspektive wird in irgendeiner Form privilegiert, und es gibt auch keine übergeordnete Erzählinstanz, die zwischen den unterschiedlichen Wirklichkeitssichten ausgleicht. Bis zum Schluss bleibt so die Frage offen, ob sich nur eine dieser Einstellungen oder vielleicht beide behaupten können. Gerade in dieser Offenheit der Perspektivenstruktur besteht einer der wesentlichen Vorzüge des Romans für den fremdsprachlichen Literaturunterricht, denn „[e]s geht hier nicht darum, Schüler [...] von der richtigen Auffassung über Assimilation zu überzeugen, sondern ihnen vielmehr vielfältige Situationen vorzustellen, in denen für oder gegen Assimilation argumentiert wird" (Bredella 2000: 150f.).

Funktionen von Multiperspektivität

Kenntnisse in der Analyse der Perspektivenstruktur versetzen Lernende somit in die Lage, das Funktionspotenzial multiperspektivisch erzählter Texte selbstständig zu bestimmen. Es hängt von der Gestaltung der Perspektivenstruktur ab, welche Funktion erzählerische Multiperspektivität jeweils erfüllt. So kann die unvermittelte Gegenüberstellung divergierender Perspektiven mit einer **Problematisierung von Objektivität** einhergehen. Die multiperspektivische Auffächerung eines Geschehens kann aber auch **spannungserzeugend** wirken (z. B. durch Berichte verschiedener Zeugen im Kriminalroman) oder aber als Medium zur **literarischen Inszenierung von Konflikten** zwischen verschiedenen Generationen oder Kulturen dienen. Bleibt die Perspektivenstruktur in solchen Texten offen, kann dies als Zeichen der unüberbrückbaren Kluft zwischen den Wirklichkeitsvorstellungen verschiedener Generationen oder Kulturen gelesen werden. Die Erschließung der letztgenannten Funktion von Multiperspektivität ist daher insbesondere für die Beschäftigung mit multikulturellen Romanen in einem Englischunterricht relevant, der das Lernziel Fremdverstehen verfolgt.

Funktionspotenzial von Darstellungsverfahren

Damit Lernende nicht den Eindruck erlangen, Formanalysen seien reiner Selbstzweck, sollte bei der Beschreibung erzählerischer Darstellungsverfahren folglich immer auch die Frage nach deren Funktionspotenzial gestellt werden. Erzähltechniken ergeben sich aus sozialen und weltanschaulichen Voraussetzungen und sind Ausdruck bestimmter Wirklichkeitsauffassungen, die ihrerseits historischem Wandel unterliegen. Neben der Multiperspektivität narrativer Texte kann beispielsweise auch die Untersuchung der Erzählsituation Einblick in die Wirklichkeitsdarstellung in literarischen Erzähltexten vermitteln. In vielen Romanen des 18. Jahrhunderts, z. B. in Daniel Defoes *Robinson Crusoe* (1719), fungieren Ich-Erzähler als Garanten für die vermeintliche Authentizität des Erzählten, denn sie schildern das, was sie selbst erlebt haben. Die für die auktoriale Erzählsituation charakteristische Allgegenwart und Allwissenheit eines über dem Geschehen stehenden Erzählers im englischen viktorianischen Roman verweist wiederum auf die für das 19. Jahrhundert charakteristische Vorstellung eines geordneten Universums und auf den Glauben an die Möglichkeit, menschliches Verhalten nach allgemein verbindlichen Maßstäben erklären und bewerten zu können.

Fragen nach Funktionen von Erzählverfahren

Mindestens ebenso wichtig wie die Beschreibung erzählerischer Darstellungsverfahren ist daher die Klärung der Fragen, welche Funktionen diese erfüllen und welche Wirklichkeitsauffassungen dadurch in einem Werk zum Ausdruck kommen. Der formalen Untersuchung eines narrativen Textes sollten sich daher immer Fragen anschließen wie:

AUFGABE

Funktion von Erzählverfahren klären

- What are the effects of this text's having a first-person narrator?
- What does the narrative do to the reader?
- What does the use of the authorial narrative situation tell us about the text's inherent world-view?
- What effect does the author achieve by employing the particular narrative point of view from which s/he has chosen to present her/his story?
- Which functions does multiperspectivity fulfil in this text?
- In what way is the text's perspective structure meaning-producing?

Bewusstseinsdarstellung in narrativen Texten

Neben den verschiedenen Erzählsituationen und Formen multiperspektivischen Erzählens gehören die Techniken der Bewusstseinsdarstellung (*techniques of presenting consciousness*) zu den grundlegenden Kategorien der Erzähltextanalyse, deren Kenntnis Lernende dazu befähigt, Kurzgeschichten und Romane selbstständig zu erschließen. Bei der ‚Innenweltdarstellung' wird die Art und Weise untersucht, wie Gedanken, Gefühle, Wahrnehmungen oder Erinnerungen der Figuren narrativ vermittelt werden: ▸ *How are the thoughts, feelings, perceptions or memories of the characters mediated?*

Verschiedene Techniken

Im Vergleich zum Drama verfügen literarische Erzähltexte über mehr Möglichkeiten, das Bewusstsein und sogar das Unbewusste von Figuren darzustellen (vgl. Cohn 1978). Damit Schülerinnen und Schüler die verschiedenen Techniken der Bewusstseinsdarstellung zu unterscheiden lernen, sollten sie zunächst zur Beantwortung der Frage aufgefordert werden, wie sehr der Erzähler in einem bestimmten Text als Vermittlungsinstanz erkennbar bleibt: ▸ *To which degree does the narrator appear as a mediator within the text?* Grundsätzlich werden nämlich drei Techniken der Bewusstseinsdarstellung unterschieden, die die Lernenden anhand der Erzählerpräsenz und weiterer inhaltlicher und formaler Merkmale bei der Textanalyse identifizieren können: der ‚**Gedankenbericht**' bzw. ‚Bewusstseinsbericht', die ‚**erlebte Rede**' sowie der ‚**innere Monolog**'.

Gedankenbericht Der Gedankenbericht (*psycho-narration*) bezeichnet eine Form der Innenweltdarstellung, deren Merkmale ein **hoher Erzähleranteil** (*high level of narrator participation*) und ein relativ **starker Grad an Raffung** sind (*high degree of compression*). Die sprachlichen Kriterien sind – ebenso wie in der erlebten Rede – die Verwendung von Pronomina der **dritten Person Singular** und das **Präteritum**. Im Gegensatz zur erlebten Rede fasst der Erzähler im Falle des Gedankenberichts den Bewusstseinszustand einer Figur in seiner Sprache zusammen. Dies wird im folgenden Textbeispiel aus Henry James' Roman *What Maisie Knew* (1897) deutlich, in dem der Erzähler die Innenwelt eines Mädchens beschreibt, das die Erwachsenenwelt nach der Scheidung ihrer Eltern genauestens beobachtet, aber doch nicht alles von dem versteht, was sich abspielt:

TEXT

Excerpt from *What Maisie Knew*

It was singular, but from this time she understood and she followed, followed with the sense of an ample filling-out of any void created by symptoms of avoidance and of flight. Her ecstasy was a thing that had yet more of a face than of a back to turn [...]. It took few hours to make the child feel that if she was in neither of these places she was at least everywhere else. Maisie had known all along a great deal, but never so much as she was to know from this moment on and as she learned in particular during the couple of days that she was to hang in the air, as it were, over the sea which represented in breezy blueness and with a summer charm a crossing of more spaces than the Channel.

Henry James

Erlebte Rede Die erlebte Rede (*free indirect discourse/narrated monologue*) vermittelt sehr viel stärker die Illusion, unmittelbaren Einblick in die Wahrnehmungen und Bewusstseinsprozesse einer Figur zu geben. Dieser Eindruck wird durch die **Lockerung der Syntax**, durch Ausrufe und Fragen sowie durch weitere sprachliche Mittel wie Signale für **Expressivität** und **Subjektivität** zusätzlich verstärkt. Die Gedanken und Gefühle werden meist in der Sprache der jeweiligen Figur wiedergegeben. Beispielhaft zeigen sich viele dieser Merkmale der erlebten Rede in dem folgenden Zitat aus Oscar Wildes *The Picture of Dorian Gray* (1890/91):

TEXT

Excerpt from *The Picture of Dorian Gray*

‚To cure the soul by means of the senses, and the senses by means of

> the soul!' How the words rang in his ears! His soul, certainly, was sick to death. Was it true that the senses could cure it? Innocent blood had been spilt. What could atone for that? Ah! for that there was no atonement; but though forgiveness was impossible, forgetfulness was possible still, and he was determined to forget, to stamp the thing out, to crush it as one would crush the adder that had stung one.
>
> Oscar Wilde

Innerer Monolog

Der Begriff ‚innerer Monolog' (*interior monologue/quoted monologue*) wiederum bezeichnet eine sehr mimetische Form der Bewusstseinsdarstellung, bei der die Gedanken und Gefühle einer Figur in der **ersten Person Singular** im **Präsens** und in der Sprache bzw. dem Mentalstil (*mind style*) der Figur über längere Passagen hinweg quasi direkt ‚zitiert' werden, ohne dass eine vermittelnde Instanz (*mediating instance*) präsent bzw. erkennbar ist. Raum, Zeit und Außenwelt sind nur in subjektiv gebrochener Form als Bewusstseinsinhalte der Figur präsent. Dadurch entsteht der Eindruck größtmöglicher Unmittelbarkeit in der Wiedergabe von Bewusstseinsprozessen. Ein besonders extremes Beispiel findet sich in James Joyces Roman *Ulysses* (1922), dessen Schlusskapitel ganz aus einem vierzigseitigen inneren Monolog besteht:

TEXT

Excerpt from *Ulysses*

> [...] and Gibraltar as a girl where I was a Flower of the mountain yes when I put the rose in my hair like the Andalusian girls used or shall I wear a red yes and how he kissed me under the Moorish wall and I thought well as well him as another and then I asked him with my eyes to ask again yes and then he asked me would I yes to say yes my mountain flower and first I put my arms around him yes and drew him down to me so he could feel my breasts all perfume yes and his heart was going like mad and yes I said yes I will Yes.
>
> James Joyce

Zeitdarstellung

Für die Texterschließung ist die Frage nach der Zeitstruktur in narrativen Texten von Bedeutung. Kenntnisse über die Aspekte der erzählerischen ‚**Anordnung**' des Geschehens, der ‚**Dauer**' bzw. Geschwindigkeit des Erzählens und der ‚**Häufigkeit**' (vgl. Genette 1980) sind nur eine wichtige Voraussetzung für Unterrichtsgespräche über Kurzgeschichten und Romane. Auch geben sie den Lernenden Einblick in charakteristische Merkmale narrativer Texte, die diese wesentlich von darstellenden Gattungen – z. B. dem Drama – unterscheiden. So erwerben Lerner Textsortenkompetenz.

Anordnung Die Kategorien der ‚Anordnung' (*narrative order of events*) beziehen sich auf verschiedene Möglichkeiten, die Reihung der Ereignisse einer Geschichte zu organisieren. Während bei **chronologischem Erzählen** (*chronological narrative*) die Reihenfolge der narrativen Aussagen mit der natürlichen Zeitfolge der Ereignischronologie übereinstimmt, ist dies bei **anachronischem Erzählen** (*anachronic narrative*) nicht der Fall. Die Chronologie kann entweder durch **Rückwendungen** (*flashbacks/analepsis*), die ein Ereignis schildern, das vor dem aktuellen Handlungszeitpunkt liegt, oder durch **Vorauswendungen** (*flash-forwards/prolepsis*) unterbrochen werden, die Informationen über ein Ereignis vorwegnehmen, das in der chronologischen Folge der Ereignisse erst später eintritt. Mögliche Analysefragen zur Untersuchung der Anordnung der Ereignisse sind die folgenden:

AUFGABE

Anordnung der Ereignisse nachvollziehen

- How are the events of the story arranged?
- Does the narrative follow the chronological order of events or rearrange it?
- Is the chronology interrupted, and if so, in what way?
- Does the narrator anticipate the future or look back into the past?

Zeitdauer Die Kategorie der ‚Zeitdauer' (*duration or speed of the narration*) fragt nach dem Verhältnis zwischen der ‚Erzählzeit' und der ‚erzählten Zeit'. Unter ‚**Erzählzeit**' (*discourse time*) versteht man die Zeitspanne, die man zum Erzählen oder Lesen eines Textes bzw. zum Schauen eines Films benötigt. Der Begriff der ‚**erzählten Zeit**' (*story time*) bezeichnet hingegen die zeitliche Erstreckung des Handlungsablaufs, der in einem narrativen Text geschildert wird, also die Zeit, die in der erzählten Welt vergeht. Typische Fragen zur Erzählzeit sind:

AUFGABE

Erzählzeit erschließen

- Can the text be read at one sitting?
- How does discourse time relate to story time?
  How long does it take to tell/read/watch this episode?
  vs. How long does its action last?

Um die erzählte Zeit zu bestimmen, muss nach textuellen Signalen Ausschau gehalten werden. Hilfreiche Fragen sind z. B.:

AUFGABE

Erzählte Zeit bestimmen

- What is the global time scale of the text?
- How does story time relate to discourse time?
  How long does this episode last?
  vs. How much time is spent in the telling/showing of it?

Während bei **zeitdeckendem Erzählen** (*scene*), das bei Dialogen sowie bestimmten Formen der Bewusstseinsdarstellung (innerer Monolog, erlebte Rede) vorliegt, Erzählzeit und erzählte Zeit in etwa übereinstimmen, ist die Erzählzeit im Falle von **Zeitdehnung** (*stretch/slow-down*) größer als die erzählte Zeit. Bei **zeitraffendem Erzählen** (*summary/speed-up*) ist die erzählerische Wiedergabe des fiktiven Geschehens kürzer als dessen Erstreckung in der erzählten Welt. Wenn Zeit zwischen Ereignissen ausgelassen wird, spricht man von ‚**Aussparung**' oder ‚Zeitsprung' (*ellipsis/omission*). **Erzählpausen** (*pause*) liegen vor, wenn die erzählte Zeit stillsteht, während die Erzählzeit weiterläuft; dies ist dann der Fall, wenn der Zeitablauf der Geschichte angehalten wird, der Erzähler jedoch z. B. über allgemeine Probleme oder das Erzählen selbst weiterspricht. Die folgende Tabelle nach Nünning/Nünning (2001: 131; 2004: 127) gibt einen Überblick über die Kategorien der Zeitdauer, die im Unterricht aber nicht nur analytisch erschlossen, sondern von den Lernenden durch produktive Schreibaufgaben auch eigenständig erarbeitet werden können (vgl. Kap. II.5.3).

Kategorien der Zeitdauer

	Erzählzeit (*discourse time*)		**erzählte Zeit (*story time*)**
Zeitraffung (*summary*)		<	
Zeitdeckung (*scene*)		=	
Zeitdehnung (*stretch*)		>	
Aussparung (*ellipsis*)	0		1
Pause (*pause*)	1		0

Häufigkeit

Im Hinblick auf die ‚Häufigkeit' (*frequency*), mit der Ereignisse der Geschichte erzählerisch wiedergegeben werden, werden drei Grundmöglichkeiten unterschieden. Einmalige Ereignisse können entweder **einmal** (*singulative narration*) oder **mehrfach** dargestellt werden (*repeating narration*). Wenn sich etwas regelmäßig oder mehrfach in ähnlicher Weise ereignet, aber lediglich einmal erzählt wird, spricht man von **‚iterativem Erzählen'** (*iterative narration*), das eine Form von Zeitraffung darstellt (Genette 1980: 113 -160). Die Kategorie der Häufigkeit kann mit der folgenden Frage untersucht werden: ▸ *How often does the narrator relate a certain event?*

Vorzüge der Erzähltextanalyse

Abschließend stellt sich die Frage, welche Vorzüge textanalytische Zugangsformen bei der Beschäftigung mit Erzählliteratur haben. Erstens besteht das vorgeschlagene methodische Verfahren aus präzisen sowie lehr- und lernbaren Teilschritten. Zweitens stellt es ein elementares kritisches Vokabular bereit, das es Lernenden ermöglicht, sich kompetent über Romane und Kurzgeschichten auszutauschen. Drittens haben die skizzierten Fragen einen hohen interpretatorischen Anwendungswert, da sie einen weitreichenden Transfer erlauben: Sie bereiten Lernende auf die selbstständige Analyse von Erzähltexten vor, indem sie ihnen die Möglichkeit bieten, Kenntnisse und Fähigkeiten zu erwerben, die sie auf andere Texte übertragen können. Viertens sind die in diesem Kapitel formulierten Fragen dank der begrifflichen Genauigkeit, Systematik und Trennschärfe der Analysekategorien rational demonstrierbar und auf kognitiver Ebene vermittelbar. Aus denselben Gründen ermöglicht das Verfahren eine differenzierte und präzise Analyse narrativer Texte. Es genügt daher allen Kriterien, an denen man ein für Unterrichtszwecke geeignetes methodisches Verfahren messen sollte. Daher seien die wichtigsten Kategorien und Untersuchungsbereiche für die Analyse narrativer Texte noch einmal als schematische Darstellung zusammengefasst:

WISSENSWERT

Narrative Texts: Terms and Aspects of Analysis

Basic features of narrative composition

- story vs. discourse (what is narrated? vs. how is the story narrated?)
- levels of communication: extratextual level (real author/real reader), level of narrative transmission (fictive narrator/fictive reader), level of the characters and the story (character as addresser/character as addressee)
- narrative situations (first-person narrative situation, authorial narrative situation, figural narrative situation)

Narration and focalisation

- narration vs. focalisation (who speaks/narrates? vs. who sees/feels/thinks/remembers, etc.?)

- overt vs. covert narrator and overt vs. covert narratee
- unreliable narration (caused by the narrator's limited knowledge, emotional involvement in the events and/or questionable norms and values)
- types of focalisation (external vs. internal, fixed vs. multiple)
- multiperspectivity (events are relayed in different versions by two or more narrators or focalisers)
- modes for presenting consciousness (psycho-narration, free indirect discourse, interior monologue)

Narrator and characters

- techniques of characterisation (characterisation by the narrator or by another character, self-characterisation vs. characterisation by others, explicit vs. implicit characterisation)
- narrator perspective / character perspective (spectrum of characteristics and attitudes)
- perspective structure (individual perspectives within a text and their relation to one another)

Plot

- story vs. plot
- plot typologies (courtship plot, seduction plot, initiation plot, quest, etc.)
- beginning (ab ovo, in medias res, in ultimas res)
- closed ending (e. g. poetic justice, deus ex machina) vs. open ending

Representation of time and space

- representation of time (order, discourse time vs. story time, duration, frequency)
- representation of space (described by the narrator or filtered through the perceptions of a character)
- semanticisation of space (space as a bearer of meaning in its own right)

Spaß an Formanalyse

Wer bezweifelt, dass Formanalyse auch Spaß machen kann, sollte zumindest einmal den Versuch unternehmen, Lernenden anhand der in diesem Kapitel aufgeführten Grundfragen ein rational demonstrierbares Analyseverfahren vorzuführen. Bei der Übertragung des Gelernten kann mit der kognitiven Neugier und der Freude von Schülerinnen und Schülern am selbstständigen Entdecken und am erfolgreichen Wiederfinden gerechnet werden. Das Verfahren bietet ihnen auch die Möglichkeit zu erfahren, dass subjektive Leseeindrücke maßgeblich durch literarische Darstellungsverfahren bedingt sind. Werden darüber hinaus im Unterricht Fragen zu Form und Inhalt eines Textes miteinander verknüpft, so können Lernende entdecken, dass formale Aspekte oftmals mit Bedeutung aufgeladen sind und ihre Untersuchung daher einen wertvollen Beitrag für die Textinterpretation leistet. Die beiden letztgenannten Einsichten können ein zusätzlicher Motivationsfaktor für die Anwendung textanalytischer Kategorien sein.

Spielerische Einübung von Fachbegriffen

Dass auch das Einüben von Fachbegriffen für die Erzähltextanalyse abwechslungsreich gestaltet werden und Spaß machen kann, zeigen spielerische Übungen wie die Folgende (vgl. Bietz/Francke-Kern 2005: 29).

METHODE

Fachbegriffe spielerisch lernen

Die Lehrkraft bereitet einen Satz Karten vor, von denen je drei zusammengehören: 1. der Fachbegriff, 2. eine Definition des Fachbegriffs und 3. ein Beispiel, das die Verwendung des Begriffs illustriert. Jede/r Schüler/in erhält eine Karte und die Dreiergruppen müssen sich durch Umhergehen im Klassenraum und Besprechen ihrer Karten finden. Zuletzt stellen sich die Gruppen auf und präsentieren kurz, um welchen Bereich der Erzähltextanalyse es in ihrer Gruppe geht.

5.3 Prozessorientierte Schulung des Textverstehens und der Textproduktion: über narrative Texte schreiben und sprechen

Leistungen kreativer Zugangsmethoden

Ebenso wie die analytische Textarbeit kann auch der kreative Umgang mit Erzählliteratur zur Ausbildung ganz unterschiedlicher Kompetenzen bei Lernenden beitragen. So soll im Folgenden gezeigt werden, dass beispielsweise die eigene Textproduktion es Schülerinnen und Schülern ermöglicht, die Bedeutung von Erzählkategorien für das Wirkungs- und Funktionspotenzial eines narrativen Textes eigentätig zu erarbeiten. Darüber hinaus können durch produktionsorientierte Schreibaufgaben bei der Beschäftigung mit Erzähltexten sowohl allgemeine textuelle Kompetenzen wie z. B. Textsortenwissen als auch affektive Fähigkeiten wie Empathie und Perspektivenübernahme gefördert werden.

Narrative Kompetenz durch kreative Verfahren

Die Bestimmung der Merkmale eines narrativen Textes bzw. die Aneignung von Wissen über die wichtigsten Kategorien der Erzähltextanalyse muss nicht allein über analytische Verfahren erfolgen. Auch kreative Zugangsmethoden können hierzu einen wertvollen Beitrag leisten. In jüngster Zeit sind verschiedene alternative

Formen der Arbeit mit Erzähltexten entwickelt worden, die der Einsicht Rechnung tragen, dass gerade produktionsorientierte Zugangsweisen das stärken, was man ‚narrative Kompetenz' (vgl. Kap. 5.1, Seite190) nennt. Im Folgenden werden wir daher einige kreative Aufgaben vorstellen, die es Lernenden ermöglichen, die Bauformen narrativer Texte durch Eigenproduktionen zu erarbeiten und in ihrer Funktionsweise zu erkunden (vgl. vor allem Waldmann/Bothe 1992 sowie Thießen 1998).

METHODE

Erzählsituationen produktiv erarbeiten

- Die Erzählsituation eines Textes wird verändert: (a) im Falle einer auktorialen Erzählsituation soll nun eine Figur das Geschehen aus ihrer Perspektive in der Ich-Form schildern, oder mehrere Figuren erzählen dasselbe Geschehen (bzw. gegebenenfalls Passagen eines Textes) modifiziert; (b) im Falle einer Ich-Erzählsituation wird ein auktorialer Erzähler eingeführt, der aus genauer Kenntnis des Bewusstseins aller Figuren und durch explizites Ansprechen des Lesers eine bestimmte Leserrolle entwirft und die Rezeption (ggf. anders als im Original) steuert. Danach werden die folgenden Fragen bearbeitet:

  - *What are the major differences between the authorial narrative situation and the first-person narrative situation?*
  - *Which effects does the first-person narrative situation have on the reader?*
  - *In what way does the story change when narrated by an authorial/first-person narrator?*

  Lernende werden auf diese Weise erfahren, dass ein Text in auktorialer Erzählsituation distanzierter, nüchterner, sachlicher und ‚objektiver' wirkt als ein Text in Ich-Erzählsituation, bei dem der Erzähler an den dargestellten Ereignissen innerlich beteiligt und persönlich interessiert ist (vgl. Waldmann/Bothe 1992: 15f.). Außerdem stellt die auktoriale Erzählsituation vor allem äußere Vorgänge dar, während der Akzent in der Ich-Erzählsituation auf der subjektiven Verarbeitung von Ereignissen und damit auf der Darstellung von Gefühlen, Erinnerungen usw. liegt.
- Die Lernenden werden dazu aufgefordert, einen Zeitungsartikel unter Berücksichtigung der verschiedenen Erzählsituationen in einen literarischen Text umzuschreiben. Hierfür bietet sich eine Aufteilung in Gruppen an: Jede Gruppe konzentriert sich auf jeweils eine der drei Erzählsituationen. Zur Feststellung der Unterschiede zwischen den Erzählsituationen werden die einzelnen Textentwürfe anschließend im Plenum vorgestellt und besprochen.

Figurendarstellung Dass die verschiedenen Aspekte der Figurendarstellung, z. B. die Figurencharakterisierung oder die Figurenkonstellation, Bedeutung für das Erzählgeschehen haben und bestimmte Lesererwartungen wecken, können Lernende anhand der folgenden Aufgaben eigentätig erarbeiten (vgl. Waldmann/Bothe 1992: 32ff.):

METHODE

Figurendarstellung produktiv erarbeiten

- Die Lernenden erhalten von der Lehrkraft die Beschreibung einer Figur (z. B. aus der Anfangspassage eines Romans) und werden gebeten, diese Beschreibung in einem neuen Text zu verändern, z. B. indem sie einiges auslassen oder anders formulieren, die Figur sympathischer oder weniger sympathisch gestalten oder neue Aspekte dazu erfinden. Im Plenum werden anschließend einige Schülertexte mit dem Originalanfang des Romans verglichen. Dabei wird der Frage nachgegangen, welche Erwartungen die einzelnen Figurenbeschreibungen in Bezug auf das, was die Figur tun und wie sie die Handlung bestimmen wird, jeweils im Leser wecken. Anschließend wird in unterschiedlichen Gruppen auf der Basis einiger ausgewählter Figurenbeschreibungen eine Geschichte zu der Figur erfunden. Beim Vergleich dieser Entwürfe mit dem Original können die Lernenden erfahren, dass die einzelnen Merkmale der Figurencharakterisierung in einem narrativen Text nicht zufällig sind, sondern bestimmten Absichten entsprechen und bestimmte Funktionen erfüllen, z. B. indem sie bestimmte Lesererwartungen wecken.
- Die Lehrkraft gibt den Schülerinnen und Schülern zwei Figuren aus einem unbekannten Erzähltext vor mit kurzer Angabe zu deren Alter, Beruf und Beziehung zueinander. Die Lernenden erhalten die Aufgabe, in Partnerarbeit eine Biografie zu den Figuren zu entwickeln, eine weitere Figur dazu zu erfinden (und nach Aussehen, sozialem Stand, Bildung usw. zu beschreiben) sowie eine mögliche Figurenkonstellation zu erstellen. Ausgehend von dieser Figurenkonstellation sollen die Schülerinnen und Schüler sodann einen Handlungsablauf skizzieren, indem sie eine Inhaltsangabe zu der Geschichte schreiben. Der anschließende Vergleich der Schülerprodukte untereinander sowie der erfundenen Geschichten mit der Originalgeschichte wird die Neugier der Lernenden auf und ihr Interesse an der Figurenkonstellation und den Ereignissen der Ursprungsfassung erhöhen. Außerdem wird den Schülerinnen und Schülern auf anschauliche Weise verdeutlicht, dass im Verhältnis der Figuren zueinander oft bereits der zu erwartende Konflikt angelegt ist, aus dem sich die Handlung einer Kurzgeschichte oder eines Romans entwickelt.

Raumdarstellung

Neben der Figurencharakterisierung und der Figurenkonstellation erwecken auch die Räume, in denen sich die Figuren eines narrativen Textes bewegen, Lesererwartungen in Bezug auf die Figuren und ihr Handeln (vgl. Waldmann/Bothe 1992: 37ff.). Um die Schülerinnen und Schüler dies produktiv erarbeiten zu lassen, bieten sich die folgenden Aufgaben an:

METHODE

Raumdarstellung produktiv erarbeiten

- Den Lernenden wird ein Landschaftsbild gezeigt, das einen der wesentlichen Handlungsräume des zu behandelnden narrativen Textes illustriert (z. B. eine irische Moorlandschaft; vgl. Thießen 1998: 253). Sie werden dazu aufgefordert, ihre spontanen Eindrücke zu äußern und anhand von Stichwörtern (z. B. Gerüche, Geräusche, Gefühl auf der Haut und unter den Füßen) ihr Empfinden für diesen Raum zu beschreiben. Mit dieser sinnlichen Annäherung soll den Schülerinnen und Schülern vermittelt werden, „daß der Raum mehr ist als ein in seinen Ausmaßen zu erfassender Bereich" (ebd.: 254). Daran anschließend werden verschiedene Figurenprofile genannt (Wanderer, Maler, Verliebter, flüchtiger Sträfling, Umweltschützer, Verkehrsplaner usw.), und die Schülerinnen und Schüler überlegen, welche Bedeutung die Moorlandschaft für diese Figuren jeweils haben könnte. Auf diese Weise können die Lernenden erfahren, dass Räume als Bedeutungsträger fungieren, dass sie z. B. für die einzelnen Figuren durch bestimmte Gefühle und/oder Erinnerungen ‚belegt' sind.
- Die Schülerinnen und Schüler können sich die Kategorie ‚Raum' aber auch zeichnerisch erarbeiten (vgl. ebd.: 254f.). Dafür bieten sich vor allem Texte an, in denen gegensätzliche Räume wichtige Handlungsorte sind (z. B. Stadt und Land). Ausgehend von den Raumbeschreibungen im Text werden die Lernenden in mehreren Kleingruppen gebeten, jeweils einen der beschriebenen Räume zu malen. Die Ergebnisse werden an der Wand präsentiert und von den anderen Gruppen kommentiert – auch unter Berücksichtigung sinnlicher Wahrnehmungen: ▶ *Which smells can you identify in this setting? Which sounds can you hear?* Sodann entwickeln die Schülerinnen und Schüler anhand der Bilder skizzenhaft eine Geschichte. Sie werden erkennen, „daß allein in dem Unterschied der Räume ein Konfliktpotential steckt, aus dem sich Thema und Handlung der Geschichte ergeben können" (ebd.: 255).
- Den Lernenden wird ein Romanausschnitt gegeben, in dem einer der Handlungsräume der Erzählung beschrieben wird. Die Lernenden erhalten sodann die Aufgabe, zu erzählen, wie die Handlung weitergehen, was an diesem Ort passieren wird. Auf diese Weise kön-

nen sie erfahren, dass durch die Raumdarstellung eine bestimmte Atmosphäre geschaffen wird, die im Leser Erwartungen weckt – und zwar sowohl im Hinblick auf die Figuren, die in diesem Raum leben, als auch auf die Ereignisse, die stattfinden könnten.

Zeitdarstellung Auch für das entdeckende Erarbeiten der unterschiedlichen Formen der Zeitdarstellung in narrativen Texten bieten sich kreative Aufgaben an (vgl. Waldmann/Bothe 1992: 55–68).

METHODE

Zeitdarstellung produktiv erarbeiten

- Um die Schülerinnen und Schüler den Unterschied zwischen Zeitraffung und Zeitdeckung bzw. Zeitdehnung eigentätig erfahren zu lassen, erhalten sie die Aufgabe, zwei Texte gleicher Länge zu schreiben (100 Wörter). In Text A beschreiben sie ihre letzten Sommerferien oder eine Reise, die sie kürzlich unternommen haben; in Text B beschreiben sie, wie sie sich ein Sandwich machen, Schuhe anziehen oder einen Tee kochen. Die Ergebnisse werden hinsichtlich der Wirkung der unterschiedlichen Zeitvarianten besprochen und die entsprechenden Fachbegriffe werden eingeführt. Anschließend kann dazu übergegangen werden, die Zeitgestaltung in verschiedenen Textausschnitten genau zu analysieren.
- Die Lernenden sollen die chronologischen Ereignisse in einem Textausschnitt mit anderer zeitlicher Reihenfolge umschreiben (z. B. indem sie die Handlung rückwärts oder anachronisch erzählen, d. h. mit Rückblenden und/oder Vorauswendungen) und die Geschichte schließlich eigenständig weitererzählen. Die verschiedenen Versionen werden in Kleingruppen miteinander verglichen und in Bezug auf Unterschiede in der Funktionsweise der Zeitgestaltung untersucht. Die Lernenden können so erkennen, dass durch Rück- bzw. Vorgriffe die Bedeutung bestimmter Ereignisse für den Handlungsverlauf hervorgehoben wird und dass sich durch beide Verfahren das Rezeptionsverhalten ändert.

Perspektivenwechsel Ein kreatives Verfahren, das im Zusammenhang mit narrativen Texten häufig verwendet wird, ist die Aufforderung zum Perspektivenwechsel. Lernende sollen auf diese Weise erfahren, dass die Darstellung der Ereignisse in einem Roman oder einer Kurzgeschichte maßgeblich davon geprägt ist, aus welcher Perspektive sie erzählt werden. Abhängig vom Wissensstand, den Bedürfnissen und Interessen sowie der gesellschaftlichen und kulturellen Prägung des Erzählenden können sich die Ereignisse oder die Beschreibungen der

Figuren jeweils unterschiedlich darstellen. Um Schülerinnen und Schülern die rezeptionslenkende Bedeutung der Erzählperspektive zu erschließen und sie für die Perspektivität jeder Darstellung zu sensibilisieren, bieten sich Aufgaben wie die folgenden an:

METHODE

Erzählperspektive kreativ erarbeiten

- Die Lernenden werden dazu veranlasst, einen Konflikt aus der Sicht einer Figur darzustellen, von der im Text keine Innensicht gegeben wird. So kann die nahegelegte Identifikation der Lernenden beispielsweise mit dem Ich-Erzähler eines Romans als Ausgangspunkt dienen, um die Sicht der übrigen Figuren fantasievoll auszumalen. Dass der Erzähler im Hinblick auf die Motive, Interessen und Bedürfnisse der anderen Figuren nur spekulieren kann, dürfte für Schüler und Schülerinnen ein zusätzlicher Anreiz sein, um die Perspektive anderer Figuren zu übernehmen. Durch solche Perspektivenwechsel kann im Unterricht sehr anschaulich verdeutlicht werden, wie stark etwa die Sympathielenkung von der Gestaltung der Erzählsituation beeinflusst wird. Werden die unterschiedlichen Geschichten, die die Lernenden perspektivisch ausgestaltet haben, abschließend zusammengefügt, kann zudem aus dem Ursprungstext in Ich-Erzählsituation ein multiperspektivischer Text erstellt werden, der zum Ausdruck bringt, dass es von jedem Ereignis so viele Versionen wie Erzähler gibt.
- Die Lernenden werden aufgefordert, die Ereignisse bzw. die Konfliktsituation in einem Roman mit ‚fremdem Blick' zu sehen und darzustellen (vgl. Waldmann/Bothe 1992: 72), d. h. aus der Außensicht einer Figur, die nicht am Geschehen beteiligt ist, sondern von den Schülerinnen und Schülern erfunden wird. Dieser ‚fremde Blick' kann beispielsweise sein: die Wahrnehmung eines Kleinkindes in der Erwachsenenwelt, der Expeditionsbericht eines außerirdischen Besuchers, der Blick eines Archäologen im nächsten Jahrtausend auf unsere Zeit oder aber das Auftreten des Lerners selbst in der Erzählwelt. Abschließend sollte die durch den Perspektivenwechsel hervorgerufene andere Wirkung der Geschichte auf den Leser anhand der folgenden Frage diskutiert werden: ▶ *What happens when someone else tells or perceives the story?*

Redeformen und Bewusstseinsdarstellung

Ein weiterer Bereich der Bauformen des Erzählens, der sich im Unterricht nicht nur analytisch, sondern auch kreativ erschließen lässt, ist der der verschiedenen Redeformen, d. h. des Verhältnisses zwischen Erzähler- und Figurenrede (vgl. Waldmann/Bothe 1992: 102–131). Die Erzählerrede steht im Allgemeinen im Präteritum, und die Figurenrede ist direkte Rede. Die Figurenrede kann vom Erzähler aber auch in indirekter Rede berichtet und (als ‚erlebte Rede') im Präteritum erzählt oder aber durch inneren Monolog vermittelt werden (vgl. zu den Techniken der Bewusstseinsdarstellung Kap. II.5.2). Was diese Redeformen in einem Text leisten, z. B. hinsichtlich der Bewusstseinsdarstellung der Figuren, und wie sie auf den Leser bzw. die Leserin wirken, kann im Unterricht durch die folgende kreative Aufgabe erkundet werden. Die Lernenden werden aufgefordert, einen geeigneten kürzeren Textausschnitt, der sowohl aus Erzähler- als auch aus Figurenrede besteht, auf die folgende Weise in verschiedene Redeformen umzuwandeln (vgl. Waldmann/Bothe 1992: 117):

AUFGABE

Redeformen kreativ erkunden

- Rewrite the text in mere narratorial discourse, i. e. without any direct or reported speech.
- Transform the character's direct speech into reported speech.
- Transform the narrator's discourse as far as possible into characters' direct speech, so that the text is composed (almost) only of dialogues.
- Transform the text into free indirect discourse (e. g. by using loose syntax and including questions, exclamations and other signals of subjectivity).
- Narrate the story in an interior monologue by making use of the first-person singular and the present tense and by avoiding all verbs of thinking and feeling.

Anschließend lesen die Schülerinnen und Schüler ihre Texte in der angegebenen Reihenfolge vor. Sie werden gebeten, darauf zu achten, in welcher Weise sich die Erzählung durch die Umformungen und vor allem in der Abfolge der Umformungen verändert, und worauf das beruhen könnte. Auf diese Weise können sie erfahren, dass die Erzählerpräsenz im Laufe der Umformungen immer weiter abnimmt und das Erzählgeschehen im inneren Monolog am unmittelbarsten vergegenwärtigt wird.

Fazit: Schulung im Umgang mit Erzählkategorien

Mit Hilfe der bisher vorgestellten produktionsorientierten Schreibaufgaben können Lernende durch eigenes Textproduzieren im Umgang mit den wichtigsten Erzählkategorien geschult werden: „Anhand eigener produktiver Ergebnisse und durch den Vergleich mit den Ergebnissen anderer Schüler erkennen sie Wirkungen und Bedeutungsveränderungen, die durch unterschiedliche Verwendung poetischer Verfahren möglich werden." (Thießen 1998: 249) Durch die induktive Erarbeitung der Bauformen des Erzählens wird ihnen somit insgesamt verdeutlicht, „daß Autoren daher ganz bewußt mit diesen Kategorien arbeiten – und (und nicht zuletzt) daß auf Seiten des Rezipienten die Untersuchung der Erzählkategorien eine tiefergehende Beschäftigung mit dem literarischen Text ermöglicht" (ebd.: 248).

Ausbildung von Gattungs- und Textsortenkompetenz

Kreative und produktionsorientierte Zugangsformen lassen sich bei der Beschäftigung mit narrativen Texten aber auch mit Gewinn für die Ausbildung von Gattungs- und Textsortenkompetenz einsetzen. Lernende können z. B. die Aufgabe erhalten, die von einem Roman vorgegebenen Themen und Konfliktkonstellationen in Einzel-, Partner- oder Gruppenarbeit in eigenständige neue Texte umzuformen. Dabei sollten sie Gelegenheit haben, neben ihren Lektüreeindrücken auch ihre persönlichen Erfahrungen sprachlich darzustellen. Der Fantasie der Lehrenden sind dabei allenfalls durch die Zahl der in Frage kommenden Gattungen und Textsorten Grenzen gesetzt.

Dialoge

Zu den Textsorten, die Lernende beim Umschreiben eines Romans oder einer Kurzgeschichte produzieren können, zählen zum Beispiel Dialoge. So bieten Romane, in denen der Akzent auf der Darstellung von psychischen Prozessen liegt, Schülerinnen und Schülern die Möglichkeit, die nicht ausgetragenen Konflikte in Dialogform umzuschreiben. Oder aber die Lernenden imaginieren einen Dialog zwischen zwei Figuren, die im Text nicht aufeinander treffen, und verwenden diesen Dialog dann als Basis für ein Rollenspiel (vgl. Kap. II.4.3).

Erweiterte Dialoge

Ist ein Textabschnitt in Außensicht erzählt, so dass der Leser zwar erfährt, was die Figuren sagen, aber nicht, was sie fühlen, denken und beabsichtigen, dann können die Lernenden dazu animiert werden, einen erweiterten Dialog zu schreiben (vgl. Waldmann/Bothe 1992: 111f.). Das heißt, die Schülerinnen und Schüler ergänzen einen vorhandenen Dialog um das, was die Figuren bei ihrem Dialog fühlen, denken (über den Gesprächspartner oder über das, was sie selbst hätten sagen können, aber nicht gesagt haben), beabsichtigen, beobachten (z. B. in Bezug auf Mimik und Gestik des Gesprächspartners), wahrnehmen (an Vorgängen in der Umwelt während des Gesprächs) usw. Der folgende Vorschlag für ein Arbeitsblatt, bei dem in der linken Spalte der Dialog aus dem Text übernommen und auf der rechten Seite die parallele Gedankenwelt der jeweiligen Figur dazu entwickelt wird, kann bei dieser Übung hilfreich sein (vgl. Collie/Slater 1987: 60):

AUFGABE

What each character says	What s/he is thinking

Inside views Narrative Texte, in denen weitgehend auf die Darstellung des Bewusstseins der Figuren verzichtet wird, können also als Anlass genommen werden, um Lernende dazu aufzufordern, *inside views* in Form von ausformulierten Gedanken und Gefühlen zu entwerfen. Im Falle von schwächeren Lerngruppen kann man sich auch auf stichwortartig knappe „**thought bubbles**" (Collie/Slater 1987: 59f.) beschränken, eine Textsorte, die Schülerinnen und Schülern von Comics her bestens bekannt sein dürfte. Auf diese Weise kann etwa Kurzgeschichten von Ernest Hemingway, in denen Leser über die Bewusstseinsvorgänge der Figuren meist nur spekulieren können, eine interessante neue Facette abgewonnen werden. Ebenso reizt die für die Ich-Erzählsituation übliche Beschränkung der Bewusstseinsdarstellung auf die Gedanken und Gefühle des Protagonisten, die sich aus der Zugehörigkeit des Erzählers zur Welt der Figuren ergibt, Lernende dazu, Situationen und Konflikte aus der Sicht der anderen Figuren darzustellen, von denen keine Innensicht wiedergegeben wird.

Breites Spektrum weiterer Texte Darüber hinaus können literarische Texte den Bezugspunkt für die Produktion eines breiten Spektrums weiterer Texte bilden, durch die Lernende die Konventionen verschiedener authentischer Textsorten kennen lernen. Während der Erschließung eines Romans ergeben sich vielfältige Möglichkeiten, um Schülerinnen und Schüler dazu aufzufordern, **Briefe**, **Telegramme** oder ***hasty notes*** zu schreiben, die direkt auf die erzählte Geschichte bezogen sein sollten. So können sie etwa die Perspektive einer der beteiligten Figuren einnehmen oder den Figuren Ratschläge aus ihrer Sicht geben. Da Lernende dadurch angeregt werden, sich intensiv mit den in einem Text geschilderten Problemen auseinander zu setzen, ergänzen sich bei dieser Form der Textarbeit kreative Schreibaufgaben und die Texterschließung durch emotionales Erleben. Joanne Collie und Stephen Slater (1987: 63ff.) nennen noch einige andere Textsorten, die für Abwechslung sorgen und den Enthusiasmus der Lernenden erhöhen können: Durch die Anfertigung einer **Ratgeberrubrik**

(*‚agony aunt' column*), einer **Vermisstenanzeige** bzw. eines **Fahndungsposters** (*missing poster*) oder eines **Nachrufs** auf eine Figur (*epitaph*) können nicht nur das Ausdrucksvermögen, sondern auch die Fantasie der Schülerinnen und Schüler gefördert werden. Wichtig bei diesen Schreibaufgaben ist allerdings, dass den Lernenden für das Schreiben in anderen Textsorten und Formaten Muster an die Hand gegeben werden (z. B. aus englischen Zeitungen im Falle der *‚agony aunt' column*), an denen sie sich bei der Produktion ihrer Texte im Hinblick auf den Stil, die Textlänge, das sprachliche Register und das Layout orientieren können.

Textproduktion nach der Lektüre

Nachdem der gesamte Text gelesen ist, können Lernende in die Produktion weiterer Textsorten eingeführt werden. Vielfältige Möglichkeiten eröffnet etwa eine Schreibaufgabe, die den Schülerinnen und Schülern Gelegenheit gibt, ihre kritischen Reaktionen in Form einer **Rezension**, eines **Zeitungsartikels** über den Autor und sein Werk oder eines **Essays** zusammenfassend darzustellen. Aufgabe der Lernenden ist es, ihre Urteile über den jeweiligen Text plausibel zu machen und argumentativ abzustützen. Wenn Schülerinnen und Schüler mit diesen Textsorten nicht vertraut sind, sollten authentische Muster exemplarisch besprochen werden. Selbst Frustration und Ärger über einen Text oder über den Ausgang der Handlung können produktiv genutzt werden, wenn Lernende dazu aufgefordert werden, ihren Unmut möglichst genau darzulegen und zu begründen. Die Aussicht, mit einem überzeugenden ‚Verriss' einer Lektüre eine gute Note zu erhalten, kann selbst bei renitenten Lesemuffeln ungeahnte Motivation freisetzen. Als Alternative können Lernende, die sich positiv über die besprochene Lektüre geäußert haben, dazu aufgefordert werden, den Text in Form von Textsorten wie **Werbetext** eines Verlags, **Handzettel** mit Kaufempfehlung (*promotional handout*), **Klappentext** (*blurb*) oder **Artikel** (*article*) in einer Zeitung anzupreisen. Es ist im Übrigen aufschlussreich, die Unterschiede z. B. zwischen Rezensionen und Werbetexten im Hinblick auf Stil, Aufbau und Rhetorik zu vergleichen.

Alternativer Handlungsverlauf

Eine weitere Spielart des produktionsorientierten Unterrichts bildet der Entwurf von fantasievollen Alternativen zum geschilderten Handlungsverlauf. Solche Schreibaufgaben lassen sich durch „*What if?*"-Fragen einleiten wie z. B. ▸ *What if circumstances had been different?* oder durch Fragen wie *What alternative choices could the characters have made?* Geeignet dafür sind vor allem Texte, in denen die Schlussgebung ambivalent und offen ist. Solche Romane laden geradezu zum Ausfabulieren des offenen Schlusses ein. Auf dem Hintergrund ihrer persönlichen Erfahrungen können Lernende die im Roman nicht realisierten Handlungsmöglichkeiten sprachlich ausgestalten. Die jeweilige Plausibilität der entworfenen Varianten sollte in der abschließenden Zusammenfassung der Interpretationsergebnisse berücksichtigt werden, weil gerade unterschiedliche Lesarten Lernenden ein konstitutives Merkmal literarischer Texte vor Augen führen: deren Mehrdeutigkeit. Die Möglichkeit, alternative Formen der Schlussgebung zu konstruieren, lässt sich ebenso gut als eine mündliche Aktivität nutzen.

Oral activities

Viele der skizzierten produktionsorientierten Unterrichtsverfahren eignen sich auch sehr gut für die Erreichung des primären Lernziels des Fremdsprachenunterrichts, Schülerinnen und Schüler zum selbstständigen Sprechen zu motivieren. Auch im Bereich der *oral activities* lassen sich einige typische Methoden nennen, die sich bei den meisten Lektüren gewinnbringend als Ergänzung zur herkömmlichen Textanalyse einsetzen lassen. Das Spektrum reicht von **darstellendem Lesen** (Grzesik 1990: 187ff.) bzw. ***reading aloud*** (Collie/Slater 1987: 68ff.; vgl. auch Kap. II.4.3), und **mündlichen Zusammenfassungen** (vgl. Collie/Slater 1987: 70) über **gelenkte** oder **freie Diskussionen** (z. B. auf der Basis vorgegebener Statements zum Text, aus denen die Lernenden das ihrer Meinung nach Zutreffendste auswählen und begründen müssen; vgl. ebd.: 70f.) bis hin zu **Rollenspielen**, in denen alltägliche Standardsituationen oder Ausnahmesituationen, die vom jeweiligen Text angesprochen werden, szenisch dargestellt und spielerisch erprobt werden. Eine weitere Aufgabe, die zur Diskussion anregt, ist die **Bestimmung des unumkehrbaren Wendepunkts** eines Romans (vgl. ebd.: 82f.):

AUFGABE

Den Wendepunkt bestimmen

- We have now read (title) and we know its outcome.
  Looking back, can you say what, precisely, was the ‚point of no return' – that is, the point at which the outcome became inevitable. (This can be a point in the events or the development of a character.) If you do not think there was such a point, give reasons for thinking that the outcome was not inevitable.

Vorbereitung einer kurzen Rede

Lernende können außerdem dazu aufgefordert werden, ihrer Meinung über einen Roman oder eine Kurzgeschichte in einer kleinen Rede (*short speech*) von wenigen Minuten Ausdruck zu verleihen. Diese Aktivität kann auch zur Vorstellung von Texten im Klassenzimmer verwendet werden, die die Schülerinnen und Schüler außerhalb des Unterrichts lesen sollten. Als Hilfestellung für Lernende zur Vorbereitung einer solchen Rede schlägt Ursula Hermes (1998: 71) die folgenden Teilschritte vor:

AUFGABE

How to Prepare a Booktalk

1. You need an introduction to catch your listeners' attention.
   a) You might consider starting with a question
   b) or with a joke
   c) or show a book, a photo, an item that is connected with the story.
2. Now begin with your actual talk.
   a) Form short sentences, be precise.
   b) Develop your thoughts step by step.
   c) Concentrate on the strong points of the story, e. g. the plot, the dialogues, the characters, the ending.
   d) Emphasize your ideas by giving examples from the text or making comparisons with other stories.
   e) Add details or quote from the text.
3. Come to the end of your speech quickly.
   Repeat your main arguments in one or two sentences and then come to a conclusion.

Texte als Diskussionsanlass

Gut ausgewählte Romane oder Kurzgeschichten bieten vielfältige Anlässe zur Diskussion über die im Text angesprochenen Probleme. Lernende werden vor allem durch solche Texte zu kritischen Stellungnahmen herausgefordert, in denen Erfahrungen von Heranwachsenden (z. B. Beziehung zum anderen Geschlecht, Werbeverhalten, Liebe vs. Besitzanspruch) angesprochen werden. Die Thematisierung von Problemen, die sie auf ihren Erfahrungshorizont beziehen können, fördert ihre Bereitschaft, sich aktiv am Unterrichtsgespräch zu beteiligen und kreativ mit den in den Romanen angesprochenen Problemen auseinander zu setzen. Ein ergiebiger Anreiz für kritische Debatten ist stets die Frage nach der Motivation der Figuren: ▸ *Why did he or she do that?* Zudem bieten im Text dargestellte Ausnahme- und Grenzsituationen vielfältige Möglichkeiten der szenischen Umsetzung. So könnte etwa ein Verhör inszeniert werden, in dem Lernende die Motive einer Figur zu ergründen versuchen (vgl. Kap. II.4.3).

Integration von kritischen Reaktionen

Kritische Reaktionen der Lernenden auf den besprochenen Text lassen sich ebenfalls gut in Form von mündlichen Beiträgen in das Unterrichtsgeschehen integrieren. Als Aufgabe bietet sich etwa eine **Pressekonferenz** an, in der Schülerinnen und Schüler, denen die Lektüre gefallen hat, abwechselnd den Autor spielen, während jene, die wenig mit einem Text anzufangen wussten, als Kritiker ihre Skepsis und Abneigung dadurch zum Ausdruck bringen können, dass sie (möglichst unangenehme) Fragen an den (fiktiven) Verfasser richten. Eine geeignete Alternative wäre ein Nachspielen des bekannten „**Literarischen Quartetts**".

Unterstützung durch Arbeitsblätter und grafische Darstellungen

Sämtliche der genannten Schreibaufgaben und mündlichen Aktivitäten können durch den Einsatz von selbst angefertigten Arbeitsblättern und grafischen Darstellungen sinnvoll unterstützt und bereichert werden. Anregungen für die Anfertigung von Arbeitsblättern finden sich in dem Band von Collie/Slater (1987) in großer Zahl. Neben weithin bekannten Formen wie *question-and-answer worksheets*, *complete the sentences*, *true or false* und *multiple choice questions* unterbreiten die Autoren auch einige originelle Vorschläge. Zur Belebung von Diskussionen können etwa *value judgment worksheets*, Fragebögen (*questionnaires*) oder Polaritätenprofile für die Beschreibung des Eigenschaftsspektrums von Figuren erstellt werden (vgl. ebd.: 47f., 71ff.).

Beispiele für grafische Darstellungen

Grafische Darstellungen eignen sich vor allem dazu, komplexe Zusammenhänge übersichtlich zu präsentieren. So lassen sich etwa die Figurenkonstellation (vgl. Kap. II.4.2) und die Handlungsstruktur entlang der Zeitachse in grafischen Modellen übersichtlich darstellen. Solche Darstellungen haben zum einen den Vorzug, dass sie eine Vielzahl von Informationen in kompakter und schematisierter Form wiedergeben; zum anderen sind sie relativ leicht einprägsam.

Fazit: Vorzüge kreativer Verfahren

Abschließend seien die Vorzüge kreativer und produktionsorientierter Methoden der narrativen Textarbeit noch einmal zusammengefasst. Lernende bekommen durch solche Verfahren in sehr viel stärkerem Maße das Gefühl, dass ihre subjektiven Lektüreeindrücke ernst genommen werden und dass ihre Lesarten durchaus mit der kognitiven Interpretation eines Textes in Zusammenhang gebracht werden bzw. zur detaillierten Analyse eines Textes führen können. Kreative Formen der Sprachverwendung bringen zudem eine Erweiterung und Vertiefung des sprachlichen Ausdrucksvermögens mit sich. Außerdem schulen insbesondere produktionsorientierte Verfahren der Romanbehandlung auch die textuelle Kompetenz, da sie eine solide Kenntnis des jeweiligen Textes, Gattungswissen sowie ein recht hohes Maß an literarischer Sensibilität voraussetzen.

6. Die Arbeit mit Literatur in anderen Medien I: Film

6.1 Lernziel *film literacy*: Ausbildung des Seh-Hör-Verstehens

Schulische Realität

Authentische englischsprachige Spielfilme (*feature films*) haben seit Jahren ihren Platz im Englischunterricht. Jedoch werden sie viel zu häufig bloß als unterhaltsame Lückenfüller verwendet, was auf Seiten der Lernenden eine passive Konsumentenhaltung fördert. Oder aber sie werden (vorwiegend in der Oberstufe) als Literaturverfilmung (*literary adaptation*) zum Abschluss der Arbeit mit einem Roman oder Drama eingesetzt und auf diese Weise für die Betrachtung von Literatur instrumentalisiert. Selten finden Filme um ihrer selbst willen als eigenständige ästhetische Kunstwerke Eingang in den Unterricht.

Entwicklung von Filmkompetenz als Lernziel

Dabei sollte gerade in der heutigen Zeit die Entwicklung von Filmkompetenz (*film literacy*) – d. h. der Fähigkeit, bewegte Bilder zu lesen und bewusst mit dem Medium Film umzugehen – schon früh gefördert werden. Zum einen bestimmt das Medium Film unsere Kultur und unseren Alltag wie kaum ein anderes. Zum anderen hat eine Initiative der Bundeszentrale für politische Bildung die Diskussion um ein filmschulisches Kerncurriculum entfacht (vgl. *www.bpb.de*). Auch im Fremdsprachenunterricht sollte der Erwerb von Filmkompetenz ein Lernziel sein. Audiovisuelle Texte liefern nämlich wichtige Einblicke in die Kultur englischsprachiger Länder und können außerdem in vielfältiger Weise zur Ausbildung des Seh-Hör-Verstehens sowie von Rede- und Schreibkompetenzen in der Fremdsprache beitragen.

Unsicherheiten auf Lehrerseite

Trotz der Einsicht in die Vorzüge fremdsprachiger Filme als Texte für den Unterricht herrscht in vielen deutschen Klassenzimmern die Tendenz vor, Filme zwar bisweilen zu zeigen, mit ihnen aber nicht in dem gleichen Maße zu arbeiten wie beispielsweise mit Romanen, Kurzgeschichten, Dramen oder Gedichten. Da Filme eine Textsorte darstellen, die durch das Zusammenspiel von visuellen und akustischen Ausdrucksmitteln gekennzeichnet ist und „die bei einmaliger, oft flüchtiger, wenig vorbereiteter Rezeption ihr komplexes Funktionsspektrum nicht entfalten kann" (Gast et al. 1987: 276), ist für das Verstehen der Bedeutung eines Films eine genaue Analyse nicht nur seines Inhalts, sondern auch seiner ästhetischen Besonderheiten nötig. Viele Lehrende sind jedoch mit den spezifischen Darstellungsverfahren des Mediums Film und mit der zu ihrer Beschreibung notwendigen Terminologie nicht genügend vertraut. Unsicherheiten bestehen vor allem bezüglich der Fragen, wie ein Film eingesetzt werden kann, welche Aspekte sinnvollerweise im fremdsprachlichen Literaturunterricht untersucht werden sollten und welche Zugangsformen für die Erlangung welcher Lernziele besonders geeignet sind. Im Gegensatz zu Vorschlägen zu anderen Texten und Medien gibt es sowohl in der fachdidaktischen Literatur als auch in den Programmen der Schulbuchverlage unproportional wenig konkrete inhaltliche und methodische Anregungen zum Einsatz von Filmen im Englischunterricht.

Ziele des Kapitels

Das vorliegende Kapitel verfolgt daher zwei Ziele. Erstens werden die wichtigsten Gestaltungsmittel von Filmen sowie Begriffe und Kategorien zu ihrer Analyse vorgestellt. Zweitens wird der Frage nachgegangen, mit welchen Zugangsformen man sich Filmen – Spielfilmen ohne literarische Vorlage wie auch Literaturverfilmungen – im Unterricht nähern kann. Es werden sowohl filmanalytische als auch verschiedene handlungs- und produktionsorientierte Aufgaben für die Arbeit mit Filmen entwickelt, um nicht nur rezeptive und kognitive, sondern auch imaginative und affektive Fähigkeiten auf Seiten der Lernenden zu fördern. Insgesamt soll praxisnah gezeigt werden, wie Filme heutzutage mit Gewinn im Englischunterricht behandelt werden können, so dass sie nicht nur zur Ausbildung sprachlicher Kompetenzen beitragen, sondern Lernende auch zu einem kompetenten und kritischen Umgang mit audiovisuellen Medien befähigen.

Gründe für Filme im Fremdsprachenunterricht

Zunächst soll jedoch die Frage geklärt werden, warum sich gerade Filme für einen Einsatz im fremdsprachlichen Unterricht eignen.

Vorteile von Filmen im Fremdsprachenunterricht

- Da Filme von Lernenden in deren Freizeit in hohem Maße rezipiert werden und für sie medial attraktiver sind als viele andere Textsorten, schaffen sie ein für die Motivation zur Begegnung mit der fremden Sprache und Kultur förderliches Klima (vgl. Gast et al. 1987: 276).
- Im Fremdsprachenunterricht kann auf die Erfahrungen der Schülerinnen und Schüler mit dem Medium Film zurückgegriffen werden, entspricht dieses doch hauptsächlich und immer mehr ihren eigenkulturellen Rezeptionsgewohnheiten.
- Fremdsprachige Filme sind authentische Kulturprodukte, in denen die Zielsprache durch Bilder, Situationen und menschliche Begegnungen kontextualisiert ist und somit für Lernende leichter zugänglich wird.
- Aufgrund ihrer besonderen Vermittlungsform, die auf einer Kombination von Bild, Sprache und Geräuschen beruht und somit bei der Rezeption viele unterschiedliche Sinne und kognitive Fähigkeiten

gleichzeitig anspricht, sind Filme oftmals leichter verständlich als allein auf Sprache gründende Texte.

- In Filmdialogen kommen neben verbalen auch non-verbale und paralinguistische Aspekte von Kommunikation wie Mimik, Gestik und Körpersprache bzw. Intonation, Sprechtempo, Sprechpausen usw. zur Geltung, die Bestandteil jeder mündlichen Kommunikation sind, aber im Fremdsprachenunterricht bislang noch zu wenig berücksichtigt werden. Diese „Entlastung des rein verbalen Verstehens" durch eine „Einbettung des fremdsprachlichen Verstehens in einen komplexen, mehrere Sinne gleichzeitig erfassenden Wahrnehmungs- und Verstehensvorgang" (Grogan-Schomers/Hallet 1997: 184) ist gerade für den Anfangsunterricht in der Fremdsprache wichtig.
- Filme können dazu beitragen, dass neben dem Hör-Verstehen, Sprechen, Lesen und Schreiben in der Fremdsprache als fünfte Fertigkeit das Seh-Verstehen gefördert wird – eine Fertigkeit, die laut Inge Schwerdtfeger (1989: 24) nicht nur für das Sprachverstehen wichtig ist, sondern die auch eine zentrale Bedeutung für die Ausbildung der individuellen Sprechfähigkeit und Sprechlust hat:

  > Wenn Lust am Sprechen [...] im Fremdsprachenunterricht entstehen soll, dann muß im Unterricht auch an Menschen etwas zu sehen und zu beobachten sein. Die Personen, die in herkömmlichen Lehrmaterialien sprechen, sind ‚gelähmt'. Die Umwelt ist starr und tonlos. Redewendungen, Beschreibungsvokabeln für Gestik, Mimik, Körpersprache, Raumnutzung, Bewegungsabläufe und Geräusche finden sich im sog. ‚Grundwortschatz' nie. Das Einbeziehen von Filmen in den Fremdsprachenunterricht bietet die Möglichkeit, die Lücken im Sprachverständnis des bisherigen Lehrmaterials zu schließen. (ebd.: 26)

- Durch die Visualisierung von Geschehensabläufen im Film werden Lernende in der Regel stärker als beim Lesen eines Buches zu emotionalen Reaktionen und persönlichen Stellungnahmen in Bezug auf die dargestellte Geschichte herausgefordert (vgl. auch ebd.: 23). Filme stiften somit Gesprächsanlässe im Unterricht; sie fordern – nicht zuletzt auch aufgrund des Kollektiverlebnisses der gemeinsamen Filmbetrachtung im Klassenraum – zum Sprechen und auch Schreiben über sie auf.
- Aufgrund ihrer spezifischen Gestaltungsmittel bieten Filme die Gelegenheit, kognitiv-analytische und verschiedene kreative, handlungs- und produktionsorientierte Formen der Textarbeit zu integrieren. Sie ermöglichen außerdem besondere Übungsformen, die der Forderung nach mehr Schülerorientierung im Fremdsprachenunterricht gerecht werden.
- Durch das neue Trägermedium DVD werden den Lehrenden neue Möglichkeiten für die Beschäftigung mit audiovisuellen Medien im

Unterricht eröffnet: Die DVD liefert nicht nur eine ausgezeichnete Bild- und Tonqualität, sondern erleichtert auch den genauen Zugriff auf ausgewählte Filmsequenzen und ermöglicht die freie Sprachwahl sowie das zusätzliche Einblenden von z. B. englischsprachigen Untertiteln, was das Verstehen erleichtert und auch das Lernen neuer Wörter fördert. Außerdem bieten DVDs viel Zusatzmaterial wie z. B. den Trailer eines Films, Dokumentationen zu technischen und künstlerischen Details, ausgelassene Szenen, alternative Enden, das Making of oder Interviews mit dem Produzenten, dem Regisseur und einzelnen Schauspielern. Dieses Zusatzmaterial lässt sich gerade im Kontext eines handlungs- und produktionsorientierten Unterrichts gewinnbringend einsetzen.

Vielfältige Verwendungszusammenhänge von Filmen

Einige der genannten Gründe zielen auf den wichtigen Beitrag ab, den Filme für die Entwicklung der fremdsprachlichen Kompetenzen der Lernenden leisten können. Darüber hinaus sind jedoch vielfältige Verwendungszusammenhänge von Filmen im Englischunterricht denkbar, die über die reine Ausbildung sprachlicher Fertigkeiten hinausgehen. Allen voran sollte dem Kunstcharakter von Filmen mehr Rechnung getragen werden, „indem die Beschäftigung mit den dargestellten Inhalten und mit den Mitteln der filmischen Gestaltung ins Zentrum des Unterrichts rückt" (Wilts 2001: 211f.). Wie dies im Einzelnen umgesetzt werden kann, soll im Folgenden gezeigt werden.

6.2 Der Film als ‚plurimediale Darstellungsform': Filmanalyse leicht gemacht

Besonderheiten von Filmen

Im Gegensatz zu Erzähltexten, reinen Lesedramen und Gedichten handelt es sich beim Film um eine **plurimediale Darstellungsform**, d. h., der filmische Text bedient sich nicht nur sprachlicher, sondern auch außersprachlich-akustischer und optischer Codes. Das **akustische Zeichensystem** setzt sich aus der Sprache der Figuren (und eventuell des Erzählers), aus paralinguistischen Aspekten sowie aus Geräuschen und Musik zusammen, wobei die Quelle des akustisch Wahrnehmbaren entweder im Bild zu sehen ist (*on-screen*) oder nicht (*off-screen*). Das **optische Zeichensystem** umfasst die Bildinhalte (also Figuren, Schauplätze und Requisiten), die Farbgestaltung (*colour*) und Beleuchtung (*lighting*) sowie die verschiedenen Einstellungsgrößen der Kamera (*field sizes*), die Kameraperspektive (*camera angles*) und -bewegung (*camera movement*). Hinzu kommen verschiedene Formen der **Montage** (*montage/editing*), d. h. der bedeutungserzeugenden Verbindung einzelner Einstellungen (*shots*) zu größeren Einheiten (*sequences*). Einzelne Einstellungen werden durch Schnitte (*cuts*) begrenzt und entweder übergangslos oder durch Verbindungsmodi wie Doppelbelichtung (*double take*), Überblendung (*dissolve*) oder Abblendung (*fade out*) zu einer neuen Bedeutungseinheit verbunden. Auch die Einfügung von Rückblenden (*flashbacks*) oder Vorauswendungen (*flash-forwards*) sowie die Verbindung von Handlungssträngen (Parallelmontage; *parallel action/cross-cutting*) erfolgt mittels der Montage. Sie macht den Film erst zu einem erzählenden Medium (vgl. Hickethier 1983: 23).

Mehrschichtigkeit der Informationsvergabe im Film

(nach Chatman 1990: 135)

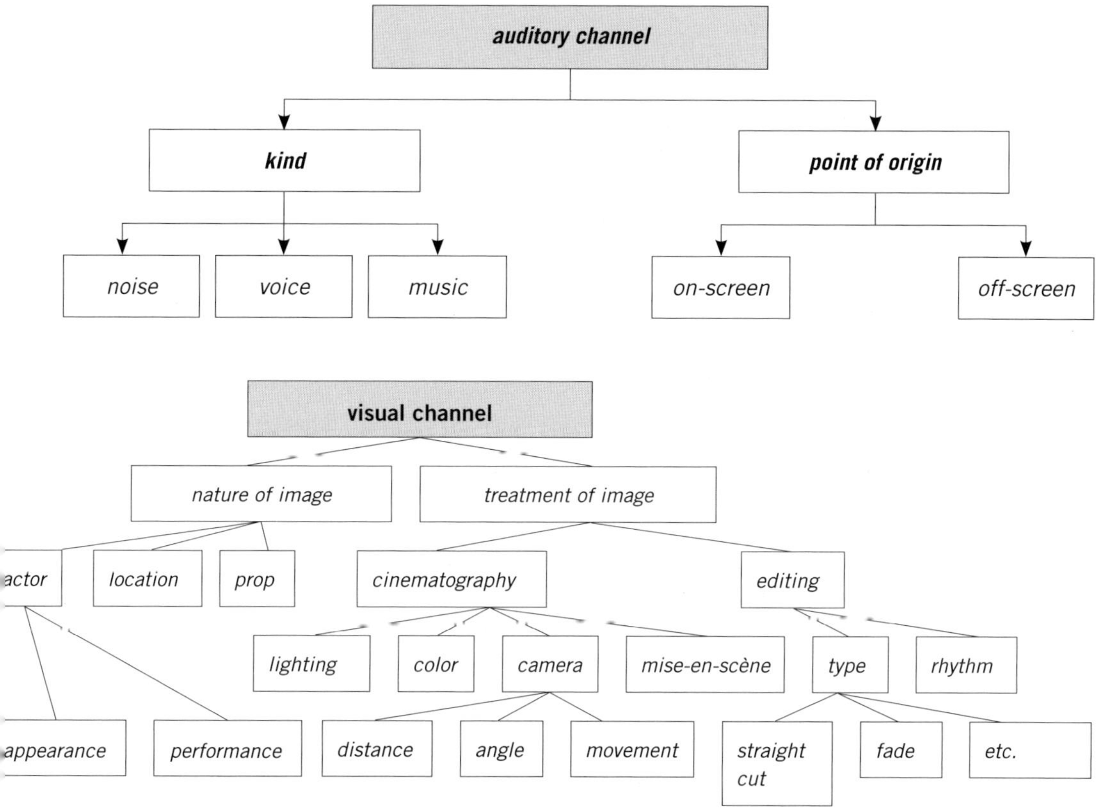

Filmspezifisches Wirkungs- und Funktionspotenzial

Durch das Zusammenspiel dieser im Film teilweise gleichzeitig vergebenen Zeichen entsteht dessen spezifisches Wirkungs- und Funktionspotenzial. Die Beschaffenheit eines Films bestimmt also den durch diesen transportierten Inhalt mit. Dies lässt sich z. B. anhand der verschiedenen möglichen Formen von **Ton-Bild-Relationen** (*sound-image relations*) verdeutlichen, die beim audiovisuellen Lehren und Lernen einer Fremdsprache mitbedacht und genutzt werden sollten (vgl. Raabe 2003: 425). So können sich Ton und Bild gegenseitig ergänzen, potenzieren oder modifizieren; es kann aber auch zu einer Divergenz zwischen ihnen kommen (Ton-Bild-Schere; vgl. Rauh 1987: 75ff.). Die Verbindung von Wort und Bild ermöglicht auch filmspezifische Formen der Bewusstseinsdarstellung, wenn die Gedanken einer Figur nicht nur durch ***voice-over*** verbalisiert, sondern zugleich szenisch realisiert werden. Im Falle von *unreliable narration* stimmt die Erzählung einer Figur häufig nicht mit den visuellen Informationen überein, so dass z. B. erkennbar wird, wenn eine Figur vergangene Ereignisse idealisiert oder verdrängt.

Vermittlung filmanalytischer Kompetenzen

Lernende können Filme folglich nur dann differenziert betrachten und verstehen, und sie können nur dann intersubjektiv nachvollziehbare Aussagen über ihr Bedeutungspotenzial machen, wenn sie sich der spezifischen Darstellungsverfahren dieses Genres bewusst sind. Im Unterricht gilt es daher, filmanalytische Kompetenzen zu vermitteln. Dazu gehört auch, das entsprechende Vokabular zur Beschreibung filmischer Besonderheiten zur Verfügung zu stellen. Filmanalytische Kompetenzen ermöglichen Lernenden einen selbstständigen Umgang mit audiovisuellen Medien und führen auch zu einer gesteigerten Erlebnisfähigkeit in Bezug auf Filme.

Rückgriff auf vertraute Methoden der Textanalyse

Im Gegensatz zum Umgang mit narrativen, dramatischen und lyrischen Texten, deren Analyse selbstverständlicher Bestandteil jedes Literaturstudiums ist, verfügen viele Lehrende über wenig Erfahrung mit filmischen Interpretationen. Als sehr hilfreich erweist sich in diesem Fall, dass sich Filme trotz ihrer besonderen Gestaltungsmittel in vielerlei Hinsicht nicht von anderen literarischen Gattungen, die im Unterricht eingesetzt werden, unterscheiden. So erzählen auch Filme Geschichten und weisen daher viele Gemeinsamkeiten mit anderen narrativen Texten auf, etwa in Bezug auf die Zeitgestaltung (Zeitraffung und -dehnung, Pause, Vorausdeutung und Rückwendung). Variationen im Hinblick auf die Anordnung (*order*) und Häufigkeit (*frequency*) sind mit Hilfe der Montage relativ problemlos umzusetzen. Zur Variation der Dauer (*duration*) wird teilweise die Bildlaufgeschwindigkeit (*frame rate*) verändert, um etwa den Eindruck der Verlangsamung (*slow motion*) oder Beschleunigung (*fast motion*) zu erwecken. Auch zwischen Filmen und aufgeführten Dramen finden sich zahlreiche Parallelen, da beide plurimediale Darstellungsformen sind, die mit verschiedenen Zeichensystemen und Kanälen der Informationsvergabe arbeiten. Die Lehrenden – und natürlich auch die Lernenden! – sollten sich daher ihr textanalytisches Wissen zunutze machen, wenn es um die Interpretation eines Films im Unterricht geht. Denn bei der Auseinandersetzung mit Filmen kann zumindest teilweise auf vertraute Methoden der Erzähltextanalyse und der Dramenanalyse bzw. ihres theaterwissenschaftlichen Pendants der Aufführungs- bzw. Inszenierungsanalyse zurückgegriffen werden (vgl. Kapitel II.5.2 und II.4.2 zur Erzähltext- bzw. Dramenanalyse).

Dreigeteilter Bezugsrahmen für die Untersuchung von Filmen

Wichtige Anregungen für eine Einbeziehung vertrauter methodischer Vorgehensweisen in die Filmanalyse liefern Alan Teasley und Ann Wilder (1997: Kap. 2). Mit ihrer Unterscheidung **literarischer**, **dramatischer** und **cineastischer** Aspekte entwerfen sie einen dreigeteilten Bezugsrahmen für die Untersuchung von Filmen im Unterricht.

Literarische Aspekte

Bei der Analyse der literarischen Aspekte eines Films geht es um Fragen nach dem **Plot** (Schlüsselereignisse, Höhepunkte, Spannungsbögen, Schlussgebung), nach den **Figuren** (charakterisierende Merkmale, Handlungsmotive, Beziehungen der Figuren untereinander), nach wiederkehrenden **Themen**, nach der **Raum- und Zeitdarstellung** (*representation of space and time*) sowie nach der **Erzählweise** (*point of view*). Mögliche Fragen für den Unterricht sind in diesem Zusammenhang (vgl. Teasley/Wilder 1997: 15, 32):

AUFGABE

Literarische Aspekte analysieren

- Who are the characters in the film?
  Can you describe their relationship?
- What is the film's setting? When does the story take place?
- Briefly summarize the plot.
- Characterize the story of the movie:
  is it involving, convoluted, simplistic, realistic, unbelievable, highly unlikely, well-structured, unresolved?
- What themes do you see in the movie?
- What is the mood of the film?
- What recurring images and/or symbols did you notice in the film?
- What is the point of view of the story?
  Through whose eyes do we see the events?

Dramatische Aspekte

Unter die dramatischen Aspekte eines Films fallen hingegen die **Rollenbesetzung** (Schauspielertypen und ihr Image), **Mimik** (*facial* *expressions*), **Gestik** (*gestures*) und **Körpersprache** (*body language*) der Figuren, **Maske** (*makeup*) und **Kostüme** (*costumes*) sowie die **Ausstattung des Schauplatzes** (*set*) und die **Requisiten** (*props*). Folgende Fragen bzw. Aufgaben können daher an Lernende gestellt werden (vgl. Teasley/Wilder 1997: 18, 32; vgl. auch Kap. II.4.2 in diesem Band zur Dramenanalyse):

AUFGABE

Dramatische Aspekte analysieren

- Describe the acting: Did you believe that the actors were the characters? Does this film have excellent acting?
  What makes the acting so good?
  Did the director choose the appropriate actor(s)/actress(es)?
- Is there anything remarkable about the characters' facial expressions, gestures or body language? What functions do these non-verbal signs fulfil in scene x?
- Describe the costumes and the makeup if these elements of the film's design are significant.
- Are the sets and props effective or in any way unusual?

Cineastische Aspekte

Um das Medium Film in seiner Besonderheit für den Fremdsprachenunterricht wirksam werden zu lassen, ist es darüber hinaus erforderlich, dass filmspezifische Aspekte untersucht werden. Dabei sollte sowohl auf die **Bild-** als auch auf die **Tongestaltung** eingegangen werden (vgl. Teasley/Wilder 1997: 24, 30, 32):

AUFGABE

Cineastische Aspekte analysieren

- Does the movie stand out for its photography or visual effects?
- Did the director employ a lot of camera movements? Close-ups? High or low angles? Distorted lenses?
- How are the characters presented visually?
- What did you notice about the film's editing?
  Were there quick cuts? Lengthy shots? Fade-ins/fade-outs?
  Identify a scene from the movie that has effective editing.
- Does the movie have interesting music?
  What vivid sounds did you notice?

Erwerb filmspezifischen Vokabulars

Zur Beantwortung dieser auf die spezielle Machart eines Films bezogenen Fragen müssen Lernende über filmspezifisches Vokabular verfügen. Da das Vokabular zur Filmanalyse etwas Neues für sie ist, kann seine Einführung in den Unterricht durchaus motivierend wirken, vor allem weil Lernende mit Hilfe der Filmsprache bei der Rezeption eines Films Dinge sehen und hören können, die sie vorher nicht unbedingt wahrgenommen haben: *„Studying film language makes explicit the techniques for telling a story visually, heightens students' appreciation for the art of film, and increases their awareness of how subtle cues can shade meaning."* (Teasley/Wilder 1997: 26) Durch den Erwerb filmtechnischen Wissens werden Lernende auf die Zeichen des Films sowie auf deren rezeptions- und sympathielenkende Wirkung aufmerksam (vgl. Ostkamp 2002). Dieser Effekt kann noch verstärkt werden, wenn eine tatsächliche Schülerreaktion auf einen Film zum Anlass genommen wird, Lernende Überlegungen über die Ursachen für diese bestimmte Reaktion anstellen zu lassen – etwa in Form der folgenden Frage: ▸ *How does the film influence pupil x's feeling of sympathy/pity/hatred for character y?*

Vorzüge Stilanalytischer Verfahren

Im Sinne des übergeordneten Lernziels der Vermittlung von *media literacy* werden die Schülerinnen und Schüler durch filmanalytische Zugangsformen daher darin geschult, „Sensibilität für die *ästhetischen Mittel des Films* zu entwickeln" (Hickethier 1983: 20). Im Idealfall werden sie Filme dann auch außerhalb der Schule in Kino und Fernsehen mit kritischen Augen wahrnehmen. Die Aneignung filmspezifischen Vokabulars dient jedoch nicht nur „der analytischen Vertiefung eines Filmerlebnisses" (ebd.), sondern kann auch „Kategorien für den *produktiven* Umgang mit diesem Medium bereit[]stellen" (ebd.) und daher hilfreich bei handlungs- und produktionsorientierten Aufgaben wie z. B. bei der eigenen Filmherstellung sein (vgl. hierzu Kap. II.6.3).

WISSENSWERT

The Language of Film: Selected Terms for Film Analysis

1. Camera/Image

1.1. Field Sizes *(Einstellungsgröße/Bildausschnitt)*

extreme long shot *(Weitaufnahme/ Panoramaaufnahme):*
a view from a considerable distance, e.g. the skyline of a city

long shot *(Totale):*
the camera is at a great distance
from the subject being filmed and presents the entire setting

full shot *(Halbtotale):*
a full view of a person; includes the entire body of a subject and not much else

American shot *(Amerikanische):*
a three-quarter view of a person, showing her or him from the knees up

medium shot *(Nahaufnahme):*
a view of the upper half of a person's body
close-up *(Großaufnahme):*
the camera is very close to the object; full view of, typically, a human face
extreme close-up/detail shot *(Detailaufnahme):*
a small object or part of an object shown large
(a speaking mouth, a telephone number on an envelope)

1.2 Point of View *(Darstellungsperspektive)*

establishing shot:
generally a long shot that shows the general location of the scene that follows, often providing essential information, and orienting the viewer
point-of-view shot (POV):
shows the scene from the point of view of a character
over-the-shoulder shot:
the camera gets close to, but not fully into, the viewing position of a character
reaction shot:
a shot showing a character reacting (with wonder, amusement, annoyance, horror, etc.) to what s/he has just seen
reverse-angle shot:
a shot from the opposite side of a subject

1.3 Camera Angles *(Kameraperspektive)*

eye-level/straight-on angle *(Normalsicht/ Augenhöhe):*
the camera is positioned at about the same height as the object (fairly conventional)
high angle/overhead *(Obersicht/ Vogelperspektive):*
objects and people are filmed from above; a limit case is a bird's-eye view taken from a helicopter or an airplane
low angle/below shot (Untersicht/ Froschperspektive):
objects and people are filmed from below

1.4 Camera Movement *(Kamerabewegung)*

pan(ning) *(horizontaler Schwenk):*
the camera moves from left to right or vice versa around the vertical axis
tilt *(vertikaler Schwenk):*
the camera moves upwards (tilt up) or downwards (tilt down) around the horizontal axis
tracking shot/pulling shot *(Kamerafahrt):*
the camera follows (tracks) or precedes (pulls) an object which is in motion itself

push in, pull back:
the camera moves in on or away from a stationary object
zoom:
not a camera movement, but a shift in the focal length of the camera lens to give the impression that the camera is getting closer to (zooming in) or farther from (zooming out) an object

1.5 Camera Speed *(Aufnahmegeschwindigkeit)*
normal speed *(normale Geschwindigkeit):*
the speed of the action corresponds to its real time
slow motion *(Zeitlupe)*:
the action takes more time than in reality; it is slowed down
fast motion *(Zeitraffer)***:**
the action takes less time than in reality
freeze frame *(Standbild):*
a still picture

1.6 Colour *(Farbgestaltung)*
black and white *(schwarz-weiß)*
colour *(Farbe)*
predominance of certain shades and tones *(Einfärbung)*

1.7 Lighting *(Beleuchtung, Lichtgestaltung)*
high key vs. low key *(starke vs. geringe Grundausleuchtung):*
the whole scene is fully lit vs. not everything is fully lit (=indirect lighting, a certain darkness of the screen)
natural vs. studio light *(Tageslicht vs. Kunstlicht)*

2. Montage/Editing
shot *(Einstellung)*:
the basic unit of a film; an uninterrupted sequence of action shown continuously
sequence *(Sequenz):*
a larger unit of film composed of a number of shots which belong together
(because of time, actors involved, setting, etc.)
cut *(Schnitt):*
most common type of transition in which one scene ends and a new one immediately begins; a cut is the jump from one shot to the next
fade out *(Abblendung)* ... **fade in** *(Aufblendung):*
the end of a shot is marked by fading out to an empty screen (usually black); there is a brief pause; then a fade in introduces the next shot

dissolve *(Überblendung):*
a gradual transition in which the end of one scene is superimposed over the beginning of a new one
parallel action/cross-cutting *(Parallelmontage):*
intermingling the shots of two or more scenes
flashback *(Rückblende):*
a sequence of a film that goes back in time to show what happened earlier in the story
flash-forward *(Vorausschau):*
Scenes or shots referring to future time
match cut:
two shots or scenes are linked by visual, aural or metaphorical parallelism

[zusammengestellt vor allem nach Jahn (2002) und Liebelt (2002) sowie nach Hickethier (1983) und Stempleski/Tomalin (2001: 141-145)]

Vergleich von Buch und Film

Darüber hinaus können analytische Aufgaben dazu beitragen, dass bei einer Beschäftigung mit Literaturverfilmungen im Unterricht nicht nur das Kriterium der Werktreue (*fidelity to the original*) im Zentrum der Untersuchung steht. Die Frage nach der Übereinstimmung von Film und literarischer Vorlage sagt nämlich nicht notwendig etwas über die Qualität eines Films aus. Vielmehr sollte bei einem Vergleich von Buch und Film im Mittelpunkt stehen, wie unterschiedlich die Medien vorgehen können, um etwa Informationen zu vergeben, Spannung zu erzeugen oder die Sympathie der Leser bzw. Zuschauer zu wecken usw.

Erzählinstanzen in Roman und Film

Zu den Kennzeichen von Erzähltexten gehört das Vorhandensein einer Erzählinstanz, die die Welt der Figuren vermittelt. Eines der grundsätzlichen Probleme bei der Verfilmung eines Romans besteht folglich darin, was mit der Erzählinstanz geschehen soll, d. h., wie die von ihr vergebenen Informationen filmisch vermittelt werden können. Dafür kommen verschiedene Verfahren in Frage: Eine Möglichkeit besteht darin, das Beschriebene zu zeigen, wie dies häufig bei Raum- oder Figurendarstellungen geschieht. Der Kamera kommt dann eine der Funktionen zu, die die Erzählinstanz im narrativen Text innehat, denn sie bestimmt, was die Rezipienten wahrnehmen. Beschreibende Passagen können aber auch wegfallen oder in Dialog und Handlung umgesetzt, also dramatisiert, werden. Daneben gibt es als weitere Möglichkeit, um Erzählerinformationen im Film zu realisieren, das ***voice-over-Verfahren***. Bei dieser Technik hören die Zuschauer eine Stimme, die zwar oft einer der Figuren zugeordnet werden kann, bei der die jeweilige Figur aber nicht sprechend gezeigt wird. Für die Ich-Erzählsituation gibt es neben dem *voice-over*-Verfahren als weitere Möglichkeit, die Erzählsituation des narrativen Textes filmisch umzusetzen, die **subjektive Kamera** (*subjective camera*). Dies ist eine Methode, bei der die Kamera den Blickwinkel einer Figur einnimmt. Bisweilen weisen auch Verwacklungen und Unschärfen (*unsteady and blurred shots*) auf die Subjektivität des Kamerablicks hin.

Bewusstseinsdarstellung in Roman und Film

Charakteristisch für Erzähltexte ist auch die grundsätzliche Möglichkeit eines Einblicks in die Bewusstseinsvorgänge der Figuren, in deren Wahrnehmungen, Gedanken und Gefühle. Die Darstellung solcher Bewusstseinsinhalte stellt eine der schwierigsten Aufgaben bei der filmischen Umsetzung von Erzähltexten dar. Grundsätzlich kommen für die filmische Realisierung figuraler Bewusstseinsinhalte vor allem die folgenden Möglichkeiten in Betracht:

WISSENSWERT

Bewusstseinsdarstellung in Roman und Film

Bewusstseinsinhalte können
- ausgespart werden
- durch Mimik und Gestik der Schauspielerinnen und Schauspieler ausgedrückt werden
- von einer Stimme als *voice-over* gesprochen werde
- durch Montage dargestellt werden
- als Dialog oder
- als subjektive Kamera umgesetzt werden.

Diese Techniken können natürlich auch auf verschiedene Weisen kombiniert und abwechselnd eingesetzt werden. Dabei erfüllen sie von Film zu Film unterschiedliche Funktionen. Insbesondere die subjektive Kamera kann zur Identifikation mit einer Figur anregen, aber auch Spannung erzeugen, z. B. im Thriller, wenn sie den Blickwinkel des Opfers (oder auch des Täters) einnimmt. Welches dieser Verfahren gewählt wird, wirkt sich nachhaltig auf das Bild aus, das die Zuschauer von den Figuren erhalten. Es ist auch deshalb von großer Bedeutung, weil die einzelnen Methoden einen unterschiedlichen Grad an Eindeutigkeit aufweisen. Werden Bewusstseinsvorgänge durch Mimik zum Ausdruck gebracht, wobei oft das Gesicht des Schauspielers bzw. der Schauspielerin in Großaufnahme (*close-up*) gezeigt wird, kann der Interpretationsspielraum z. B. wesentlich größer ausfallen als bei der *voice-over*-Technik, die verbal explizit Aufschluss über die inneren Vorgänge einer Figur geben kann.

Darstellung des Schauplatzes in Roman und Film

Ein Vergleich zwischen den Angaben zum Raum im Text und der Raumdarstellung im Film kann ebenfalls einen Unterschied in den Verfahren der Informationsvermittlung in beiden Medien verdeutlichen. Bei der Darstellung des Schauplatzes kommt nämlich besonders deutlich der Unterschied zwischen literarischem und filmischem Erzählen zum Tragen. Der Raum gehört zu den Voraussetzungen für jegliche Handlung, kann aber im Roman nur angedeutet, verbal beschrieben oder sogar stillschweigend vorausgesetzt werden. Im Film ist dies nicht möglich; hier muss immer ein Schauplatz gezeigt werden, und dieser kann ganz entscheidend zur Wirkung des Films beitragen. So können z. B. Lichteffekte und Farben eine bestimmte Stimmung des Schauplatzes hervorrufen. Deshalb lohnt es sich, im Falle von Literaturverfilmungen Fragen wie den folgenden nachzugehen:

AUFGABE

Raumdarstellung mit der Vorlage vergleichen

- In which way does the setting in the film relate to the setting as described in the text? Is the setting in the text described in detail? If yes, does the film display the setting accordingly?
- What is the relationship between the description of the setting in the text and the showing of the setting in the film? Can you detect any similarities or differences? What do you think was the film director's intention?

Handlungsverlauf in Roman und Film

Aufgrund der begrenzten Länge von Filmen ist es in der Regel unmöglich, alle Episoden eines Romans auch filmisch zu realisieren. Daher muss immer eine Auswahl getroffen werden, die aber natürlich den Gesamteindruck des Handlungsverlaufs entscheidend verändern kann. Um dies zu untersuchen, bieten sich die folgenden Fragen an:

AUFGABE

Handlungsverlauf analysieren

- In what way was the text shortened? Which characters, events or sections of the narrative are not shown in the film?
- Do you agree with the choice of characters and events shown, or would you have made other choices?
- What do you think: why did the director choose these episodes and not others?
- How do the modifications of the plot influence the overall effect of the film in comparison to the book?

Dabei können Fragen der filmischen Umsetzbarkeit der literarischen Vorlage ebenso relevant sein wie z. B. ein Bestreben, politisch brisante Themen zu vermeiden oder in gemäßigterer Form darzustellen. Bei Verfilmungen werden aber nicht nur häufig Episoden weggelassen, die sich in der Romanvorlage finden, sondern es werden oft auch neue hinzuerfunden oder Vorhandenes wird verändert. Im Unterricht sollten daher auch Fragen wie die folgenden behandelt werden:

AUFGABE

Handlungsverlauf mit der Vorlage vergleichen

- Which additional information do we get through the film?
- Where does this information come from?
  Is it hinted at in the book, e. g. in the discourse of the narrator?
- Do you think the additional information fits into the overall picture of the story? Why/Why not?
- Are any elements of the book modified in the film?
  If yes, in what way?
- How does the addition or modification of elements influence the viewers' image of the characters, the plot or the central conflict?

Anordnung der Ereignisse in Roman und Film

Eine weitere mögliche Änderung im Handlungsverlauf besteht in der Umstellung der Reihenfolge der Episoden. Auch in diesem Zusammenhang stellt sich natürlich wieder die Frage nach der Wirkung auf das Publikum. So kann z. B. eine Veränderung der Reihenfolge in Richtung eines starkeren Einhaltens der Chronologie die Orientierung im Handlungsverlauf erleichtern. Vor allem Anfang und Ende eines Romans werden bei einer Verfilmung häufig verändert. Roman- und Filmanfang müssen den Rezipienten die für das Verständnis des Handlungsverlaufs notwendigen Informationen geben. Beim kommerziellen Film ist tendenziell eine größere Explizitheit zu erwarten. Auch beim Ende können mitunter die Konventionen kommerzieller Filme wirksam werden. So kann ein offenes Romanende im Film durch ein geschlossenes Ende ersetzt werden, z. B. durch ein Happy End.

Einsatz von Musik im Film

Musik wird in sehr vielen Filmen eingesetzt, um eine bestimmte Atmosphäre zu stiften oder um Spannung zu erzeugen. Um der Wirkung der Musik in einem Film nachzugehen, hilft es, die folgenden Fragen zu stellen:

AUFGABE

Wirkung von Musik untersuchen

- How much music is inserted in the film?
- When is music used, and why?
- What kind of music can be found in the film (e. g., pop, classical, instrumental music, etc.), and which effects does it produce?

Gerade Instrumentalmusik, mit der Handlungsabschnitte oder auch Landschaftsaufnahmen oft unterlegt werden, wird mitunter von den Zuschauern nicht bewusst wahrgenommen, beeinflusst aber trotzdem die Wirkung des Films. Um die Lernenden für das Wirkungspotenzial von Musik im Film zu sensibilisieren, kann es sich deshalb als hilfreich erweisen, die optisch-akustische Einheit von Bild und Musik ‚künstlich' zu trennen und Teile des Soundtracks isoliert vorzuspielen. Wenn Film und Roman noch nicht bekannt sind, können in diesem Zusammenhang ausgehend von der Musik Vermutungen über den Inhalt angestellt werden. Ebenso interessant ist der umgekehrte Weg, also ausgehend vom Roman zu überlegen, an welchen Stellen der Verfilmung Musik vorkommen könnte.

Vorteile des Vergleichs von Roman und Film

Ein Vergleich zwischen Roman und Film auf der Basis analytischer Aufgaben hat gegenüber der bloßen Konzentration auf ein Medium im Unterricht den Vorteil, dass dadurch die Charakteristika des einzelnen Mediums sehr viel deutlicher hervortreten. Franz-Josef Albersmeier (1995: 237) hat überzeugend dargelegt, wie wichtig die Berücksichtigung „der jeweiligen Medienspezifizität" für eine „Systematik der Literatur/Film-Beziehungen" (ebd.: 238) und eine medienadäquate Rezeption ist. Nur durch eine vergleichende Betrachtung von Buch *und* Film können Lernende im Fall von Literaturverfilmungen Einblick in die jeweilige Spezifizität der beiden Medien gewinnen. Dabei gilt es, die Medien nicht gegeneinander auszuspielen, sondern den Lernenden die Fähigkeit zu einem kompetenten und bewussten Umgang mit audiovisuellen Medien zu vermitteln. Außerdem kann sich schon allein der durch die Kombination der Medien angelegte häufige Medienwechsel positiv auf die Motivation und Konzentration der Lernenden auswirken.

Bedeutungs- und Funktionspotenzial von Darstellungsverfahren

Um im Anschluss an die Beschreibung filmischer Darstellungsverfahren zu aussagekräftigen Interpretationen zu kommen und nicht zuletzt um das Interesse der Lernenden für filmanalytische Aufgaben zu wecken, ist es wichtig, die Beschreibung der spezifischen Gestaltungsmittel eines Films mit der Frage nach deren Bedeutungs- und Funktionspotenzial zu verknüpfen. Die Einsicht der Schülerinnen und Schüler in die Notwendigkeit filmanalytischer Vorgehensweisen erfolgt in der Regel dann, wenn ihnen auch bei diesem Genre verdeutlicht wird, dass Darstellungsverfahren mit Bedeutung aufgeladen sein und bestimmte Funktionen erfüllen können, dass also Form und Inhalt eines Films auf das Engste miteinander verknüpft sind. Eine Aufnahme mit Obersicht (*high angle/overhead*) kann z. B. ein Gefühl der Überlegenheit über die so dargestellte Figur vermitteln, da diese aus der Vogelperspektive heraus kleiner erscheint als in Wirklichkeit. Und die Großaufnahme des Gesichts einer Figur, die deren Gefühle und Bewusstseinsvorgänge durch die stark sichtbare Mimik sehr deutlich werden lässt, kann eine besondere Nähe zwischen dem Zuschauer und dieser Figur hervorrufen und damit sympathielenkend und identitätsstiftend wirken. Auch die Musik kann zum Bedeutungsträger werden, wenn sie zur Spannungserzeugung oder als Gliederungssignal eingesetzt wird, als Mittel der Betonung und Untermalung fungiert, Gefühle evoziert oder in leitmotivischer Verwendung zur Charakterisierung einer Figur beiträgt. Bei der Filmanalyse sollten Lernende daher immer auch Fragen und Aufgaben zu den Wirkungseffekten und Funktionen filmischer Darstellungsverfahren bearbeiten (vgl. Liebelt 2002: 9):

AUFGABE

Funktion und Wirkung filmischer Darstellungsverfahren untersuchen

- Identify the field sizes used in scene x and comment on their significance.
- What is the effect of a shot showing only a person's face?
- What does the director achieve by using this camera angle?
- Describe the functions of the camera angles in scene x.
- What impressions can camera movements impose upon the viewer? What might have induced the filmmaker to choose these camera movements for the situations in which they occur?
- What kind of sensation is produced by the music in scene x?

Kein *form-to-function mapping*

Den Lernenden sollte dabei in jedem Fall vermittelt werden, dass es zwischen filmästhetischen Ausdrucksmitteln und deren Funktionen keine eindeutige Korrespondenz im Sinne eines *form-to-function mapping* gibt. Vielmehr kann dasselbe Verfahren je nach Werkzusammenhang ganz unterschiedliche Funktionen erfüllen, wie auch Knut Hickethier (1983: 21) am Beispiel der Kameraperspektive herausstellt: „Die Perspektive ist [...] nur ein Darstellungsmodus, die Bedeutung des so Gezeigten ergibt sich erst aus der Relation zum Kontext der gesamten Geschichte und aus der sonstigen Charakterisierung des Gezeigten." Und umgekehrt können unterschiedliche Darstellungsverfahren wie der Einsatz von Musik oder bestimmte Schnitttechniken durchaus ein und dieselbe Funktion erfüllen, indem sie z. B. auf unterschiedliche Weise zur Spannungserzeugung in einem Film beitragen.

***Media-created reality* im Film**

Die Analyse der Darstellungsverfahren in einem Film kann außerdem Aufschluss über das kulturelle Wissen, die Wirklichkeitsvorstellungen und die Denkweisen in einer Gesellschaft geben. Die Auseinandersetzung mit gesellschaftlich relevanten Fragen bzw. sogenannten Kulturthemen findet nämlich oftmals nicht nur im Dialog der Figuren oder durch den Erzähler (z. B. in Form eines *voice-over*) statt, sondern wird mittels formaler Gestaltungsmittel wie Figurendarstellung, Kameraeinstellung und -bewegung, Lichteffekte, Musik und Geräusche oder bestimmte Schnitttechniken auch medial inszeniert. Bruno Zerweck (2003: 4) spricht daher von einer „*media-created reality*" im Film. Dies bedeutet, dass Filme wie andere literarische Texte auch in einem engen dynamischen Wechselverhältnis zur außerfilmischen Wirklichkeit stehen, die sie durch ihre Themenselektion und formalen Mittel kritisch hinterfragen und bisweilen auch umdeuten. Jürgen Donnerstag (2000: 177) illustriert dies am Beispiel des gegenwärtigen Hollywoodfilms, der auf eine kulturelle Situation reagiert, die von einer *crisis of white masculinity* bestimmt wird:

> Verschiedene Faktoren wie zum Beispiel die mentalen und emotionalen Folgen der Niederlage in Vietnam, die ökonomische Krise der unteren Mittelklasse, der Aufstieg der Frauenbewegung, die *gay rights*-Bewegung etc. haben zu einer Verunsicherung des weißen mittelständischen Amerikaners beigetragen. Folglich entwerfen zahlreiche Filmerzählungen in ganz unterschiedlichen Filmgenres Szenarien, in denen entweder eine traditionelle Männerrolle affirmiert wird wie in den Terminator- oder Rambo-Filmen, in denen der Mann als Opfer erscheint wie in *Fatal Attraction* und *Basic Instinct* oder in denen eine so genannte new masculinity vorgeführt wird wie etwa in *Forrest Gump*.

Berücksichtigung von Produktions- und Rezeptionskontext

Die Beschäftigung mit Filmen im Fremdsprachenunterricht sollte jedoch nicht bei der Analyse des Bedeutungs- und Funktionspotenzials cineastischer Darstellungsverfahren stehen bleiben. Da audiovisuelle Medien – wie Zerweck (2003: 4) in einer Studie zum Einsatz von Filmen im Englischunterricht überzeugend darlegt – immer auch „manifestes Resultat einer außertextuellen Kommunikationssituation zwischen Sender (Produzent) und Empfänger (Rezipient)" sind und sich „[h]inter jedem medial codierten Text [...] eine oder mehrere Absichten, Bedingungen oder Vorgaben [verbergen], die durch den Industriekomplex des Medienbetriebs, die Kanäle der Finanzierung, die ideologische Ausrichtung der Auftraggeber oder ähnliche Faktoren beeinflusst sind", bleibt eine Untersuchung von Filmen, die den Produktions- und Rezeptionskontext außer Acht lässt, aus kulturwissenschaftlicher Sicht unvollständig.

Einblick in die Realisierung eines Filmprojekts

Die Auseinandersetzung mit dem Medienbetrieb und der Einblick in die Realisierung eines Filmprojekts sind in Zerwecks Augen insbesondere deshalb bei der Behandlung von Filmen im Unterricht wichtig, weil sich z. B. Spannungsverhältnisse zwischen ökonomischen Vorgaben und künstlerischen Vorstellungen auf die Ästhetik audiovisueller Texte auswirken (vgl. ebd.: 1). (Ähnliches gilt natürlich auch für Bücher, Theateraufführungen und Hörspielproduktionen.) Zerweck selbst hat solche Wechselwirkungen in einem Englisch-Grundkurs der Jahrgangsstufe 11 am Beispiel der *Mainstream*-Produktion von Roland Emmerichs *Independence Day* (1996) und an Stanley Kubricks Sciencefiction-Experiment *2001: A Space Odyssey* (1968) mit seinen Schülerinnen und Schülern erarbeitet. Er ließ die sehr unterschiedlich gestalteten Schlusssequenzen der beiden Filme einander gegenüberstellen und die formalästhetische Kontrastierung in einen produktions- und wirkungsästhetischen Zusammenhang setzen. Dabei ging er mit seinen Schülerinnen und Schülern vor allem der Frage nach, welche Intentionen sich jeweils hinter der Erfüllung bzw. der Durchbrechung von Darstellungskonventionen verbergen könnten, und kam zu dem Ergebnis, dass im Falle der beiden Beispielfilme der bloße Unterhaltungswert und das Erzielen von Profit bei Emmerich und die Umsetzung von philosophischen Ideen mit künstlerischen Mitteln bei Kubrick die Formgebung bestimmen.

Arten und Auswirkungen von Produktionsbedingungen

Das Bestreben von Zerwecks kulturwissenschaftlich-fachdidaktischer Studie ist es demnach aufzuzeigen, „wie sich die Analyse der Formen und Funktionen medialer Sprache sinnvoll ausweiten lässt zu einer Analyse von Produktionsbedingungen und deren Auswirkungen auf die künstlerische Gestaltung medialer Formate" (ebd.: 2). Unter Produktionsbedingungen fasst Zerweck jedoch nicht nur die einzelnen Produktionsabschnitte bei der Entstehung eines Films, zu denen neben dem Regisseur auch der Drehbuchautor, der *special effects coordinator*, die Schauspieler und der *cutter* beitragen, sondern vielmehr „den gesamten Prozess der Realisierung eines Film- bzw. Fernsehprojekts, der von der Planung und Finanzierungsentscheidung über den Produktionsprozess im engeren Sinne bis zur Distribution und Vermarktung führt" (ebd.).

Auswirkungen des Rezeptionskontexts

Darüber hinaus hat auch der Rezeptionskontext Auswirkungen auf die Gestaltung von Filmen. Die durch Einschaltquoten im Fernsehen und Besucherzahlen in Kinos ermittelten Vorlieben der Zuschauer werden bei der Filmproduktion vielfach aufgegriffen, reproduziert und bisweilen sogar verstärkt (vgl. ebd.: 5): „it's a circular movement. The studios make films that they think we, the audience, like and we go to see them at the cinema. This makes the studio heads think these particular films are popular and so they make more of the same genre." (Film Education o. J.: 2) So folgen z. B. Mainstream-Filme bestimmten Plotmustern, die eine hohe Zuschauerzahl garantieren:

> Cinema-going audiences respond positively to the repetition of generic film conventions and get satisfaction in finding themselves in a familiar filmic world. We go to see a genre film because we already know the kind of experience that is to be enjoyed. In America studios have been anxious to make films that appeal to the widest audiences and to do so they depend on successful formulas. The film industry is a creative and commercial business which needs to make money. The huge financial stakes mean that some studios and investors are reluctant to try out new ideas or invest in projects that seem too risky. (ebd.: 2)

Im Sinne einer umfassenden kulturwissenschaftlich ausgerichteten Filmerziehung ist es daher wichtig, auch diese Mechanismen aufzudecken, d. h., auch den auf die Produktion und Gestaltung von audiovisuellen Texten Einfluss nehmenden Rezeptionskontext filmischer Kommunikation zum Gegenstand des Unterrichts zu machen. Dazu gehört ebenso die Frage nach der Zusammensetzung des Publikums im Hinblick auf soziale Schicht, Alter und Geschlecht.

Ausdifferenzierung des Lernziels Filmkompetenz

Durch eine Untersuchung des komplexen Zusammenhangs zwischen der Produktion, der Gestaltung und der Rezeption eines Films werden aber nicht nur genaue und ausführliche kulturwissenschaftliche Filmanalysen im Klassenraum ermöglicht. Darüber hinaus wird eine Ausdifferenzierung des Lernziels Filmkompetenz erlangt, das eben nicht nur eine semiotische und interkulturelle, sondern auch eine produktionsästhetische und rezeptionsästhetische Dimension umfassen sollte. Das Beherrschen dieser verschiedenen Dimensionen von Filmkompetenz ist insbesondere deshalb wichtig für die Orientierung der Lernenden in der heutigen Mediengesellschaft, weil die Zusammenhänge zwischen Ästhetik, Produktion und Rezeption eines Films „tiefen Einfluss auf unsere Sehgewohnheiten, Meinungsbildung und kulturelle Selbst- und Fremdwahrnehmung haben" (Zerweck 2003: 5). Das folgende Kommunikationsmodell audiovisueller Medien verdeutlicht zusammenfassend, welche Ebenen bei einer kulturwissenschaftlichen Betrachtung von Filmen im Fremdsprachenunterricht berücksichtigt werden können und welche Dimension von Filmkompetenz dabei jeweils gefördert wird.

Filmische Kommunikation aus kulturwissenschaftlicher Sicht

(nach Surkamp 2004a: 25)

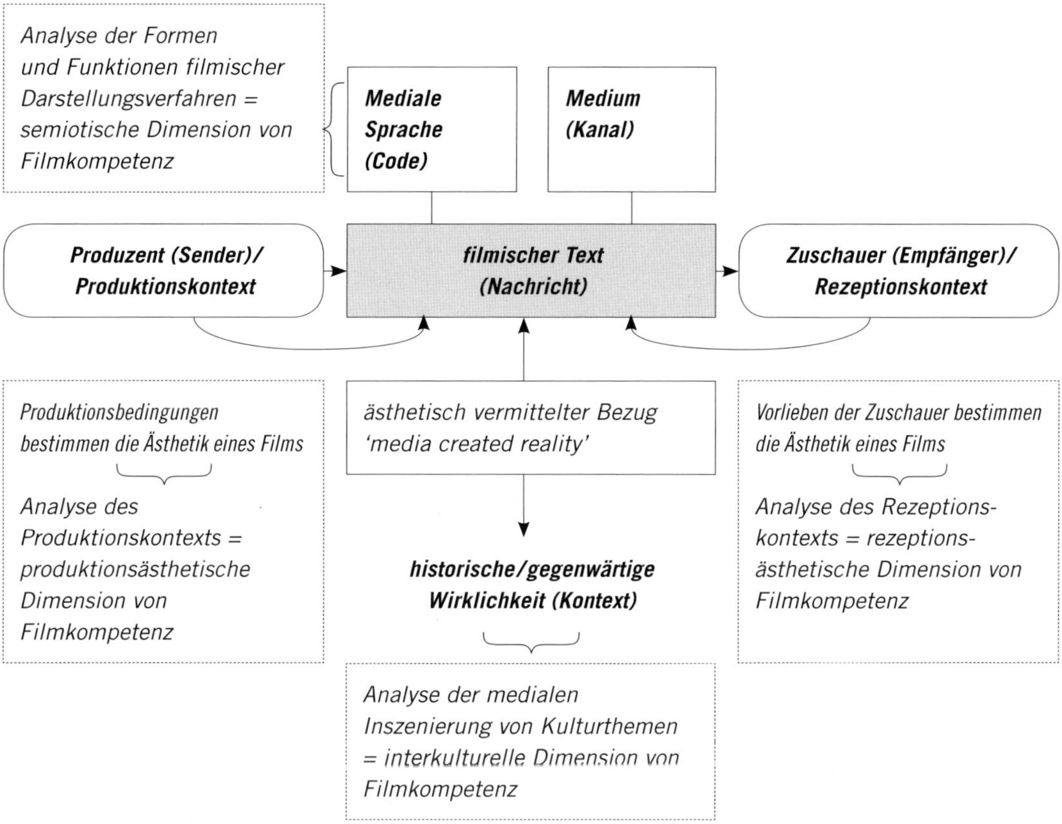

Frühe Schulung in Filmanalyse

Detaillierte Filmanalysen und die kulturwissenschaftliche Untersuchung von audiovisuellen Medien sind sicherlich eher für den Englischunterricht in der Oberstufe geeignet. Damit die Analyse eines Films für Lernende aber ebenso selbstverständlich wird wie die Analyse anderer literarischer Texte, sollte mit der Förderung des Seh-Hör-Verstehens und der Ausprägung bildanalytischer Fertigkeiten viel früher begonnen werden, als dies bisher in der Regel der Fall ist. Zum einen können Lernende durch den regelmäßigen und schon im Anfangsunterricht stattfindenden Umgang mit authentischen audiovisuellen Medien früh eine für spätere Filmerfahrungen wichtige Frustrationstoleranz beim Seh-Hör-Verstehen aufbauen: Selbst kompetente Sprecher einer Fremdsprache verstehen nicht immer jedes Wort, wenn sie sich einen Film in der fremden Sprache anschauen, aber dies ist für das Verstehen des Films auch gar nicht notwendig. Zum anderen können Lernende durch vereinfachte, sich an ein bis zwei Leitfragen orientierenden Aufgaben bei der Behandlung von klar strukturierten Filmen mit einer überschaubaren Anzahl von Figuren in der Unter- und Mittelstufe langsam an komplexere Filmanalysen herangeführt werden (vgl. z. B. Grogan-Schomers/Hallet 1997). Schließlich beginnt die Rezeption von Filmen (insbesondere im Fernsehen) auch schon im frühen Kindesalter, so dass auch der Fremdsprachenunterricht möglichst früh Kompetenzen im Umgang mit diesem Medium vermitteln sollte.

Einbeziehung handlungs- und produktionsorientierter Aufgaben

Bei einer alleinigen Beschäftigung mit filmanalytischen Aufgaben besteht jedoch die Gefahr, dass die kognitiven Fähigkeiten der Schülerinnen und Schüler einseitig auf Kosten affektiver Lernziele beansprucht werden. Die Lernenden selbst finden mit ihren individuellen Interessen, Erfahrungen, Bedürfnissen und Gefühlen nicht genügend Berücksichtigung. Didaktische Überlegungen zum Einsatz von Filmen im Englischunterricht sollten daher auch der produktiven Tätigkeit Lernender beim Sehen und Verstehen audiovisueller Medien Rechnung tragen. Eine Möglichkeit, die aktive Rolle der Schülerinnen und Schüler bei der filmischen Rezeption zu fördern, besteht in der Formulierung handlungs- und produktionsorientierter Aufgaben, da diese die Kreativität steigern und Lernende dazu anregen, eigene Vorstellungen zum Film zu entwickeln und auf unterschiedliche Weise mündlich und schriftlich zum Ausdruck zu bringen.

6.3 Handlungs- und produktionsorientierte Nutzung des Mediums: kreativer Umgang mit Filmen

Allgemeine Hinweise zum methodischen Vorgehen

Vor dem Einsatz handlungs- und produktionsorientierter Aufgaben sollten einige allgemeinere Hinweise zum methodischen Vorgehen bei der Behandlung von Filmen im Englischunterricht berücksichtigt werden. Um dem Unterricht nicht den Charakter einer Filmvorführung zu verleihen, bei der die Lernenden sich gemütlich zurücklehnen und den Film passiv konsumieren können, sollten Filme z. B. in einer Weise gezeigt werden, die Lernende schon während des Sehens, z. B. durch konkrete Seh- und Arbeitsaufträge, aktiv einbezieht. Für die Arbeit mit dem Film ‚nach dem Sehen' ist es wiederum wichtig, dass die Lernenden auf ihre individuellen Eindrücke und Beobachtungen zurückgreifen können. Daher ist es hilfreich, wenn sie sich schon während des Sehens einer bestimmten Szene bzw. eines ganzen Films Notizen machen – z. B. mit Hilfe eines vorbereiteten Arbeitsblatts (erstellt nach Teasley/Wilder 1997: 25, 28), das die Beobachtungen zu systematisieren hilft.

AUFGABE

Viewing Notes

film/scene/sequence: ______________________________

Literary Aspects
settings ______________________________
characters ______________________________
events ______________________________
themes ______________________________
point of view ______________________________

Dramatic Aspects
locations/props ______________________________
acting ______________________________
costumes ______________________________
make-up ______________________________

Cinematic Aspects
camera ______________________________
colour/lighting ______________________________
montage/editing ______________________________
sound/music ______________________________

Um das Aufschreiben der gewonnenen Eindrücke zu erleichtern, bietet es sich an, den Film zwischendurch anzuhalten und darüber hinaus arbeitsteilige Sehaufträge (*split viewing tasks*) zu erteilen, bei denen einzelne Schülergruppen auf unterschiedliche Aspekte achten und daher insgesamt weniger Informationen verarbeiten müssen.

Drei Verfahren des Filmezeigens

Filme können auf verschiedene Art und Weise gezeigt werden. Günther Burger (1995: 595ff.) nennt in diesem Zusammenhang drei Verfahren, die zu ganz unterschiedlichen Zugangsformen herausfordern und zwischen denen vielfältige Mischformen möglich sind: das **Blockverfahren**, bei dem der Film in einem Stück oder in zwei bis drei relativ langen Blöcken vorgespielt wird; das **Intervallverfahren**, bei dem der Film in einzelne Segmente gegliedert wird, die sich an Handlungsabschnitten orientieren und die nacheinander angesehen werden; und das **Sandwichverfahren**, bei dem abwechselnd mit Filmsegmenten und ergänzenden schriftlichen Texten – etwa Auszügen aus dem Drehbuch oder aus einer literarischen Vorlage – gearbeitet wird. Handlungs- und produktionsorientierte Zugangsformen können sodann in allen Phasen der Arbeit mit einem Film – d. h. vor dem Sehen, während des Sehens und nach dem Sehen – zum Einsatz kommen.

Pre-viewing activities

Ein Film sollte nie ohne Vorbereitung einfach vorgespielt werden. Vielmehr sollte durch Einstimmungsübungen im Vorfeld des Filmsehens – sogenannte *pre-viewing activities* – eine thematische Erwartungshaltung bei den Lernenden geschaffen und auch auf den Wortschatz des Films vorbereitet werden. Hierfür bieten sich Assoziationsübungen an, bei denen die Schülerinnen und Schüler z. B. anhand des Filmtitels, der Darstellerliste, eines Werbeplakats oder des Trailers die Inhalte des Films antizipieren. Eine weitere Möglichkeit besteht darin, mit Standbildern (*freeze frames*) zu arbeiten und die Lernenden über die jeweils dargestellte Situation, das Verhältnis der gezeigten Figuren und somit über wesentliche Themen des Films Vermutungen anstellen zu lassen.

While-viewing activities

Aufgaben, die während des Sehens eines Films bearbeitet werden (*while-viewing activities*), dienen sowohl der Verständnissicherung als auch der Erfassung der verwendeten filmischen Ausdrucksmittel. Neben Fragen zum Inhalt und zur Form sind dabei ganz unterschiedliche Übungsformen denkbar (vgl. Stempleski/Tomalin 2001, Teasley/Wilder 1997 und Williamson/Vincent 1996):

METHODE

While-viewing activities

- Der schriftlich vorliegende und zerschnittene Dialog einer Szene muss während des Sehens dieser Szene rekonstruiert werden.
- Verschiedene Sequenzen werden unzusammenhängend vorgespielt und müssen von den Lernenden in eine der Handlung entsprechende Reihenfolge gebracht werden.
- Ein Filmausschnitt wird ohne Ton gezeigt *(silent viewing)*, und die Lernenden sollen die Beziehung zwischen den dargestellten Figuren beschreiben: ▶ *Who are these people? Where are they? Why are they there? What are they talking about?*
- Beim Vorspielen einer Filmszene hören die Schülerinnen und Schüler nur den Ton, die Bilder stellen sie sich vor und versprachlichen dann ihre Vorstellungen: ▶ *Where are the people? How many people are there in the scene? How old are they? How are they dressed? What are they doing? What is their relationship?* Die Lernenden können auch eine Liste aufstellen von den Dingen, die sie zu sehen erwarten (Figuren, Schauplatz, Requisiten, Handlungen), oder ein Bild zu dieser Szene malen.
- Eine Schülergruppe sieht nur das Bild einer Szene, die andere Gruppe hört nur den Ton. Um einen vollständigen Überblick über

das Geschehen zu erhalten, müssen die Lernenden sodann miteinander kommunizieren, d. h., sie werden zum Sprechen über das Gesehene bzw. Gehörte aufgefordert.
- Für eine Sequenz wird nur die Musik vorgespielt, und die Lernenden sollen über den Inhalt der Sequenz spekulieren.
- Eine Figur wurde im Filmdialog schon erwähnt, ist jedoch noch nicht aufgetreten. Die Lernenden äußern nun Vermutungen darüber, wie diese Person aussehen könnte und was ihre Funktion in der Handlung ist.
- Der Film wird beim Abspielen ab und zu angehalten, und die Lernenden imaginieren den weiteren Verlauf: ▶ *At this point in your viewing, what do you expect to happen in the rest of the film? How do you imagine the film will end?*
- Es wird eine Szene aus der Mitte des Films gezeigt, und die Lernenden stellen Hypothesen darüber auf, wie es zu den in dieser Szene dargestellten Ereignissen gekommen ist und wie der weitere Verlauf des Geschehens sein wird.
- Anhand einzelner Standbilder wird die Wirkung zentraler Kameraeinstellungen beschrieben.
- Die Lernenden fertigen (in arbeitsteiliger Form) ein Szenenprotokoll an, in dem Informationen über die Ereignisse, den Dialog, die beteiligten Figuren, die Kameraführung sowie über die Musik und die Geräusche festgehalten werden.

Rezeptionsgespräch nach dem Sehen eines Films

Nachdem ein Film gezeigt wurde, ist es sinnvoll, die Schülerinnen und Schüler wie bei der Arbeit mit anderen literarischen Gattungen auch zunächst mit ihren persönlichen Reaktionen und Stellungnahmen zu Wort kommen zu lassen. Dies kann z. B. in einer Art Rezeptionsgespräch erfolgen, das mit einer Reihe offener Fragen beginnt:

AUFGABE

Ein Rezeptionsgespräch führen

- ▶ What struck you while viewing the film?
- ▶ What did(n't) you like about the film?
- ▶ What is for you the most important aspect of this film?

So haben Lernende Gelegenheit, ihre individuellen Filmerlebnisse zu schildern und auszudrücken, was sie persönlich beeindruckt hat, was ihnen nicht gefallen hat, was unklar blieb usw. Ein solches Gespräch dient also dazu, „den komplexen und meist auch sehr emotional wirkenden Eindruck des Gesehenen und Gehörten sprachlich formulierbar zu machen" (Hickethier 1983: 20).

Post-viewing activities

Für die kreative Arbeit mit einem Film nach dem Sehen bietet sich sodann eine Vielzahl unterschiedlicher Aufgabentypen an. Diese *post-viewing activities* legen den Akzent entweder auf den handelnden Umgang mit dem Film, d. h., die Schülerinnen und Schüler werden ästhetisch-künstlerisch tätig, oder sie liefern Anregungen für eigenständige Textproduktionen in der Fremdsprache, bei denen die Lernenden sich produktiv mit einem Film auseinander setzen (vgl. Stempleski/Tomalin 2001, Teasley/Wilder 1997 und Williamson/Vincent 1996):

METHODE

Post-viewing activities

- Die Handlung des Films wird aus der Perspektive einer der Figuren zusammengefasst.
- Der Inhalt des Films wird in eine andere Textsorte oder mediale Form übertragen, z. B. in einen Brief, einen Zeitungsbericht, ein Theaterstück, ein Hörspiel (vgl. Burger 1995: 601 sowie Kap. II.7.3).
- Der Film wird mit Unter- oder Zwischentiteln (wie bei Stummfilmen) versehen.
- Schlüsselszenen des Films werden nachgespielt, bzw. ausgelassene Szenen werden dialogisch und spielerisch ausgestaltet.
- Einige Schülerinnen und Schüler übernehmen die Rolle einzelner Figuren des Films, die dann vom Rest der Klasse auf ihre Handlungsmotive sowie auf ihre unausgesprochenen Gefühle und Gedanken in einer bestimmten Szene hin befragt werden.
- Zu einer ausgewählten Dialogszene zwischen zwei oder mehreren Figuren werden innere Monologe geschrieben.
- Es werden Alternativen zum Ende eines Films erstellt, bzw. das weitere Schicksal der Figuren wird ausfabuliert.
- Die Schülerinnen und Schüler entwickeln Ideen für ein Remake des Films und lassen die Handlung z. B. in einer anderen Zeit oder an anderen Schauplätzen stattfinden.
- Die Schülerinnen und Schüler gestalten ein Filmposter.
- Es wird ein Ankündigungstext für eine Fernsehprogrammzeitschrift verfasst.
- Es wird eine (fiktive) Pressekonferenz abgehalten, an der der Regisseur, die Schauspieler, die Kostümdesigner, Maskenbildner usw. teilnehmen und über den Film interviewt werden.
- Die Lerner schreiben einen Brief an den Regisseur und beglückwünschen ihn zu seinem Film bzw. äußern ihre Kritik.
- Die Schülerinnen und Schüler schreiben eine Filmkritik (*film review;* vgl. Teasley/Wilder 1997: 30–44 und Stempleski/Tomalin 2001: 84–87), antworten auf eine real existierende Kritik (zu finden im

jährlich erscheinenden und nach Filmen geordneten *Film Review Annual*) oder vergleichen verschiedene Kritiken zu einem Film (was den Blick für die unterschiedlichen möglichen Bewertungskriterien schärfen kann).

Vorschläge für die Arbeit mit Literaturverfilmungen

Für den Fall, dass Lehrende beim Einsatz eines Films zunächst mit seiner literarischen Vorlage arbeiten möchten, gibt es vielfältige Möglichkeiten, das Standardvorgehen von Fragen nach dem Grad der werkgetreuen filmischen Umsetzung eines Romans oder Dramas durch innovative kreative und prozessorientierte Herangehensweisen zu umgehen. Eine für Schülerinnen und Schüler erfahrungsgemäß äußerst motivierende Aufgabe besteht darin, sie in die Rolle von Filmemachern schlüpfen zu lassen, indem sie Überlegungen zur Verfilmung der literarischen Vorlage, z. B. einer Kurzgeschichte, anstellen, um dann am Ende vielleicht sogar ihren eigenen kleinen Film zu drehen (vgl. Güldner 1996). Das Drehen eines Films bietet sich aufgrund des damit verbundenen Aufwandes jedoch eher für eine Projektwoche als für den Unterrichtsalltag an, vorausgesetzt natürlich, die Schule verfügt über die entsprechende technische Ausrüstung (es werden Handkameras benötigt, besser noch sogenannte Camcorder bzw. *Digicams*, die Videokamera und Recorder vereinen und sowohl eine sofortige Begutachtung der gefilmten Szenen als auch deren weitere Verarbeitung ermöglichen).

Aufgaben zur Vorbereitung einer Verfilmung

Folgende Teilaufgaben können bei der Vorbereitung einer Verfilmung bzw. als etwas außergewöhnliche *pre-viewing activities* vor der Betrachtung einer Literaturverfilmung bewältigt werden:

METHODE

Selbst Literatur verfilmen

- Die Lernenden erörtern, welche Probleme sich bei der Verfilmung des Textes ergeben könnten, und suchen nach Lösungen.
- Sie überlegen, welche Szenen sich besonders gut für die Verfilmung eignen und wo Umformungen, Ergänzungen oder Auslassungen notwendig werden.
- Sie entscheiden, welche Schauspielerinnen und Schauspieler für die einzelnen Rollen geeignet wären und warum (z. B. anhand der Frage ▸ *What kind of actor/actress would you choose for the roles of x and y? Why?* Die folgende Aufgabe kann für die Beantwortung dieser Frage hilfreich sein: ▸ *Draw up a chart of the characters in the text and then a list of qualities you would look for when casting. These qualities can be wide ranging – from physical appearance to the way an actor/actress should play the part).*

- Sie machen sich Gedanken über die Gestaltung des Filmanfangs, über *establishing shots*, über die Figuren, Schauplätze und Dialoge.
- Sie bearbeiten einen schriftlichen Dialog der Vorlage, indem sie den miteinander sprechenden Figuren eine bestimmte Gestik, Mimik und Körpersprache geben und die Szene außerdem mit Geräuschen und Musik unterlegen.
- Sie überlegen, wie viele Einstellungen für die Verfilmung einer bestimmten Szene notwendig sind und welche Einstellungsgrößen, Kameraperspektiven und Kamerabewegungen zur Erreichung welcher Wirkungen einzusetzen sind.
- Sie finden sich in Gruppen zu einzelnen Mini-Produktionseinheiten zusammen, die jeweils Instruktionen vom Regisseur (= der Lehrkraft) darüber erhalten, wie eine bestimmte Szene umgesetzt werden soll (z. B. dass die Szene aggressiver oder weniger aggressiv gespielt werden soll als im Buch dargestellt). Die unterschiedlichen Versionen werden sodann der Klasse vorgeführt, und die anderen Gruppen müssen erraten, welche Änderungen jeweils vorgenommen wurden. Abschließend wird diskutiert, wie diese Szene am besten filmisch umgesetzt werden kann: ▸ *Would it be played as it is in the book? Shortened? Which of the changed scenes did the class prefer? What modifications would they suggest?* (vgl. Collie/Slater 1987: 127f.).
- Sie setzen die literarische Vorlage um in ein:
  a) Exposé (enthält außer der Charakterisierung der Hauptfiguren eine kurze Darstellung des Hauptproblems sowie einige wichtige Szenen und Dialogpassagen)
  b) *film treatment* (d. h. eine detaillierte Zusammenfassung der Handlung in Prosaform)
  c) *shooting script* (enthält den kompletten Dialog und die Beschreibungen aller Einstellungen, Kameraführungen, Schauplätze und Sound-Effekte)
  d) *storyboard* (ähnlich einem Comic eine Serie von gezeichneten Rahmen mit einem Rahmen pro Einstellung; die Beschreibung der Handlung und die Dialoge stehen unter dem Rahmen (vgl. Teasley/Wilder 1997: 69, Stempleski/Tomalin 2001: 63f., 74 und Fiedler 1990b).
- Sie entwerfen in Gruppen einen Trailer zu ihrem Film, z. B., indem sie repräsentative und spannungserweckende Dialogausschnitte aus dem Buch zusammenstellen und diese dann als Rollenspiel umsetzen (vgl. Collie/Slater 1987: 77f., 121f.). Unterschiede zwischen den einzelnen Trailer-Entwürfen sollten als Diskussionsanlass im Plenum genutzt werden.

Medienkompetenz aktiv erwerben

Diese kreativen Aufgaben bei der Arbeit mit Filmen können dazu beitragen, dass Schülerinnen und Schüler Medienkompetenz *aktiv* erwerben. So werden z. B. bei der Vorbereitung zur Produktion eines eigenen Films die Merkmale des Mediums nicht analytisch erschlossen, wie das im Unterricht im Allgemeinen üblich ist. Die Lernenden müssen vielmehr überlegen,

> wie sich ein literarischer Text in die Sprache des Films übersetzen lässt und welche Rolle dabei der Text spielen soll. Was bleibt als Text erhalten oder wird in einen Dialog umgeformt, und wie wird dann der Text mit Bildern und Geräuschen verbunden? Lässt sich die Aussage auch ohne Text, nur durch Bilder und Geräusche, gestalten? (Güldner 1996: 62)

Interpretationsgespräch als ‚Inszenierungsgespräch'

Auf diese Weise kann es zu lebhaften Diskussionen beispielsweise über die filmische Umsetzung der Erzählsituation in einer Kurzgeschichte kommen (vgl. Groene/Kieschke 1986: 5), so dass das Interpretationsgespräch zum „Inszenierungsgespräch" (Fiedler 1990: 393) wird. Wenn die Lernenden sich selbst als Drehbuchautoren versuchen, werden sie schnell erkennen, dass Dialoge und Handlungen von Figuren zwar potenziell unverändert in einem Film übernommen werden können, die Umsetzung von beschreibenden Passagen oder Bewusstseinsvorgängen aber ungleich komplizierter ist, dass in solchen Fällen der Film also ‚freier' mit der literarischen Vorlage umgehen muss. Überlegungen zur Verfilmung eines literarischen Textes eignen sich besonders für eine Gruppenarbeit, da bei der Diskussion in der Gruppe verschiedene Umsetzungsmöglichkeiten mit ihren Vor- und Nachteilen gegeneinander abgewogen werden können.

Vergleich mit dem Original

Wenn die Lernenden ihre Ideen für die Verfilmung einer bestimmten Erzählsituation sodann mit dem Original bzw. der Lösung der ‚Profis' vergleichen, können die besonderen Stilmittel einer Literaturverfilmung und ihr Wirkungspotenzial sehr viel schärfer herausgearbeitet werden als bei einem rein analytischen Zugang zum Film. Da die Lernenden sich selbst schon mit der audiovisuellen Umsetzung der Erzählsituation beschäftigt, das Für und Wider einzelner Darstellungsverfahren diskutiert und deren Wirkungspotenzial kommunikativ ausgehandelt haben, suchen sie im Falle von Unterschieden zwischen der Originalversion und ihren eigenen Vorstellungen nach Begründungen für die Wahl eines bestimmten Stilmittels. Die filmische Umsetzung eines Textes erscheint bei einem solchen Vorgehen im Unterricht folglich nicht als bloße Transformation eines literarischen Werkes in ein anderes Medium, sondern als weitere Deutung des Textes, die Anlass zu Diskussionen gibt.

Vergleich verschiedener Verfilmungen Da einige der Klassiker der englischsprachigen Literatur in mehr als einer Verfilmung vorliegen (z. B. Shakespeares *Hamlet*; verfilmt durch Laurence Olivier 1948 mit ihm selbst in der Hauptrolle; Franco Zeffirelli 1990 mit Mel Gibson als Hamlet; Kenneth Branagh 1996 mit ihm selbst als Protagonisten und Michael Almereyda 2000 mit Ethan Hawke als Hamlet), besteht auch die Möglichkeit, die Umsetzung einzelner wichtiger Szenen in verschiedenen Verfilmungen einander gegenüberzustellen (im Falle von *Hamlet* z. B. die Inszenierung des ‚Spiels im Spiel'). Das ist besonders reizvoll, wenn die Verfilmungen sich sehr stark voneinander unterscheiden. Ein Vergleich einzelner Szenen in deutlich divergierenden filmischen Umsetzungen kann Lernende zusätzlich für das Spektrum der Möglichkeiten, Romane filmisch umzusetzen, und für den Wandel filmischer Darstellungskonventionen sensibilisieren.

Fazit Die in diesem Kapitel vorgestellten analytischen sowie handlungs- und produktionsorientierten Methoden beim Einsatz von Filmen im fremdsprachlichen Unterricht vermitteln einen exemplarischen Eindruck davon, auf welch vielfältige Weise das Medium Film produktiv im Englischunterricht genutzt werden kann. Die nebenstehende Aufstellung verdeutlicht noch einmal im Überblick die verschiedenen Teilkompetenzen, Kenntnisse, Fähigkeiten und Fertigkeiten, die durch die Beschäftigung mit Filmen vermittelt und ausgebildet werden können. Dabei sind filmanalytische und handlungs- bzw. produktionsorientierte Aufgaben keineswegs als Alternativen zu verstehen, bei denen sich die Lehrkräfte für eine Möglichkeit entscheiden müssen. Die Vielzahl der vorgestellten Kategorien und methodischen Vorschläge soll vielmehr zur Entwicklung eigener Vorgehensweisen ermutigen: Wichtig ist, dass die Lehrkraft bei jeder Filmbehandlung im Englischunterricht vorab weiß, welche Lehr- und Lernziele mit einem Film verfolgt werden sollen, und dass sie sich dann gezielt der dazu notwendigen filmanalytischen Kategorien und Methoden der Filmarbeit bedient. Das didaktische Potenzial audiovisueller Medien für den Fremdsprachenunterricht sollte jedenfalls noch deutlicher als bisher erkannt und zunehmend auch ausgeschöpft werden.

WISSENSWERT

Film literacy im Fremdsprachenunterricht

(nach Blell/Lütge 2004: 404)

Angestrebte Teilkompetenzen	Zielsetzungen / angestrebte Kenntnisse, Fähigkeiten, Fertigkeiten
Wahrnehmungskompetenz (Sehverstehen)	- Schulung und Bewusstmachung von Prozessen intentionalen Sehens für Sprach- und Sinnbildung - Aneignung grundlegenden ‚Filmizitätswissens' zur Unterstützung von Rezeptions- und Produktionsprozessen - Entwicklung einer Haltung kritischer Aufmerksamkeit gegenüber der Beeinflussung von Wahrnehmen, Denken und Handeln
Filmästhetische und -kritische Kompetenz	- Aneignung und Schulung der Fähigkeit zur kritischen Analyse und Bewertung filmischer Inhalte - Sensibilisierung für filmästhetische Aspekte - Schaffung eines Bewusstseins für manipulative Effekte filmischer Darstellungsformen (rezeptions- und sympathielenkende Wirkung)
Interkulturelle Kompetenz	- Förderung des Fremdverstehens - Erweiterung des kulturellen Horizonts der Lernenden - Entwicklung der Reflexionsfähigkeit über eigen- und zielkulturelle Aspekte
Produktions- und rezeptionsästhetische Kompetenz	- Sensibilisierung für den Einfluss von Produktionsbedingungen auf ästhetische Formate - Schaffung eines Bewusstseins für die Auswirkungen des Rezeptionskontexts auf die Gestaltung von Filmen - Befähigung zu kulturwissenschaftlichen Filmanalysen
Fremdsprachliche Handlungs- und Kommunikationskompetenz	- Schulung des fremdsprachlichen Seh-Hörverstehens - Befähigung zu emotionalen Reaktionen und persönlichen Stellungnahmen - Förderung sprachproduktiver Selbstständigkeit in der Fremdsprache

7. Die Arbeit mit Literatur in anderen Medien II: Hörspiel

7.1 Hörspiele im Fremdsprachenunterricht: die Förderung der Grundfertigkeiten

Beliebtheit von auditiv vermittelter Literatur außerhalb der Schule

Seit seinen Anfängen in den 1920er Jahren hat sich das britische und amerikanische Hörspiel (*radio play, radio drama*) als eine eigenständige Gattung etabliert. Es wurde zunächst im Radio übertragen und später dann auf Tonträgern wie Kassetten und CDs vermittelt. Bekannte moderne Autoren, die Hörspiele für die BBC verfasst haben, die auch heute immer wieder gespielt und auch neu aufgelegt werden, sind unter anderem Samuel Beckett, Harold Pinter, Tom Stoppard, Dylan Thomas, Ted Hughes, Susan Hill und Muriel Spark. Im Englischunterricht an deutschen Schulen wurde und wird dieses Medium der Literaturvermittlung jedoch nur vereinzelt eingesetzt – und das obwohl die rasante Entwicklung des Hörbuch-Marktes mit Originalhörspielen und Tonbearbeitungen von Romanen, Kurzgeschichten und Dramen in den vergangenen Jahren von der wachsenden Beliebtheit auditiv vermittelter Literatur gerade auch bei jungen Rezipienten zeugt. Forschung und vor allem Didaktik bleiben hinter diesem Boom weit zurück (vgl. Kliewer 2002: 165): Wer sich über den Einsatz von Hörspielen im englischen Literaturunterricht informieren möchte, wird über die Arbeiten von Horst Groene aus den 1970er und 1980er Jahren hinaus kaum etwas finden.

Hörspielarbeit als kreative Zugangsform

Erstaunlicherweise wird jedoch in nahezu jeder fachdidaktischen Veröffentlichung über kreative Zugangsformen zu literarischen Texten und in einer Vielzahl von Lehrplänen auf die produktive Hörspielarbeit verwiesen. Eine beliebte Aufgabenstellung ist z. B. die Umwandlung eines lyrischen, dramatischen oder narrativen Textes bzw. von einzelnen Textteilen in eine Hörszene oder ein Hörspiel (bis hin zu einer eigenständigen Vertonung). Wie dabei konkret methodisch vorgegangen werden soll, welche Kenntnisse und Fähigkeiten die Lernenden für die Erstellung eines Hörtextes benötigen und welche Lernziele mit der Hörspielarbeit im Fremdsprachenunterricht im Einzelnen erreicht werden können, wird in den meisten Fällen leider nicht näher ausgeführt.

Ziele des Kapitels

Ausgehend von der Überzeugung, dass das Potenzial von Hörspielen für den fremdsprachlichen Literaturunterricht mit solch vereinzelten Aufgaben bei weitem nicht ausgeschöpft ist, möchten wir im Folgenden verschiedene Formen der Hörspielarbeit vorstellen. Dabei werden wir sowohl der Ausbildung rezeptiver als auch der Förderung produktiver Fähigkeiten auf Seiten der Lernenden Rechnung tragen. Das heißt, es werden zum einen die gattungsspezifischen Besonderheiten von Hörspielen vorgestellt, deren Kenntnis Schülerinnen und Schüler für die Analyse auditiv vermittelter Texte ebenso benötigen wie für die Produktion eigener Hörtexte. Zum anderen wird in Einzelschritten dargelegt, welche Phasen bei der eigenständigen Erstellung eines Hörspiels im Unterricht berücksichtigt werden müssen und welche Aufgaben sich für jede einzelne Phase anbieten.

Gründe für den Einsatz von Hörspielen

Zunächst möchten wir der Frage nachgehen, was die Beschäftigung mit Hörspielen im Englischunterricht überhaupt leisten kann (vgl. auch Groene 1980b):

Vorteile von Hörspielen für den Fremdsprachenunterricht

- Ganz generell bringt der Einsatz unterschiedlichster Medien im fremdsprachlichen Literaturunterricht Abwechslung ins Unterrichtsgeschehen. Neben der Tatsache, dass in Hörspielen redende und handelnde Personen auftreten und die Fremdsprache so als lebendige Sprache präsentiert wird, kann dies allein schon motivierend für die Lernenden sein.
- Ähnlich wie Kurzgeschichten eignen sich Hörspiele durch ihre gattungsbedingte Kürze besonders für einen flexiblen Einsatz im Literaturunterricht (vgl. Weise 1997): Aufgrund der relativ beschränkten Aufmerksamkeitsspanne des Zuhörers ist die Länge eines Hörspiels (im Gegensatz z. B. zu einem abendfüllenden Drama) limitiert (sie beträgt gewöhnlich zwischen 15 und 60 Minuten, nur mitunter bis zu 90 Minuten).
- Als auditiv vermittelte Texte können Hörspiele zur intensiven Schulung des für die kommunikative Kompetenz der Lernenden wichtigen Hörverstehens (Global- wie Detailverstehen) beitragen und damit zur Förderung einer der Grundfertigkeiten eingesetzt werden, die insbesondere im fortgeschrittenen Fremdsprachenunterricht im Allgemeinen vernachlässigt wird.
- Hörverstehen mit literarischen Hörspielen zu üben ist interessanter und motivierender als mit vielen Schulbuchtexten: Hörspiele haben den Vorteil, „daß sie mit spannender Handlung und lebendigen Charakteren die Aufmerksamkeit der Schülerinnen und Schüler über längere Zeit fesseln und die fremde Lebenswelt in einprägsamer Atmosphäre darbieten können“ (Groene 1980b: 19).
- Hörspiele präsentieren die fremde Sprache als Alltagssprache, die zwar künstlerisch gestaltet sein kann, aber vor allem bei zeitgenössischen Werken der spontan gesprochenen Sprache näher kommt, als dies in vielen anderen literarischen Werken der Fall ist (vgl. ebd.).

- Die Rezeption eines Hörspiels fördert die Konzentration der Lernenden in besonderem Maße: Sie können sich den Sinn des Textes nur durch die Worte und Stimmen der Sprecher erschließen und müssen auf die Unterstützung beispielsweise von Mimik und Gestik verzichten. Wie auch Heinz-Jürgen Kliewer (2002) herausstellt, kann dieses Training im aufmerksamen Zuhören ein Gegengewicht gegen die Übermacht der Bilder und visuellen Reize im heutigen Medienzeitalter bilden.
- Das Fehlen visueller Signale lässt Lernende Einsicht in die Wichtigkeit bestimmter nonverbaler Kommunikationsmittel wie Stimme (einschließlich der Parameter Sprechgeschwindigkeit und Lautstärke) und Intonation für die Bedeutungsgebung in Gesprächssituationen gewinnen. Durch entsprechende Übungen können Schülerinnen und Schüler dazu ermutigt werden, auch selbst paralinguistische Elemente beim Sprechen der Fremdsprache aktiv einzusetzen (vgl. Bergmann 1992). Beispielsweise kann eine Stimmung oder Situation vorgegeben werden, in der ein Satz gesprochen werden soll, oder aber die Schülerinnen und Schüler erhalten die Aufgabe, eine gegebene Situation bzw. Stimmung aus der Äußerung anderer wiederzuerkennen (ebd.: 28).
- Neben dem Hörverstehen kann vor allem die produktive Beschäftigung mit Hörspielen auch die anderen Grundfertigkeiten fördern: das *Leseverstehen* bei der Arbeit mit dem gedruckten Text (z. B. der in einen Hörtext umzuformenden literarischen Vorlage), das *Schreiben* in der Fremdsprache bei der Skripterstellung, das *Sprechen* bei der Hörspielproduktion. Insbesondere die Anfertigung von Tonaufnahmen durch die Schülerinnen und Schüler erfordert das intensive Üben lauten Lesens, was wiederum der Ausspracheschulung, der klaren und korrekten Artikulation, dienlich ist (vgl. Groene 1980b: 16).
- Die Phase des Hörverstehens kann zudem zu eigenen (mündlichen und schriftlichen) sprachlichen Aktivitäten der Lernenden führen, indem diese dazu aufgefordert werden, das Gehörte nachzuerzählen, eine Zusammenfassung zu erstellen oder den Text aus einer anderen Perspektive umzuschreiben (vgl. Hermes 1983: 94).
- Das Medium des Hörspiels kann im Literaturunterricht auch als Interpretationsmittel verwendet werden (vgl. ebd. und Kappe 1991: 112). Bei der Umwandlung eines schriftsprachlichen Textes in ein Hörspiel geht es nämlich um mehr als das laute Lesen von Dialogen: Wenn die Schülerinnen und Schüler ihre Rollen akustisch gestalten, so ist dies insofern eine interpretatorische Leistung, als sie sich in den Text und das dargestellte Geschehen hineinfühlen und die Handlungsmotive und Redeabsichten der Figuren nachvollziehen müssen.
- Einen schriftsprachlichen literarischen Text durch eine Vertonung

zu interpretieren ist für Lernende oftmals leichter als z. B. durch eine szenische Umsetzung, da sie beim Hörspiel unsichtbar agieren, nur akustisch wahrgenommen werden und mögliche Hemmungen daher eher überwinden können (vgl. Kappe 1991: 123).

- Durch die Hörspielarbeit können auch affektive Lernziele gefördert werden. Hörspiel-Theoretiker haben wiederholt betont, dass die Rezeption dieser Texte die Fantasie in hohem Maße anregt: „Wenn die Stimmen der Sprecher das Wort zu vollem Leben erwecken und Musik und Geräusche eine bedeutungsträchtige Atmosphäre evozieren, entfaltet sich das Geschehen auf der ‚Inneren Bühne' des Hörers in einer Abfolge individueller imaginativer Bildvorstellungen." (Groene 1980b: 20) Laut Kappe (1991: 111) kann der Aufbau eines solchen *theatre of the mind* durch den Rezipienten zudem dessen Interpretationsfähigkeit vergrößern.
- Die produktive Hörspielarbeit wiederum trägt zur Förderung kreativer Fähigkeiten bei, da die Lernenden beispielsweise bei Umformungen und Eigenentwürfen selbstständig Textvorlagen erstellen, die sie anschließend nach eigenen Vorstellungen vertonen.
- Schließlich bietet das Hörspiel als dialogische Textsorte vor allem in der Sekundarstufe II „die Möglichkeit, durch Einsichten in Gesprächsvorgänge zur Verbesserung der Kommunikationsfähigkeit der Lernenden beizutragen" (Groene 1980b: 20). Folgende Aspekte, die im Unterricht herausgearbeitet werden können, scheinen dafür besonders geeignet: „die Reziprozität der Partnerbeziehungen und die Bedeutung der Antizipation; der Unterschied zwischen dem Beziehungs- und dem Inhaltsaspekt zwischenmenschlicher Kommunikation; die Auswirkungen unterschiedlicher Rollenbeziehungen; die Intentionen der Gesprächspartner, die Strategien, die sie verfolgen, und die Mittel, die sie zur Erreichung ihrer Ziele einsetzen; Kommunikationsstörungen und -schwierigkeiten, ihre Ursachen und Mittel und Wege zu ihrer Überwindung" (ebd.).

Enger vs. weiter Hörspielbegriff

Um dieses vielfältige Potential auditiv vermittelter Texte im Fremdsprachenunterricht nutzen zu können, ist es sinnvoll, mit Groene (1998) von einem weiten Hörspielbegriff auszugehen. Während der enge Hörspielbegriff ausschließlich auf literarische Originalhörspiele (*original radio play* oder *radio play proper*) bezogen ist, die sich im Wesentlichen für die Sekundarstufe II anbieten, umfasst der weite Hörspielbegriff alle Stücke, „in denen mit den Grundelementen Wort, Musik, Geräusch und Pause ein fiktives Geschehen im Spiel mehrerer Personen unter Verwendung von Dialogen und Monologen entfaltet wird und die Darbietung in rein akustischer Form über Tonträger erfolgt" (ebd.: 348). Damit eröffnet der weite Hörspielbegriff eine Vielzahl unterrichtlicher Möglichkeiten unter Verwendung unterschiedlichster Materialien wie „Trivial- und Serienhörspiele; Tonaufnahmen moderner und klassischer Dramen; speziell für die Sekundarstufe I verfaßte Hörspiele sowie andere Dialogstücke, für die Text und Tonaufnahme zur Verfügung stehen; Schulfunkhörspiele; Dialogszenen der Lehrbücher und entsprechende lehrbuchbegleitende Materialien; von den Schülern selbst erstellte Hörspielskripte und Tonaufnahmen" (ebd.).

Rezeptive vs. produktive Hörspielarbeit

Beim Einsatz von Hörspielen im fremdsprachlichen Literaturunterricht wird üblicherweise zwischen zwei Arbeitsformen unterschieden: der rezeptiven und der produktiven Hörspielarbeit. Bei der rezeptiven Hörspielarbeit geht es um die Behandlung fertig abgeschlossener Hörspiele. Im Mittelpunkt stehen die intensive Hörverstehensschulung sowie insbesondere in der Sekundarstufe II die analytische Erschließung von Inhalt, Form und Sinnpotential des Stückes von der Tonaufnahme her. Bei der produktiven Hörspielarbeit hingegen erstellen die Lernenden selbst die Tonaufnahme nach vorheriger Texterarbeitung und Skriptabfassung. Die wesentlichen Lernziele sind in diesem Fall das kreative Schreiben, die Ausspracheschulung und die prozessorientierte, selbstständige Erarbeitung der wichtigsten Ausdrucksformen und Wirkungsweisen auditiver Literatur. Im Folgenden werden die rezeptive und die produktive Hörspielarbeit im Detail vorgestellt, und es werden konkrete Aufgaben vorgeschlagen, die bei den verschiedenen Formen der Hörspielarbeit jeweils zum Einsatz kommen können.

7.2 Rezeptive Hörspielarbeit: Hörspielanalyse leicht gemacht

Hörspiele als eigenständige Kunstwerke

Ebenso wie Filme sollten auch Hörspiele im fremdsprachlichen Literaturunterricht als eigenständige Kunstwerke angesehen und nicht nur zum Abschluss der Arbeit mit einem schriftsprachlichen Text (z. B. einem Drama oder einer Kurzgeschichte) eingesetzt werden, der den Lernenden dann quasi als Bonbon noch einmal vertont dargeboten wird. Diese Forderung ist nicht nur für das Ziel der Erschließung einer möglichst großen Zahl unterschiedlicher literarischer Gattungen und die Ausbildung von Textsortenbewusstsein von Bedeutung, sondern auch für die Hörverstehensschulung. Lernende sollten sich beim Hören auditiv vermittelter Literatur nicht gemütlich in ihren Stühlen zurücklehnen. Im Mittelpunkt sollten vielmehr die Förderung des konzentrierten Zuhörens und die Entschlüsselung des fremdsprachlichen Textes sowie die Sensibilisierung der Schülerinnen und Schüler für die folgenden Fragen stehen: „Was spielt sich beim Hören ab, welche Sekundärinformationen werden neben dem ‚eigentlichen' Text vermittelt, welche werden wie aufgenommen?" (Kliewer 2002: 166)

Hörverstehensschulung als Ziel rezeptiver Hörspielarbeit

Ein Ziel der rezeptiven Hörspielarbeit ist die Hörverstehensschulung. Anfangs werden die Lernenden anhand kurzer Dialogszenen, die in Abschnitten von ein bis zwei Minuten Länge und wenn notwendig mit Wiederholungen vorgespielt werden, langsam an die Rezeption eines auditiv vermittelten Textes herangeführt. Schritt für Schritt werden sie sodann zum Anhören längerer Stücke befähigt, die in der 9. und 10. Klasse eine Länge von 10 bis 30 Minuten erreichen und in der Sekundarstufe II bis zu einer Stunde Spielzeit ausgedehnt werden können (Groene 1998: 350). Voraussetzung dafür ist allerdings, dass der zu verwendende Hörtext einen genügenden Vertrautheitsgrad im Hinblick auf Wortschatz und grammatische Strukturen aufweist.

Hörverstehen im fortgeschrittenen Englischunterricht

Hörspiele mit unterschiedlichen Sprechern eignen sich insbesondere im fortgeschrittenen Englischunterricht für die Schulung des Hörverstehens.

Hörverstehen trainieren

Wie Liesel Hermes (1983: 93) verdeutlicht, können Schülerinnen und Schüler durch den Einsatz von Hörspielen lernen

- mehrere Sprecherinnen und Sprecher voneinander zu unterscheiden
- den Repliken mehrerer Sprecher mit unterschiedlichen regionalen und sozialen Akzenten und Dialekten zu folgen (nicht nur britisches und amerikanisches Englisch
- unter erschwerten Bedingungen (also z. B. mit Hintergrundgeräuschen) zu verstehen
- Dialoge mit allen typischen Kennzeichen des mündlichen Sprachgebrauchs (Ellipsen, Anakoluthen, Zöger-Formeln usw.) aufzunehmen
- unbekannte Vokabeln aus dem Zusammenhang zu erschließen
- aus der Intonation der Sprechenden kommunikative Absichten und Sprechhaltungen herauszuhören (Fragen, Bitten, Aufforderungen, Drohungen, Unsicherheit, Ironie usw.).

Hörverstehen als komplexer Vorgang

Wie diese zu erwerbenden Fähigkeiten zeigen, ist das Hörverstehen in der Fremdsprache ein äußerst komplexer Vorgang. Er erfordert die Aufnahme und Entschlüsselung fremdsprachlicher Zeichen in so unterschiedlichen Bereichen wie Phonetik, Semantik und Syntax. Es geht beim fortgeschrittenen Hörverstehen in der Fremdsprache auch um die Identifizierung unterschiedlicher Sprecher und deren sprachlichen Besonderheiten sowie um das Verstehen der emotionalen Bedeutung von Äußerungen vor allem aufgrund der Stimmhöhe und Stimmführung, des Rhythmus und der Sprechgeschwindigkeit (vgl. Groene 1980b: 19).

Phasen der Hörverstehensarbeit Um Lernende Schritt für Schritt an die Bewältigung der komplexen Aufgabe, ein Hörspiel in der Fremdsprache zu verstehen, heranzuführen, ist es sinnvoll, die Arbeit mit Hörspielen in unterschiedliche Phasen zu gliedern: in eine Phase vor dem Hören des Textes (*pre-listening phase*), eine das Abhören der Tonaufnahme begleitende Phase (*while-listening phase*) und eine Phase nach der eigentlichen Hörverstehensarbeit (*post-listening phase*).

Vor dem Hören Die *pre-listening phase* dient dazu, den Lernenden mittels entsprechender Übungen das Verstehen des Hörspiels zu erleichtern. Durch die Eingabe unbekannter Vokabeln, die Besprechung der möglichen Bedeutung des Titels, die Einführung von Figuren, Ort und Zeit des Geschehens sowie die Erläuterung der Ausgangssituation kann auf den Wortschatz des Hörtextes vorbereitet und eine Erwartungshaltung im Hinblick auf das akustisch dargestellte Geschehen geschaffen werden. Beides ist für die danach zu erbringende Hörverstehensleistung der Schülerinnen und Schüler förderlich.

Während des Hörens In der *while-listening phase* können konkrete Höraufträge dazu beitragen, den Lernenden das Verstehen des Stückes zu erleichtern. Höraufgaben und vorgefertigte Arbeitsblätter mit Fragen zum vorgespielten *play* bzw. zur vorgespielten Szene unterstützen die Konzentrationsleistung der Schülerinnen und Schüler, da sie die Aufmerksamkeit auf bestimmte Aspekte des Hörspiels lenken.

AUFGABE

Listening Notes

play / scene / sequence: ____________________

Textual Aspects – the 'What'

setting(s) ____________________
time ____________________
characters ____________________
events ____________________
themes ____________________
atmosphere ____________________

Formal Aspects – the 'How'

voices ____________________
sounds ____________________
music ____________________
perspective ____________________
narrator ____________________
montage / editing ____________________

Die Lernenden müssen wissen, ob sie beim Hören eher auf inhaltliche oder formale Aspekte achten sollen und welche Informationen für die Bewältigung einer bestimmten Aufgabe aus der Aufnahme herausgefiltert werden müssen. Um das Aufschreiben der gehörten Eindrücke zu erleichtern, bietet es sich an, den Tonträger zwischendurch anzuhalten und darüber hinaus arbeitsteilige Höraufträge (*split listening tasks*) zu erteilen, bei denen einzelne Schülergruppen auf unterschiedliche Aspekte achten und daher insgesamt weniger Informationen verarbeiten müssen. Zur Sicherung des Textverständnisses können die Lernenden auch dazu aufgefordert werden, die in der Phase vor dem Hören formulierten Erwartungen an den Text auf ihre Richtigkeit zu prüfen. Ebenso kann man sie zwischendurch immer wieder über den Fortgang der Handlung spekulieren lassen ▸ *At this point in your listening, what do you expect to happen in the rest of the play? How do you imagine the play will end?*

Global- und Detailverstehen

Das Ziel von solchen Hörverstehensübungen ist zunächst die Schulung des Globalverstehens. Die Lernenden sollen einen Gesamteindruck der akustisch dargestellten fiktionalen Welt gewinnen, die wesentlichen Figuren und Ereignisse bestimmen und übergreifende Zusammenhänge erfassen. Die Hörverstehenskontrolle kann sich daher auf wenige, allgemein gehaltene Fragen beschränken. Außerdem sollen die Schülerinnen und Schüler lernen, den Gang der Handlung auch dann weiter zu verfolgen, wenn sie nicht jede Einzelheit verstehen. Nach der Sicherung des Globalverständnisses wird das Hörspiel in kürzeren Abschnitten erneut wiedergegeben – diesmal mit dem Ziel, einzelne Aspekte, z. B. im Hinblick auf das Geschehen, die Figuren, den Schauplatz oder die Dialogführung, unter Berücksichtigung des Detailverstehens zu besprechen.

METHODE

Überprüfung des Hörverstehens

(vgl. auch Groene 1998: 351)

- Beantwortung von Alternativfragen (richtig oder falsch?), Multiple-Choice-Fragen oder Verständnisfragen.
- Korrektur von fehlerhaften Aussagen.
- Lückentext mit fehlenden Wörtern und Wendungen oder unvollständigen Dialogen.
- Zuordnung von Dialogteilen zum jeweiligen Sprecher bzw. zur jeweiligen Sprecherin.
- Banddiktate einzelner Passagen.
- Inhaltsangaben.
- Szenenprotokolle mit Informationen über die Ereignisse, die Dialoge, die beteiligten Figuren sowie über Geräusche und Musik.

Nach dem Hören Beim Einsatz von Hörspielen im fremdsprachlichen Literaturunterricht sollte es jedoch nicht allein um die Überprüfung des Hörverständnisses gehen. Da man damit dem Hörspiel als literarischem Text nicht gerecht wird, gilt es nach dem Hören eines Stückes, die Interpretation seines Inhalts und seiner Struktur in den Vordergrund zu rücken. Bei der Untersuchung der Handlungsebene kann zur Beschreibung der erzählten Geschichte und des Schauplatzes sowie zur Charakterisierung der Figuren auf Kategorien und Grundfragen der Erzähltext- und Dramenanalyse zurückgegriffen werden (vgl. Kap. II.4.2 und II.5.2). Die Analyse der Vermittlungsebene im Hörspiel erfordert hingegen besondere Kenntnisse über die gattungsspezifischen Besonderheiten auditiv vermittelter Literatur.

Besonderheiten von Hörspielen Die besonderen formalen Merkmale von Hörspielen bestimmen sich im Wesentlichen durch die Reduktion auf akustische Bedeutungsträger. Daher sind Laute – und auch deren Abwesenheit, die Stille, – die wesentlichen Ausdrucksträger des Hörspiels. Die akustische Dimension spielt auch deshalb beim Hörspiel eine viel größere Rolle als z. B. bei der Rezeption von Dramen, weil nur ein verschwindend geringer Teil von *radio-plays* (weniger als 1%) gedruckt wird. Aufgrund dieser ‚Nurhörbarkeit', die kein Zurückblättern erlaubt, werden Aussagen häufig durch Musik, Geräusche oder Wiederholungen unterstrichen.

Ebene der Mikrostruktur Bei der Untersuchung von Hörspielen steht also nicht allein der gesprochene Text im Vordergrund, sondern sämtliche medien- und gattungsspezifischen Ausdrucksformen. Dazu gehören auf der Ebene der Mikrostruktur die Elemente Wort und Stimme, Geräusch und Musik, Pause und Stille bzw. Schweigen, Raumklang und radiophonischer Effekt, die alle wesentlich zur Vermittlung des Geschehens beitragen. Eine Übersicht über die wichtigsten Bauformen von Hörspielen und deren Funktionen bietet die folgende Matrix (vgl. Groene 1980b: 23f. und Frank 1981: 78–100):

WISSENSWERT

Bauformen des Hörspiels und deren Funktionen

Wort *(word)*

- vor allem im traditionellen Hörspiel Hauptträger der Bedeutung (jedes Wort besitzt eine begriffliche Denotation; darüber hinaus lassen viele Wörter Konnotationen mitklingen)
- Fähigkeit, innere Bilder zu evozieren – durch die Kraft des Wortes entstehen Figuren, Handlung, Schauplatz und Atmosphäre in der Fantasie des Hörers
- akustische Qualität als Bestandteil phonologischer Figuren

Stimme *(voice)*

- dient der Artikulation und Vermittlung des Wortes sowie der Unterscheidung und Typisierung von Sprechern (nach Soziolekt, Dialekt, Alter, Geschlecht und Charaktermerkmalen)
- trägt zum Ausdruck subjektiver Stimmungen und zur Evozierung einer bestimmten Atmosphäre bei (z. B. durch Tonfall, Verstummen, Seufzen, Schreien)
- kann die Bedeutung einer Aussage stützen (z. B. durch Intonation), ihr jedoch auch diametral entgegenstehen

Musik *(music)*

- dient der Gliederung der Handlung (etwa der Signalisierung von Szenengrenzen)
- trägt zur Hervorhebung von Details und zur Schaffung einer bestimmten Atmosphäre bei
- kann als Leitmotiv fungieren (z. B. zur Charakterisierung der Figuren)

Geräusch *(sound)*

- wird als Gliederungssignal sowie als Leitmotiv eingesetzt
- dient der Orientierung des Hörers und der Einstimmung in Handlungsräume (Geräuschkulisse)

Pause *(pause)* **bzw. Stille** *(silence)*

- kann Ausdruck grammatisch oder psychologisch bedingter Sprechpausen sein
- ist manchmal Signal für die (vermeintlich während der Pause stattfindende) Handlung
- dient der Einwirkung auf den Hörer (Spannungserzeugung oder, im Fall der imaginativen Pause, Möglichkeit zur Visualisierung und Bewusstmachung eines Sachverhalts)
- kann dazu dienen, Erschrecken, Erstaunen oder überschwängliche Freude anzuzeigen, Sprach- und Kommunikationsschwierigkeiten zu verdeutlichen und Spannungen zwischen den Gesprächspartnern zu verraten

Raumklang *(stereophonic sound)*

- die akustische Qualität dient als Indiz für die Größe des Raumes
- Veränderungen der Schallqualität werden zur Orientierung des Hörers eingesetzt

Radiophonischer Effekt *(radiophonic effect)*

- mit technischen Hilfsmitteln erzeugter Klangeffekt, der z. B. einen besonderen Realismus der Darstellung vermitteln kann, etwa ‚Telefonstimme' durch Frequenzfilter
- möglich sind auch Klangveränderungen durch Erhöhung bzw. Verminderung der Bandgeschwindigkeit

Ebene der Makrostruktur

Im Bereich der Makrostruktur von Hörspielen sind besondere Merkmale auf der Handlungsebene, der Ebene der Dialogführung, der Wahl der Darstellungsperspektive und im Gebrauch eines Erzählers bzw. Kommentators zu verzeichnen (vgl. Groene 1980b: 24f.). Da Lernende zur Analyse von Hörspielen und zur Ausbildung ihres Gattungsbewusstseins, das nicht zuletzt auch für die Herstellung eigener Hörtexte von Bedeutung ist, Kenntnisse in diesen Bereichen benötigen, werden die wichtigsten makrostrukturellen Bauformen auditiv vermittelter Texte im Folgenden näher vorgestellt. Zu ihrer Erarbeitung im Unterricht kann nach dem Hören des Stückes auch der gedruckte Text herangezogen werden (falls vorhanden). Es gibt auch die Möglichkeit eines sogenannten Mischverfahrens, bei dem abwechselnd mit der Tonaufnahme und dem gedruckten Text gearbeitet wird.

Handlungsstruktur

Die besondere Handlungsstruktur von Hörspielen bestimmt sich im Wesentlichen durch die gattungsbedingte Notwendigkeit zur Verdichtung (vgl. Erdmenger 1980: 54): Damit die Fähigkeit des Hörers zur Informationsaufnahme nicht überstrapaziert wird, verläuft die Handlung im Hörspiel gewöhnlich einsträngig (*single-strand plot*) unter Verzicht auf weitläufige und komplexe Nebenhandlungen. Die Exposition (*exposition*) dient dazu, die Aufmerksamkeit des Hörers praktisch aus dem Stand zu wecken, indem sie kurz und prägnant in die Figurenkonstellation (*character constellation*) und die Vorgeschichte einführt. Dabei treten in den Anfangsminuten im Regelfall nicht mehr als drei Personen in einer Szene auf; später nicht mehr als sechs bis acht. Was die zeitliche und räumliche Gestaltung der Handlung betrifft, sind im Hörspiel infolge der fehlenden optischen Komponente schnelle Ortswechsel und Zeitsprünge einschließlich Rückblenden problemlos möglich, wie z. B. Louis MacNeice in seinem Hörspiel *The Dark Tower* (1946) gezeigt hat (vgl. Groene 1978: 64).

Technik der Szenenfolge

Die Szenenfolge im Hörspiel wird ähnlich wie im Film durch die technischen Mittel **‚Schnitt'** (*cut*) und **‚Blende'** (*fade-in/fade-out*) gestaltet (ebd.). Beim ‚Schnitt' folgen die Szenen direkt aufeinander – z. B. zur Verdeutlichung von Gegensätzen wie in Tom Stoppards *Where Are They Now?* (1970). Bei der ‚Blende' hingegen erfolgt ein allmählicher Übergang durch Überblenden, Ein- und Ausblenden. Szenenübergänge können auch durch den Einsatz von Musik oder Geräuschen gestaltet bzw. unterstützt werden oder aber durch einen Erzählerkommentar erfolgen.

Dialogführung und Darstellungsperspektive

Die Gestaltung der Dialoge (*dialogues*) und die Wahl der Darstellungsperspektive (*perspective*) sind im Hörspiel eng miteinander verknüpft (vgl. ebd.: 64f.). Erlebt der Hörer die Dialoge wie ein sich in der Nähe der Gesprächspartner befindlicher Unbeteiligter, so herrscht die **Außenperspektive** (*outer perspective*) vor: „Man erfährt über die Charaktere nur soviel, wie man auch sonst nur aus Gesprächen entnehmen kann, die Personen im Alltag miteinander führen." (ebd.: 65) Autoren wie Brendan Behan, Robert Bolt, David Campton, John Mortimer und Henry Livings haben vornehmlich Hörspiele aus der Außenperspektive verfasst (vgl. ebd.). Bei der Wahl der **Innenperspektive** (*inner perspective*) hingegen hat der Hörer unmittelbar Anteil an dem, was sich in den Köpfen der Figuren abspielt. Nicht Dialoge stehen im Vordergrund, sondern die assoziativ verknüpften Gedanken, Träume und Fantasien einer oder mehrerer Figuren, die in Form von Monologen dargestellt werden: „Zeit und Raum sind entgrenzt, ferne Menschen und sogar Tote kommen zu Wort." (Groene 1980b: 24) Beispielhaft für solche ‚Hörspiele der inneren Wirklichkeit' sind *Under Milk Wood* (1953) von Dylan Thomas, *Embers* (1959) und *Cascando* (1963) von Samuel Beckett, *Landscape* (1968) und *Monologue* (1973) von Harold Pinter, *Under the Loofah Tree* (1958) von Giles Cooper, *If You're Glad I'll be Frank* (1966) von Tom Stoppard und *Lizard in the Grass* (1971) von Susan Hill (vgl. ebd.: 25).

Erzählerfigur bzw. Kommentator

In die Nähe von narrativen Texten rücken Hörspiele dann, wenn in ihnen ein Erzähler (*narrator*) oder Kommentator (*commentator*) auftritt. Dieser kann eine Vielzahl unterschiedlicher Funktionen erfüllen, zu deren Beschreibung die Lernenden auf bereits erworbene Kenntnisse in der Erzähltextanalyse zurückgreifen können. So kann der Erzähler die Figuren charakterisieren und dem Hörer Einblicke in ihr Innenleben geben. Er kann expositorisch in die fiktionale Welt einführen, Zeit, Schauplatz und Atmosphäre des Geschehens beschreiben, einzelne Ereignisse schildern und Verknüpfungspunkte zwischen ihnen herstellen. Außerdem kann er die Figuren und deren Handeln bewerten und auch den Zuhörer direkt ansprechen, was ein wichtiges Mittel der Sympathielenkung ist.

Aufgabe des fremdsprachlichen Literaturunterrichts

Aufgrund des alltäglichen Mediengebrauchs ist eine Kenntnis der formalen Besonderheiten auditiv vermittelter Literatur zumindest passiv bei den meisten Schülerinnen und Schülern vorhanden. Aufgabe des fremdsprachlichen Literaturunterrichts ist es demnach, dieses Wissen zu aktivieren und das notwendige Vokabular zur Beschreibung der Charakteristika von Hörspielen in der Fremdsprache bereitzustellen. Wie bei der Analyse anderer literarischer Texte auch gilt es, den Lernenden zu verdeutlichen, dass eine reine Beschreibung der formalen Elemente eines Hörspiels noch keine Interpretation darstellt. Vielmehr muss das Wirkungs- und Funktionspotenzial des Einsatzes von Stimmen, Geräuschen und Musik usw. bestimmt werden. Gerade durch die Abwesenheit des

Visuellen – man bedenke, dass es in einem Hörspiel weder Mimik und Gestik noch Kostüme und Masken, Dekoration und Requisiten, Licht und Farben zur Informationsvermittlung gibt – müssen dessen Funktionen von den akustischen Elementen übernommen werden. Dies führt zu einer beträchtlichen Bedeutungserhöhung dieser Elemente, die es im Unterricht gemeinsam zu erarbeiten gilt. Dabei kann den Lernenden auch verdeutlicht werden, wie sehr sie selbst als Hörer bei der Zuschreibung von Sinn an das Dargestellte involviert sind:

> Die akustische Darbietung liefert mit Wort und Pause, Musik und Geräusch nur das Rohmaterial, aus dem die Phantasie des Hörers Personen und ihre Handlungen, Schauplatz und Atmosphäre des Geschehens erschafft. Aus den Worten einer Figur formt sich allmählich ein Bild der Persönlichkeit, und ebenso nehmen mit einfachen Mitteln erzeugte Geräusche erst in der Vorstellungswelt des Rezipienten ihre rechte Bedeutung an. (Groene 1978: 66)

Checkliste zur Analyse von Hörspielen

Für die Analyse eines Hörspiels im fremdsprachlichen Literaturunterricht kann die folgende Checkliste für Lernende eine wichtige Hilfe darstellen. Ihre Motivation, sich mit den Strukturmerkmalen von auditiv vermittelter Literatur auseinander zu setzen, lässt sich dann erhöhen, wenn sie – wie bei kreativen Verfahren der Textarbeit so oft gefordert – einen schriftsprachlichen Text in Eigenregie in ein Hörspiel umwandeln sollen. In diesem Fall wird ihnen sehr schnell deutlich werden, dass sie Kenntnisse über die gattungsspezifischen Besonderheiten von Hörtexten erlangen müssen, bevor sie selbst zu Produzentinnen und Produzenten werden können.

METHODE

How to Interpret a Radio Play

Exposition

- How is the listener introduced into the fictional world?
- What is the story's starting point?
- Describe the play's atmosphere. How is it created?
- Where and when does the action take place?
- Which characters appear? How are they presented? Describe their constellation.

Action

- What is the story about?
- Describe the play's plot structure.
- How are the scenes linked together? Think about cuts and fade-ins/fade-outs.
- Are there any major leaps in time or changes of the setting?

Dialogues and Monologues
- From which perspective is the story presented?
- Do we get to know something about the characters' inner lives?
- Analyse the dialogues between the characters: who speaks to whom about what and with which intention?
- Which (additional) information is conveyed by the speakers' voices, their individual vocal characteristics, intonation, speech timing (tempo, rhythm, pauses) and manner of articulation (whispering, shouting)?

Sounds and Music
- Which sounds did you notice? What is their effect on the listener?
- What kind of music can be found in the play (e. g., pop, classical, instrumental music, etc.)? Explain the effects it produces.
- Does the play use radiophonic effects? Why?

Narrator
- Is there a narrator or commentator in the play?
- Which functions does he fulfil?

7.3 Hörspiele selber produzieren: Kreative Zugänge zu auditiver Literatur

Formen kreativer Hörspielarbeit

Zur kreativen Arbeit mit Hörspielen im fremdsprachlichen Unterricht bietet sich eine Reihe von Aufgaben an, die auch bei der Beschäftigung mit anderen literarischen Gattungen eingesetzt werden. So kann die Handlung eines Hörspiels z. B. aus der Perspektive einer der Figuren dargestellt werden, die Lernenden können den Inhalt des Hörspiels in eine andere Textsorte übertragen (z. B. einen Zeitungsartikel oder eine Kurzgeschichte), einzelne Dialoge aus einem Hörspiel können szenisch umgesetzt oder in innere Monologe der Gesprächspartner umgeschrieben werden usw. Da Lehrende für diese schüler- und handlungsorientierten Textarbeiten in den anderen Kapiteln dieses Bandes zahlreiche Anregungen finden können, möchten wir unser Augenmerk im Folgenden auf eine besondere Form der kreativen Hörspielarbeit richten: auf die eigenständige Produktion von Hörspielen durch die Schülerinnen und Schüler.

Möglichkeiten der Hörspielproduktion

Grundsätzlich gibt es zwei Möglichkeiten, die Lernenden mit der Produktion eines eigenen Hörspiels zu beauftragen: die **Umformung** und den **Eigenentwurf** (vgl. zum Folgenden Groene 1980c).

Umformung eines Textes in ein Hörspiel

Bei der Umformung schreiben die Lernenden einen Text zu einem Hörspiel um. Als Textgrundlage können in der Sekundarstufe I Dialogszenen und Prosatexte der Lehrbücher, dramatische Kurzformen einschließlich Hörspieltexte und kleinerer Erzählungen verwendet werden; in der Sekundarstufe II bieten sich Dramen- und Hörspieltexte sowie Prosalektüren an. Ähnlich der Spielvorlage beim Drama wird der Text im Falle von Hörspielen als Partitur für die Realisation der Vertonung aufgefasst. Für alle Textsorten gleichermaßen gilt, dass die Schülerinnen und Schüler die Tonaufnahme nach vorheriger Texterarbeitung und Skriptabfassung selbst erstellen. Diese Form der kreativen Hörspielarbeit kann schon relativ früh im Englischunterricht eingesetzt werden, denn der umzuformende Text gibt nicht nur das Thema, das Handlungsgerüst und die auftretenden Figuren vor, sondern er stellt auch die sprachlichen Mittel für die Abfassung von Prosa- und Dialogpassagen bereit. Außerdem sind den Lernenden gerade die Lehrbuchtexte so vertraut, dass ihnen die Hörspielarbeit auch schon im Anfangsunterricht gelingt. Bei der Textauswahl ist allerdings darauf zu achten, „daß mehrere Personen auftreten, daß der Zusammensetzung der Klasse entsprechend genügend Jungen- und Mädchenrollen vorhanden sind, daß die Handlungen in Dialoge und Geräusche umsetzbar sind und daß möglichst Schauplatzwechsel stattfinden, damit eine Untergliederung in mehrere Szenen vorgenommen werden kann" (ebd.: 113).

Erstellen eines Hörspiels auf der Basis eines Eigenentwurfs

Beim Erstellen eines Hörspiels auf der Basis eines Eigenentwurfs verfassen die Lernenden eine Hörszene oder ein Kurzhörspiel ohne sprachliche Vorlage. Als Hilfestellung dient ihnen lediglich ein struktureller oder stofflicher Rahmen, z. B. in Form eines **Handlungsgerüsts** (bei dem der Ablauf des Geschehens in groben Zügen festgelegt wird), einer **Situationsvorgabe** (Interview, Telefongespräch, Reportage, Talk Show usw.) oder der bloßen **Nennung eines Themas** (möglichst kontrovers, damit unterschiedliche Standpunkte vertreten werden können) (vgl. ebd.: 116ff.). Auch wenn der Grad der Lenkung bei diesen Rahmenvorgaben unterschiedlich hoch ausfällt, sind Eigenentwürfe aufgrund der erhöhten produktiven Anforderungen für Lernende viel schwieriger zu erstellen als Umformungen: Die durch Eigenentwurf entstehenden Hörspiele umfassen in der Regel anfangs nur eine Spieldauer von etwa 1 bis 3 Minuten, während bei Umformungen schon nach wenigen Jahren Englischunterricht Kurzhörspiele von etwa 10 Minuten Dauer möglich sind (vgl. ebd.: 110). Mit genügend Übung können allerdings insbesondere in der Sekundarstufe II auch Hörspiele durch Eigenentwürfe entstehen, die mehrere Szenen umfassen. Um Lernende Schritt für Schritt an diese kreative Leistung heranzuführen, kann man zunächst auch mit einer Mischform aus Umformung und Eigenentwurf arbeiten und die Schülerinnen und Schüler z. B. dazu auffordern, bei einem Hörspieltext mit offenem Ausgang selbstständig ein mögliches Ende zu verfassen oder eine Textvorlage in freier Erfindung zusätzlicher Figuren und Handlungen auszuweiten (vgl. Bergmann 1992).

Vier Phasen der Hörspielerstellung

Im Sinne eines prozessorientierten Unterrichts ist es sinnvoll, die Anfertigung eines Hörspiels in mehrere Phasen zu unterteilen. Horst Groene (1980c) schlägt nach jahrelanger Hörspielerfahrung im Fremdsprachenunterricht die folgenden Phasen vor: Texterarbeitung, Skriptanfertigung, Erstellung der Tonaufnahme und Abhören der Endaufnahme mit Abschlussbesprechung.

Phase 1: Texterarbeitung

Im Falle der Umformung einer Textvorlage in ein Hörspiel sollten die Lernenden sich vor der eigentlichen Skriptanfertigung interpretatorisch mit der Vorlage auseinander setzen (vgl. ebd.: 113). Erstens müssen die Figuren und ihr Verhältnis zueinander ausführlich analysiert werden, um das angemessene Sprechen der Rollen vorzubereiten. Zweitens gilt es zu klären, wie eventuelle narrative Passagen der Vorlage im Hörtext umgesetzt werden können. Und drittens müssen Vorschläge für die Gestaltung der Szenenübergänge erarbeitet werden, die mittels einer Kommentatorfigur, einer Musik- oder Geräuschblende, eines Schnitts oder einer Pause angezeigt werden können. Das heißt, Lernende kommen bei der Produktion eines Hörspiels gar nicht ohne Kenntnisse über die wichtigsten Elemente auditiv vermittelter Texte aus.

Phase 2: Skriptanfertigung

Grundlegende Kenntnisse über die Charakteristika von Hörspielen benötigen Schülerinnen und Schüler auch für die Phase der Skriptanfertigung. Diese nimmt je nach Textvorlage unterschiedlich viel Zeit und Arbeit in Anspruch. Erhalten die Lernenden z. B. die Aufgabe, ein Hörspiel zu vertonen, das ihnen schon als gedruckter Text vorliegt, so müssen sie den Text nur auf die Produktionsanweisungen hin durchgehen und überlegen, wie sie diese genau umsetzen. Bei anderen dialogischen Texten, etwa bei einem Theaterstück, gilt es darüber hinaus, die für die Aufführung auf der Bühne gedachten Regieanweisungen in das auditive Medium des Hörspiels zu übertragen. Außerdem müssen die Dialoge dahingehend überprüft werden, ob sie in der vorliegenden Form hörspielgerecht sind oder ob sie gegebenenfalls gekürzt, verändert oder erweitert werden müssen. Für die Vertonung eines narrativen Textes schließlich erfordert die Skriptanfertigung eine besondere Eigenleistung der Lernenden. Die Dialoge zwischen den Figuren können zwar oftmals beibehalten werden, schwierig wird es jedoch bei der Umsetzung der erzählenden Passagen. Die Schülerinnen und Schüler müssen entscheiden, ob z. B. zumindest punktuell ein Erzähler auftreten soll, ob sich narrative Textteile in Figurendialoge oder -monologe umsetzen lassen und ob Geräusche und Musik eventuell einzelne Funktionen des Erzählers übernehmen können.

Prozess der Skripterstellung

Die Erstellung des Skriptes beginnt sodann mit der Einteilung des dargestellten Geschehens in einzelne Szenen bzw. bei freier Rahmenvorgabe mit der Festlegung der Szenenanzahl (vgl. ebd.: 114). Die Lernenden entwerfen ein Szenenskript, in das sie den Titel, den Ort des Geschehens und die Zahl der Figuren für jede Szene eintragen. In einem zweiten Schritt werden die Dialogpassagen eingefügt bzw. geschrieben, und erst danach werden die Regieanweisungen zu Geräuschen und Musik (einschließlich ihrer Produktionsweise) formuliert. Wie ein solches von Schülerinnen und Schülern erstelltes Skript im Hinblick auf die Anweisungen zu Geräuschen aussehen kann, zeigt Gerhard Kappe (1991: 118f.) am Beispiel von Alan Ayckbourns Kurzdrama *Mother Figure* (1974). Die Lernenden erhielten die Aufgabe, die Regieanweisungen vom Anfang des Bühnentextes in das auditive Medium zu übertragen.

METHODE

Skript zu Ayckbourn, *Mother Figure*

STAGE DIRECTIONS	ACOUSTIC DIRECTIONS
Lucy's sitting room.	
It is a suburban room fairly untidy, with evidence of small children. There are two doors – one to the kitchen and back door, one to the bedrooms and front door.	
Lucy hurries in from the bedrooms on her way to the kitchen. She is untidy, unmade-up, in dressing-gown and slippers.	bedroom door opening roughly, steps running, slippers touching the floor, dressing-gown rustling, somebody stepping on a squealing duck first, then a teddy bear, remarks of displeasure ("I told them to clear the room, I told them!"),
The telephone rings	a telephone rings
	little feet toddling, little boy mumbling something like: Mummy, Mummy.

Lucy (calling behind her): Nicolas! Stay in your own bed and leave Sarah alone.	
Lucy goes out to the kitchen,	kitchen door opening, water tap running, somebody filling a glass with water
returning at once with a glass of water	steps running, slippers touching the floor, dressing gown rustling

Verschiedene Arbeitsformen

Die Erstellung des Skripts für ein Hörspiel kann in verschiedenen Arbeitsformen erfolgen (vgl. Groene 1998: 349). Im Anfangsunterricht bietet es sich an, die Skriptanfertigung im Klassen- bzw. Kursverband unter Leitung der Lehrkraft vorzunehmen. Im fortgeschrittenen Englischunterricht hingegen besteht die Möglichkeit zur selbstständigen Gruppenarbeit. Dabei können kürzere Hörszenen von unterschiedlichen Gruppen gleichzeitig bearbeitet werden, so dass die verschiedenen Endprodukte den Vergleich unterschiedlicher Versionen und deren spezifischen Wirkungspotenzials ermöglichen. Längere Hörspiele sollten hingegen im arbeitsteiligen Verfahren erstellt werden, d. h., die einzelnen Gruppen sind für die Erstellung jeweils eines Szenenskripts verantwortlich. Am Ende werden die verschiedenen Szenenentwürfe dann besprochen, eventuell einander angeglichen und zu einem Ganzen zusammengefügt.

Vor der Tonaufnahme

Vor der eigentlichen Tonaufnahme sollten die Lernenden ausreichend Gelegenheit erhalten, mit der Wirkung von Stimmen, Klängen und Geräuschen zu experimentieren (vgl. auch Kliewer 2002: 167). Auch das Hören von Originaltönen, z. B. von Tier-, Wald- oder Stadtgeräuschen, schärft nicht nur die auditive Wahrnehmung, sondern regt das Vorstellungsvermögen und damit eigene Geräuschkompositionen an (ebd.).

Phase 3: Erstellung der Tonaufnahme

Die Erstellung der Tonaufnahme bereitet den Lernenden erfahrungsgemäß großen Spaß. Je nach Länge der Textvorlage besteht die Möglichkeit, eine Gesamtaufnahme mit durchgehend gleichen Sprechern zu erstellen oder aber einzelnen Gruppen jeweils eine Szene zur Vertonung zu überlassen (vgl. Groene 1980c: 119f.). Es können aber auch unterschiedliche Fassungen ein und derselben Vorlage in verschiedenen Gruppen eingespielt werden. In jedem Fall ist es ratsam, den Text anfangs ohne Aufnahmegerät vortragen zu lassen, um das gestaltende Lesen erst einmal zu üben. In einem zweiten Schritt sollte das Sprechen mit Mikrofon erprobt werden, da die Schülerinnen und Schüler erst lernen müssen, den richtigen Abstand zum Mikrofon sowie eine angemessene Lautstärke und Sprechgeschwindigkeit zu finden. Schließlich wird die Endaufnahme erstellt, und Musik und Geräusche werden eingespielt. Die Geräusche sind dabei entweder vorproduziert, oder aber sie werden direkt während der Vertonung des Stückes erzeugt. Spätestens zu diesem Zeitpunkt wird den Lernenden bewusst, dass die Umsetzung eines Textes in ein Hörspiel von den Vorstellungen und Ideen eines Kollektivs von Produzenten abhängt, dass also Hörspiele ähnlich wie Filme das Ergebnis von Teamarbeit sind.

Phase 4: Abhören der Tonaufnahme(n)

In der letzten Phase der Hörspielproduktion geht es um das gemeinsame Abhören der Aufnahme(n). Dies dient sowohl der Erörterung der erstellten Vertonung(en) in der Fremdsprache als auch der Bewertung der Schülerleistungen in inhaltlicher, sprachlicher und technischer Hinsicht (vgl. ebd.: 120). Die Besprechung der Aufnahme(n) kann dabei durchaus schülerorientiert gestaltet werden, indem die Lernenden einander Verständnis- und Inhaltsfragen zu ihren Hörspielversionen stellen. Es können Einzelheiten der Produktion und intendierte Effekte von Stimmführung, Geräuschen und Musik behandelt werden. Anhand der konkret vorliegenden Tonaufnahmen können aber auch auf allgemeinerer Ebene die Besonderheiten von Hörspielen erarbeitet und für die zukünftige Beschäftigung mit auditiv vermittelter Literatur fruchtbar gemacht werden. Besonders motivierend für die Lernenden ist es, wenn eigenständig erstellte Aufnahmen einem größeren Hörerkreis zur Verfügung gestellt werden, z. B. in Form eines Tonträgers für die Bibliothek bzw. Mediothek der Schule.

Checkliste für die Produktion eines Hörspiels

Für die Produktion eines Hörspiels im fremdsprachlichen Literaturunterricht kann die folgende Checkliste (nach Hermes 1998: 17) mit konkreten Aufgaben und allgemeinen Hinweisen für Lernende eine wichtige Hilfe darstellen:

AUFGABE

How to Produce a Radio Play

- Rewrite the story in the form of a radio play. Work in small groups of three or four and discuss the various possible ways of structuring the story as a radio play.
- Choose a main focus for the plot.
- Decide how many characters there are to be in your play.
- Decide whether you will need a narrator.
- Decide how you will show past events and the characters' background.

- Make use of the dialogues in the original short story.
- Avoid long monologues: they can be tedious.

Guidelines

- A radio play only works with a limited number of characters; the listeners must be able to distinguish among the different voices.
- The plot must be straightforward with few or no sub-plots.
- Monologues can be used to express feelings and thoughts.
- A narrator may be included to comment on events, to explain time lapses, to fill in background information and to relate past events.
- Remember that all the information you wish to convey must be given orally; your main medium is the spoken word. This gives you enormous flexibility as far as time and place are concerned. Flashbacks and leaps forward in time are common in a radio play.
- In contrast to stage plays, radio plays can include dreams and thoughts; even dead characters can be given a voice or characters from remote places can be included.
- Make sure scene changes are clear to your listeners. New scenes must be indicated by some audible means, such as a gong, music, etc.
- Choose as interesting and gripping a structure as possible. Give background information early. Be careful not to confuse the listeners.
- Leave the climax till very late and then come to an end quickly.

Fazit

Wie wir im vorliegenden Kapitel gezeigt haben, können auditiv vermittelte Texte auf vielfältige Weise in den fremdsprachlichen Literaturunterricht integriert werden und zur Erlangung unterschiedlicher sprach-, literatur- und mediendidaktischer Lernziele beitragen. Vor allem bei der produktiven Hörspielarbeit können Schülerinnen und Schüler die Wirkungsweise dieser besonderen literarischen Form eigentätig erarbeiten und damit ihr Textsortenbewusstsein weiter ausbilden. Ein Schwerpunkt beim Einsatz von Hörspielen kann aber auch die Hörverstehensschulung sein, die bislang insbesondere im fortgeschrittenen Fremdsprachenunterricht viel zu kurz kommt. Ein weiterer Vorzug der Hörspielarbeit ist, dass bei Zugrundelegung eines weiten Hörspielbegriffs keine textlichen Einschränkungen bestehen und sie daher auf allen Klassenstufen durchführbar ist – teilweise sogar mit geringem Zeitaufwand, wenn es z. B. um die Fortsetzung der Arbeit mit einem Dialog aus dem Lehrbuch geht. Die selbstständige Erstellung eines eigenen Hörspiels erfordert hingegen mehr Zeit und bietet sich daher eher für eine Projektwoche an. In jedem Fall sollte die Beschäftigung mit Hörspielen als eine Möglichkeit kreativen Arbeitens mit literarischen Texten aus den aufgeführten Gründen zukünftig einen höheren Stellenwert im Fremdsprachenunterricht innehaben.

III. Schlussbemerkungen

III Schlussbemerkungen

Vielfältige Möglichkeiten durch Literaturunterricht

Obgleich unser Überblick über verschiedene rational-analytische sowie handlungs- und produktionsorientierte Methoden und deren Kombinierbarkeit im fremdsprachlichen Literaturunterricht keinen Anspruch auf Vollständigkeit erheben kann oder will, vermag er vielleicht einen Eindruck von den vielfältigen Chancen zu vermitteln, die durch die Beschäftigung mit literarischen Texten im Englischunterricht eröffnet werden. Lehrenden wird es durch die Vielzahl der skizzierten Zugangsformen und Aufgaben ermöglicht, im Literaturunterricht Sprachtraining, Textarbeit, Förderung von Kreativität, Persönlichkeitsbildung und interkulturelle Kommunikationsschulung gewinnbringend zu verbinden. Die vorgestellten Formen der Textarbeit fördern sowohl die Lesekompetenz und das Hör- und Sehverstehen der Schülerinnen und Schüler als auch deren mündliches und schriftliches Ausdrucksvermögen in der Fremdsprache. Zudem erlauben sie, dass Lernende ihr Weltwissen einbringen, soziale Schlüsselkompetenzen ausprägen und in der selbstständigen Erschließung literarischer Texte geschult werden. Und nicht zuletzt können insbesondere kreative Verfahren auch die Leselust fördern, die noch immer der stärkste Motivationsfaktor für die Beschäftigung mit Literatur im Fremdsprachenunterricht ist.

Ausbildung von Methodenkompetenz

Im Rahmen eines Literaturunterrichts, der methodisch pluralistisch orientiert ist und mit einer Vielzahl unterschiedlicher Gattungen arbeitet, bietet sich daher am ehesten die Möglichkeit, bei Lernenden Methodenkompetenz im Umgang mit literarischen Texten auszubilden. Eine Offenheit gegenüber methodischem Pluralismus auf Seiten der Lehrenden und eine flexible Kombination verschiedener Zugangsmöglichkeiten sind wichtige Voraussetzungen dafür, dass der Literaturunterricht seiner Aufgabe gerecht werden kann, Lernenden Orientierungswissen zu vermitteln, sie zur Selbstständigkeit bei der Beschäftigung mit Literatur anzuleiten und die Fähigkeit zum kritischen Lesen zu fördern. Da es kein Verfahren gibt, das für sich beanspruchen könnte, das bestmögliche oder gar das allein gültige zu sein, sollten Schülerinnen und Schüler verschiedene Zugangsformen erlernen und als Instrumentarium zur eigenständigen Erschließung literarischer Werke zur Verfügung haben. Zudem kann man nur durch eine Vielzahl verschiedener Zugangsmöglichkeiten sowohl der Mehrdeutigkeit und Vielschichtigkeit literarischer Texte als auch den individuellen Lernprozessen von Schülerinnen und Schülern gerecht werden.

Sorgfältige Auswahl von Aktivitäten und Aufgaben

Es versteht sich von selbst, dass sich die in diesem Band vorgestellten Methoden nicht alle für jeden beliebigen Text eignen. Da die einzelnen Verfahren der Textarbeit kein Selbstzweck sein sollen, gilt es, sie zielgerichtet einzusetzen, d. h., abhängig vom jeweiligen Text und den Lernzielen, die mit ihm verfolgt werden sollen, eine bzw. mehrere Zugangsformen sorgfältig auszuwählen. Beides erst – die Besonderheiten des Textes und die Reflexion der Lernziele durch die Lehrkraft – bestimmt, welche Verfahren für die Erarbeitung welcher Inhalte und/oder formaler Merkmale überhaupt sinnvoll sind. Im Hinblick auf die Auswahl der Methoden ist die Lehrkraft also in besonderem Maße gefordert.

Vielfalt erlaubt Differenzierung

Die Vielfalt möglicher Zugangsformen bei der Beschäftigung mit Literatur im Englischunterricht, die auf den ersten Blick erschlagend wirken mag, hat aber neben den schon erwähnten Vorteilen noch einen weiteren: Sie erlaubt Differenzierung – und zwar sowohl im Hinblick auf unterschiedliche Klassenstufen als auch innerhalb einer Lerngruppe. Die in diesem Band aufgeführten Methoden können alle ab der zweiten Hälfte der Sekundarstufe I bis zum Abitur im fremdsprachlichen Literaturunterricht eingesetzt werden. Wie ausführlich eine Aufgabe jeweils behandelt wird bzw. was die Lehrkraft bei ihrer Bearbeitung von den Lernenden als Ergebnis erwartet, hängt dabei ganz vom Alter und sprachlichen Können der jeweiligen Lerngruppe ab. So kann z. B. das Fortschreiben einer Geschichte in der Sekundarstufe I in wenigen Sätzen erfolgen, während Leistungskursschüler in der Oberstufe auch eine ganze Szene zu einem Drama zusätzlich verfassen können. Im Hinblick auf die Binnendifferenzierung können einzelne Aufgaben dem unterschiedlichen Leistungsstand der Lernenden entsprechend abgewandelt, auf einige wenige Aspekte reduziert bzw. in der Formulierung vereinfacht werden. Binnendifferenzierung wird aber auch durch den Einsatz verschiedener kreativer Verfahren in Freiarbeit möglich. Insgesamt gesehen sollte jedenfalls auch der fremdsprachliche Literaturunterricht auf Progression hin angelegt sein: Es geht um die Entwicklung von zunehmend komplexeren Lese- und Verstehensstrategien.

Rückblick

In diesem vorliegenden ersten Band zum Thema *Englische Literatur unterrichten I: Grundlagen – Methoden – Anregungen für die Unterrichtspraxis* ging es uns vornehmlich darum aufzuzeigen, wie durch den Einsatz unterschiedlicher Verfahren der Textarbeit im fremdsprachlichen Literaturunterricht bei den Lernenden ganz verschiedene Kompetenzen gefördert werden können. Konkrete Textinhalte oder Werktitel standen daher nicht im Vordergrund. Wir haben uns vielmehr zum Ziel gesetzt, interessierten Leserinnen und Lesern einen Überblick über die Grundbegriffe und Methoden literaturdidaktischer Arbeit zu verschaffen und die wichtigsten Verfahren des Umgangs mit literarischen Texten im Englischunterricht vorzustellen.

Ausblick In dem sich in Vorbereitung befindlichen zweiten Band *Englische Literatur unterrichten: Unterrichtsreihen – Lektüren – Materialien* wird der Akzent dann auf die Entwicklung exemplarischer Unterrichtsreihen zu den verschiedenen literarischen Gattungen gelegt. Anhand ausgewählter Textbeispiele werden wir insbesondere der Frage nachgehen, wie die (von uns immer wieder geforderte) Verbindung von analytischen und kreativen Aufgaben sowie die Berücksichtigung kultureller und historischer Kontexte in der Unterrichtspraxis genau aussehen kann. Neue Lektüreanregungen sollen dabei das Problem der Uniformität der englischsprachigen Schullektüre lösen helfen. Und zahlreiche zusätzliche Materialien (wie Arbeitsblätter und weitere Texte) sollen Lehrenden die Umsetzung der entwickelten Unterrichtsvorschläge in der Praxis erleichtern.

IV Literaturverzeichnis

Empfohlene Bücher, die sich auch für den Aufbau einer Handbibliothek eignen, sind im Folgenden durch * kenntlich gemacht.
Titel, auf die im Buch in unterschiedlichen Kapiteln verwiesen wird, sind im Folgenden jeweils nur einmal aufgeführt – und zwar immer unter der Rubrik, für die sie einschlägig sind.

1. Einführungen und Nachschlagewerke

*Bach, Gerhard/Timm, Johannes-Peter (Hrsg.) (^{3}2003): *Englischunterricht: Grundlagen und Methoden einer handlungsorientierten Unterrichtspraxis*. Tübingen; Basel: Francke.

*Bausch, Karl-Richard/Christ, Herbert/Krumm, Hans-Jürgen (Hrsg.) (^{4}2003): *Handbuch Fremdsprachenunterricht*. Tübingen: Francke.

*Bogdal, Klaus-Michael/Korte, Hermann (Hrsg.) (2002): *Grundzüge der Literaturdidaktik*. München: dtv.

Bredella, Lothar (1976): *Einführung in die Literaturdidaktik*. Stuttgart: Kohlhammer.

*Bredella, Lothar/Burwitz-Melzer, Eva (2004): *Rezeptionsästhetische Literaturdidaktik mit Beispielen aus dem Fremdsprachenunterricht Englisch*. Tübingen: Narr.

*Collie, Joanne/Slater, Stephen (1987): *Literature in the Language Classroom: A Resource Book of Ideas and Activities*. Cambridge: University Press.

Hellwig, Karl-Heinz (2000): *Anfänge englischen Literaturunterrichts: Entwicklung, Grundlagen, Praxis. Primarstufe – Jahrgangsstufe 11*. Frankfurt/M.: Lang.

*Kramsch, Claire (1993): *Context and Culture in Language Teaching*. Oxford: University Press.

Lazar, Gillian (1993): *Literature and Language Teaching: A Guide for Teachers and Trainers*. Cambridge: University Press.

*Nünning, Ansgar/Nünning, Vera (2001): *Grundkurs anglistisch-amerikanistische Literaturwissenschaft*. Stuttgart: Klett. (engl. *An Introduction to the Study of English and American Literature*. Stuttgart: Klett 2004.)

Paefgen, Elisabeth K. (1999): *Einführung in die Literaturdidaktik*. Stuttgart; Weimar: Metzler.

2. Literatur zu den Grundlagen des fremdsprachlichen Literaturunterrichts

Bach, Gerhard (1998): „Interkulturelles Lernen." In: Timm, Johannes-Peter (Hrsg.): *Englisch lernen und lehren: Didaktik des Englischunterrichts.* Berlin: Cornelsen. 192–200.

Bachmann, Saskia/Gerhold, Sebastian/Wessling, Gerd (1996): "Aufgaben- und Übungstypologie zum interkulturellen Lernen mit Beispielen aus Sichtwechsel – neu." In: *Zielsprache Deutsch,* 27, Heft 2. 77–91.

Benton, Michael (1992): *Secondary Worlds: Literature Teaching and the Visual Arts.* Buckingham; Philadelphia: Open University Press.

Börner, Wolfgang (1989): „Didaktik schriftlicher Textproduktion in der Fremdsprache." In: Antos, Gerd/Krings, Hans P. (Hrsg.): *Textproduktion: Ein interdisziplinärer Forschungsüberblick.* Tübingen: Niemeyer. 348–376.

Bredella, Lothar (1987): „Die Struktur schüleraktivierender Methoden: Überlegungen zum Entwurf einer prozeßorientierten Literaturdidaktik." In: *PRAXIS des neusprachlichen Unterrichts,* 34, Heft 3. 233–248.

Bredella, Lothar (1995): „Verstehen und Verständigung als Grundbegriffe und Zielvorstellungen des Fremdsprachenlehrens und -lernens?" In: Bredella, Lothar (Hrsg.): *Verstehen und Verständigung durch Sprachenlernen?* Bochum: Brockmeyer. 1–34.

Bredella, Lothar (2000): „Fremdverstehen mit literarischen Texten." In: Bredella et al. 2000. 133–163.

Bredella, Lothar/Meißner, Franz-Josef/Nünning, Ansgar/Rösler, Dietmar (Hrsg.) (2000): *Wie ist Fremdverstehen lehr- und lernbar? Vorträge aus dem Graduiertenkolleg „Didaktik des Fremdverstehens".* Tübingen: Narr.

Brusch, Wilfried (1989): „Die Rolle der Literatur beim Spracherwerb: Theoretische Grundgedanken und Hinweise zur methodischen Umsetzung." In: *Neusprachliche Mitteilungen aus Wissenschaft und Praxis,* 42, Heft 1. 11–19.

Brusch, Wilfried (1992): „Vom Lesen zum Schreiben: ‚Dependent Authorship': Kreative Schreibaufgaben als alternative Textarbeit." In: *Der Fremdsprachliche Unterricht Englisch,* Heft 5. 36–41.

Burwitz-Melzer, Eva (2005): „Kompetenzen für den Literaturunterricht heute: Ein Beitrag zur standardorientierten Didaktik des Fremdsprachenunterrichts." In: *Fremdsprachen Lehren und Lernen,* 34. 94–110.

Buttjes, Dieter ([2]1996): „Lernziel Kulturkompetenz." In: Bach, Gerhard/Timm, Johannes-Peter (Hrsg.): *Englischunterricht: Grundlagen und Methoden einer handlungsorientierten Unterrichtspraxis.* Tübingen; Basel: Francke. 69–102.

Caspari, Daniela (2000): „Kreative Textarbeit als Beitrag zum Fremdverstehen." In: *Fremdsprachenunterricht,* 44, Heft 53. 81–86.

Delanoy, Werner (2002): *Fremdsprachlicher Literaturunterricht:*

Theorie und Praxis als Dialog. Tübingen: Narr.

Donnerstag, Jürgen/Bosenius, Petra (2000): „Die Funktion der Emotionen in der Konstruktion von Bedeutung zu englischen literarischen Texten." In: Wendt, Michael (Hrsg.): *Konstruktion statt Instruktion: Neue Zugänge zu Sprache und Kultur im Fremdsprachenunterricht*. Frankfurt/M.; Berlin: Lang. 153–162.

Doyé, Peter (1999): *The Intercultural Dimension: Foreign Language Education in the Primary School*. Berlin: Cornelsen.

Edelstein, Wolfgang/Keller, Monika/Wahlen, Karl (1982): „Entwicklung sozial-kognitiver Prozesse: Eine theoretische und empirische Rekonstruktion." In: Geulen 1982. 181–204.

Geulen, Dieter (Hrsg.) (1982): *Perspektivenübernahme und soziales Handeln: Texte zur sozial-kognitiven Entwicklung*. Frankfurt/M.: Suhrkamp.

Glaap, Albert-Reiner (1979): „Texte im Englischunterricht." In: Hunfeld, Hans/Schröder, Konrad (Hrsg.): *Grundkurs Didaktik Englisch*. Königstein: Scriptor. 93–106.

Glaap, Albert-Reiner (1990): „Perspektiven der Neuorientierung und Kanonbildung für den Englischunterricht." In: Glaap, Albert-Reiner (Hrsg.): *Anglistik heute: Perspektiven für die Lehrerfortbildung*. Frankfurt/M.: Scriptor. 7–20.

Glaap, Albert-Reiner/Rück, Heribert ([4]2003): „Literarisches Curriculum." In: Bausch/Christ/Krumm 2003 (Kap. IV.1). 133–138.

Grabes, Herbert (1978): „Wie aus Sätzen Personen werden ...: Über die Erforschung literarischer Figuren." In: *Poetica*, 10. 405–428.

Grabes, Herbert (2000): „Das inszenierte Fremde: Dramen als Wege zum Fremdverstehen." In: Bredella et al. 2000. 253–265.

Grotjahn, Rüdiger (1995): „Zweitsprachliches Leseverstehen: Grundlagen und Probleme der Evaluation." In: *Die Neueren Sprachen*, 94, Heft 5. 533–555.

Grzesik, Jürgen (1990): Textverstehen lernen und lehren: *Geistige Operationen im Prozeß des Textverstehens und typische Methoden für die Schulung zum kompetenten Leser*. Stuttgart: Klett.

*Haas, Gerhard ([3]1987): *Handlungs- und produktionsorientierter Literaturunterricht in der Sekundarstufe I*. Hannover: Schroedel.

*Hallet, Wolfgang (2002): *Fremdsprachenunterricht als Spiel der Texte und Kulturen: Intertextualität als Paradigma einer kulturwissenschaftlichen Didaktik*. Trier: Wissenschaftlicher Verlag.

Hesse, Mechthild (2002): *Jugendliteratur als Schreiblehre: Untersuchungen zum Verhältnis von Lesen und Schreiben im Englischunterricht der Sekundarstufe I*. Tübingen: Narr.

Hesse, Ulrich (1983): „Darstellendes Spiel im Kurssystem der gymnasialen Oberstufe: Beobachtungen – Erfahrungen – Entgegnungen." In: *Der Deutschunterricht*, Heft 3. 15–24.

Hinz, Klaus (2003): „Kreative literaturbezogene Textproduktion im Englischunterricht: Aufgaben, Texterstellung und Leistungsbeurteilung." In: *PRAXIS des neusprachlichen Unterrichts*, 50, Heft 4. 351–359.

Holtwisch, Herbert (1997): „Textgenerierende Verfahren im Fremdsprachenunterricht. Beispiel: Englisch – Sekundarstufe II." In: *PRAXIS des neusprachlichen Unterrichts*, 44, Heft 3. 244–251.

Holtwisch, Herbert (1999): „Kreative Textarbeit im Fremdsprachenunterricht und die Bewertung kreativ-orientierter Klassenarbeiten." In: *Fremdsprachenunterricht*, 43, Heft 52. 417–424.

Hunfeld, Hans (Hrsg.) (1982): *Literaturwissenschaft – Literaturdidaktik – Literaturunterricht. Englisch. II. Eichstätter Kolloquium zum Fremdsprachenunterricht 1981*. Königstein: Scriptor.

Kast, Bernd (1994): „Literatur im Anfängerunterricht." In: *Fremdsprache Deutsch*, 11. 4–13.

Kramsch, Claire (1995): „Andere Worte – andere Werte: Zum Verhältnis von Sprache und Kultur." In: Bredella, Lothar (Hrsg.): *Verstehen und Verständigung durch Sprachenlernen?* Bochum: Brockmeyer. 51–66.

Laßmann, Alev (1994): „Lesetagebücher (Reading Logs) als offene Unterrichtsform in der Sekundarstufe I." In: *Englisch*, 29, Heft 3. 81–86.

Leupold, Eynar (2002): *Französisch unterrichten: Grundlagen, Methoden, Anregungen*. Seelze-Velber: Kallmeyer.

Mosner, Bärbel (2000): *Das Leser-Tagebuch im Englischunterricht am Beispiel von Shakespeares ‚Romeo and Juliet'*. Frankfurt/M.: Lang.

Nissen, Rudolf (^{4}2003): „Formen der Leistungsmessung in der unterrichtlichen Praxis." In: Bausch/Christ/Krumm 2003 (Kap. IV.1). 370–373.

Nünning, Ansgar (2000): „‚Intermisunderstanding'. Prolegomena zu einer literaturdidaktischen Theorie des Fremdverstehens: Erzählerische Vermittlung, Perspektivenwechsel und Perspektivenübernahme." In: Bredella et al. 2000. 84–132.

*Nünning, Ansgar (Hrsg.) (2001): *Fremdverstehen durch Literatur. Der Fremdsprachliche Unterricht Englisch*, Heft 53.

Nünning, Ansgar/Jucker, Andreas H. (1999): „Cultural Studies und anglistisch-amerikanistische Kulturwissenschaft: Grundriss, Leitbegriffe und Perspektiven." In: Nünning, Ansgar/Jucker, Andreas H.: *Orientierung Anglistik/Amerikanistik: Was sie kann, was sie will*. Reinbek bei Hamburg: Rowohlt. 135–169.

Nünning, Ansgar/Surkamp, Carola (2003): „Text – Literatur – Kultur: Handlungs- und produktionsorientierter Literaturunterricht und Fremdverstehen." In: Bach/Timm 2003 (Kap. IV.1). 149–171.

Nünning, Vera/Nünning, Ansgar (2000): *„British Cultural Studies* konkret: Zehn Leitkonzepte für einen innovativen Kulturunterricht." In: *Der Fremdsprachliche Unterricht Englisch,* Heft 43. 4–10.

Nünning, Vera/Nünning, Ansgar (2003): „Narrative Kompetenz durch neue erzählerische Kurzformen." In: *Der Fremdsprachliche Unterricht Englisch,* Heft 61. 4–10.

Peters, Christoph M./Unterweg, Friedrich-K. (2005): „Nichts Neues zu vermelden? Eine Umfrage zum Einsatz von Literatur im Englischunterricht der Sekundarstufe II." In: *Neusprachliche Mitteilungen aus Wissenschaft und Praxis,* 59, Heft 3. 19–25.

Posner, Roland (1991): „Kultur als Zeichensystem: Zur semiotischen Explikation kulturwissenschaftlicher Grundbegriffe." In: Assmann, Aleida/Harth, Dietrich (Hrsg.): *Kultur als Lebenswelt und Monument.* Frankfurt/M.: Fischer. 37–74.

Schinschke, Andrea (1995): „Perspektivenübernahme als grundlegende Fähigkeit im Umgang mit Fremdem." In: Bredella, Lothar/Christ, Herbert (Hrsg.): *Didaktik des Fremdverstehens. Tübingen:* Narr. 36–50.

Schwarz, Johanna (2001): „Die eigenen Stärken veröffentlichen: Portfolios als Lernstrategie und alternative Leistungsbeurteilung." In: *Qualität entwickeln: Evaluieren.* Friedrich Jahresheft 9. 24–27.

Sommer, Roy (2000): „Funktionsgeschichten: Überlegungen zur Verwendung des Funktionsbegriffs in der Literaturwissenschaft und Anregungen zu seiner terminologischen Differenzierung." In: *Literaturwissenschaftliches Jahrbuch,* 41. 319–341.

3. Literatur zu den Methoden der Literaturvermittlung

Bredella, Lothar (1985): „Leseerfahrungen im Unterricht: Kognitive und affektive Reaktionen bei der Lektüre literarischer Texte." In: Bredella/Legutke 1985. 54–82.

Bredella, Lothar/Legutke, Michael (Hrsg.) (1985): *Schüleraktivierende Methoden im Fremdsprachenunterricht Englisch.* Bochum: Kamp.

Burwitz-Melzer, Eva (2003): *Allmähliche Annäherungen: Fiktionale Texte im interkulturellen Fremdsprachenunterricht der Sekundarstufe I.* Tübingen: Narr.

Campbell, Nancy (1996): „Narration and Narrators: How Learners Perceive Speakers in Narrative Texts." In: Bredella, Lothar/Delanoy, Werner (Hrsg.): *Challenges of Literary Texts in the Foreign Language Classroom.* Tübingen: Narr. 108–124.

Carter, Ronald/Long, Michael N. (1991): *Teaching Literature. London:* Longman.

*Caspari, Daniela (1994): *Kreativität im Umgang mit literarischen*

Texten im Fremdsprachenunterricht: Theoretische Studien und unterrichtspraktische Erfahrungen. Frankfurt/M.: Lang.

Caspari, Daniela (1997): „Übersicht über kreative Umgangsformen mit literarischen Texten." In: *Der Fremdsprachliche Unterricht Englisch,* Heft 3. 44–45.

Duff, Alan/Maley, Alan (1990): *Literature.* Oxford: University Press.

Haas, Gerhard/Menzel, Wolfgang/Spinner, Kaspar H. (1994): „Handlungs- und produktionsorientierter Literaturunterricht." In: *Der Altsprachliche Unterricht,* 37, Heft 3/4. 37–52.

Hermes, Liesel (1994): „Romanerarbeitung im fremdsprachlichen Unterricht." In: *Fremdsprachenunterricht,* 38, Heft 4. 249–254.

Hinz, Klaus (2000): „Kognitiv-analytisch und affektiv-kreativ gesteuerte Aktivitäten im fremdsprachlichen Literaturunterricht: Ein Unterrichtsmodell für das Fach Englisch." In: *PRAXIS des neusprachlichen Unterrichts,* 47, Heft 3. 235–244.

Müller-Hartmann, Andreas (1999): „Auf der Suche nach dem ‚dritten Ort': Das Eigene und das Fremde im virtuellen Austausch über literarische Texte." In: Bredella, Lothar/Delanoy, Werner (Hrsg.): *Interkultureller Fremdsprachenunterricht.* Tübingen: Narr. 160–182.

Raue, Helmut (1980): „Die offene Phase im Fremdsprachenunterricht: Überlegungen zu einer schülerzentrierten Textarbeit." In: *PRAXIS des neusprachlichen Unterrichts,* 27, Heft 2. 115–122.

Schabert, Ina (1991): „*Creative Reading*: Vom Erkenntniswert des kreativen Lesens." In: Griesheimer, Frank/Prinz, Alois (Hrsg.): *Wozu Literaturwissenschaft? Kritik und Perspektiven.* Tübingen: Francke. 233–259.

Schlosser, Waltraud (1992): „Methoden des handlungs- und produktionsorientierten Literaturunterrichts in der Realschule." In: *Lehren und Lernen*, 18, Heft 7. 41–51.

Thinnes, Norbert (1990): „Thesen und Erläuterungen zum produktionsorientierten Umgang mit Texten." In: Pädagogisches Zentrum des Landes Rheinland-Pfalz Bad Kreuznach (Hrsg.): *Produktions- und handlungsorientierter Literaturunterricht. PZ-Informationen Deutsch 1.* Bad Kreuznach: Pädagogisches Zentrum. 1–21.

Waldmann, Günter (1992): „Produktives Verstehen mehrperspektivischen Erzählens: E. T. A. Hoffmann, Der Sandmann." In: *Diskussion Deutsch*, 23, Heft 127. 411–425.

Weskamp, Ralf (1997): „Postmoderne Literaturtheorien: Folgen und Möglichkeiten für den fremdsprachlichen Literaturunterricht auf der gymnasialen Oberstufe." In: *PRAXIS des neusprachlichen Unterrichts*, 44, Heft 4. 345–353.

Winter, Heinrich (1999): „Text- oder Handlungsorientierung? Zur integrativen Kraft einer Prozessorientierung im fremdsprachlichen Literaturunterricht (Beispiel Englisch)." In: *Neusprach-*

liche Mitteilungen aus Wissenschaft und Praxis, 52, Heft 3. 177–183.
Winzer, Hans-Joachim (2001): *Handlungs- und produktionsorientierter Literaturunterricht: Möglichkeiten und Grenzen – eine Bilanz.* Oldenburg: Zentrum für pädagogische Berufspraxis.

4. Literatur zur Arbeit mit lyrischen Texten

Benton, Michael et al. (1988): *Young Readers Responding to Poems.* London: Routledge.
Benton, Michael/Benton, Peter (²1990): *Examining Poetry.* London: Hodder & Stoughton.
Bludau, Michael (1986): „‚Kulturelle Kompetenz' und der Umgang mit Gedichten im Englischunterricht." In: *Neusprachliche Mitteilungen aus Wissenschaft und Praxis*, 39, Heft 1. 14–21.
*Bode, Christoph (2001): *Einführung in die Lyrikanalyse.* Trier: Wissenschaftlicher Verlag.
Brockhaus, Wilhelm (1987): „Gedichtbehandlung im Englischunterricht – mal ganz anders." In: *Die Realschule*, 95, Heft 5. 220–224.
Burwitz-Melzer, Eva (2000): *Literatur (nicht nur) für Kinder. Studienbrief Literaturwissenschaft/Fachdidaktik Englisch.* Koblenz: Universität Koblenz-Landau.
Donnerstag, Jürgen (²1998): „Gedichte im Fremdsprachenunterricht." In: Jung, Udo O. H. (Hrsg.): *Praktische Handreichung für Fremdsprachenlehrer.* Frankfurt/M.: Lang. 358–364.
Gehring, Wolfgang (1998): „Lyrik für alle – Leistungsschwächere eingeschlossen." In: *Der Fremdsprachliche Unterricht Englisch*, Heft 33. 16–21.
*Hühn, Peter (1995): *Geschichte der englischen Lyrik.* Bd. 1: *Vom 16. Jahrhundert bis zur Romantik.* Bd. 2: *Von der viktorianischen Epoche bis zur Gegenwart.* Tübingen: Francke.
Korte, Hermann (2002): „Lyrik im Unterricht." In: Bogdal/Korte 2002 (Kap. IV.1). 203–216.
Kroth, Olivia (1996): „Kreatives Schreiben: ‚Writing Poetry'." In: *Der Fremdsprachliche Unterricht Englisch*, Heft 23. 25–26, 35–37.
Kroth, Olivia (1998): „Nonsens-Lyrik im fächerübergreifenden Unterricht Englisch und Kunst." In: *Der Fremdsprachliche Unterricht Englisch*, Heft 33. 43–47.
Legutke, Michael (1985): „Interactive Approaches to Poetry." In: Bredella/Legutke 1985 (Kap. IV.3). 83–102.
*Ludwig, Hans-Werner (52005): *Arbeitsbuch Lyrikanalyse.* Tübingen: Narr.
*Luz, Angela (2002): *Poetry. Einfach Englisch. Unterrichtsmodell.* Paderborn: Schöningh.

*Maley, Alan/Duff, Alan (1989): *The Inward Ear: Poetry in the Language Classroom.* Cambridge: University Press.

Meyer, Michael (2004): *English and American Literatures.* Tübingen; Basel: Francke.

Nies, Fritz (1990): „Von *acrostiches* und andern *amusettes*: Spielerisches Lernen sprachlicher Durchformung an kleinen Verstexten." In: *Die Neueren Sprachen*, 89, Heft 2. 171–178.

Oliver, Douglas (1989): *Poetry and Narrative in Performance.* New York: St. Martin's Press.

*Payrhuber, Franz-Josef ([3]1996): *Gedichte im Unterricht – einmal anders: Praxisbericht mit vielen Anregungen für das 5. bis 10. Schuljahr.* München: Oldenbourg.

Rattunde, Eckhard (1990): „Kreativer Umgang mit poetischen Texten in der Sekundarstufe I (Beispiel Französisch)." In: *Die Neueren Sprachen*, 89, Heft 2. 179–195.

Rück, Heribert (1987): „Poetische Texte als Anstoß zu kreativem Handeln." In: *PRAXIS des neusprachlichen Unterrichts*, 34, Heft 2. 173–181.

Schlicht, Hans (2004): „‚My words are weapons': Rap-Texte im Englischunterricht." In: *Der Fremdsprachliche Unterricht Englisch*, Heft 67. 16–25.

Seletzky, Martin (1985): „Creative Writing as an Approach to Reading and Interpreting Poetry." In: Freese, Peter (Hrsg.): *Teaching Contemporary American Life and Literature in the German Advanced EFL Classroom.* Paderborn: Schöningh. 125–140.

*Taubenböck, Andrea (Hrsg.) (2004a): *Poetry? Poetries! Der Fremdsprachliche Unterricht Englisch*, Heft 67.

Taubenböck, Andrea (2004b): „‚If it ain't a pleasure, it ain't a poem': Lyrik – eine Gattung, die begeistern kann." In: *Der Fremdsprachliche Unterricht Englisch*, Heft 67. 4–9.

Taubenböck, Andrea (2004c): „Slam!" In: *Der Fremdsprachliche Unterricht Englisch*, Heft 67. 26–31.

Umansky, Kaye/Chamberlain, Margaret (2001): *Pass the Jam, Jim.* London: Red Fox.

*Volkmann, Laurenz (Hrsg.) (1998a): *Poetry. Der Fremdsprachliche Unterricht Englisch*, Heft 33.

Volkmann, Laurenz (1998b): „‚Phantasie ist wichtiger als Wissen': Ein Plädoyer für den Einsatz von Lyrik." In: *Der Fremdsprachliche Unterricht Englisch*, Heft 33. 4–13.

*Waldmann, Günter ([8]2003): *Produktiver Umgang mit Lyrik: Eine systematische Einführung in die Lyrik, ihre produktive Erfahrung und ihr Schreiben. Für Schule (Primar- und Sekundarstufe) und Hochschule sowie zum Selbststudium.* Baltmannsweiler: Schneider-Verlag Hohengehren.

Weller, Franz-Rudolf (1990): „Gehören Gedichte in den Unterricht? Überlegungen zur Überschreitung der Alltagssprache im Fremdsprachenunterricht – Vorbemerkungen zu einem Themenheft." In: *Die Neueren Sprachen*, 89, Heft 2. 96–103.

Werner, Annette (1990): „Zur Geschichte der Lyrikbehandlung im Englischunterricht." In: *Die Neueren Sprachen*, 89, Heft 2. 104–125.

Werner, Annette (1993): *Lyrik im Englischunterricht nach 1945*. Augsburg: Universität Augsburg.

5. Literatur zur Arbeit mit dramatischen Texten

Blumensath, Heinz (1992): „Ein Text und seine Inszenierung." In: *Praxis Deutsch*, 19, Heft 115. 27–29.

Bogdal, Klaus-Michael/Kammler, Clemens (2002): „Dramendidaktik." In: Bogdal/Korte 2002 (Kap. IV.1). 177–189.

Brekle, Wolfgang (1995): „Didaktische Überlegungen zum darstellenden Spiel im Deutschunterricht." In: *Deutschunterricht*, 48, Heft 3. 114–121.

Bubner, Claus/Mienert, Christiane ([3]1985): *Bausteine des darstellenden Spiels: Ein Übungsbuch für Theater mit Jugendlichen*. Frankfurt/M.: Hirschgraben.

Coldwell, C. Carter (1968): *A Student's Guide to Literature*. New York: Washington Square Press.

Fisher, Jacqueline (Hrsg.) (1991): *Pygmalion. Bernard Shaw*. Harlow: Longman.

*Frommer, Harald (1995): *Lesen und Inszenieren: Produktiver Umgang mit dem Drama auf der Sekundarstufe*. Stuttgart: Klett.

Glaap, Albert-Reiner (1983): „Kurzdramen und kurze Dramen zeitgenössischer Autoren – Vorschläge für Grund- und Leistungskurse im Englischunterricht." In: *Die Neueren Sprachen*, 82, Heft 2. 151–169.

Glaap, Albert-Reiner (1987): „Dramentexte als Spielvorlage lesen: Auch eine Aufgabe für den Literaturunterricht?" In: *Der Fremdsprachliche Unterricht Englisch*, Heft 6. 5–8.

Göbel, Klaus (2000): „Drama – Deutschunterricht – Theater. Theaterdidaktik. 10 Thesen." In: *Deutschunterricht*, 53. Heft 5. 324–327.

Kappe, Gerhard (1991): *Neue Möglichkeiten der Drameninterpretation: Zeitgenössische englische Dramen als Aufführungsmedien in schüleraktivierenden Arbeitsweisen*. Würzburg: Königshausen & Neumann.

*Karbowska-Hayes, Suzanne (1984): *Drama as a Second Language: A Practical Handbook for Language Teachers*. Cambridge: National Extension College.

Mahler, Andreas ([6]2000): „Aspekte des Dramas." In: Brackert, Helmut/Stückrath, Jörn (Hrsg.): *Literaturwissenschaft: Ein Grund-*

kurs. Reinbek bei Hamburg: Rowohlt. 71–85.

*Maley, Alan/Duff, Alan ([2]2001): *Drama Techniques in Language Learning: A Resource Book of Communication Activities for Language Teachers*. Cambridge: University Press.

Meserle, Vera (2004): „‚Nein, diese Rolle spiel ich nicht!' "Szenisches Gestalten als Mittelweg zwischen Rollenspiel und Unterrichtsgespräch." In: *Der Fremdsprachliche Unterricht Englisch*, Heft 67. 43–45.

Müller, Frank (1992): „Dialog zwischen Text und Untertext: Theaterspielen als Sprechhandeln." In: *Diskussion Deutsch*, 23, Heft 126. 365–374.

Müller, Hans Dieter (1980): „Spielend interpretieren. Zum theaterspezifischen Umgang mit Texten." In: *Diskussion Deutsch*, 11, Heft 52. 163–195.

Nissen, Peter (1994): „Den Text inszenieren – statt analysieren." In: *Der Fremdsprachliche Unterricht Englisch*, Heft 15. 36–40.

Payrhuber, Franz-Josef ([6]1998): „Dramen im Unterricht." In: Lange, Günter et al. (Hrsg.): *Taschenbuch des Deutschunterrichts*. Bd. 2: *Literaturdidaktik*. Baltmannsweiler: Schneider-Verlag Hohengehren. 647–668.

*Pfister, Manfred (81994): *Das Drama*. München: Fink.

*Platz-Waury, Elke ([5]1999): *Drama und Theater*: *Eine Einführung*. Tübingen: Narr.

Reisener, Helmut (2005): „Das Klassenzimmer als Bühne." In: *Der Fremdsprachliche Unterricht Englisch*, Heft 74. 20–27.

Renk, Herta-Elisabeth ([3]1986): *Dramatische Texte im Unterricht: Vorschläge, Materialien u. Kursmodelle für die Sekundarstufe I u. II*. Stuttgart: Klett.

Scheller, Ingo (1993): *Wir machen unsere Inszenierungen selber. Bd. I: Szenische Interpretation von Dramentexten*. Universität Oldenburg: Zentrum für pädagogische Berufspraxis.

Scheller, Ingo (1996): „Szenische Interpretation." In: *Praxis Deutsch*, 23, Heft 136. 22–36.

*Scheller, Ingo (1998): *Szenisches Spiel: Handbuch für die pädagogische Praxis*. Berlin: Cornelsen.

*Scheller, Ingo (2004): *Szenische Interpretation: Theorie und Praxis eines handlungs- und erfahrungsbezogenen Literaturunterrichts in Sekundarstufe I und II*. Seelze-Velber: Kallmeyer.

Schülein, Frieder/Zimmermann, Michael (2002): „Spiel- und theaterpädagogische Ansätze." In: Bogdal/Korte 2002 (Kap. IV.1). 258–271.

Schuster, Karl (1988): „Zur Theorie und Praxis des literarischen Rollenspiels." In: *Blätter für den Deutschlehrer*, 2. 33–46.

Schuster, Karl ([2]1996): *Das Spiel und die dramatischen Formen im Deutschunterricht: Theorie und Praxis*. Baltmannsweiler: Schneider-Verlag Hohengehren.

Waegner, Heinrich (2003): *Theaterwerkstatt: Kommentierte Wege vom Warm-up bis zur Spielvorlage*. Stuttgart: Klett.

*Waldmann, Günter (2004): *Produktiver Umgang mit dem Drama: Eine systematische Einführung in das produktive Verstehen traditioneller und moderner Dramenformen und das Schreiben in ihnen. Für Schule (Sekundarstufe I und II) und Hochschule*. Baltmannsweiler: Schneider-Verlag Hohengehren.

Wessels, Charlyn (1987): *Drama. Resource Books for Teachers*. Oxford: University Press.

6. Literatur zur Arbeit mit narrativen Texten

Bietz, Carmen/Francke-Kern, Beate (2005): „... gegen das Sitzenbleiben: Ideen für den bewegten Englischunterricht." In: *Der Fremdsprachliche Unterricht Englisch*, Heft 74. 28–34.

Bonheim, Helmut (1990): *Literary Systematics*. Cambridge: Brewer.

Bruner, Jerome (1986): *Actual Minds, Possible Worlds*. Cambridge, MA: Harvard University Press.

Bruner, Jerome (1990): *Acts of Meaning*. Cambridge, MA: Harvard University Press.

Chatman, Seymour (1978): *Story and Discourse: Narrative Structure in Fiction and Film*. Ithaca, NY: Cornell University Press.

Cohn, Dorrit (1978): *Transparent Minds: Narrative Modes for Presenting Consciousness in Fiction*. Princeton: University Press.

Fludernik, Monika (1996): *Towards a ‚Natural' Narratology*. London: Routledge.

Forster, E. M. (1981 [1927]): *Aspects of the Novel*. Harmondsworth: Penguin.

Genette, Gérard (1980 [1972]): *Narrative Discourse: An Essay in Method*. Oxford: Blackwell.

Hermes, Ursula (Hrsg.) (1998): *The Short Story and You: A Collection of Short Stories with Pre-Reading and Post-Reading Activities*. Stuttgart: Klett.

Jolles, André ([7]1999): *Einfache Formen: Legende, Sage, Mythe, Rätsel, Spruch, Kasus, Memorabile, Märchen, Witz*. Tübingen: Niemeyer.

Morgan, John/Rinvolucri, Mario (1985): *Geschichten im Englischunterricht: Erfinden, Hören und Erzählen*. München: Hueber.

Nünning, Ansgar (1997a): „Perspektivenübernahme und Perspektivenkoordinierung: Prozeßorientierte Schulung des Textverstehens und der Textproduktion bei der Behandlung von John Fowles' *The Collector*." In: Jarfe, Günther (Hrsg.): *Literaturdidaktik – konkret. Anglistik und Englischunterricht*. Bd. 61. Heidelberg: Winter. 137–161.

*Nünning, Ansgar (Hrsg.) (1997b): *Teaching Novels. Der Fremd-*

sprachliche Unterricht Englisch, Heft 27.

*Nünning, Ansgar (Hrsg.) (1999): *Teaching Short Stories. Der Fremdsprachliche Unterricht Englisch*, Heft 39.

Nünning, Ansgar/Nünning, Vera (Hrsg.) (2000): *Multiperspektivisches Erzählen: Zur Theorie und Geschichte der Perspektivenstruktur im englischen Roman des 18. bis 20. Jahrhunderts.* Trier: Wissenschaftlicher Verlag.

Nünning, Ansgar/Surkamp, Carola/Zerweck, Bruno (Hrsg.) (1998): *Unreliable Narration: Studien zur Theorie und Praxis unglaubwürdigen Erzählens in der englischsprachigen Erzählliteratur.* Trier: Wissenschaftlicher Verlag.

*Nünning, Vera/Nünning, Ansgar (Hrsg.) (2003): *Teaching Short Narrative Forms. Der Fremdsprachliche Unterricht Englisch*, Heft 61.

Pfeiffer, Joachim (2002): „Romane und Erzählungen im Unterricht." In: Bogdal/Korte 2002 (Kap. IV.1). 190–202.

Stanzel, Franz K. (^{6}1995): *Theorie des Erzählens.* Göttingen: Vandenhoeck & Ruprecht.

Straub, Jürgen (Hrsg.) (1998): *Erzählung, Identität und historisches Bewußtsein: Die psychologische Konstruktion von Zeit und Geschichte.* Frankfurt/M.: Suhrkamp.

Surkamp, Carola (2003): *Die Perspektivenstruktur narrativer Texte: Zu ihrer Theorie und Geschichte im englischen Roman zwischen Viktorianismus und Moderne.* Trier: Wissenschaftlicher Verlag.

Thießen, Holger (1998): „Erarbeitung erzähltheoretischer Kategorien. Ein Unterrichtsvorhaben in einer 11. Klasse." In: *Deutschunterricht*, 51, Heft 5. 248–255.

Toolan, Michael J. (^{2}2001): *Narrative: A Critical Linguistic Introduction.* London; New York: Routledge.

Walker, Barbara J. (1996): *Diagnostic Teaching of Reading: Techniques for Instruction and Assessment.* New York: Merrill.

*Waldmann, Günter/Bothe, Katrin (1992): *Erzählen: Eine Einführung in kreatives Schreiben und produktives Verstehen von traditionellen und modernen Erzählformen.* Stuttgart: Klett.

7. Literatur zur Arbeit mit Filmen

Albersmeier, Franz-Josef (1995): „Literatur und Film: Entwurf einer praxisorientierten Textsystematik." In: Zima, Peter V. (Hrsg.): *Literatur intermedial: Musik – Malerei – Photographie – Film.* Darmstadt: Wissenschaftliche Buchgesellschaft. 235–268.

Blell, Gabriele/Lütge, Christiane (2004): „Sehen, Hören, Verstehen und Handeln: Filme im Fremdsprachenunterricht." In: *Praxis Fremdsprachenunterricht*, 1, Heft 6. 402–405.

Buchloh, Paul Gerhard (1983): „Englischsprachige Literatur im

Film: Philologische Methoden der Filmanalyse." In: Groene, Horst et al. (Hrsg.): *Medienpraxis für den Englischunterricht.* Paderborn: Schöningh. 256–281.

Burger, Günter (1995): „Fiktionale Filme im fortgeschrittenen Fremdsprachenunterricht." In: *Die Neueren Sprachen*, 94, Heft 6. 592–608.

Chatman, Seymour (1990): *Coming to Terms: The Rhetoric of Narrative in Fiction and Film. Ithaca*, NY: Cornell University Press.

Donnerstag, Jürgen (2000): „Zur Wirkung literarischer und medialer Erzählungen in sprachlichen und kulturellen Lernprozessen." In: Aguado, Karin/Hu, Adelheid (Hrsg.): *Mehrsprachigkeit und Mehrkulturalität.* Berlin: Pädagogischer Zeitschriften-Verlag. 175–184.

*Faulstich, Werner (2002): *Grundkurs Filmanalyse.* München: Fink.

Fiedler, Eckhard (1990): „Die Umsetzung eines Romanauszugs in ein Filmskript." In: *Praxis des neusprachlichen Unterrichts*, 37, Heft 4. 384–393.

Film Education (o.J.): I*ntroduktion ti Popular Genres.*

Gast, Wolfgang/Ulbrich, Klaus-Peter/Wachtel, Martin (1987): „Spielfilme als Medien interkulturellen Lernens: Am Beispiel von Hark Bohms *Moritz, lieber Moritz.*" In: *Jahrbuch Deutsch als Fremdsprache*, 13. 276–295.

Groene, Horst/Kieschke, Klaus (1986): „Literaturverfilmung im Englischunterricht der Sekundarstufe II: Frank R. Stocktons The Lady or the Tiger?" In: *PRAXIS des neusprachlichen Unterrichts*, 33, Heft 1. 3–12.

Grogan-Schomers, Diana/Hallet, Wolfgang (1997): „*Angels in the Outfield*: Ein amerikanischer Originalspielfilm im Anfangsunterricht." In: *Anglistik und Englischunterricht*, 61. 183–204.

Güldner, Gerhard (1996): „Vom Text zum Film: Schüler drehen Videofilme nach literarischen Vorlagen." In: *Praxis Deutsch*, 23, Heft 140. 62–64, 67.

Hickethier, Knut (1983): „Begriffe der Film- und Fernsehanalyse." In: *Praxis Deutsch*, 10, Heft 57. 20–23.

*Hickethier, Knut (^{3}2001): *Film- und Fernsehanalyse.* Stuttgart; Weimar: Metzler.

*Liebelt, Wolf (2002): *The Language of Film: Fachausdrücke, Interpretationsfragen und Redemittellisten für die Arbeit mit Filmen im Englischunterricht.* Hildesheim: NLI.

Ostkamp, Ursula (2002): „Rezeptionslenkung im Film – Wahrnehmung und Wirkung filmsprachlicher Mittel." In: *Der Fremdsprachliche Unterricht Englisch*, Heft 57/58. 74–83.

Raabe, Horst (^{4}2003): „Audiovisuelle Medien." In: Bausch/Christ/Krumm 2003 (Kap. IV.1). 423–426.

Rauh, Reinhold (1987): *Sprache im Film: Die Kombination von Wort*

und Bild im Spielfilm. Münster: MAkS-Publikationen.
Schwerdtfeger, Inge C. (1989): *Sehen und Verstehen: Arbeit mit Filmen im Unterricht Deutsch als Fremdsprache*. Berlin: Langenscheidt.
*Stempleski, Susan/Tomalin, Barry (2001): *Film. Resource Books for Teachers*. Oxford: University Press.
Surkamp, Carola (2004a): „Spielfilme im fremdsprachlichen Literaturunterricht: Beitrag zu einer kulturwissenschaftlichen Filmdidaktik." In: Bredella, Lothar/Delanoy, Werner/Surkamp, Carola (Hrsg.): *Literaturdidaktik im Dialog*. Tübingen: Narr. 239–267.
*Surkamp, Carola (Hrsg.) (2004b): *Teaching Films. Der Fremdsprachliche Unterricht Englisch*, Heft 68.
*Teasley, Alan B./Wilder, Ann (1997): *Reel Conversations: Reading Films with Young Adults*. Portsmouth: Heinemann.
Williamson, Julia A./Vincent, Jill C. (1996): *Film is Content: A Study Guide for the Advanced ESL Classroom*. Ann Arbor, MI: University of Michigan Press.
Wilts, Johannes (2001): „Grundzüge einer Spielfilmdidaktik für den Französischunterricht." In: *Neusprachliche Mitteilungen aus Wissenschaft und Praxis*, 54, Heft 4. 210–221.
Zerweck, Bruno (2003): *Erste Einblicke in den Zusammenhang zwischen Ästhetik und Produktionsbedingungen von ausgewählten Film- und Fernsehformaten: Ein weiterführender Aspekt von ‚media literacy' im Englischunterricht der gymnasialen Sekundarstufe II*. Unveröffentlichte zweite Staatsexamensarbeit für das Lehramt für die Sekundarstufe II. Studienseminar Leverkusen.

Nützliche Internet-Adressen:
http://home.snafu.de/ohei/ofd/moviedict_e.html
[The Online Film Dictionary]
http://members.aol.com/BurgerGue/Filme.htm
[Eine ständig aktualisierte Bibliographie „Spielfilme im Fremdsprachenunterricht"]
http://www.bfi.org.uk *[The British Film Institute]*
http://www.imdb.com *[The Internet Movie Database]*

8. Literatur zur Arbeit mit Hörspielen

*Bergmann, Brigitte (1992): „Hörspielarbeit im Unterricht – warum?" In: *Zielsprache Englisch*, 22, Heft 4. 27–29.
Erdmenger, Manfred (1980): „Strukturzüge des englischen Hörspiels." In: Groene 1980a. 53–72.
Everling, Esther (1988): *Ein Hörspiel produzieren: Aneignung sprachlicher und technischer Gestaltungselemente in der Se-*

kundarstufe I. Frankfurt/M.: Scriptor.

Frank, Armin Paul (1981): *Das englische und amerikanische Hörspiel*. München: Fink.

Groene, Horst (1978): „Das literarische Hörspiel im Englischunterricht der Sekundarstufe II." In: Hunfeld, Hans/Schröder, Gottfried (Hrsg.): *Literatur im Englischunterricht: Drama, Hörspiel, Lyrik, Short Story, Roman, Trivialliteratur, Lehrbuchtext*. Königstein: Scriptor. 60–78.

Groene, Horst (Hrsg.) (1980a): *Das Hörspiel im Englischunterricht: Theorie und Praxis*. Paderborn: Schöningh.

Groene, Horst (1980b): „Didaktische Überlegungen zur Arbeit mit englischen Hörspielen." In: Groene 1980a. 11–34.

Groene, Horst (1980c): „Produktivität auf der Sekundarstufe I: Umformungen und Eigenentwürfe." In: Groene 1980a. 109–123.

Groene, Horst (1980d): „Schüler produzieren englische Hörspiele: Medienarbeit auf der Sekundarstufe I." In: *PRAXIS des neusprachlichen Unterrichts*, 27, Heft 4. 364–370.

Groene, Horst (1981): *The English Radio Play in Language Teaching: Practical Aids for the Learner*. Bad Honnef: Keimer.

Groene, Horst (1987): „Das literarische Originalhörspiel Englands in Schule und Hochschule." In: Jäger, Dietrich/Kruse, Horst/Nicolaisen, Peter (Hrsg.): *Perspektiven der Interpretation. Literatur in Wissenschaft und Unterricht*, 20. Würzburg: Königshausen & Neumann. 155–168.

Groene, Horst (^{2}1998): „Das Hörspiel im modernen Fremdsprachenunterricht." In: Jung, Udo (Hrsg.): *Praktische Handreichungen für Fremdsprachenlehrer*. Frankfurt/M.: Lang. 347–352.

Hermes, Liesel (1983): „Hörverstehen und Kreativität: Zum Einsatz eines *radio play*." In: *Englisch*, 18, Heft 3. 93–97.

Kappe, Gerhard (1986): „Creative Writing und Hörspielproduktion auf der Sekundarstufe I: Gymnasialschüler erarbeiten Kurzhörspiele." In: *Englisch*, 21, Heft 4. 137–141.

Kliewer, Heinz-Jürgen (2002): „Literatur hören: Überlegungen zu einem Curriculum." In: *Medien & Erziehung*, 46, Heft 3. 164–168.

Klose, Werner (^{2}1977): *Didaktik des Hörspiels*. Stuttgart: Reclam.

Prießnitz, Horst (1981): „Das englische Hörspiel im Fremdsprachenunterricht." In: *Neusprachliche Mitteilungen aus Wissenschaft und Praxis*, 34, Heft 2. 93–105.

Prießnitz, Horst (Hrsg.) (1977): *Das englische Hörspiel*. Düsseldorf: Bagel.

Weise, Wolf-D. (1997): „British Radio Drama: A Much Neglected Genre – Some Remarks on Its History, Structure and Use in School." In: *Neusprachliche Mitteilungen aus Wissenschaft und Praxis*, 50, Heft 1. 37–42.

V A Glossary of Literary Terms

act *(Akt)*: a discrete section of a drama, which is distinguished by a total change of → character configuration, a long pause, a change of → scene (a) or a major change in the → action (b).

action *(Handlung)*: (a) term that refers in the broadest sense to → events enacted by → characters as a result of their abilities, needs, motivations and intentions; (b) term used to describe the overall movement of events, especially in drama. In the analysis of drama, the action is subdivided into individual units, e. g. the → act and → scene (a).

addressee *(Adressat, Empfänger)*: the intended recipient of a message in verbal and non-verbal interaction on different → communication levels (see also → communication model).

addresser *(Sender)*: the sender of a message in verbal and non-verbal interaction on different → communication levels (see also → communication model).

alliteration *(Alliteration)*: phonological → rhetorical figure; succession of words with the same initial sound or succession of accented syllables with the same consonant or consonantal group (see p. 132).

alternate rhyme *(Kreuzreim, alternierender Reim)*: rhyme scheme within a stanza or poem (abab cdcd).

American shot: see p. 253

anachrony *(Anachronie)*: the disruption of the 'natural' chronology when giving an account of the sequence of → events (→ flashback and → flash-forward); a category relating to the → order of events.

anadiplosis *(Anadiplose)*: morphological → rhetorical figure; in a poem the repetition of the end of the preceding line at the beginning of the next (see p. 135).

anapest *(Anapäst)*: → foot

anaphora *(Anapher)*: repetition of a word or group of words at the beginning of successive clauses or lines (see p. 134).

antagonist *(Antagonist)*: the opponent of the → protagonist in fictional texts.

aside *(Beiseite-Sprechen):* in drama, form of monological speech in which the audience is acquainted with the thoughts and feelings of one (or more) → character(s), whilst other characters remain in ignorance (→ monologue, → soliloquy, → discrepant awareness).

assonance *(Assonanz)*: phonological → rhetorical figure; congruence between vowel sounds (see p. 132).

author *(Autor)*: the writer of literary or non-literary texts. The author of a novel or poem should not be confused with the fictive → narrator or speaker in the literary text.

authorial narrative situation *(auktoriale Erzählsituation)*: one of the typical → narrative situations, of which the external perspective is the main constitutive element. The → story (b) is told by an overt and individualised narrator, who is not present as a character in the story and who is therefore not part of the narrated world. An authorial narrator is clearly recognisable as a speaker (→ overt narrator). In addition to narrating the story s/he often comments on the action and the characters as well as on the way in which s/he tells the story (metanarrative comment, *metanarrativer Kommentar*). Other intrusions of an authorial narrator may be judgements, interpretations, generalisations, and → reader address. An authorial narrator is usually omniscient and omnipresent.

beats *(Hebungen)*: term used in poetry analysis to refer to → stressed syllables; as well as identifying the type of → foot, an analysis of the metrical pattern (→ metre) of a poem must state the number of stressed syllables/beats in a verse: trimeter ('three-beat line', *dreihebig*), tetrameter ('four-beat line', *vierhebig*), pentameter ('five-beat line', *fünfhebig*), hexameter ('six-beat line', *sechshebig*).

bird's-eye view (also high angle/overhead; *Vogelperspektive*): see p. 254

block characterisation *(Blockcharakterisierung)*: a special type of explicit → characterisation which comprises the introductory description of a character, by the narrator, usually on the character's first appearance in the text.

blurb *(Klappentext)*: term that refers to the various texts (e. g. a synopsis or the critics' reviews) assembled on the cover and back cover of a book.

body language (*Körpersprache*): term that refers to various forms of non-verbal communication and techniques for characterisation in the performance of plays or in films, e. g. facial expressions and gestures.

caesura *(Zäsur):* syntactic division which separates a → line of a poem into units of meaning.

camera angle *(Kameraperspektive)*: see p. 254

camera movement *(Kamerabewegung)*: see p. 254f.

camera speed *(Aufnahmegeschwindigkeit)*: see p. 255

chain rhyme, interlocking rhyme *(Kettenreim, äußerer Reim)*: rhyme scheme within a stanza or poem (aba bcb cdc).

character conception *(Figurenkonzeption)*: the composition of a → character; we differentiate between a static character conception (the character's traits remain constant) and a dynamic character conception (the character's traits change as the action progresses); between a one-dimensional character conception (restricted, homogeneous selection of character traits) and a multidimensional character conception (large, complex selection of character traits) (see also → flat characters, → round characters).

character configuration *(Konfiguration)*: those members of the → *dramatis personae* in a drama who are present on stage at a particular moment in time.

character constellation *(Figurenkonstellation)*: term that refers to the relationships between → characters in dramatic and narrative texts as well as films and radio plays and their attitudes towards one another; the character constellation is frequently represented graphically and serves to differentiate and structure the → *dramatis personae*.

character perspective *(Figurenperspektive)*: one → character's view of the → fictional world, which is generally limited to a greater or lesser degree, and is determined by the character's knowledge, psychological disposition, values and norms, needs and intentions, his/her sexual, religious, national or ethnic identity, and the political, social and cultural circumstances by which s/he is influenced.

characterisation *(Figurencharakterisierung)*: umbrella term used to refer to all the techniques used in literary texts to evoke mental images of → characters and their characteristics; we differentiate between figural techniques of characterisation (a character is characterised by another character) and authorial techniques of characterisation (a character is characterised by the narrator); between explicit/direct characterisation (a verbal statement about a character) and implicit/indirect characterisation (a character is shown to act or behave in a particular manner); between self-commentary (*Selbstcharakterisierung*) and commentary by others (*Fremdcharakterisierung*); and between verbal and non-verbal techniques of characterisation (e. g. through facial expressions, gestures, costumes, makeup, etc.).

characters *(Figuren)*: the fictive agents of the → action (a) in narrative and dramatic texts as well as in films and radio plays, who appear on the level of the narrated or represented → story (b) and are differentiated from one another by means of relationships of → contrasts and correspondences. Characters are usually classified according to their complexity (→ flat or → round characters, → character conception) and their roles within the plot, e. g. as witnesses, → protagonists, → antagonists, helpers, confidants, etc.

chiasm *(Chiasmus)*: syntactic → rhetorical figure; reversal of structures in successive clauses (see p. 135).

chronological narration *(chronologisches Erzählen)*: the narrated → events occur in the same sequence as in their 'natural' temporal chronology (→ order).

closed ending *(geschlossenes Ende)*: form of conveying information at the end of narrative and dramatic texts, films and radio plays, which, in contrast to the → open ending, generally comprises the resolution of all conflicts, conventional concluding → events such as marriage or death (see also → poetic justice) or glimpses into the

→ characters' future.

close-up *(Großaufnahme)*: see p. 254

communication levels *(Kommunikationsebenen)*: in narrative fiction, at least three different levels of communication can be distinguished: (a) the extratextual level of the real → author and his or her counterpart, the real reader, (b) the fictional level of narrative mediation/transmission (→ discourse) on which a → narrator (*Erzähler/Erzählinstanz*) addresses a → narratee (*fiktionaler Rezipient*), and (c) the fictional communication level of the → characters, which is also the *level of action.*

communication model *(Kommunikationsmodell)*: a simplified and schematic way of depicting the main constituents of any act of verbal interaction: an → addresser (*Sender*), an → addressee (*Empfänger, Rezipient*) and a text.

consciousness, modes for presenting *(Bewusstseinsdarstellung)*: the way in which → characters' thoughts, feelings, perceptions or memories are communicated to the reader or audience. Whereas narrative texts have a wide variety of possibilities at their disposal for the presentation of characters' consciousness and even unconscious (→ psycho-narration, → free indirect discourse, → interior monologue), the possibilities in drama, film and radio play are mostly restricted to the → monologue, the → soliloquy and the → aside. The most important filmic mode for presenting consciousness is the → voice-over, although music can also be employed to imply or symbolise consciousness and internal processes.

consonance *(Konsonanz)*: phonological → rhetorical figure; congruence of consonants short of → alliteration; repetition of a sequence of two or more consonants, but with a change in the intervening vowel (see p. 132).

contrasts and correspondences *(Kontrast- und Korrespondenzrelationen)*: term that is used in the study of narrative and dramatic texts as well as in film and radio play analysis to refer to all features that unite and differentiate between → characters; serves to differentiate and structure the → *dramatis personae.*

couplet *(Verspaar, Reimpaar, Zweizeiler)*: a paired line within a poem.

covert narrator *(neutrales Erzählmedium)*: → narrator who recounts the → action in a detached and factual manner, who is not presented as an individualised speaker and whose role is restricted to the basic narrative functions (recounting the action and supplying information concerning → place/space, time and → characters); common in the → figural narrative situation.

cross-cutting: → parallel action

cut *(Schnitt)*: term that refers to the technical process of editing recorded material when making a film; the various types of cut, based on diverse types of → montage, range from 'invisible editing' to the 'jump cut', the latter of which deliberately draws attention to itself.

dactyl *(Daktylus)*: → foot

description *(Beschreibung)*: → narrative mode in which the → narrator introduces a → character or describes a → setting.

deus ex machina *(der Gott aus der Maschine)*: term used in drama theory and narratology to refer to the resolution of a conflict by means of sudden → events not motivated by the → action (b), or through the unexpected appearance of a → character or an external power (e. g. a saint).

dialogue *(Dialog)*: exchange between two (duologue, *Zwiegespräch*) or more → characters (polylogue, *Mehrgespräch*); in drama, the dialogue is the motor of the → action (b) (→ plot); in narrative texts it is situated on the level of the characters. Dialogue is also a constitutive element of radio play and film.

discourse: (in narrative texts) structure of the → narrative transmission. Complementary term to → story (b): 'story' refers to the 'what', 'discourse' to the 'how' of a text.

discourse time *(Erzählzeit)*: length of time needed in order to read or narrate a narrative text.

discrepant awareness *(diskrepante Informiertheit)*: in drama or film, the term refers to the device of acquainting the audience with the thoughts and feelings of one (or more) → character(s), whilst other characters remain in ignorance.

dissolve *(Überblendung)*: see p. 256

dramatic introduction *(dramatischer Auftakt)*: (frequently nonverbal) form of introduction in drama which has the function of awakening the recipients' attention and of acclimatising them to the atmosphere of the → fictional world; can occur simultaneously with the → exposition, but also independently of it.

dramatic irony *(dramatische Ironie)*: results from → discrepant awareness (*diskrepante Informiertheit*) between the recipient and a → character; thanks to superior knowledge, the recipient has a privileged insight into the character's misjudgements, with the result that the character's words and → actions (a) take on additional, unintended meaning.

dramatis personae *(Personal)*: collective term for all the → characters who appear in a drama, film or radio play.

duration *(Dauer)*: the relationship between the → discourse time and the → story time; category relating to representation of time (→ time and representation of time; see also → ellipsis (b), → pause, → scene (b), → stretch, → summary).

ellipsis *(Ellipse) (Aussparung/Zeitsprung)*: (a) the omission of sentence elements that are necessary or important for the syntax; (b) the omission of → time and intervening occurrences between narrated → events; category of → duration.

embracing rhyme/envelope rhyme *(umarmender, umschlingender, umschließender Reim)*: rhyme scheme within a stanza or poem (abba cddc).

ending *(Schlussgestaltung)*: → closed ending, → open ending

end-rhyme *(Endreim)*: → rhyme

end-stopped lines *(Zeilenstil)*: term used to refer to the stylistic device within a poem in which the end of a → line corresponds to a break in the syntax (which usually coincides with the end of a unit of meaning).

enjambment/run-on line *(Enjambement/Zeilensprung)*: term used in the analysis of poetry to refer to a sentence that extends beyond the end of the → line.

entrance *(Auftritt)*: appearance of a character on stage; the entrance of a → character changes the → character configuration and often coincides with the beginning of a new → scene (a).

epanalepsis *(Epanalepse)*: morphological → rhetorical figure; repetition of words in close succession ('immediate repetition') or after other intervening words (see p.134).

epic elements in drama *(Episierungstendenzen im Drama)*: in 20th century drama, narrative elements (e. g. characters posing as narrators, stage directions involving commentary, projections, banners) are sometimes used to destruct the theatrical illusion; the typical communicative situation of dramatic texts then becomes similar to the communicative situation in narrative texts (see also → communication levels).

epiphora *(Epipher)*: morphological → rhetorical figure; repetition of a word or group of words at the end of successive lines (see p. 135).

establishing shot: see p. 254

euphemism *(Euphemismus)*: semantic → rhetorical figure; reference to something by means of a milder, more positive term (see p. 138).

event *(Ereignis)*: smallest unit of the → action (b).

exit *(Abgang)*: disappearance of a character from the stage; the exit of a → character changes the → character configuration and often coincides with the beginning of a new → scene (a).

experiencing I *(erlebendes Ich)*: the former self of a → narrating I, presented as a → character in the narrated world.

exposition *(Exposition)*: information given in narrative and dramatic texts, films and radio plays about preceding → events, the roots of future conflicts and the circumstances of the action (→ setting, → time, → characters); has a primarily informative function; can occur simultaneously with the → dramatic introduction, but also independently of it.

external focalisation *(externe Fokalisierung)*: perception of the → fictional world from an external perspective, in which the narrator is also the → focaliser (= external focaliser, *externe Fokali-*

sierungsinstanz or narrator-focaliser, *fokalisierende Erzählinstanz*). External focalisation is a typical feature of the → authorial narrative situation.

extreme close-up/detail shot *(Detailaufnahme)*: see p. 254

extreme long shot *(Weit-/Panoramaaufnahme)*: see p. 253

eye-level/straight-on angle *(Normalsicht/Augenhöhe)*: see p. 254

fade-out/fade-in (*Abblendung/Aufblendung*): in films the end of a → shot is marked by fading-out to an empty screen (usually black); there is a brief pause; then a fade-in introduces the next shot. The terms are also used in radio play analysis.

fast motion *(Zeitraffer)*: see p. 255

fictional world *(fiktive Welt)*: the world represented in a dramatic or narrative text, which has been invented by the → author, and is subject to its own rules and laws, which sometimes deviate from those governing extratextual reality.

fictive reader *(fiktiver Leser)*: → narratee

field size *(Einstellungsgröße/Bildausschnitt)*: see p. 253f.

figural narrative situation *(personale Erzählsituation)*: one of the typical → narrative situations; the story is presented by a → covert narrator and through the eyes of one or more characters (→ focalisation, → focaliser).

first-person narrative situation *(Ich-Erzählsituation)*: one of the typical → narrative situations; events are relayed by a → 'narrating I', who takes part in the action in the fictional world as a character or → 'experiencing I'. There is frequently a temporal as well as a moral distance between the narrating I and the experiencing I. If the first-person narrator is the → main character s/he is referred to as I-as-protagonist, if the narrator is one of the → minor characters s/he is referred to as I-as-witness.

first-person narrator *(Ich-Erzähler)*: → first-person narrative situation

flashback/analepsis *(Rückwendung)*: category relating to the → order of events; a sequence of a film, radio play, drama or narrative that goes back in time to show what happened earlier in the → story (a); form of anachronic narration (→ anachrony).

flash-forward/prolepsis/foreshadowing *(Vorausschau/Vorausdeutung)*: category relating to the → order of events; → scenes (a), → sequences or → shots in drama, narrative, film or radio play showing or telling about a future → event of the → story (a); form of anachronic narration (→ anachrony).

flat character *(typisierte, eindimensionale Figur)*: a one-dimensional → character (→ character conception), who has few individual characteristics, and is instead reduced to several general traits.

focalisation *(Fokalisierung)*: in contrast to categories relating to the → narrator, this term refers to the representation of the perception of the → fictional world; it includes internal processes such as thinking, feeling and remembering, in addition to sensory perception; we differentiate between → internal focalisation (*interne Fokalisierung*) and → external focalisation (*externe Fokalisierung*) and between fixed focalisation (*konstante/monoperspektivische Fokalisierung*) and multiple focalisation (*multiperspektivische Fokalisierung*).

focaliser *(Fokalisierungsinstanz)*: subject of → focalisation; centre of orientation, from whose perspective the narrated world is perceived; to find out who the focaliser is in a given passage one has to answer the question *who sees?/who perceives?* Focalisers can be external (narrators) or internal (characters) (see also → external focalisation, → internal focalisation).

foot *(Versfuß)*: smallest rhythmical unit, consisting of one → stressed and up to two → unstressed syllables; based on the number of syllables and the position of the stress, we differentiate in English-language poetry between the iamb (x/), trochee (/x), dactyl (/xx), anapest (xx/) as well as, occasionally, the spondee (//).

free indirect discourse/narrated monologue *(erlebte Rede)*: mode for presenting → consciousness in narrative texts, in which either the narrator's or the character's contributions can be dominant; linguistic features: third person singular, past tense.

free-verse poem *(Gedicht in freien Rhythmen)*: in a free-verse poem, there is no recognizable basic rhyme scheme or metre.

freeze frame *(Standbild)*: term used in film analysis to describe a still picture.

frequency *(Häufigkeit)*: (here) quantitative relationship between the → events of the → story (b) and the narrative in which they are recounted; category relating to the representation of time (→ time and representation of time). We differentiate between singulative narration (*einmaliges Erzählen*), repeating narration (*mehrmaliges Erzählen*) and iterative narration (*wiederholendes Erzählen*).

full/perfect/true/exact rhyme *(reiner Reim)*: type of → rhyme; exact consonance of phonemes in the rhyming syllables.

full shot *(Halbtotale)*: see p. 253

heroic couplet: term in English-language poetry that refers to rhyming → couplets composed in iambic pentameters (→ foot, → beats), a metrical form which is known for its (often epigrammatic) concision.

high angle *(*also overhead; *Obersicht)*: see p. 254

hyperbole *(Hyperbel)*: semantic → rhetorical figure; use of (excessive) exaggeration (see p. 138).

iamb *(Jambus)*: → foot

imagery *(Bildlichkeit)*: umbrella term embracing all types of linguistic images (e. g. semantic → rhetorical figures).

inside view *(Innensicht)*: the representation of a character's mental processes, e. g. his or her thoughts, feelings, perceptions, dreams, memories, visions, etc.

interior monologue/quoted monologue *(innerer Monolog)*: mode for presenting → consciousness in narrative texts, without apparent participation by the narrator; high degree of authenticity in relaying internal, psychological processes; linguistic features: first person singular, present tense; often contains various features of oral language (elliptical constructions, colloquial expressions, etc.).

internal focalisation *(interne Fokalisierung)*: perception of the → fictional world in which a character functions as → focaliser (= internal focaliser/reflector/character focaliser); the action is presented through the eyes of a character.

internal rhyme *(Binnenreim)*: type of → rhyme; special case: full rhyme between two or more words within the same line.

inversion *(Inversion)*: syntactic → rhetorical figure; reversal of normal word order (see p. 135).

irony *(Ironie)*: semantic → rhetorical figure; meaning the opposite of what is said.

line *(Vers/Zeile)*: in poetry analysis the line of a poem which is offset typographically from the others; often has a metrical structure.

literary adaptation *(Literaturadaption)*: transferral of a literary work into another medium (e. g. adaptation of a narrative text as a film or radio play).

long shot *(Totale)*: see p. 253

low angle/below shot (*Untersicht/Froschperspektive*): see p. 254

lyric persona/lyric I *(lyrisches Ich)*: fictive speaker in a poem.

lyric thou *(Lyrisches Du)*: fictive → addressee in a poem.

main characters (*Hauptfiguren*): the most important characters within the → plot of a → story (see also → minor characters).

match cut: see p. 256

medium shot *(Nahaufnahme)*: see p. 253

messenger's report *(Botenbericht)*: a mode of conveying information in drama, whereby → events which for ethical or technical reasons cannot be represented on stage (violence, major battles) are relayed by a messenger (see also → teichoscopy).

metaphor *(Metapher):* semantic → rhetorical figure (see p. 131); shortened/covert/compressed simile, in which a real or abstract object is described by comparing it to another one (although the comparative particle is missing).

metonymy *(Metonymie)*: semantic → rhetorical figure; replacement of one term with another to which it is logically or causally connected (see p. 138).

metre *(Metrum/Versmaß)*: organisational principle according to which a → line of a poem is divided into feet (→ foot); we differentiate according to the number of → stressed syllables between trimeters, tetrameters, pentameters and hexameters (→ beats).

mind style *(Mentalstil)*: in narrative texts the textual imitation, especially by typical diction, rhetoric and syntax, of a character's individual ways of thinking and perceiving the world.

minor character *(Nebenfigur)*: in narrative texts, dramas, films and radio plays, characters supporting the → main characters and the action (b) according to his/her role within the plot (e. g. antagonist, witness, helper, confidant).

monologue *(Monolog)*: term that refers in dramatic texts to a speech addressed by a → character to him- or herself or the audience, and not to anyone else on stage; primarily a mode for presenting thoughts and feelings (→ consciousness, modes for presenting; → aside). If the figure is alone on stage when delivering the speech, it is known as a → soliloquy.

monologue, interior *(innerer Monolog)*: → interior monologue

montage *(Montage)*: term that is used to refer to the process of combining various parts to form a new unity in photography, radio plays, theatre and film. In film theory, the term (which originates from the French word for 'cutting' or 'editing') refers to the process of combining or superimposing single → shots (and acoustic elements).

multiperspectivity/multiperspectival narration *(Multiperspektivität/multiperspektivisches Erzählen)*: form of → narrative transmission in which a subject, an → event or a → character is presented from one or more different perspectives.

narratee *(fiktiver Leser)*: fictive interlocutor of the → narrator on the level of → narrative transmission, who is presupposed or even explicitly addressed in the text; not to be confused with the real reader; the narratee can be more or less individualised (overt narratee vs. covert narratee).

narrating I *(erzählendes Ich)*: the present self of a narrator in the → first-person narrative situation, who narrates on the level of → narrative transmission.

narration *(Narration)*: superordinate account of → events on the level of → narrative transmission, which is presented as an instance of communication between the → narrator and the → narratee.

narrative modes *(Erzählweisen)*: the way in which textual elements are represented; we differentiate between → report, → description, commentary on the narrative and → scenic presentation.

narrative perspective *(Erzählperspektive)*: → narrative situation; → point of view

narrative situation *(Erzählsituation)*: term that refers to the way in which → events, → actions (a) or thoughts are narrated. We differentiate between three 'typical narrative situations': the → authorial narrative situation, the → figural narrative situation and the → first-person narrative situation.

narrative transmission *(erzählerische Vermittlung)*: mode of constructing a fictional reality; comprises the functions of all → narrators and → focalisers.

narrator *(Erzähler/Erzählerin, Erzählinstanz)*: fictive textual speaker who functions as narrating subject on the level of → narrative transmission, and who is the medium for the creation of the narrated world; answer to the question *who speaks?*, (see also → overt narrator, → covert narrator).

narrator perspective *(Erzählerperspektive)*: in contrast to the narrative perspective of a text (→ narrative situation), this term refers to the → narrator's personality, psychological disposition, values and norms.

non-verbal sign systems *(nonverbale Zeichensysteme)*: → theatre codes

octave *(Oktett)*: a poem consisting of eight → lines or two → quatrains.

offstage: space outside the stage in theatre.

off-screen: in films, acoustic sources can be classified as to whether they can or cannot be seen in the picture (on-screen vs. off-screen).

omniscience *(Allwissenheit)*: term for the privileged status of the authorial or figural narrator in psychological, cognitive, spatial and temporal matters; an omniscient narrator has the privilege of knowing everything about both the characters' thoughts and feelings and the course of the action and of being present at different places at the same time (omnipresence, *Allgegenwart*). This usually excludes first-person narrators.

onomatopoeia *(Lautmalerei)*: phonological → rhetorical figure; use of words to imitate sounds (see p. 133).

on-screen: → off-screen

open ending *(offenes Ende)*: form of conveying information at the end of narrative and dramatic texts, films and radio plays, which, in contrast to the → closed ending, does not offer final solutions.

order *(Anordnung)*: term that (here) refers to the various possibilities of organising the temporal sequence of → events in a story; category relating to the representation of time (→ time and representation of time; see also → anachrony, → chronological narration, → flashback, → flash-forward).

overhead (also high angle; *Vogelperspektive)*: see p. 254

overt narrator *(expliziter Erzähler)*: concrete, individualised narrator who is clearly recognisable as a speaker or even as a person, who may analyse and evaluate the → character perspectives and → actions (a), offer personal comments, interpretative judgements and generalising abstractions, and directly address the fictive reader (→ narratee) (see also → covert narrator).

over-the-shoulder shot: see p. 254

oxymoron *(Oxymoron)*: semantic → rhetorical figure; trenchant combination of two apparently contradictory terms.

pan(ning) *(horizontaler Schwenk)*: see p. 254

parallel action/cross-cutting *(Parallelmontage)*: in film theory the intermingling of → shots of two or more → scenes (a).

parallelism *(Parallelismus)*: syntactic → rhetorical figure; succession of clauses or sentences of the same structure (see p. 135).

pause *(Pause)*: category of → duration; the → story time freezes while the → discourse time continues.

performance *(Bühnen-, Filmaufführung)*: the staging of a play (or screenplay); in contrast to an individual's reading of the → script of a play or of the → screenplay of a film, performances are usually attended by a large audience and a considerable amount of personnel is involved in theatre and film production (→ theatre apparatus); this phenomenon is referred to as the 'collective nature of production and reception' (*Kollektivität von Produktion und Rezeption*).

periphrasis *(Umschreibung)*: semantic → rhetorical figure; description of an element by making reference to its characteristics (see p. 138).

personification *(Personifikation)*: semantic → rhetorical figure; a concrete or abstract element is presented as if it were alive or human (see p. 137).

perspective *(Perspektive)*: → narrator perspective, → character perspective

perspective structure *(Perspektivenstruktur)*: in dramatic and narrative texts, films and radio plays, the totality of all individual perspectives, including → character perspectives and → narrator perspective, and the relationships between them. We differentiate between closed and open perspective structures.

place/space and representation of place/space *(Raum/Raumdarstellung)*: 'place' and 'space' are general expressions which encompass the conception, structure and representation of such elements as locations and objects, scenery and the natural world within various genres (→ setting). 'Place' is used primarily but not exclusively for drama, 'space' primarily but not exclusively for the novel.

pleonasm (*Pleonasmus*): semantic → rhetorical figure; superfluous stringing together of words with the same meaning.

plot *(Plot/Handlung)*: term that refers to the structure of the → action, i. e. the causal, logical and temporal sequence of the → events that occur in the narrated world; complementary term to → 'story' (a).

poetic justice *(poetische Gerechtigkeit)*: in narrative and dramatic texts, films and radio plays, conventional ending whereby the 'good' → characters are rewarded (e. g. with marriage or riches), and the 'bad' characters are punished (e. g. with death or financial or social ruin).

point of view: the perspective from which narrative information is regulated. Recent theories, however, distinguish between → focalisation (*who sees?*) and → narration (*who speaks?*).

point-of-view shot: see p. 254

primary text *(Haupttext)*: in tandem with the → secondary text, comprises a constitutive element of dramatic texts, screenplays and the scripts of radio plays; consists of the → characters' utterances.

prolepsis *(Prolepse)*: → flash-forward

protagonist *(Protagonist)*: in a narrative or dramatic text, film or radio play, main character, whose plans and intentions are often thwarted by an → antagonist.

psycho-narration *(Gedankenbericht)*: mode for presenting → consciousness in narrative texts, a narrator's analytic and summarising report of a character's conscious or unconscious mental states and processes; linguistic criteria: third-person singular, past tense.

quatrain *(Quartett)*: a stanza or poem consisting of four → lines.

radiophonic effects *(radiophonische Effekte)*: in radio plays, sound effects that are produced with the help of technical equipment; a prominent example would be the voice of a character heard through a telephone receiver.

reaction shot: see p. 254

reader address *(Leseranrede)*: address by the narrator; the → narrator may present the fictive reader (→ narratee) with hypotheses, ask questions or encourage him or her to adopt specific attitudes of reception.

reflector *(Reflektorfigur)*: → internal focalisation

report *(Bericht)*: a factual, frequently temporally compressed account of → events and → actions (a) in the narrated world given by a → narrator.

represented thought *(erlebte Rede)*: → free indirect discourse

reverse-angle shot: see p. 254

rhetorical figures *(rhetorische Figuren)*: conventionalised forms of deviation from everyday language, which have been in existence since Antiquity; we differentiate between phonological, morphological, syntactic, semantic and pragmatic rhetorical figures.

rhetorical question *(rhetorische Frage)*: pragmatic → rhetorical figure; a question the answer to which is considered obvious.

rhyme *(Reim)*: consonance of words from the vowel of the last → stressed syllable in a → line; according to the degree of consonance, we differentiate between full rhyme and near rhyme.

rhyme scheme *(Reimschema)*: rhyme pattern over several → lines in a poem; we differentiate according to the way in which the rhymes are grouped between rhyming → couplets, → alternate rhyme, → embracing/envelope rhyme and → tail rhyme.

rhythm *(Rhythmus)*: the rhythm of a poem is determined by its → metre and by its word, clause and sentence structures. There is often a degree of tension between the line structure of a poem and its syntax (→ enjambment), and a break in metre which divides a line into parts is known as a → caesura.

round character/dynamic character *(runde, dynamische, individuell gezeichnete Figur)*: a multidimensional character displaying a complex selection of character traits that change as the action progresses (→ character conception).

scene: (a) *(Szene)* used in drama to refer to the unit of → action (b) that is subordinate to the → act; generally consists of the appearance of one or more → character(s) and ends or begins with the entrance or exit of a further character; (b) *(Zeitdeckung)* category of analysis of time in narrative texts, occurs in the case of → dialogues as well as various modes for presenting → consciousness; → discourse time and → story time are coextensive; category of → duration.

scenic presentation *(Szenische Darstellung)*: a narrative mode, whereby the reader is presented with the illusion of an unmediated view of the events in the narrated world. The methods used range from a detailed account of → events, → dialogue between the → characters or the use of modes for presenting → consciousness.

script *(Spielvorlage)*: in drama, written text of a play, which is made up of the → primary text and the → secondary text and which is used as a basis for the production of a theatre or radio play → performance.

secondary text *(Nebentext)*: constitutive component of dramatic texts, radio play scripts and screenplays (together with the → primary text); consists of stage directions (*Regieanweisungen*) concerning the → setting, the temporal frame for the action (b), the gestures and facial expressions of the → characters, demarcations of → acts and → scenes (a) (*Akt- und Szenenmarkierungen*), information identifying the character who is speaking, title, → *dramatis personae*, preface and dedication; usually printed in italics (*Kursivdruck*).

sequence *(Sequenz)*: a larger unit of film composed of a number of → shots which belong together (because of time, actors involved, setting, etc.).

sestet *(Sextett, Sechszeiler)*: a poem consisting of six → lines or two → tercets.

setting *(Schauplatz)*: term that refers to the specific location of an episode or → scene (a) of a novel, drama, film or radio play in space (→ place/space) and/or time.

shot *(Einstellung)*: the basic unit of a film; an uninterrupted sequence of action shown continuously.

simile *(Vergleich)*: semantic → rhetorical figure; one thing is likened to another by means of a comparative particle (see p. 137).

slow motion *(Zeitlupe)*: see p. 255

soliloquy *(Soliloquium)*: form of monological speech in drama, in which the speaker is alone on the stage and talks to him- or herself or the audience. If other characters are present, this form of speech is known as a → monologue.

sound patterns *(Klangbeziehungen)*: a poem's sound patterns are determined by its → rhymes, → rhyme scheme and phonological → rhetorical figures.

space and representation of space *(Raum und Raumdarstellung)*: → place/space and representation of place/space

speech situation *(Sprechsituation)*: in the narrow sense of the term, the speech situation of a literary text encompasses a speaker (e. g. the → lyric persona in poems) and an → addressee; in its broader sense, it also includes → place/space and time (see also → communication levels).

spondee (*Spondeus*): → foot

stanza *(Strophe)*: in a poem, group of → lines that is typographically marked; the stanzaic structure of older poems in particular follows well-established rules.

story *(Geschichte/Story)*: (a) sequence of → events in their 'natural' temporal chronology; complementary term to → 'plot'; (b) totality of elements that constitute the level of fictional action (as opposed to the level of mediation or → narrative transmission); complementary term to → discourse ('story' refers to the 'what', 'discourse' to the 'how' of a text).

story time *(erzählte Zeit)*: the fictional time taken up by the action or a sequence of → events described in a narrative text.

stream of consciousness *(Bewusstseinsstrom)*: metaphorical term for an individual's often random, irrational and incoherent mental processes in narrative texts. The stream of consciousness can be relayed using various modes for presenting → consciousness.

stressed syllable *(Hebung)*: rhythmically accentuated syllable in the → line of a poem; indicated by '/'.

Stretch/slow-down *(Zeitdehnung)*: category relating to → duration; the → discourse time is longer than the → story time.

subjectivity *(Subjektivität)*: relating to the perspective and use of language peculiar to an individual; particularly characteristic of poetry, where it can occur explicitly when the → lyric persona appears and speaks, or implicitly by means of a selection of words and images.

summary/speed-up *(Zeitraffung)*: category relating to → duration; the → discourse time is shorter than the → story time.

synechdoche *(Synekdoche)*: semantic → rhetorical figure; a part is used to represent a whole (*pars pro toto*) or vice versa (*totum pro parte*) (see p. 138).

synesthesia *(Synästhesie)*: semantic → rhetorical figure; the intermingling of different sensory perceptions (see p. 137).

tail rhyme *(Schweifreim)*: rhyme scheme within a stanza or poem (aab ccb).

teichoscopy *(Mauerschau/Teichoskopie)*: a mode of conveying information in drama, whereby → events which for ethical or technical reasons cannot be represented on stage (violence, major battles) are reported by a → character located in a position of elevation (wall, tower, hill) to the other characters and thereby also the audience (see also → messenger report).

telling name *(sprechender Name)*: → characterisation technique in which a → character's name draws attention to a feature typical of him or her.

tercet *(Terzett)*: a stanza or poem consisting of three → lines.

theatre apparatus *(Theaterapparat)*: term referring to the resources in terms of personnel and organisation that are involved in theatre production (e. g. director, dramatic advisor, set-designers, actors/actresses).

theatre codes *(Theatercodes)*: the verbal and non-verbal sign systems of the theatre (encompassing, e. g., voices, sounds, music, facial expressions, gestures, hairstyles, costumes, scenery, props, lighting); we differentiate between acoustic and optical signs, between signs relating to the actors and actresses and signs relating to the representation of → place, and between durative signs (e. g. stage-set) and non-durative signs (e. g. noise, props, lighting).

third-person narrator *(Er-Erzähler)*: (confusing and imprecise) term referring to the narrator in an → authorial or → figural narrative situation.

tilt *(vertikaler Schwenk)*: see p. 254

time and representation of time *(Zeit und Zeitdarstellung)*: terms that refer to the structure and presentation of temporal sequences within the various genres (→ order (*Ordnung*), → duration (*Dauer*), → frequency (*Frequenz*)).

tracking shot/pulling shot *(Kamerafahrt)*: see p. 254

trochee *(Trochäus)*: → foot

unreliable narrator *(unzuverlässiger Erzähler)*: term used to refer to an → overt narrator whose account of → events, interpretation of the → story (b) or questionable norms and values give the reader cause to doubt his or her credibility.

unstressed syllable *(Senkung)*: element in the → line of a poem; indicated by an 'x'.

verse: poetic compositions written in metre.

voice-over *(off-Kommentar)*: in films, (a) representation of a non-visible → narrator's voice (voice-over narrator), or (b) representation of a → character's → interior monologue (the character may be visible but her/his lips do not move).

word scenery *(Wortkulisse)*: in drama, term that refers to the (mostly subjectively coloured) thematisation of the spatial context within the → characters' dialogue or (in classical drama) the remarks of the chorus.

zoom: see p. 255

Textnachweise

91: Langston Hughes (1951): „Dream Deferred". In: Montage of a Dream Deferred. New York: Henry Holt. **94**: By William Carlos Williams, from COLLECTED POEMS 1939 – 1962, VOLUME II, copyright © 1954 by William Carlos Williams. Reprinted by permission of New Directions Publishing Corp. **96**: Vachel Lindsay (2005): „Breaking Windows". In: Collected Poems by Vachel Lindsay. Whitefish, MT: Kessinger. 266. Alan Brownjohn (2006): „In this City" in: Collected Poems. London: Enitharmon. **105**: From Pass the Jam, Jim by Kaye Umansky, published by Red Fox. Reprinted with permission of The Random House Group Ltd. **108**: Stevie Smith (1978): „The Pleasures of Friendship". In: Selected Poems. Hrsg. von J. MacGibbon. Harmondsworth: Penguin. **111**: Adrian Henri (1967): „Love Is". In: Mersey Sound. Harmondsworth: Penguin. **114**: Ogden Nash (1987): „The Hippopotamus". In: Ogden Nash's Zoo. New York: Stewart, Tabori & Chang. **116**: Roger Mc Gough (1971): "40 – Love". In: Blazing Fruit: Selected Poems 1967-1987. Harmondsworth: Penguin. **123**: Siegfried Sassoon (1918): „Glory of Women". In: Counter-Attack and Other Poems. New York: Heinemann. **124**: by Stevie Smith, from COLLECTED POEMS OF STEVIE SMITH, copyright © 1972 by Stevie Smith. Reprinted by permission of New Directions Publishing Group. **128**: by William Carlos Williams, from COLLECTED POEMS 1939 – 1962, VOLUME I, copyright © 1938 by William Carlos Williams. Reprinted by permission of New Directions Publishing Corp. **130**: James W. Hackett, „A Bitter Morning"; „Deep within the Stream". In: http://haikuspirit.org/hackett.html (13.07.06). **205**: Joanne K. Rowling (1997): Harry Potter and the Philosophers's Stone. London: Bloombury Publishing.